헤르만 바빙크의

현대 사상 해석

현대의 종교, 학문, 사회에 대한 개혁신학적 비판

도서출판 **다** 은

1. **다윗**과 아브라**함**의 자손

아브라함과 다윗의 자손으로, 하나님 구원의 언약 안에 있는 택함 받은 하나님 나라 백성을 뜻합니다.

2. 마음과 뜻과 힘을 **다하여** 하나님을 사랑하라

구약의 언약 백성 이스라엘에게 주신 명령(신 6:5)을 인용하여 예수님이 가르쳐 주신 새 계명
(마 22:37, 막 12:30, 눅 10:27)대로 마음과 뜻과 힘을 다해 하나님을 사랑하겠노라는 결단과 고백입니다.

사명선언문

1. 성경을 영원불변하고 정확무오한 하나님의 말씀으로 믿으며, 모든 것의 기준이 되는 유일한 진리로 인정하겠습니다.
2. 수천 년 주님의 교회의 역사 가운데 찬란하게 드러난 하나님의 한결같은 다스림과 빛나는 영광을 드러내겠습니다.
3. 교회에 유익이 되고 성도에 덕을 끼치기 위해, 거룩한 진리를 사랑과 겸손에 담아 말하겠습니다.
4. 하나님 앞에서 부끄럽지 않도록 항상 정직하고 성실하겠습니다.

헤르만 바빙크의 **현대 사상 해석**

현대의 종교, 학문, 사회에 대한 개혁신학적 비판

초판 1쇄 인쇄   2023년 6월 26일
초판 1쇄 발행   2023년 7월 10일

지은이   헤르만 바빙크
옮긴이   박하림

교 정   김석현
펴낸이   이웅석
펴낸곳   도서출판 다함
등 록   제2018-000005호
주 소   경기도 군포시 산본로 323번길 20-33, 701-3호(산본동, 대원프라자빌딩)
전 화   031-391-2137
팩 스   050-7593-3175
블로그   https://blog.naver.com/dahambooks
이메일   dahambooks@gmail.com

디자인   디자인집(02-521-1474)

ISBN   979-11-90584-75-3(94230) | 979-11-90584-76-0(세트)

현대의 종교, 학문, 사회에 대한 개혁신학적 비판

헤르만 바빙크의
현대 사상 해석

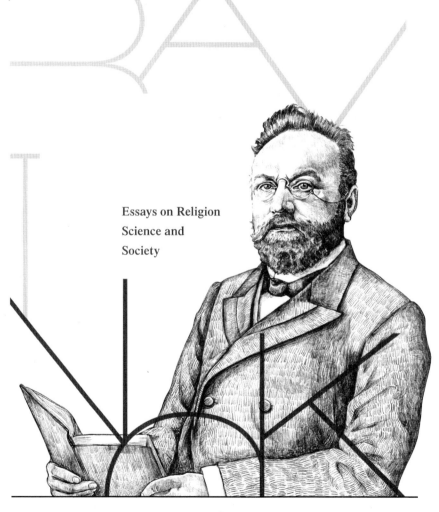

Essays on Religion
Science and
Society

다함
도서출판

목차

추천사

헤르만 바빙크의 신학 사상은 확실히 편협하지도 않고 사변적이지도 않습니다. 『헤르만 바빙크의 현대 사상 해석』이 바로 그 뚜렷한 증거입니다. 바빙크의 신학 사상은 대단히 '확장적'이며 '실천-적용적'입니다. 『개혁교의학』을 통해 개혁파 신학자로서의 바빙크가 여실히 드러났다면, 『헤르만 바빙크의 현대 사상 해석』을 통해 종교 심리학자, 자연 과학자, 사회학자, 경제학자, 교육학자, 미학자, 윤리학자, 정치학자로서의 바빙크의 확장적인 면모가 가감 없이 드러납니다.

이 책을 편집한 존 볼트는 바빙크 연구에 일평생을 바친 노학자로 바빙크가 집필한 15편의 소논문들을 일관적인 신학적 흐름 가운데 한 데로 잘 묶어 독자들로 하여금 마치 한 편의 글을 읽는 듯한 느낌을 자아내게 합니다.

작금의 세상은 진화론, 과학, 불평등, 정치 등과 같은 첨예한 문제들에 대해 교회의 답을 지속적으로 요구하고 있습니다. 신자로서 과연 어떤 대답을 하시겠습니까? 이 책은 개혁파 신학 원리 안에서 이런 질문들을 향해 어떤 답을 해야 하는지에 대한 최소한의 기준과 응답 내용을 제공해 주는 충실한 가이드북입니다. 이 충실한 가이드북 없이 어둡고 험한 이 세상을 걷다 보면 곧 위태로워질 것입니다.

박재은 교수 (총신대학교, 신학과장)

이 책은 바빙크가 현대 사상을 어떻게 평가하고 해석했는지 잘 보여줍니다. 철학과 종교학, 심리학과 교육학, 고전학과 미학, 윤리학과 정치학, 진화론과 인식론을 다루는 그의 솜씨는 혀를 내두를 정도입니다. 그는 역사의 사람이었습니다. 어떤 주제든지 역사적으로 접근하면서 근원에서부터 문제를 살폈습니다. 또한 그는 공정한 비평가였습니다. 반대하는 견해도 최대한 충실하게 소개한 뒤에 비판하되 인신공격적으로 나아가지는 않았습니다. 그는 신선하고 균형 잡힌 견해를 제시하는 사람이었습니다. 대립되는 양쪽의 장단점을 다 살핀 후에, 항상 새롭게 자신만의 견해를 유기체적으로 제시합니다. 그의 입장은 보수도 진보도 아닌, "개혁"입니다. 그렇기에 100년이 지난 지금도 여전히 우리를 매혹시킵니다.

무엇보다 이 책에서 깨닫는 것은 바빙크가 진정 신앙의 사람이었다는 사실입니다. 그는 40년이 넘게 신학을 가르쳤는데, 교수 사역 25주년 기념 연설에서 "저는 신앙을 지켰습니다."라고 고백하여 사람들에게 감동을 주었습니다. 그의 제자는 그가 그리스도를 영화롭게 하지 않았던 설교를 한 적이 없다고 증언하였습니다. 그는 임종 시에 "저는 신앙 안에서 모든 것을 갖고 있습니다."라고 고백했습니다. 학문적 방대함과 엄밀함을 최고의 수준에서 갖춘 사람이 그토록 겸손했다는 사실은 큰 교훈을 줍니다. 이 책을 통해 바빙크와 깊이 대화하는 모든 분은 학문과 경건에서 큰 성장을 경험할 것입니다.

우병훈 교수 (고신대학교 신학과 교의학)

편집자 서문

16세기의 영적 선조 장 칼뱅(John Calvin)과 마찬가지로 헤르만 바빙크 (Herman Bavinck, 1854-1921)는[1] 무엇보다 먼저 교회의 아들이자 종이었습니다. 바빙크는 자신의 힘과 천재성과 두드러진 지성으로 하나님을 더 알기 위해 또한 하나님의 백성이 더 효과적으로 세상에 증언할 수 있게 도왔습니다. 그렇지만 칼뱅과 마찬가지로 바빙크는 그리스도인의 갱신이 교회에만 제한되지 않는다는 사실을 믿었습니다. 또한 사회생활을 포함한 인간 경험의 총체성 속에서 발견되는 전인(全人)이 하나님 앞에서(coram deo)의 순종에 부름을 받았다는 사실도 믿었습니다. 종교와 과학과 사회에 대한 바빙크의 산발적인 논문 모음집이 영어로 번역된 이 때,[2] 바빙크가 북미에 처음 방문했

---

1) 이 서론은 헤르만 바빙크에 대한 완전한 전기적 해설집이 아니라 이 책의 중요성에 대한 서론일 뿐이다. 보다 포괄적인 해설을 위해서 이 책에 있는 바빙크의 유년시절 친구인 헨리 도스꺼(Henry Dosker)가 쓴 서론적 찬사를 보라. 또한 『개혁교의학』의 영어판 4권 각 권에 있는 나의 편집자의 서론을 보라. *Reformed Dogmatics* (Grand Rapids: Baker Academic, 2003 – 8).

2) 편집자 서론과 헨리 도스꺼의 바빙크에 대한 전기적 묘사를 제외하면 이 책은 네덜란드어 논문집의 완전한 번역이다. *Verzamelde opstellen op het gebied van godsdienst en wetenschap* (Kampen: Kok, 1921). 원문 서론은

헤르만 바빙크의 현대 사상 해석

을 때를 상기하는 일은 가치 있습니다. 이 때는 1892년 9월 21일부터 30일에 걸쳐 토론토와 온타리오와 캐나다에서 장로교회 정치를 따르는 개혁교회의 제5차 연맹 총회가 열렸을 때입니다. 이 회의에서 바빙크는 "공동체와 민족의 도덕적이고 종교적인 상태에 미친 개신교 종교개혁의 영향"이라는 방대한 제목으로 기조연설을 했습니다.[3] 1년이 채 되기 전인 11월 9일에서 11일에 걸친 암스테르담에서 열린 제1차 사회학회에서 바빙크는 당시에 "사회적 질문" 으로 언급되었던 주제에 대해서 이렇게 포괄적이고 통찰력이 있는 제목으로 이루어진 토론 문서를 제시했습니다. "성경에 따라 사회 문제의 해결책을 지배하는 일반적인 원리는 무엇인가? 그리고 모세 율법에서 이스라엘 백성을 위해 주어진 이런 원리의 구체적인 적용에서 이런 사회 문제의 해결책으로 무엇이 제시되는가?"[4] 이 두 제목은 우리에게 바빙크에 대해 많은 점을 말해 줍니다. 바빙크의 신앙과 깊고도 보편적이며 개혁주의적인 기독교의 전망에 대해 말입니다.[5]

네덜란드 개혁주의 번역회(The Dutch Reformed Translation society)는 네

부록 A에 있듯이 바빙크의 동생인 C. B. 바빙크에 의해 쓰여졌다.

3) 이 연설은 녹취되었다. The Proceedings of the Fifth General Council of the Alliance of Reformed Churches holding the Presbyterian System (London: Publication Committee of the Presbyterian Church of England, 1892), 48 - 55.

4) "Welke algemeene beginselen beheerschen, volgens de H. Schrift, de oplossing der sociale quaestie, en welke vingerwijzing voor de oplossing ligt in de concrete toepassing, welke deze beginselen voor Israel in Mozaïsch recht gevonden hebben?" in Proces-verbaal van het Sociaal Congres, Amsterdam, November 9 - 12, 1891 (Amsterdam: Höveker en Zoon, 1892), 149 - 57. 이 대회는 아브라함 카이퍼(Abraham Kuyper)의 "빈곤의 문제"라는 유명한 연설을 했던 대회다. 이 연설은 이후 출판되었다. The Problem of Poverty (Grand Rapids: Baker Academic, 1991). 같은 해에 교황 레오 13세(Leo XIII)는 『새로운 사태』(Rerum novarum)라는 회칙을 반포했다.

5) 이 표현에 대해서는 한 편의 논문에서 바빙크의 전망이 완전히 표현되었다. "The Catholicity of Christianity and the Church," trans. J. Bolt, Calvin Theological Journal 27 (1992): 220 - 51.

덜란드 개혁주의의 신앙 고백적이고 신학적인 전통이 현대 세계에서 소통되는 주 언어로 번역될 수 있다면 전 세계 교회에 복이 되리라고 믿는 사람들에 의해 1994년에 세워졌습니다. 첫 번째 과제는 가장 위대한 네덜란드 개혁 신학자의 대작을 번역하는 일이었습니다. 바빙크의 4권으로 된 『개혁교의학』 (Reformed Dogmatics)은 그런 바람에서 영어로 번역되었습니다. 그리고 이 번역 작업은 전 세계 교회로 이어졌습니다. 『개혁교의학』은 이제 한국어, 포르투갈어, 인도네시아어, 이탈리아어로 번역되고 있습니다. 신학자로서 바빙크의 비범한 재능은 책이 쓰인 지 약 백 년이 지났지만 『개혁교의학』이 시대에 맞게 남아 있으며 21세기 초에 교회가 직면한 문제에 직접적으로 응답한다는 사실에서 나타납니다.

이 논문집은 좋은 신학이 개인의 경건과 신앙의 사적인 문제에 제한되지 않고 본질적으로 공적 차원을 가진다는 점을 드러냅니다. 그리스도의 사역을 통해 우리를 구원하고, 성령의 능력있는 사역으로 그리스도의 몸, 하나님의 백성으로 우리를 연합하게 하시는 삼위일체 하나님은 하늘과 땅의 창조주 하나님과 동일합니다. 우리는 삼위일체 하나님의 경륜에서 다른 사역을 구분할 수 있지만 그 사역을 절대로 분리할 수 없습니다. 구원은 우리를 창조 밖으로 데려가지도, 창조 너머로 들어 올리지도 않습니다. 그러나 구원은 창조의 깨어짐을 치료하고 회복합니다. 신학적 용어로, 은혜는 자연이 아니라 죄를 반대합니다. 은혜는 자연을 파괴하지 않고 자연을 회복합니다.[6]

이 주장은 창조를 이해하는 열쇠로서 성경 계시의 필요성을 어떤 방식으로든 축소하지 않으면서 하나님의 계시로서의 창조를 진지하게 받아들이려

---

6) 자연과 은혜의 관계에 대한 바빙크의 뛰어난 개혁주의적 이해는 다음 논문에서 훌륭하게 요약되어 있다. Jan Veenhof, "Nature and Grace in Bavinck," trans. Al Wolters, Pro Rege (June 2006): 10–31.

는 주장입니다. 이 주장은 종교와 교육과 과학과 사회의 문제를 다루는 바빙크의 글의 특징입니다. 이 서론의 나머지에서 저는 이 책에 있는 15편의 논문에서 반복되는 긴밀하게 연결된 네 가지 주제를 간략하게 강조하고자 합니다. 그 네 가지 주제는 성경적 신앙과 계시와 종교, 기독교와 자연 과학, 기독교와 인간 과학, 기독교와 정치학/사회 윤리학입니다.

예를 들면, 20세기의 카를 바르트(Karl Barth)와는 다르게, 바빙크는 형식적인 단계에서 모든 종교의 특징을 공유하는 한 **종교**로서 기독교를 생각하는 것에 대해 어떤 거리낌도 없습니다. 특히 계시와 신앙의 현상은 모든 사람의 종교 생활에서 공통적입니다(1장). 인간 인격의 중심에서 모든 우리의 기능과 다양한 표현을 통합하는 것은 성경이 **마음**이라고 부르는 것, 즉 종교의 씨앗(semen religionis) 또는 신에 대한 감각(sensus divinitatis)이 있는 장소입니다. 바빙크의 글에서 하나님은 모든 사람에게 나타납니다. 세계는 하나님의 영광의 극장입니다. 인간 마음은 은혜로 작동하는 믿음으로 혹은 변명할 수 없는 불신으로 응답합니다. 그렇지만 응답을 피할 수 없습니다. 우리 인간은 도망칠 수도 없고 구제할 수도 없을 정도로 종교적입니다.

기독교에서 독특한 점은 기독교가 우리에게 예수 그리스도 안에서 은혜의 소식으로 온다는 사실입니다. 그리스도인은 일반적인 하나님에 대해 어떤 것을 알뿐만 아니라 복음 안에서 약속된 모든 것을 믿기도 합니다. 기독교 신앙은 주관적 감정 또는 도덕적 행위의 문제가 아닙니다. 기독교 신앙은 성경의 계시에서 주어진 예수 그리스도의 인격과 사역 안에서 계시된 한 분 참된 하나님의 구원하는 **지식**에 대한 확실한 신뢰입니다.

이 사실에서 기독교의 본질(2장)이 종교적 경험에서 발견될 수 없다는 사실이 따라옵니다. 이런 종교적 경험이 역사적 예수(슐라이어마허 [Schleiermacher], 하르낙[Harnack])의 경험에서, 또는 역사적 예수를 개념으로 환원시키는 것에서(슈트라우스[Strauss], 헤겔[Hegel]), 또는 그리스도와 같은 도덕적 행위에서(칸트[Kant], 리츨[Ritschl]) 추구된다고 해도 말입니다. 그렇습니다! 기독교의 본질은 신자가 그리스도의 인격과 사역에서 예수 그리스도가 길이요, 진리요, 생명이라는 사실을 인정할 때만 발견됩니다. 기독교의 본질은 우리가 복음의 메시지 그 자체의 중심과 핵심인 우리 신앙의 주체이자 객체가 되는 그리스도를 알 때만 발견됩니다. 그때 우리는 그리스도인이 됩니다. 이 사실이 문제의 본질입니다.

두 가지 부가적인 요소가 이 사실에서 유도됩니다. 종교 철학(1장)과 종교 심리학(4, 9, 10, 11장)을 포함하는 종교 연구는 기독교 신학에 유용하며 중요한 통찰을 줍니다. 그렇지만 기독교 신학은 종교 연구(3장)와는 명확히 구별되어야 하며 종교 연구로 섞이지 않습니다. 이 논문들에서 바빙크는 이런 문제에서 최근의 학계에 대해 비상할 정도로 박식함을 보이며, 또한 자기 나라와 유럽에서 더 폭넓게 일어났던 일을 매우 정치적이고 문화적으로 인식합니다. 의지와 지성(11장)의 관계, 무의식(10장), 교육과 교육학(12, 13장)과 같은 문제에 대한 바빙크의 관찰과 통찰은 오늘날에도 우리를 난처하게 하는 중요한 문제에 있어서 매우 중요한 서론으로 간직됩니다.

한 신학자가 최소한 알리라 기대조차 할 수 없는 주제들, 즉 아름다움과 미학(14장)은 말할 필요도 없고, 심리학과 교육학이라는 인간 학문(Geisteswissenschaften)뿐만 아니라 자연 과학도 바빙크의 유능한 손길을 거쳐 심도 있게 다루어집니다. 바빙크는 진화와 발달(6장)을 직접적으로 다룹니다. 이 논의는 그리스도인이 여전히 답해야 할 오늘날의 논의를 어떤 식으로 구성해야 하는지에 대한 유용한 지표가 됩니다. 더해서, 바빙크는 식민지 교육의 모든 것(5장)에서 문제의 정치적 측면으로부터 기독교와 자연 과학의 주제를 뚜렷이 다루는 법을 제시합니다. 매우 복잡한 과학적이고 정치적인 문제를 심오하고 철저히 다루는 일은 네덜란드 의회의 상원 의원으로서 바빙크의 공적인 경력이 이 모든 일을 보다 뚜렷하게 만들었다는 사실을 반영하기도 합니다. 우리가 정치적이고 과학적인 수사학의 일부로서 익숙한 그런 종류의 배려하고 정보가 가득 찬 연설은 아닙니다. 우리에게는 슬픈 일이지만 말입니다.

우리에게 가장 도전이 되고, 아마도 제가 판단하기로는 잠재적으로 가장 가치가 있는 논문은 7, 8, 15장에 있는 세 편의 사회정치적 논문입니다. 장(칼뱅[Calvin]과 루소[Rousseau])이라 불린 두 명의 제네바의 개혁자를 다루는 것은 특히 평등의 개념에서 우리 동시대의 진부한 개념에 대한 흥미진진하고, 유익하며, 심오한 도전입니다. 이 논문에서 도발 받을 준비를 하기를 바랍니다. 성경적인 심오함과 건전한 추론에 주목하기 바랍니다. 여기서도 바빙크가 다루는 문제는 지금도 여전히 우리의 문제이기도 합니다. 우리가 부족한 점은 바빙크가 상당한 정도로 누렸던 그런 성경적 지혜와 역사적 인식입니다. 우리는 이제 그런 점을 영어로도 공유할 수 있는 복을 받았습니다.

영어권 독자는 네덜란드 개혁주의 번역회와 베이커 아카데믹 출판사(Baker Academic)에 감사를 표할 수 있을 것입니다. 사회 철학자로서 바빙크의 풍부한 묘사에 대해, 심리학과 교육학의 최근의 발전에 정통했던 바빙크에 대해, 자기 시대의 정신과 정신들을 문화적으로 조정했던 바빙크에 대해 말입니다. 바빙크는 실제로 『개혁교의학』을 썼던 대가의 반열에 오른 신학자였으며 당연히 그 책으로 인해 유명해졌습니다. 그렇지만 바빙크는 또한 이런 논문이 보여주는 것처럼 『개혁교의학』이 준 유명함 이상으로 더 유명해져야 했습니다. 감사는 번역자 해리 분스트라(Harry Boonstra)와 게릿 시어스(Gerrit Sheeres)의 유능한 작업 덕분이기도 합니다. 이 책을 번역하는 데 분스트라와 시어스의 프랑스어와 독일어 뿐만 아니라 네덜란드어와 영어의 유창함이 요구되었습니다. 분스트라는 1-3장과 11-15장의 번역자입니다. 시어스는 4-10장의 번역자입니다. 분스트라와 시어스는 또한 서로의 작업을 정확하고 일관되게 하기 위해 검토했습니다. 헤르만 바빙크의 동생인 C. B. 바빙크의 원문 서론은 편집자가 번역했습니다. 편집자는 각주를 21세기 표준에 따라 최신화했으며 가능하다면 오자를 교정하기도 했습니다. 일부 경우에서 모호한 논문집에 대한 참고문헌을 완전히 추적하고 확인하는 일이 불가능했습니다. 이런 경우는 원문 그대로에 별표(*)를 해서 남겨두었습니다. 바빙크 자신의 각주에 더해서 편집자의 부가적인 설명 각주는 명확히 표시되었습니다. 너덜란드판 원문의 페이지 수는 본문에서 대괄호로 처리했습니다.

바빙크의 사상은 30년간 학계와 교회에서 저의 동반자가 되어왔습니다. 이런 일은 진귀한 특권이었습니다. 저는 감사와 기쁨으로 이 논문집을 더 넓은 독자에게 전달하고 많은 사람을 복되게 한 이 일을 가능하게 한 사람들과 함께합니다.

그랜드 래피즈에서
주후 2007년
존 볼트

헤르만 바빙크

헨리 엘리아스 도스꺼(Henry Elias Dosker)가 보내는 추도사

근래 칼뱅주의의 위대한 지도자 모두 비교적 짧은 시간에 떠나갔습니다. 성경 변증에 그토록 강력한 타격을 가했던 엄격한 스코틀랜드인 제임스 오어(James Orr) 박사가 떠났습니다. 사람들의 독보적인 지도자였고, 최고의 천재였으며, 전 세계가 인정했지만 믿음에서는 어린 아이처럼 단순했던 카이퍼(Kuyper) 박사가 떠났습니다. 교사로서 상당했고, 학생과 작가로서 지칠 줄을 몰랐으며, 불굴의 믿음을 지켰고, 미국 칼뱅주의의 모든 지도자 중에서 가장 위대했던 B. B. 워필드(Warfield) 박사가 떠났습니다. 그리고 마지막으로 떠났지만 조금도 뒤처지지 않는 헤르만 바빙크 박사가 1921년 8월 2일에 암스테르담에 묻혔습니다. 바빙크의 깊은 연구, 지칠 줄 모르는 연구, 끝없는 지평, 광범위한 관심, 휘몰아치는 수사법은 네덜란드 개혁교회의 자부심이 되었으며 전 세계 칼뱅주의의 지도자가 되게 했습니다.

---

* 이 글의 원문은 일부 사소한 문체의 변화를 제외한 채 다음 논문집에 수록되어 있다. *Princeton Theological Review* 20, no. 3 (1922): 448 – 64. 이 논문은 온라인에서도 볼 수 있다. http://scdc.library.ptsem.edu/mets/mets. aspx?src=BR1922203&div=5&img=1 (2007년 8월 11일 접속).

이 모든 위대한 학자와 지도자 중에서도 바빙크의 학문은 아마도 가장 방대하고 기술적으로 가장 완벽했을 것입니다. 그렇지만 카이퍼와 바빙크 사이에서 또는 바빙크와 워필드 사이에서 적절하거나 신뢰할 만한 비교를 하는 것은 최소한 이 시간의 간극을 생각한다면 불가능합니다. 관점의 법칙이 이 비교를 금지합니다. 각 사람은 고유한 장점과 고유한 한계를 가지고 있었습니다. 이 인물들 사이의 누구도 다른 사람의 자리를 차지할 수 없습니다. 우리는 카이퍼가 신학에 대해 잘 정돈된 대표작을 남겼다면 우리 입장을 더 확실하게 할 수 있었을 것입니다. 카이퍼의 정신은 그렇게 하고자 했지만, 그 작업을 이루지 못했습니다. 워필드 박사도 마찬가지입니다. 따라서 비교할 실제 자료(data comparationis)가 부족합니다.

루터(Luther)와 멜란히톤(Melanchthon)이 독일 종교개혁에서 했던 일은 카이퍼와 바빙크가 네덜란드의 신칼뱅주의 시기에 했던 일입니다. 각 사람은 서로가 부족했던 부분을 보완했습니다. 그리고 두 사람은 우리와 분리된 거리가 멀어지는 만큼 광채를 더해 더 빛날 것입니다.

헤르만 바빙크는 제 평생지기 친구였습니다. 그리고 저는 바빙크에 대한 기억에 바치는 한 친구의 추도사가 되기를 바라는 생각으로 이 간단한 글을 썼습니다. 우리는 즈볼러(Zwolle)의 김나지움에서 함께 공부했고 1873년에 헤어졌습니다. 그러나 우정의 끈은 끊어지지 않았습니다. 거의 50년 세월 전체에서, 바빙크가 죽을 때까지도 우리는 연락했고, 계속 방문했으며, 대서양 양편에서 우리의 우정을 깊어가게 했습니다. 이 사실과는 별개로 저는 바빙크의 글의 변함없는 독자였고 바빙크가 제 개인교사이자 제 친구라는 사실을 기쁘게 인정합니다. 제가 진정으로 위대한 사람의 인생에 대한 이런 간단한 글을 쓰는 작업에 착수하면서 든 생각은 펜을 조금 놀려서 바빙크의 삶을 새기고 나서 신학자로서 바빙크의 특징을 분석하고자 시도하는 것이 제일 낫겠다는 생각입니다. 바빙크의 인격과 작업의 방법론과 다양한 관심에 대해 말입니다.

이생에서 아무도 바빙크와 나란히 서지 못합니다. 우리 핏속에 들끓고 투쟁하는 것은 이전 세대가 우리에게 물려준 것처럼 무수한 육체적이고 지적인 특성입니다. 저는 혈통의 관점에서 볼 때 어떤 측면에서 바빙크 박사가 수수께끼라는 사실을 즉시 인정합니다. 바빙크는 자기 부모님과 매우 닮았기도 하면서도 완전히 달랐습니다. 바빙크의 아버지이신 얀 바빙크(Jan Bavinck) 목사님은 1826년에 하노버의 벤트하임에서 출생했습니다. 바빙크의 어머니이신 헤지나 마흐텔레나 홀란트(Gesina Magdalena Holland)는 드렌테의 지방인 프리전페인에서 출생했습니다. 얀 바빙크는 1834년에 국가교회에서 분리했던 홀란트 자유교회의 설립자 중 한 사람은 아니지만, 그 후예 중 한 사람이었습니다. 벤트하임의 소수의 박해받고 괴롭힘당했던 분리주의자에 의해 신학 교육을 받고자 홀란트로 보냄을 받았던 얀 바빙크는 놀랄만한 학생이었음에 틀림이 없습니다. 그리고 얀 바빙크는 또한 라틴어, 헬라어, 히브리어 수업을 들었던 호허페인에 있는 작은 신학교에서 일찍이 상당한 유익을 누렸을 것입니다. 그리고 얀 바빙크는 상당한 라틴어 전문가였을 것입니다. 왜냐하면 수년 후에 얀 바빙크는 『순수 신학 통론』(Synopsis purioris, 1880)의 마지막 개정을 담당했기 때문입니다. 얀 바빙크의 아들이 말하듯이 "많은 교정을 했습니다."

가는 곳마다 얀 바빙크는 항상 교사였습니다. 얀 바빙크는 완벽하게 가르치는 일에 대한 사랑(amor docendi)을 가졌습니다. 얀 바빙크는 가장 환영할 만한 교사임을 증명했습니다. 얀 바빙크가 호허페인에 갔을 때 자신이 졸업했던 곳에서 교장이자 부강사로서 일하는 W. A. 콕(Kok) 목사를 보조했습니다. 그리고 1854년에 자유 교회의 교육적 관심이 통합되고 더 자부심이 강한 교육기관이 설립되었을 때 얀 바빙크는 처음 교수로 총회에서 임명되었습니다. 얀 바빙크의 타고난 겸손이었을까요? 아니면 자기가 가진 능력을 과소평가했을까요? 사자가 보는 방식처럼 사물을 비관적으로 보는 관점을 자기의 아들인 그 저명한 바빙크도 물려받았을까요? 누가 우리에게 말할 수 있겠습니까? 얀 바빙크는 제비뽑기로 그 문제를 해결하게 했으며 그 제안을 거절했습니다.

저는 바빙크 박사의 부모님을 가까이 알고 있습니다. 바빙크 박사의 부모님은 자기가 속한 환경의 전형이었으며 초기 분리교회의 모든 청교도적이고 종종 편협한 개념과 이상을 간직했습니다. 바빙크 박사 부모님의 검소하며 거의 금욕적이기까지 한 생활양식은 독일인들이 문화에 대한 적개심(Kulturfeindlichkeit)이라고 부르는 것을 보여줬습니다. 바빙크 박사의 부모님은 잔소리보다 모범을 보이면서, 자녀를 가르치는 중심에 있어서 경건했습니다. 바빙크의 어머니는 자신의 생각에 굉장히 명쾌한 통찰력을 가졌으며 그 생각을 표현하는 것을 두려워하지 않았습니다. 바빙크의 아버지는 조심스러웠고, 어렵게 자랐지만 보기 드문 능력을 분명히 보여주었습니다. 그런 인물이 헤르만 바빙크 박사의 부모님이었습니다. 설교단은 바빙크의 아버지의 왕좌였습니다. 그리고 설교단에서 바빙크의 아버지는 자기 아들이 한때 자기가 듣기에는 "건전한 신비주의"라고 표현했던 바를 보여주었습니다. 바빙크의 아버지는 시온에게 어떻게 "편안히 말하는지"를 알았습니다. 따라서 그 위대한 아들이 이후 구분했던 정신과 마음과 지성의 많은 자질을 부모님으로부터 분명히 물려받았습니다. 그러나 제가 말했듯이 많은 측면에서 바빙크는 자신의 부모님과는 달랐습니다.

헤르만 바빙크는 유명 인사의 사립 교육 기관인 하설만 학교에서 어릴 때 교육 받았습니다. 1870년에 바빙크의 형제와 바빙크는 즈볼러의 김나지움에 들어갔습니다. 그 김나지움에는 회심한 유대인이자 유명한 헬라어 전문가인 E. 멜러(Mehler)가 교장으로 있었습니다. 졸업 후 바빙크는 깜폔 신학교에서 1년을 보냈습니다. 그리고는 저항할 수 없는 충격에 순응하면서, 일반적이면서 극심한 반대에도 불구하고 정규 대학 교육을 받기를 원했습니다. 대담한 행동이었습니다. 모든 장소 중에서도 바빙크는 유명한 꾸우는(Kuenen) 박사가 있는 레이든으로 갔습니다. 꾸우는 박사는 19세기의 가장 영향력이 있는 고등 비평 학자였고 이후에 주임 교수가 되었습니다. J. H. 스홀튼(Scholten) 박사도 레이든에 있었습니다. 스홀튼 박사는 이성, 결정론, 일원론을 주요 기둥으로 삼는 개혁신학의 새로운 체계의 창안자였습니다. 그러나 스홀튼의 전성기는 지나갔으며 더 이상 예전처럼 학생의 마음을 흔들지 않았습니다. 스홀튼의 시기는 지는 해였습니다. 분리파의 최대의 적인 프린스(Prins)와 현대주의의 아버지 중 한 사람인 라우언호프(Rauwenhoff)가 레이든에 있었습니다. 틸러(Tiele)와 오르트(Oort), 드 후예(de Goeje)와 드 프리스(de Vries), 라틴어 전문가 플라위헤르스(Pluygers)와 놀라운 헬라어 학자 코벳(Cobet)도 레이든에 있었습니다.

분리교회의 아들에게 얼마나 좋은 환경일까요! 그럼에도 바빙크는 개혁파 교리의 오래된 간단한 믿음에 아주 철저히 기초를 두고 있었습니다! 그러면서 바빙크는 진리를 추구했습니다. 하나님의 지혜로운 계획에서 이 환경과 교육은 바빙크의 삶의 과업에 적합했습니다. 그렇지만 바빙크는 레이든에서 많은 격심한 투쟁을 했습니다. 특히 "황금의 심장"을 가진 꾸우는은 바빙크의 교수 중에서도 바빙크의 우상이었습니다. 저는 진지한 의심과 질문과 논쟁의 설명을 담은 이 시기의 바빙크의 편지를 기억합니다. 그렇지만 이 모든 투쟁만이 바빙크의 신앙을 시험했고 정결하게 했습니다. 바빙크는 모든 교사에게서 사랑을 받으면서 『츠빙글리의 윤리학』(The Ethics of Zwingli)이라는 박사학위 논문을 쓴 후 1880년 6월 10일에 신학 박사 학위를 받아 대학을 떠났습니다. 이 논문의 절대적인 공정함과 객관성은 바빙크의 이후 삶에서 많은 요소를 설명합니다. 이후 바빙크의 글 중 어디서도 꾸우는의 잠재의식에 대한 영향은 없다는 사실이 확실합니다. 물론 꾸우는의 타협하지 않는 반(反)초자연주의는 없지만, 학문적 방법론만이 있습니다. 이 사실에서 명백히 느껴지는 것처럼 바빙크는 접근의 방법론과 주제를 다루는 방식 모두에서 꾸우는을 따랐습니다.

레이든에서 바빙크가 얻은 유익 중 가장 가치 있는 유익은 동료 학생 스눅 후르흐론여(Snouck Hurgronje)와 평생 이어진 우정이었습니다. 후르흐론여는 이후에 저명한 셈어 학자가 되었습니다. 1906년에는 레이든 대학에서 아랍어 교수로서 드 후예의 후임이 되었습니다. 그리고는 메카의 성역에 변장해서 침입하는 데 성공했고 살아남았던 일화로 많은 그리스도인에게 유명한 인물로 잘 알려졌습니다. 바빙크와 후르흐론여는 서로를 보완했습니다. 학창 시절 내내 바빙크와 후르흐론여는 다윗과 요나단과 같았습니다. 바빙크와 후르흐론여 사이의 우정은 바빙크의 최근의[1921년의] 죽음으로만 깨어졌습니다.

깜픈에 돌아와서 바빙크 박사는 곧바로 신학교 이사회의 검증을 받아야 했습니다. 바빙크가 받은 대학 교육 때문에 이런 검증은 당연히 일반적인 경우보다 주의 깊게 이루어졌습니다. 그렇지만 바빙크는 우등으로 통과했습니다. 바빙크가 가는 곳마다, 죽기까지 바빙크는 1834년의 분리교회의 충실한 아들로 남았습니다.

2년이라는 짧은 시간 동안 바빙크는 자기 인생에서 단순한 일화가 될 프라너꺼르 교회의 목사가 되었습니다. 바빙크는 최근에 설립된 암스테르담 자유대학교의 임용 제안을 두 번 연속으로 거부했습니다. 왜냐하면 바빙크가 스스로를 미움을 받는 "분리자"로 완전히 알려지기로 했기 때문입니다. 프라너꺼르에서 보낸 2년은 황금기였습니다. 프라너꺼르에서 바빙크는 설교의 기교에 완전히 숙달했습니다. 바빙크는 대중의 관점과 목회의 실천적인 측면을 이해하는 법을 배웠습니다. 교회당은 항상 문전성시를 이루었습니다. 왜냐하면 사람들이 바빙크에게 듣고자 먼 거리를 달려왔기 때문입니다. 바빙크가 실제로 훌륭한 설교자였다는 사실은 조금 놀랍습니다. 하나님의 말씀에 대한 놀라운 분석의 깊이와 가장 심오한 경외로 바빙크는 자신만의 진귀한 단순함과 격정적인 웅변을 발했습니다.

1882년 총회는 바빙크 박사를 깜픈신학교 교의학의 공석에 임명했습니다. 바빙크는 이 제안을 받아들였고 1883년 1월 10일에 일을 시작했습니다. 이 날에 신학의 원리와 내용과 목적을 규정하는 『거룩한 신학의 학문』(The Science of Sacred Theology)이라는 취임연설을 했습니다. 이 연설은 고요한 주목을 받으면서 알려졌습니다. 이 연설은 신학교와 교회의 역사의 새로운 중요성을 강타했습니다. 이 연설은 새로운 시대의 새벽을 알렸습니다. 그리고 모든 눈이 성장주인 바빙크에게 고정되었습니다. 카이퍼 박사는 (1883년 1월 21일자) 『드 헤라우트』(De Heraut)에서 이렇게 말했습니다. "이제 이 연설은 진정한 학문적 개혁신학을 보여준다. 여기서 첫 번째 원리는 다시 정확히 시작된다. 여기서 훌륭한 발전으로 이끌 수 있는 길이 만들어졌다. … 나는 이 연설처럼 처음부터 끝까지 그토록 한눈팔지 않고 관심을 가지면서 논문을 읽은 적은 거의 없었다." 그리고 그 위대한 지도자는 미래를 과장하지도 오산하지도 않았습니다. 이후 20년간 바빙크 박사는 신학교의 정신이었습니다. 꾸우는은 한 때 레이든으로 알려졌습니다. "레이든은 스홀튼입니다." 이제 20년간 "바빙크는 깜픈이었습니다." 바빙크에게 고동치는 심장, 저항할 수 없는 역동성, 교육의 전체 수준을 평범하고 완전히 실용적인 영역을 학문적 관념론의 이론적 영역으로 끌어올리는 것이 있었습니다. 모든 교사가 이 영향력을 체감했습니다. 이후 오는 모든 사람은 바빙크라는 새로운 양상이 있었던 이후에 가능한 한 많이 바빙크를 모방하고자 했습니다. 학교 전체는 이 아틀라스 같은 거인의 어깨에 올라탔습니다. 오늘날 하나님 아래에 깜폰이 빚지고 있는 것은 바빙크의 존재와 영향입니다.

바빙크는 당연히 학생의 영웅이었습니다. 이 글을 쓰는 동안에도 제 앞에는 수많은 증언 다발이 놓여있습니다. 너무 길어서 인용을 할 수 없을 정도입니다. 바빙크의 전성기에서 수업을 들었던 학생이 교사로서 보기 드문 능력과 영감을 주는 능력에 대해 쓴 간증입니다. 바빙크는 깜폰에서 일을 시작했을 때 35세에 불과했습니다. 그렇지만 바빙크는 젊지만 지혜로운 사람이었습니다. 바빙크는 놀라울 정도로 깊고 넓게 읽었습니다. 바빙크가 출판했던 작품 전체가 나타내듯이 말입니다. 이런 결실이 많았던 깜폰 시절 동안 바빙크는 자신의 최고 걸작인 『개혁교의학(Reformed Dogmatics)』의 첫 번째 판을 저술하고 출판했습니다. 이 책은 이후에 바빙크가 암스테르담에서 일했던 시기에 4권으로 확장되고 재출판되었습니다. 바빙크의 인생은 낭비되는 순간이 없었습니다. 바빙크는 거의 견딜 수 없을 정도로 많은 업무의 짐을 지고 비틀거리면서도 다양한 주제에 대한 소논문을 끊임없이 썼습니다. 결국 바빙크가 그 짐 아래 깊숙이 빠졌지만, 오히려 그 일이 바빙크를 그토록 오랫동안 지탱했다는 사실은 놀랍지 않습니다.

바빙크의 대학 교육은 그를 좁은 관례에서 일으켜서 자기 교회 사역의 거의 전체뿐만 아니라 교회의 교인 중 많은 사람도 움직이게 했습니다. 교인의 세계관(Weltanschauung)은 실천적으로는 문화적이고, 사회적이고, 철학적인 측면에서 세계에서 분리됨으로 강함을 추구했던 옛 네덜란드 재세례파에서 온 것이었습니다. 그리고 바빙크 박사는 이 사람들에게 흰 까마귀였습니다.

바빙크 박사는 다르게 옷 입었고, 다르게 말했으며, 다르게 가르쳤습니다. 바빙크는 동떨어진 사람이었습니다. 바로 이 점이 바빙크의 학생을 매료시켰고 바빙크를 교회의 문화적 진보에서 그토록 강력한 한 요소로 만들었습니다. 교회의 문화적 진보는 바빙크가 사랑했던 것이며 이를 위해서 바빙크는 이후 20년간 그토록 근면성실하게 일했습니다.

바빙크는 철저하게 교육받은 정신을 가졌지만, 어린아이의 마음도 가지고 있었습니다. 한 측면에 하나님의 거룩함과 다른 측면에 인간의 죄가 있었습니다. 그리고 이 둘 사이는 영원한 십자가의 신비입니다. 바빙크의 모든 교육과 모든 설교와 모든 작품은 철두철미하게 그리스도 안에서 계시된 하나님의 은혜의 풍부함으로 가득했습니다. 바빙크의 제자 중 한 명은 이렇게 말합니다. "바빙크는 그리스도를 영화롭게 하지 않았던 설교를 한 적이 없다." 한 설교자로서 바빙크는 양식과 본질 모두에서 학생을 위한 꾸준한 모범이 되었습니다. 분리교회의 가장 중요한 설교자이자 최고의 정신을 가진 사람 중 한 사람인 W. H. 히스펀(Gispen) 박사는 바빙크 박사의 설교에 대해 이렇게 말했습니다. "바빙크의 설교는 단순성, 명확성, 개념의 날카로운 정의, 추론의 논리적 과정에서 말할 수 없을 정도로 사람을 사로잡고 끌어당긴다 ... 근본적인 측면과 내용에서 주제에 대한 바빙크의 철저한 이해는 그 주제를 다른 사람에게 매우 쉽고 지적으로 말할 수 있게 한다."

깜폰에서 바빙크는 교의학, 윤리학, 철학, 백과사전, 심리학, 수사학, 논리학, 미학을 가르쳤습니다. 신학교의 인원 부족으로 많은 업무와 다양한 과목에 책임을 져야 했습니다. 어떤 사람은 바빙크가 인생의 이 시기에 어떻게 공부를 해내고 방대한 양의 글을 썼는가에 대해 놀랍니다. 그동안 하나님은 요한나 A. 스키퍼르스(Johanna A. Schippers)를 바빙크에게 아내이자 배우자로 주었습니다. 스키퍼르스는 네덜란드 상류 중산층의 전형적인 대표자의 딸이었으며, 잘 교육받았으며, 바빙크의 승리와 시련을 끝까지 함께 함으로 충분히 바빙크의 편에 설 수 있는 사람이었습니다. 이제 바빙크는 성숙한 남성의 완전한 감격에 도취했고, 자기가 선택한 분야에서 인정받는 권위자가 되었으며, 자기 작품을 통해 멀리 그리고 널리 알려졌으며, 카이퍼 박사라는 한 인물을 제외하고서는 네덜란드 자유교회의 가장 폭넓게 인정받는 지도자가 되었습니다. 그리고 이제 바빙크의 인생에서 가장 큰 위기가 찾아왔습니다.

카이퍼 박사의 인도로 1886년에 있었던 국가교회의 새로운 분리가 일어났습니다. 이 분리된 교회는 스스로를 십자가 아래에 있는 교회, 애통파(Doleerenden)라고 불렀습니다. 이 교회는 1834년의 자유교회와 통합을 원했습니다. 목회 훈련은 문제 전체의 핵심으로 증명되었습니다. 그런 훈련이 교회의 통제에서 벗어나야 합니까? 아니면 그런 훈련이 교회의 통제에 있어야합니까? 우리에게 답은 쉬워 보입니다. 그렇지만 대학에서 교육받은 네덜란드인에게는 그렇지 않았습니다. 이 질문에 대한 바빙크의 입장은 자기 경험에 따라서 이미 결정되었습니다. 바빙크는 학문 연구의 자유를 사랑했고 교회의 권리가 어떤 요구를 할 수 있는지 의심했습니다. 종교개혁 시대의 교회의 설립자들이 절대 꿈꾸지 않았을 요구를 말입니다. 그렇지만 바빙크는 또한 자기 교회를 사랑했고 그래서 가장 어려운 입장에 있었습니다. 저는 이 위기에 대해 완전히 논의할 시간도 여백도 없습니다. 이 일이 바빙크의 이후의 경력에 결정적이었다고 말하는 것으로 충분합니다. 동료이자 절친한 친구인 페트루스 비스떠르펠트(Petrus Biesterveld)와 함께 바빙크는 암스테르담 자유대학교에 부름을 받았고 두 명 모두 받아들여졌습니다. 그렇게 바빙크는 자기 인생의 전성기를 보냈던 깜픈 신학교를 떠나 완전히 새로운 영역에서 일을 시작했습니다.

이 20년간 바빙크는 끊임없이 일했습니다. 바빙크가 편집했던 『순수 신학

통론』(Synopsis purioris theologiae)의 제6판이 출판된 이듬해에 자신의 박사 학위 논문인 『츠빙글리의 윤리학』을 (1880년에) 출판했습니다. 1883년에 바빙크는 『거룩한 신학의 학문』을 출판했습니다. 1884년에는 『샹뜨삐 드 라 소세이 박사의 신학』(The Theology of Doctor Chantepie de la Saussaye)을 출판했습니다. 1888년에는 『기독교와 교회의 보편성』(The Catholicity of Christianity and of the Church)을 출판했습니다. 1889년에는 말하는 기술에 대한 논문인 『웅변술』(Eloquence)을 출판했습니다. 1894년에는 『일반 은총』(Common Grace)을 출판했습니다. 1895년에는 (이제는 제3판이 된) 『개혁교의학』을 출판했습니다. 1897년에는 『심리학의 원리』(Principles of Psychology)를 출판했습니다. 1901년에는 그리스도인에 대한 실천적이고 경험적인 논문인 『찬송의 제사』(The Sacrifice of Prayer)를 출판했습니다. 또한 1901년에는 『창조인가 진화인가』(Creation or Evolution)를 출판했습니다.[7] 이외에도 바빙크는 많은 짧은 글을 썼으며, 한동안은 교단 학술지인 『드 바자윈』(de Bazuin, 클라리온 나팔)을 편집했고, 카이퍼 박사와 루트허르스(Rutgers) 박사와 함께 어법을 순화하고 현대화한 성경의 개정판을 준비하기도 했습니다. 깜픈을 떠날 때 바빙크는 자신이 한때 가졌던 가장 달콤한 기억을 가지고 갔습니다. 바빙크의 친구가 이렇게 묘사했듯이 "바빙크의 인생의 영광스러운 시기"였습니다.

자유대학교에서 바빙크는 카이퍼 박사를 뒤이었습니다. 바빙크 박사가 대단했지만, 자신의 전임자인 카이퍼의 재능과 완전히 다른 재능을 가지고 있었기 때문에 그 재능을 유지할 수 있었습니다. 다시 말해 카이퍼와 바빙크라는 두 위대한 지도자를 비교하는 것은 실천적으로 불가능합니다. 이런 비

---

7) 편집자 주: 영역본은 다음과 같다. *Creation or Development*, trans. J. Hendrik de Vries (1901).

교는 이후에 이루어질 수 있습니다. 아니면 이런 비교는 영원히 불가능할 수도 있습니다. 많이 망설여지지만, 이 말만은 할 수 있습니다. 저는 수년간 바빙크와 카이퍼의 글을 읽어왔습니다. 저는 바빙크와 카이퍼 모두를 똑같이 존경합니다. 그리고 저는 많은 점에서 바빙크와 카이퍼 모두에게 큰 빚을 지고 있다고 생각합니다. 그렇지만 제게는 정확한 학문의 범위에 있어서 바빙크 박사는 카이퍼 박사를 능가했던 것처럼 보입니다. 카이퍼 박사는 정확한 결론을 주고 대담한 어조로 말한 점에서는 바빙크 박사를 능가했지만 말입니다. 바빙크는 고르디우스의 어려운 매듭을 부드럽게 풀고자 합니다. 카이퍼는 자신의 예리한 칼로 육중한 일격을 통해 그 매듭을 자르고자 합니다. 판단할 자격이 있는 사람은 이렇게 말합니다. "바빙크는 아리스토텔레스주의자였지만, 카이퍼는 플라톤주의 정신을 가졌다. 바빙크는 명확한 생각을 가진 사람이었지만, 카이퍼는 빛나는 생각을 가진 사람이었다. 바빙크는 역사적 자료를 발판으로 삼았다. 카이퍼는 직관적으로 인식된 생각으로 추측했다. 바빙크는 원리적으로 귀납적으로 생각했다. 카이퍼는 원리적으로 연역적으로 생각했다."

바빙크와 카이퍼는 얼마나 아름다운 짝입니까! 하나님이 한 교육기관에 그런 두 인물을 거룩한 신학을 위해 가르치게 하는 일은 거의 없습니다. 그렇지만 그토록 많은 사실이 확실합니다. 1902년 암스테르담 자유대학교에 들어가면서 바빙크 박사의 작업은 1882년 깜픈 신학교에 들어갔을 때 했던 일 이상으로 바빙크의 능력에 대한 크나큰 시험이었습니다. 그리고 이렇게 바빙크의 인생의 제2의 전성기가 시작합니다.

1902년 이후에 다른 특징이 바빙크의 편지에서 들린다는 점을 상상하겠습니까? 바빙크가 그 변화를 후회하기라도 했겠습니까? 깜픈을 떠나면서 바빙크는 세월이 지나면서 더 강하게 성장해왔던 두 사랑의 연줄을 끊어야 했

헤르만 바빙크의 현대 사상 해석

습니다. 한 사랑을 끊는 방식에서 바빙크는 변화를 크게 겪었습니다. 다른 사랑을 끊을 때에 바빙크는 어떤 것을 잃었습니다. 깜폰에서 바빙크는 탁월하게 눈에 띄었습니다. 암스테르담에서 바빙크는 분명히 박식한 많은 교사 중한 명이었습니다. 교사 모두가 바빙크가 가졌던 같은 장점을 누리고 있었습니다. 그러나 암스테르담에서 바빙크의 입장은 더 위엄이 있었으며, 바빙크가 영향력을 미치는 영역은 넓어졌습니다. 바빙크의 말은 훨씬 널리 퍼졌습니다. 아르키메데스(Archimedes)는 이렇게 말했습니다. "나에게 지렛대를 주십시오. 그러면 저는 세계를 움직일 겁니다." 얼마나 맞는 말입니까!

1902년 12월 17일 수요일에 바빙크는 『종교와 신학』(Religion and Theology)에 대한 취임사로 암스테르담에서 일을 시작했습니다. 이 취임사는 독자에게 바빙크의 학식의 광대함에 대한 어떤 개념을 주는 그런 종류의 모범이었습니다. 그렇지만 바빙크는 그 때에 말할 때 의자에 앉아야 했다는 사실을 깊이 의식하고 있었습니다. "지난 반세기 동안 하나님이 이 땅에 자기 이름의 교수를 주었습니다. 지난 수년은 가장 풍부한 재능을 가지고 다재다능한 이 사람으로 채워졌습니다." 바빙크의 어깨에 두어진 부담은 무거운 과업이었습니다.

암스테르담에서 바빙크 박사는 교의학과 철학과 윤리학을 가르쳤습니다. 바빙크의 정신은 이제 완연한 성숙에 이르렀습니다. 깜폰에서의 경험은 암스테르담에서도 자기 학생과 동료에게서 생긴 깊은 인상에서 반복되었습니다. 바빙크는 공동체와 나라 전체에서 점차 성장하는 지위가 있는 사람의 집단에서 크게 존경을 받았습니다. 그리고 바빙크의 무르익은 학문은 모두에게 인정받았습니다. 그리고 그의 능력이 성장함에 따라 그의 겸손함도 성장해갔습니다. 최소한 바빙크의 편지는 이 사실을 보여주는 듯합니다. 더욱이 바빙크의 신앙은 이전 이상으로 더 간단하게 성장했습니다. 아마도 그가 말했던 것 중 가장 대단한 말은 자기 집에서 신학 교수로서 25주년 축하 연설의 말미에서 했던 그 간단한 진술이었을 겁니다. "저는 신앙을 지켰습니다." 멋진 말이었습니다! 모든 근원에 깊숙이 잠겨서도, 자신의 것만큼 예리하게 교육받은 정신으로만 가능한 정도로 모든 근거를 판단하면서도, 철학적 논쟁과 신학적 논쟁의 지평 전체를 훑으면서도, 이 간단한 몇 마디를 말할 수 있다는 사실은 말입니다! 그리고 이제 바빙크는 마지막까지 남아 있었습니다. 이 때 바빙크는 제게 썼습니다. "내가 늙어가면서 내 정신은 교의학 연구에서 철학 연구로 가게 하네. 이런 연구에서 연구의 적용으로, 이런 적용에서 나에 대한 세계의 실천적 요구로 가게 하네."

바빙크가 대학에서 가르치기 시작한 해에 동시대의 윤리학에 대한 연구인 『현대의 도덕』(Hedendaagsche moraal)을 출판했습니다. 2년 후에는 『기독교 세계관』(Christian View of the World)과 『기독교적 관점에서 본 학문』(Science from the Christian Standpoint)을 출판했습니다. 또한 이 시기에 자유교회 운동의 변함없는 초석 중 하나였던 기독교 교육에 대한 관심이 깊어지기 시작했습니다. 1904년에 바빙크는 『교육학의 원리』(Pedagogic Principles)를 출판했습니다. 그리고 바빙크는 곧바로 이런 교육적 동기의 주최자 중 최전선에 서게 되었고 교육학에 대해 의심할 여지가 없는 권위를 얻었습니다. 1907년에 바빙크의 진화론에 대한 공정한 논의인 『찬성과 반대』(Pro et contra)가 광범위한 관심을 끌었습니다. 더 적은 분량인 이런 작업 외에도 1907년에는 두 번째 대작 『하나님의 큰 일』(Magnalia Dei)을 출판했습니다. 1년 후에 바빙크는 『계시 철학』(Philosophy of Revelation)을 스톤 강연(Stone Lectures)에서 강의했습니다. 교육 문제에 대한 바빙크의 관심은 끝까지 계속 살아있었습니다. 이 점을 보여주는 책이 『기독교 훈육 안내서』(Manual for Training in the Christian Religion, 1903), 『교사를 위한 훈육』(Training of the

헤르만 바빙크의 현대 사상 해석

Teacher, 1914), 『청소년의 교육』(Education of Adolescents, 1916), 『신교육』(New Education, 1917)입니다. 바빙크의 활발한 삶의 말년에는 『성경적이고 종교적인 심리학』(Biblical and Religious Psychology, 1920)을 출판했습니다. 이렇게 바빙크는 끝까지 주님의 일에 참여했습니다.

전쟁은 바빙크를 크게 시험했습니다. 1918년에 바빙크는 흐느끼듯 읽히는 편지를 썼습니다. 바빙크는 이렇게 말했습니다. "우리 현대 문명은 죽었네. 문명의 평형을 되찾기까지는 1세기가 걸릴 것이네." 모든 곳에서 새로운 문제가 나타났습니다. 가장 강한 반대에 직면하면서 바빙크는 『현대 세계에서의 여성』(Woman in the Modern World, 1918)을 출판할 용기를 얻었습니다. 이 책에서 바빙크는 명확히 여성 참정권을 변호했습니다. 그는 나라의 모든 부분에서 가르치고, 쓰고, 강의하고, 설교하는 일을 계속했습니다. 교육 협의회가 있는 어느 곳에서나 그는 반드시 지도자들 사이에 있었습니다. 총회에서 바빙크의 조언은 최고의 엄중함을 전달했습니다. 그리고 이런 회의 중 하나에서 마지막이 시작되었습니다. 1920년 레이우바르던(Leeuwarden) 총회 중, 탁월한 연설의 말미에, 바빙크가 자기 의자로 넘어지게 되었고 (이로 인해) 회의장을 떠났습니다. 바빙크의 과업은 끝났습니다. 죽음의 손길이었습니다.

몇 달간 바빙크는 치명적인 심장 마비를 견뎠습니다. 그러나 사랑도 의학적 기술도 필연적인 일을 피할 수 없었습니다. 바빙크는 1921년 7월 29일 그리스도 안에서 잠들었습니다. 바빙크가 죽음을 두려워했는가를 묻는다면 바빙크는 말했을 것입니다. "제 교의학도 제 지식도 제게 아무런 쓸모가 없습니다. 그러나 저는 제 신앙을 가지고 있으며, 이 신앙 안에서 저는 모든 것을 가지고 있습니다." 또 다른 때에 바빙크는 이렇게 말했습니다. "저는 한 소망을 가지고 있습니다. 하지만 이 소망은 이루어질 수 없습니다. 그 소망은 이런 일입니다. 제가 하늘의 영광에 들어갈 때 이 세계로 돌아오는 순간이 허락되어 모든 하나님의 백성 앞에서 그리고 하늘의 영광에 대해 세상 앞에서도 증거 하는 것입니다." 바빙크는 하나님의 유순한 아이처럼 살아있는 듯이 죽었습니다. 이제 바빙크는 길고 부지런한 일에서 안식을 누리고 있습니다. 이 낮은 땅에서 바빙크를 휘청이게 했던 수많은 수수께끼는 하나님의 보좌의 빛으로 명백히 밝혀질 것입니다.

육체적으로 바빙크 박사는 인상적인 인물이었습니다. 제 기억에 의하면 청소년인 바빙크는 키가 크고 말랐으며 살짝 곱슬기가 있는 머리카락과 맑고 친근한 청회색 눈을 가졌습니다. 그때조차 바빙크의 외모에서 자기 혈통과 유년 시절의 교육이 줄 수 있는 것과는 완전히 다른 귀족 같은 어떤 것이 있었습니다. 바빙크는 나이가 들면서 당당하게 자랐습니다. 세월은 바빙크에게 여전히 더 인상적인 외모를 갖추게 했습니다. 육체적으로, 정신적으로, 기질적으로 바빙크는 그 위치에 당당하게 서 있었습니다. 제가 생각하기에는 바빙크의 친구 중 한 명은 이렇게 말했을 때 그런 요소를 매우 정확하게 말했습니다. "카이퍼 박사는 평민[de kleine luiden] 중 한 사람이었습니다. 카이퍼 박사는 날마다 자신의 『더 스탄다르트』(Standaard)의 논문과 별표가 붙은 문단에서 평민의 관심을 자극했습니다. 바빙크는 정신적 귀족으로, 때때로 양식에서 고상하며 내용에서 풍부하고 탁월한 연설에서 삶의 큰 요소에 탐조등을 비추었습니다. 카이퍼는 항상 많은 사람의 지도자였고 바빙크는 독자적인 싸움을 싸웠습니다."

바빙크 박사의 뛰어난 특징은 겸손이었습니다. 그는 완전히 자신을 잊어버렸습니다. 그는 지나친 칭찬을 싫어했습니다. 대중이 가장 좋아하는 사람에게 너무나도 자주 하는 모든 어리석은 입에 발린 말이 바빙크에게는 혐오스러웠습니다. 그는 모든 진정으로 위대한 사람이 그랬듯이 겸손했습니다. 왜냐하면 바빙크는 자기가 이룬 모든 성취가 그가 찾고자 하는 위대한 진리의 장막의 끝자락만을 들어 올렸을 뿐임을 너무 잘 알았기 때문입니다. 바빙크의 영광은 무한한 고통의 영광이었습니다. 그는 끈질긴 친구였습니다. 한 사람이 바빙크의 마음에 들어가고자 한다면 바빙크는 마음의 문을 절대로 보여주지 않을 것입니다. 그의 기질이 자기 은사를 너무 아낌없이 주기를 싫어해서, 많은 친구가 있었음에도 소수의 친한 친구만이 있었습니다. 그 중에 가장 친한 친구는 의심할 바 없이 스눅 후르흐론여와 페트루스 비스떠르펠트였습니다. 이들의 이른 죽음을 바빙크는 몹시 슬퍼했습니다. 바빙크는 성격상 거의 숫기가 없을 정도로 수줍어했습니다. 잡담을 할 수 있는 돈은 제한되어 있었고 응접실의 재담은 바빙크를 쉽게 지루하게 했습니다. 그가 선 설교단이나 연단에서 쏟아낸 단어는 무궁무진 했지만 평소에는 말이 부족한 것처럼 보였습니다. 바빙크의 진정한 삶은 연구의 삶이었습니다. 그의 책이 가장 친한 친구였습니다.

그러나 여전히 바빙크가 겸손하고 수줍으며 독립적인 삶을 살았음에도, 거센 불길이 겉으로 보이는 고요함 아래에 불타고 있어서 때때로 밝은 불꽃으로 타올랐습니다. 바빙크가 목사후보생 시험을 성공적으로 통과했을 때 일어났던 일을 생각해 보십시오. 1876년 4월 28일의 새로운 법에서 옛 "성적등급"은 폐지되었기 때문에 합격한 학생은 간단한 증명서를 받았습니다. 그렇지만 신학부는 여전히 예외로 "우등(cum laude)" 등급을 허락했습니다. 스눅 후르흐론여는 바빙크가 시험 치기 전날에 시험을 쳤고 증명서를 받았습니다. 바빙크의 놀라운 시험은 그 다음날 예외적인 "우등" 성적을 받았습니다. 후르흐론여에게 부당한 대우가 일어났다고 믿은 바빙크는 졸업장을 받았을 때 탁자에 이를 던지고는 교수들에게 "우등" 성적을 취소하던지 종이를 찢을 것을 요구했습니다. 그리고 나서 바빙크는 그 방을 갑자기 나갔습니다. 다행히 바빙크를 사랑했고 존경했던 교수들은 잘못된 점을 보고 바빙크가 일을 다시 시작하기 전에 긴 휴식을 취할 것을 조언했습니다. 그렇지만 "우등" 성적은 남았습니다. 이 성적은 레이든 학생이 그런 영예를 받은 몇 안 되는 경우 중 하나입니다.

바빙크의 정신력은 놀라웠습니다. 그의 정신처럼 융통성이 있는 사람은 드뭅니다. 바빙크는 거의 모든 연구 분야에서 탁월했습니다. 놀라운 언어학자였으며, 교의학의 영역에서 떠오르는 샛별이었으며, 철학자로서 대단했고, 교육학에서 권위자였으며, 일상생활과 만나는 측면에서는 굉장히 인간적이었으며 그리스도인의 경험을 다룰 때에는 부드럽게 했습니다. 바빙크는 실제로 수만 명보다 더 많은 은사를 가졌습니다.

반대자에 대한 바빙크의 절대적인 공정함은 가끔 우유부단하다는 인상을 주었습니다. 하지만 이런 약함으로 바빙크를 비난하는 사람들은 그를 완전히 오해합니다. 바빙크의 『개혁교의학』을 읽어 보십시오. 그러면 이 책에서 보여주는 정보의 풍성함과 저자의 지평의 폭넓음에 놀라게 됩니다. 이 책은 교의학의 역사일 뿐만 아니라 교의학 그 자체입니다. 교회의 긴 역사에서 나타난 모든 경향과 모든 오류가 진리의 초석이 됩니다. 진리의 일부로 어떤 섬광이 나타난다면 기꺼이 알아챌 수 있을 것입니다. 바빙크는 진리의 토대 그 자체에 침투해 명확한 시야의 관점에서 말할 때에만 교리적인 사람이 됩니다. 바빙크는 희미하게 물음표가 보이는 곳에서 느낌표를 찍는 실수를 절대로 하지 않았습니다. 다른 사람들이 열정적으로 자신감을 가지는 이 지점은 가끔 바빙크를 머뭇거리게 했습니다. 그렇지만 이런 주저함이야말로 바빙크의 진정한 위대함의 보증이었습니다. 외관상 우유부단함으로 비판하는 사람들은 바빙크를 몰랐습니다. 바빙크는 스스로에게 솔직했던 것만큼이나 진리에 솔직했습니다. 왜냐하면 바빙크는 진리를 그렇게나 사랑했기 때문에 명확하게 이해할 때까지 그 진리를 그렇게도 부지런하게 찾았고 설명했기 때문입니다.

드러난 것처럼 바빙크는 말년에 철학 연구, 교육학 문제, 사회적 질문에 상당한 관심을 기울였습니다. 이런 관심은 어떤 사람에게는 새로운 사랑이 옛 사랑을 몰아내는 것처럼 보였습니다. 하지만 바빙크는 교의학 영역에서 탁월하게 살았으며 살아갈 것입니다. 칼뱅주의, 더 정확히 신칼뱅주의는 가장 위대한 지도자 중 한 명인 바빙크를 잃었습니다. 오늘날 보이듯 아무도 바빙크의 자리를 채울 수 없습니다. 바빙크는 교육과 가장 깊은 확신에서 칼뱅주의자였으며 비할 바 없는 명확함과 능력으로 칼뱅주의의 근본적인 원리를 가르쳤습니다. 종교개혁의 형식적 원리, 성경의 절대적 권위는 바빙크의 신학 전체의 초석이었습니다. 바빙크의 교의학의 "본질적 원리(principium externum)"를 다루는 장은 얼마나 놀랍습니까! 종교와 계시된 종교 사이의 구분은 얼마나 날카롭습니까! "종교는 인간이 하나님을 추구한다. 계시된 종교는 하나님이 인간을 추구한다. 그리고 그런 추구가 계시를 필요로 한다."

바빙크 박사는 강경하게 계시의 핵심적이고 유기적인 개념을 지지했습니다. 이 개념은 결정적으로 목적론적인 입장입니다. 이 개념은 우리에게 하나님의 인간에게 와서 인류 안에 영원히 거함을 계시합니다. 바빙크의 정의는 얼마나 날카롭습니까! 바빙크의 대조는 얼마나 예리합니까! 자주 바빙크의 문체는 간결하고도 교묘하며, 생생하며, 그림 같습니다. 이미 말했듯 바빙크는 영감의 교리에 단호했습니다. 그렇지만 바빙크는 성경에 대한 모든 비평적인 공격을 두려워하지 않았습니다. 이런 공격은 예상되었습니다. "왜냐하면 선지자와 사도의 저작은 역사의 영역 외부가 아니라 내부에서 기원했기 때문이다. ... 인간에게 들어오면서 성령은 언어와 지적인 자질로 들어온다." 그래서 성경의 다양성뿐만 아니라 유기적 단일성도 존재합니다. 바빙크 신학의 놀라움은 육신에서 로고스의 성육신과 말씀에서 성령님의 성육신의 비교에 있습니다.

어떻게 바빙크가 모든 교리를 살아있게 했습니까! 바빙크의 교의학을 읽으면서 학생들이 그의 강의에 얼마나 넋을 잃었는지 쉽게 알 수 있습니다. 신학은 바빙크에게 학문 이상으로, 성경의 가르침의 완전한 개념 이상으로 조직적으로 배열되고 철학적으로 설명된 것이었습니다. 하나님의 은혜, 원리로서 성경에 대한 살아있는 신앙, 진리에 대한 마음에서 우러나오는 동의, 이 모든 것이 바빙크의 가르침과 탐구의 선결 조건이었습니다. 『개혁교의학』의 모든 페이지가 그 위대한 교사가 자신의 원리에 얼마나 진실했는지를 드러냅니다. 바울과 마찬가지로 바빙크에게 이렇게 말할 수 있습니다. 바빙크는 모든 생각을 사로잡아 그리스도께 복종하게 했습니다. 이 사실은 바빙크가 가졌던 합리주의에 타협하지 않는 태도를 설명합니다. 우리가 말하듯이 합리주의는 "필연적인 신학의 파산으로 끝납니다." 오늘날의 진리에 대한 합리주의적 착취에서 우리는 "정적 신학"에 대해 많은 것을 듣습니다. 그리고 우리는 정지된 발전의 사례로 보입니다. 바빙크 박사는 얼마나 그 개념을 비난합니까! 바빙크는 말씀의 충만함이 고갈되지 않는 한 유기체로서의 신학은 항상 확장할 것이라고 봅니다. **종교**가 아닌 **하나님**이 신학의 대상입니다. 이 사실을 잊는다면 인간은 비교종교학이라고 부르는 미궁에서 자신을 잃어버릴 것이며 기독교 신학에서 자신을 끊어 놓아버릴 것입니다. 그리고 이런 신학에는 신앙으로 간직하는 계속해서 배워야 할 유일한 대상인 하나님이 있습니다. 마음과 지성으로 하나님을 섬기는 것은 모든 참된 기독교 신학의 목적입니다.

최근에 우리는 자주 과학이 정확하며 사실에 근거해서 세워졌다고 말했습니다. 반면에 신학자는 신앙의 학문을 세운다고들 합니다. 바빙크 박사는 하나님이 보이지 않는 세계에 속하며 그렇기에 학문에 알려질 수는 없다는

　　　　　　　　　　　헤르만 바빙크의 현대 사상 해석

사실을 인정합니다. 그렇지만 바빙크는 "모든 보이지 않는 것은 알 수 없는 것이다"라는 격언으로 과학자에게 경고합니다. 이 격언을 받아들인다면 윤리학, 심리학, 철학, 심지어 자연 과학 자체에서도 무엇이 남아 있습니까? 모든 학문은 궁극적으로 신앙에 근거하며 신앙을 요구합니다. 따라서 기독교 신학이 비학문적이라는 주장은 완전히 거부됩니다.

저는 『개혁교의학』을 통해 바빙크 박사를 따를 시간과 공간을 가지기를 원합니다. 바빙크는 항상 가장 높은 문화와 가장 달콤한 정신을 소유합니다. 항상 반대자에게 선한 것이 무엇인지 알고, 교리의 취급에서 명확하며, 정의에서 주의 깊으며, 비판에 인정을 베풀며, 결론에서 분명합니다. 앞에서 말했듯 바빙크는 절대 호언장담하지 않았습니다. 바빙크의 체계는 격정적인 폭발도 신랄한 공격도 없습니다. 바빙크는 예나 지금이나 끝없는 박식함을 갖춘 사람입니다. 바빙크는 정보를 가장 현명한 방식으로 이용합니다.

보수적입니까? 절대 아닙니다. 들어보십시오.

> 신학은 사실 보수적이다. 신학은 과거 세대의 유산을 받아들인다. 그렇지만 이 유산을 낭비하는 것이 아니라 물려준다. 다음 세대가 따르도록 가능하다면 확장되면서도 "개혁된" 채로 말이다. 신학은 이런 얻어진 보물을 받는다. 비판의 용광로에 계속 신학을 내던져버리는 것이 아니라, 예전 시대만큼 대단한 우리 역시 우리 자신의 영혼에서 발견되는 진리와 아름다움을 경험할 수 있는지를 이런 보물을 넘겨 줌으로 확인하기 위해서 말이다. 항상 신학의 영역에서 새로운 어떤 것을 찾고자 하는 것은 단순한 망상이다. 자연 연구의 빛나는 결과는 많은 신학자가 신학의 영역에서 새로움을 찾게 이끌 수 있었다. 그렇지만 실망은 항상 그런 호기심을 벌했다. 그러나 동시에 신학은 진보적인 학문이다. 과거를 존중하면서 신학은 놓인 토대 위에 세워진다. 신학 자

체가 완수되고 그 최종 목적을 이루기까지 말이다. 신학은 칼케돈에
도 도르트에도 머물지 않는다. 신학은 확신을 가지고 있다. 그 신학이
훗날에 지금까지 성경에서 어두웠거나 흐릿했던 부분에 더 밝은 빛을
비추어 하나님을 기쁘게 하리라는 확신이다. 그때까지 신학은 과업을
완수하지도 않을 것이며 그 목적을 이루지도 않을 것이다.

이 말이 바빙크 박사의 신학이었습니다! 바빙크 박사의 교의학이 영어로
번역되지 않은 것이[8] 깊은 후회로 남았습니다. 그렇지만 그런 번역 작업은
헤라클레스의 과업처럼 어려운 작업일 것입니다. 극소수의 사람만이 그런 번
역을 성공적으로 이룰 수 있는 두 언어의 관용어법에 대한 지식을 가지고 있
습니다. 따라서 서툰 번역보다 번역하지 않는 것이 훨씬 낫습니다.

많은 영예가 바빙크에게 쌓여졌습니다. 네덜란드 여왕은 바빙크에게 네덜
란드 사자 훈장으로 기사 작위를 수여했습니다. 바빙크는 국회 상원 의원이
되었습니다. 바빙크는 몇몇 학술회의 구성원이었습니다. 바빙크는 모든 곳에
서 또한 항상 대중 연설가로 서도록 부탁받았습니다.

바빙크는 자기 교회의 어떤 구성원도 혹은 자기 학과의 어떤 구성원도 초
대받지 않았던 곳에 나타났습니다. 그곳에서 바빙크는 1915년 7월 7일에 "무
의식의 교리"에 대해 "학술회"에서 연설했습니다. 그리고 제8차 "네덜란드 철
학회" 앞에서 "영혼의 정복"이라는 주제로 강연했습니다. 일부 소심한 사람
들은 이런 관심의 보편성에서 약한 징후를, 공공의 적에게 손을 내밀려는 시
도로 보았습니다. 실제로 이런 강연은 바빙크의 참된 위대함의 증거였습니
다. 바빙크는 요한과 같은 영혼을 가졌습니다. 바빙크가 죽었을 때 어떤 적도

---

8) 편집자 주: 거의 한 세기가 걸렸지만 도스꺼의 탄식은 이제 응답되었다. 4권으로 된 바빙크의 『개혁교의
학』전체는 베이커 아카데믹 출판사에서 2003년부터 2008년에 걸쳐 영어로 번역되었다.

헤르만 바빙크의 현대 사상 해석

남지 않았습니다. 바빙크가 본향으로 돌아갔을 때 친구와 적이 함께 슬퍼했습니다.

켄터키장로회신학교, 1922년

1. 종교(믿음)의 철학

Essays on Religion
Science and
Society

1. 종교(믿음)의 철학

[9] 여기서 간단히 논의할 주제의 제목은 오해하지 않도록 추가설명을 요구한다. 소유격("종교/믿음의")은 주격인 소유격으로 이해할 수 있다. 이 경우에 "종교/믿음의 철학"은 종교적 믿음에서 그 기원을 찾는 철학적 관점이다. 이처럼 주격인 소유격의 의미에서 "종교/믿음의 철학"은 처음부터 끝까지 그 믿음에 지배받는다. 그러나 "종교/믿음의"라는 말은 목적격인 소유격이 될 수도 있다. 그렇다면 "종교/믿음의"라는 말은 종교/믿음 그 자체에 관한 철학적 관점에 대한 말이다. 첫 번째인 종교/믿음의 철학은 믿음의 행위(fides qua creditur)인 종교적 믿음의 본질과 본성에 관한 것이다. 두 번째인 종교/믿음을 철학함은 믿음의 내용(fides quae creditur)인 종교적 믿음의 대상 혹은 내용에 관한 것이다. 본 논문의 제목은 두 번째 의미이다. 그래서 본 논문의 목

---

*편집자 주: 본 논문은 원래 다음 출처에서 출판되었다. *Annuarium* of the Societas Studiosorum Reformatorum (Rotterdam: Donner, 1906), 62 –72. 바빙크가 작성한 논문의 원제는 "믿음의 철학(Philosophie des geloofs)"이다. 이 말은 (3장의 출처 각주에서도 나오지만) 용어의 명확성과 일관성을 위해 "종교의 철학"으로 번역한다. 왜냐하면 이 말이 본 논문의 결론이 보여주듯 바빙크가 말하고자 하는 정확한 주제이기 때문이다. 원어를 할 수 있는 대로 살리기 위해 "종교/믿음" 혹은 "종교적 믿음"과 같이 이중적 용어를 사용한다.

헤르만 바빙크의 현대 사상 해석

적은 종교적 믿음의 본질과 대상을 간단히 고찰하는 것이다.

종교/믿음에 대한 이런 고찰은 특히 종교개혁 이전 시기에 있었던 관습과 비교해서 볼 때, 종교개혁이 믿음에 또 다른 의미를 부여했기 때문에 필요하게 되었다. 로마 가톨릭 신학에서 믿음에 대한 관점은 매우 간단했다. 이 관점은 일반적으로 대언자의 신뢰성에 기초한 한 증언을 받아들이는 것이다. 그래서 이 관점은 이 의미를 종교의 무대에서도 유지한다. 성령의 활동이 정신을 조명하고 의지를 굽히게 함이 필요한 것은 사실이다. 그렇지만 여전히 믿음은 정신의 활동이며 그 활동으로 남아있다. 이 활동은 교회의 무오한 권위에 기초해 성경과 전통에 포함된 하나님의 진리를 받아들이고 동의하는 것에 있다. 따라서 믿음은 구원과 구원하는 은혜를 수납하는데 충분하지 않다. 믿음은 세례를 위한 여러 예비단계 중 하나일 뿐이다. 그 예비단계에서 은혜는 세례 안에서 전달된다. 그리고 은혜는 반드시 사랑과 선한 행위로 완성되어야 한다.

그러나 종교개혁은 믿음에 대해 완전히 다른 관점을 나타냈다. [10] 믿음을 정확히 지식으로 말할 수 있겠으나, 칼뱅이 말했듯이 믿음은 여전히 정신의 문제라기보다 마음의 문제에 가까웠다. 하이델베르크 교리문답에 따르면 믿음은 확실한 지식이다. 나는 이 확실한 지식으로 하나님이 자신의 말씀을 참된 것으로 우리에게 계시한 모든 것을 붙잡는다. 또한 하이델베르크 교리문답에 따르면 믿음은 전적 신뢰다. 이 전적 신뢰는 다른 사람뿐 아니라 나역시 은혜로 하나님이 주는 죄 용서와 영원한 의와 구원을 받음을 말한다.[1] 그래서 종교개혁자들에게 받는 믿음은 고유하고 독립적이며 **종교적인** 의미

---

1) 편집자 주: 하이델베르크 교리문답 제7주일 21문답.

다. 믿음은 우리가 일상에서 말하는 믿음, 역사적이고 일시적인 믿음, 혹은 기적에 관한 믿음과도 **본질적으로** 구분되었다. 믿음은 그저 하나님의 진리를 받아들이는 것일 뿐만 아니라, 살아있는 하나님과의 교제의 수단인 그리스도와의 영혼의 결합이 되었다.

그런데, 이 관점은 매우 다양한 다른 질문들을 불러 일으켰다. 첫째, 믿음의 요소로 언급된 것을 아는 것의 본질이 무엇이며, 그 내용은 무엇인가? 둘째, 믿음의 본질을 말하는 신뢰의 본성은 무엇인가? 이 신뢰가 정말로 처음부터 하나님이 죄의 개인적 용서와 영원한 칭의와 구원을 내게 주셨다는 확신을 포함하는가? 어떻게 우리가 믿음이 아는 것일 뿐만 아니라 신뢰하는 것임을, 즉 믿음이 머리의 문제인 동시에 마음의 문제임을 자신과 타인에게 밝힐 것인가? 믿음과 신뢰가 그저 따로 존재하는 것인가? 아니면 믿음과 신뢰가 내재적으로 연결되어 있는가? 그래서 이 둘 사이의 관계가 무엇인가? 믿음과 신뢰가 모두 같은 근원과 토대로부터 오는가? 만약 그렇다면 공통된 근원과 토대는 무엇인가? 그 둘을 통합하는 더 높거나 오히려 더 깊은 결합은 어떤 것인가? 이 모든 질문이 학문적이고 대중적인 저작에서 장황하게 논의되어왔다. 그러나 지금까지도 믿음의 본질에 대한 관점은 학문적이고 경건한 집단 모두에서 넓게 나뉜 채로 남아있다.

일상생활에서 이 질문에 대한 대답의 부재는 더 안타까운 일이었다. 종교개혁의 투쟁이 지나가고 열정이 식었을 때, 믿음이 가진 두 요소는 더욱더 분리되었어만 갔다. 한쪽에서는 차가운 정통주의가 교리의 관점에서만 믿음을 해석해야 한다고 나타났다. 다른 한쪽에서는 경건주의가 진리 이상의 경건을 중시하며 나타났다. 종교와 교회와 신학에서 이 이원론은 데카르트 (Descartes)와 베이컨(Bacon) 이후 더 새로운 철학의 이중적 경향에 의해 강화되었다. 마침내 이 이원론은 교조주의와 경험주의에 이르렀다.

헤르만 바빙크의 현대 사상 해석

[11] 임마누엘 칸트(Immanuel Kant)의 목표는 이 철학적 이원론을 화해시키는 것이었다. 그는 계몽주의의 지지자였음에도 특히 영국의 영향에서 상당한 변화를 겪었다. 칸트는 자연 과학을 연구하는 동안 특히 아이작 뉴턴(Isaac Newton)이 과학의 이상으로 붙들었던 자연 현상을 기계적으로 설명하는 매력에 지배당했다. 칸트는 인식론에서 주로 데이비드 흄(David Hume)과 같은 영국의 비판주의에 특히 영향을 받았다. 그래서 칸트는 교조주의에 등을 돌려 신학과 형이상학에서 합리주의를 변호할 수 없다고 확신했다. 이제 칸트에 따르면 진정한 학문/과학은 현상계에서만 가능했다. 선험적이고 초자연적인 세계는 인간의 정신으로는 접근할 수 없으며, 따라서 초자연계에 제시된 모든 증명은 이율배반에 이른다.

그러나 칸트는 너무 종교적이어서 혹은 적어도 너무 도덕적이어서 자기 이론의 결론에 만족할 수 없었다. 칸트는 자신의 믿음에 굴복할 수 없었다. 그래서 믿음은 개별 인간의 도덕 가치 속에서 세계 전체를 초월한다. 만일 이 믿음이 키메라와 같은 괴물이 되지 않으려면, 믿음은 타당한 이성과 합리주의의 증명 이상으로 더 견고한 또 다른 토대에 기초해야만 했다. 칸트는 루소(Rousseau)의 작품에서 믿음을 위한 그런 더 나은 토대를 찾았다. 역시 계몽주의의 아들인 루소는 백과전서파와 잠깐 친하게 지냈다. 그러나 1749년에 루소의 인생에 엄청난 변화가 일어났다.

리옹 학파는 이 질문으로 학술 대회를 개최했다. 과학과 예술의 진보가 도덕의 빈곤에 기여했는가? 아니면 도덕의 향상에 기여했는가? 산책 중에 루소는 『메르퀴르 드 프랑스』(Mercure de France)에서 개최된 이 대회를 알았고 갑자기 한 새로운 빛이 그를 비췄다. 루소는 또 다른 세계를 보았고 다른 사람이 되었다. 갑자기 루소는 자기 시대에 명백했던 자연과 문화 사이의 깊고 날카로운 대조를 눈치챘다. 그때부터 그는 자연 복음의 열광적인 설교자가 되었고 낭만주의의 아버지로서 계몽주의에 열렬히 저항했다. 사회와 국가, 교육과 종교에 대한 가르침에서, 그는 당대의 부패한 문화로부터 자연의 진리와 단순성으로 돌아섰다. 모든 영역 중에서도 역사적인 영역은 원래 주어진 것에 반드시 여지를 주어야 했다. [12] 이 여지는 순수한 자연을 위해 부패한 사회를, 자연 종교를 위해 실증적인 기독교를, 감정의 충동을 위해 정신의 그릇된 이성을 [버리면서] 주어졌다. 종교의 진리에 관한 확실성은 감정에서도 발견되었다. 루소는 하나님의 존재와 의지의 자유와 영혼의 불멸성을 증명하고자 합리적인 논증을 사용하기도 한다. 그러나 루소에게 이런 논증은 부수적이고 부차적인 가치가 있다. 루소에게 믿음의 이러한 진리들의 최종적 확실성은 이론적인 영역이 아니라 실천적인 영역에서 발견된다. 그 실천적 영역에서 감정의 근원적이고 즉각적인 증언은 추론하는 정신보다 훨씬 더 깊고 훨씬 더 신뢰할만하다. 개별 인간은 초감각적 세계를 자기 마음속에서 확신하게 된다.

루소의 당대의 인물들과 후계자들에 대한 영향은 압도적이었다. 생활방식과 의복양식은 루소가 보여준 사례에 따라 재형성되었다. 사람들 사이에서 생기는 불평등에 관한 루소의 사상은 공산주의 체계와 사회주의 체계의 토대를 세우는 재료가 되었다. 루소가 없었다면 프랑스는 혁명을 일으키지 않았을 것이다. 종교와 도덕과 교육에 관한 현대의 가르침들은 루소의 정신에 스며들었다. 칸트와 피히테(Fichte)와 야코비(Jacobi)의 철학과 슐레겔(Schlegel)과 틱(Tieck)의 낭만주의와 슐라이어마허(Schleiermacher)의 감정의 신학 모두가 루소의 사상에 영향을 받았다. 칸트의 종교 철학의 실천적 정초도 특히 루소가 세웠던 종교인 감정에 관한 가르침을 연상시킨다.

그러나 칸트는 감정적인 사람이 아니었고 그래서 루소의 사상을 적극적으로 파악할 할 수 없었다. 오히려 칸트는 루소에게 어떤 한 가지를 배운다.

헤르만 바빙크의 현대 사상 해석

이 가르침은 종교적 진리가 인간에게 정신 혹은 이성의 진리와 과학 혹은 철학의 진리와는 다른 확실성을 갖게 한다는 것이다. 칸트에게 이 통찰은 억압된 구속에서의 자유, 영적인 자유를 주었다. 만약 종교와 도덕이 정말 자기의 고유한 확실성을 가진다면, 형이상학은 하나님의 존재와 의지의 자유와 영혼의 불멸성에 관한 모든 종류의 증명을 제시할 필요가 없다. 더욱이 과학은 이제 스스로 자유로울 수 있으며 그 자체의 고유한 성격과 법칙으로도 구성될 수 있다. 또한 비판주의는 부정적 결과를 두려워할 필요 없이 가장 예민한 주제를 조사하는데 자유로울 수 있다. 도덕과 종교는 이제 스스로 고유한 토대를 가질 수 있고 과학의 모든 공격으로부터 안전하고 안심할 수 있다.

칸트에게 이 토대는 (루소처럼) 감정이 아니라, [13] 인간의 도덕 본성인 실천 이성이었다. 자기 양심에서 인간은 스스로 정언적이고 무조건적이고 절대적인 명령에 예속됨을 느낀다. 도덕법의 "너는 해야 한다(thou shalt)"는 당위성은 모든 사유와 변명을 대체하며, 항상 그리고 모든 상황에서 전인에게 자기 명령을 지킬 것을 요구한다. 여기서 인간 자신 안에서 자연의 다른 모든 권위보다 훨씬 높은 한 권위가 나타난다. 그래서 인간은 도덕적 피조물로서 자연보다 훨씬 더 높은 또 다른 질서의 시민이다. 인간은 모든 지상의 보물들을 초월하는 보이지 않는 요소들의 왕국에 속한다. 만일 이 도덕 세계의 질서가 환상이 아니라 참된 실제가 되려면, 만일 이 도덕 세계의 질서가 이 세계에서 위대하고 강한 모든 것을 마침내 이기게 하려면, 인간은 반드시 자기 행위에서 자유롭게 되어야 하고, 자기 영혼은 내세에서 자기의 상을 받기 위해 반드시 불멸해야 하며, 지상에 존재하는 미덕과 행운 사이에 있는 끔찍한 대립을 영원한 조화 속에서 화해시키기 위해 신은 반드시 존재해야 한다. 이런 사실들은 과학의 전제에 선행하는 것에서 정당히 추론된 결론들이 아니다. 그러나 이 결론들은 인간의 도덕 본성에 따라 인간이 가정한 것들이다. 인간은 모든 참된 것을 증명할 수 없고 설명할 수 없다. 그러나 인간은 주관적으로 모든 참된 것을 확신한다. 인간은 마치 참된 것처럼 믿고 행동한다. 인간은 **모른다**. 그러나 인간은 **믿는다**. 인간은 자기 믿음에 대한 도덕적 토대를 가진다. 따라서 칸트는 종교적이고 도덕적인 문제에 대한 지식을 기꺼이 포기한다. 왜냐하면 칸트는 믿음을 위한 더 안전한 장소를 찾았기 때문이다.

이론이성에서 실천 이성으로의 이 전환에서 칸트에게 가담한 모든 사람은 종교와 신학에서, 형이상학과 철학에서 원리상 보통 "윤리적"[2]이라고 불리는 방향으로 간다. 먼저, 칸트에 가담한 사람들은 감각들이 관찰할 수 있는 정도에 지식을 제한시킨다. 그러고는 그들은 믿음에 대한 유일한 기초가 초자연적 질서에 있다고 본다. 그러나 "윤리적"인 것은 이 방향을 따라가는 자들 사이에서도 많은 통찰과 관점의 차이들을 포함한다. 소극적인 관점에서 칸트는 루소에 동의했다. 그러나 적극적인 관점에서 칸트는 완전히 다른 방향으로 갔다. 같은 방식으로 슐라이어마허는 인간은 지식의 한계 때문에 심리적으로 절대자를 알 수 없다고 추론하면서 인식론에서 대부분 칸트에 동의했다. 그러나 슐라이어마허는 철학적으로 절대적 무한자로부터 오는 이 심리적 결핍을 추론하면서 피히테에게 동의했다. 칸트와 달리 슐라이어마허는 의지하고 행위하고 아는 것이 초감각적 세계를 드러내지 않음을 견지했다. 왜냐하면 이런 의지함은 반대 방향으로 움직일 뿐만 아니라 결코 단일성에 이르지 못하기 때문이다. [14] 절대자 안에 있는 사고와 존재에 대한 이 단

---

2) 편집자 주: 네덜란드어 단어인 "ethisch"는 "도덕적/윤리적" 영역을 나타낼 뿐만 아니라 다니엘 샹뜨삐 드라 소세이[Daniel Chantepie de la Saussaye, 1818–74]와 요하네스 헤르마누스 휜닝[Johannes Hermanus Gunning, 1829–1905]이 고안한 19세기 네덜란드 개혁신학의 모든 학파에 적용된다. 이는 교리와 신앙고백에서 나타난 예수와의 관계를 넘어 예수와 인격적이고 실존적인 관계를 강조했다. 이 문맥에서 "ethisch"는 "실존적인 것"을 더 강조한다. 이후의 단락에서 칸트를 언급하면서, 바빙크는 "ethisch"를 더욱 제한적이고 도덕적 의미에서 쓰며, 이는 신비적 의미와 구별된다.

헤르만 바빙크의 현대 사상 해석

일성과 이 하나됨은 사고와 의지에 선행하며 절대적 권위에서 완전히 독립된 감정 안에서만 경험되고 향유될 수 있다. 그러나 칸트의 도덕적(윤리적) 방향으로 가든 슐라이어마허의 신비적 방향으로 가든 간에 두 경우 모두 헤겔과 직접 대립하는 방향에 있다. 이성을 한 우주적 원리로 높이면서 헤겔은 자기의식의 운동에서 사물의 본질을 인식했다. 또한 헤겔은 예술과 철학의 경우처럼 종교를 절대정신의 운동 속에 있는 발전 단계로 생각했다.

그러나 윤리적이고 신비적일 뿐만 아니라 사색적인 이 모든 방향은 심각한 편파성 때문에 고통받는다. 이 모든 방향은 인간의 한 기능에 종교를 제한함으로 인간의 보편적 성격을 축소한다. 이 모든 방향은 인간을 두 가지로 나누고 서로에게 속한 것을 분리한다. 이 모든 방향은 종교와 문화 사이의 간격을 만들고, 종교를 도덕적 의무나 미적 감정이나 철학적 관점으로 축소하는 위험을 무릅쓴다. 그러나 그리스도인에 따르면, 신앙고백적 종교는 이 모든 관점에 비하면 다를 뿐 아니라 더 높은 곳에 있다. 종교는 반드시 한 인간의 삶에서 단지 **어떤 것**이 아니라 **모든 것**이어야 한다. 예수는 우리가 마음을 다하고 영혼을 다하고 힘을 다하여 하나님을 사랑할 것을 요구한다. 우리의 생각과 삶에서 하나님과 세상 사이에, 종교와 문화 사이에는 어떤 구분도 없다. 그러므로 아무도 두 주인을 섬길 수 없다.

따라서 만일 우리가 종교를 온전히 정당하게 다루고자 한다면, 우리는 인간 안에 있는 중심적인 단일성으로 반드시 돌아가야 한다. 그 단일성은 인간의 능력을 구분하는 기초이고 성경에서는 그것이 마음에 새겨졌다고 하는데, 거기서 정신과 마음과 의지 안에 있는 모든 삶의 표현이 나온다. 개혁파 신학자들은 그 중심점을 (칼뱅이 말했던 것처럼듯) 종교의 씨앗[semen religionis] 혹은 신에 대한 감각[sensus divinitatis]에 있는 종교에서 찾았다. 그래서 기독교 신학자들은 원리상 전인의 회복인 중생에 이르는 믿음과 회심의 참된 의미를 살폈다. 종교개혁자들이 인간의 이 중심에 있는 위치를 차지했을 때, 합리주의와 신비주의와 윤리주의의 모든 편파성을 피하고 종교가 모든 삶에 생기를 불어 넣는 원리임을 주장할 기회를 발견했다.

　머지않아 말씀과 성령의 활동으로 중생에서 심긴 이 새로운 생명에서 회심이 온다. 회심은 의지와 감정에 영향을 미치며, 믿음이 의식의 단계로 온다. [15] 이 관점과 함께, 믿음의 진정한 성격에서 믿음을 강탈하고 믿음을 감정이나 성향으로 바꾸는 모든 추론이 사라진다. 이제 오류의 위험에서 벗어난 인간은 의식의 습관 혹은 의식의 행위로서의 믿음을 설명할 수 있다. 왜냐하면 중생에서 나오는 믿음은 항상 [일반적으로] "믿음"이라고 부르는 것으로부터 원리상 구별되는 사랑하는 믿음이기 때문이다. 믿음은 한 인간의 삶에 오는 빛이다. 왜냐하면 믿음은 이 삶에서 나오기 때문이다. 믿음은 권위에 의해 강제되는 맹목적인 믿음이 아니라, 하나님으로부터 나오고 하나님과 교제하는 데까지 이르는 자유로운 행위다.

　이 관점은 믿음이 스스로 고유한 성격을 유지한다는 것을 가르치므로, 그 유익함은 사소하지 않다. 성경의 가르침으로서 기독교가 감정이나 경험이 아니라 거듭난 의식의 활동을 "믿음"으로 말했다는 사실이 중요하다. "믿음"이라는 단어가 그리스도인의 이 활동을 위해 선택된 것이며, 동시에 이 믿음이 모든 신앙고백에서 보존된 것에는 반드시 이유가 있어야 한다. 그 이유는 기독교 믿음이 감정이나 경향이나 감각이 아니라 우리를 한 대상에 묶어놓는다는 사실에 있다. 그러므로 그 믿음은 위험한 주관주의에서 우리를 보호한다.

　그리스도인의 믿음에 얽인 대상은 일반적으로 말해 계시다. 계시는 하나님이 자신을 우리에게 주는 것이자, 하나님의 모든 행위에서 나오는 증언이자, 하나님이 우리에게 말씀하는 말씀이다. 믿음과 계시, 계시와 믿음은 서로에게 속한다. 빛과 눈처럼, 소리와 귀처럼, 알려진 대상과 아는 주체가 서로 일치한다. 같은 방식으로 우리 영혼 안에 있는 믿음은 하나님의 사역에서 하나님의 계시에 응답한다. 대상과 주체는 서로를 위해 만들어졌고 서로를 향한 것이다.

믿음이 응답하는 하나님의 이 계시는 하나님의 손의 사역 전체에서, 자연의 전체에서, 역사의 전체에서, 우주의 전체성에서 가장 충만하게 감지된다. 만일 우리가 정확히 볼 수 있다면, 우리는 하나님의 계시를 모든 곳에서 볼 수 있을 것이다. 왜냐하면 하나님은 모든 곳에 존재하며 일하시기 때문이다. 하나님은 어떤 곳에서도 부재하지 않는다. 하나님 안에서 우리가 살며 기동하며 존재한다(행 17:28 - 옮긴이 주). 경건한 사람은 자기 안과 밖에서, 가슴과 의식에서, 자기 삶을 이끄는 곳에서, 자기에게 오는 복과 곤경에서, 즉 모든 곳에서 하나님을 본다. 우리의 크고 작은 세계에서 하나님과 동떨어져 있는 것은 아무것도 없다. 결국 하나님의 영광의 도장을 찍지 않은 것은 아무것도 없다.

그러나 이 관점은 모든 것을 포괄하는 하나님의 사역의 계시에서 나타나는 다양한 차이점을 부인하지 않는다. 즉, 단일성은 크고 풍성한 다양성을 포괄한다. 핵심적으로 그리고 마침내 이 계시는 그리스도의 인격 안에서, 그리스도를 증언하는 말씀 안에서 우리에게 온다. 이제 계시는 은혜의 계시가 된다. 기독교에서 우리는 일반적인 의미에서 계시와 믿음을 찾을 뿐 아니라 특별한 의미에서 서로에게 일치하는 은혜와 믿음을 찾는다. [16] 그리스도인은 복음에서 약속된 모든 것을 믿어야 한다. 계시와 은혜와 약속은 복음의 내용이다. 복음의 내용은 하나님에게서 오는 이 유익들을 감사하게 받아들이고 자기의 것으로 만들 수 있는 어린아이와 같은 믿음일 따름이다.

따라서 그리스도인의 믿음은 스스로 고유한 기원과 대상을 가진다. 하나님에게서 오는 말씀과 증언과 유익과 은사와 약속이에 믿음이 붙어있으며, 이들로 믿음이 힘을 얻으며, 이들에 믿음은 빈곤할 때나 죽을 때나 완전한 신뢰로 스스로를 버린다. 믿음은 하나님에게서 오는 말씀과 증언과 유익과 은사와 약속에 충실하다. 믿음은 그런 충실함으로 힘을 얻는다. 믿음은 빈곤할 때나 죽을 때나 완전한 신뢰를 가지고서 그런 충실함에 스스로를 양보한다. 이 믿음은 주관적 감정이나 경험뿐만 아니라 지식이기도 하다. 믿음은 지식을 포함한다. 이 지식은 하나님이 보낸 예수 그리스도의 얼굴 안에 나타난 한 분 참된 하나님에 대한 지식이다. 그러한 지식은 동시에 삶과 빛이며 은혜와 진리다.

2. 기독교의 본질

Essays on Religion
Science and
Society

2. 기독교의 본질

[17] 기독교의 본질에 대한 질문은 더 최근에 처음으로 제기됐다. 대략 18세기에 이르기까지 아무도 기독교의 본질을 특별히 조사할 필요를 느끼지 못했다. 사람들은 기독교를 가졌다는 사실을 누렸다. 또 사람들은 자기가 속한 교회가 기독교 안에서 형성되었다는 단일한 관점에서 완전한 편안함을 느꼈다. 기독교는 모든 사람에게 자기가 속한 종교 교단이 알고 있는 교의와 예배와 정치에 있어서 동일했다. 동일성에서 이탈한 것은 무엇이든지 불순할 뿐 아니라 더 작거나 큰 오류가 섞여 있었다.

그런데 종교개혁기 전후로 기독교에 대한 다른 관점이 등장하면서 다양한 신앙고백과 교회와 분파가 나타났다. 개혁파와 루터파 정통주의는 곧 신앙의 근본적인 조항들과 비근본적인 조항들 사이에서 한 가지를 구분했다. 헬름슈타트의 신학자들은 사도신경으로 되돌아갔다. 성경신학자들은 자기 견해에 따라 교회 교리의 주해적 독립성에서 얻어진 신약의 가르침 속에서

---

* 편집자 주: 본 논문은 원래 1906년에 다음 출처에서 출판되었다. *Almanak* of the Free University of Amsterdam Student Body (NDDD), 251 –77.

헤르만 바빙크의 현대 사상 해석

참된 기독교를 찾아야 한다고 주장했다. 이신론자들과 합리론자들은 이성에 일치되고 이성에 의해 발견되거나 혹은 적어도 이성에 의해 발견될 수 있는 예수가 선포한 교리들에서만 기독교의 본질이 발견된다고 추측했다.

이 모든 관점에서 기독교의 본질은 특별히 혹은 배타적으로 교리 안에서 추구되었다. 이런 경향의 변화는 슐라이어마허에게서 나타났다. 종교가 정신과 의지에 자리한 것이 아니라 완전히 독립된 감정 안에 자리한다는 그의 사상에 일치해서, 그는 기독교가 지식이나 행위가 아니며 교회의 구분되는 표지는 구속주 그리스도와의 단일한 관계에서 발견될 수 있다고 가르쳤다. 그리스도는 우리의 구속주였다. 이 사실은 그리스도가 어떤 것을 가르쳤거나 어떤 일을 했기 때문이 아니었다. 이 사실은 그리스도가 완전하고 끊임없는 신 의식으로 존재했기 때문이었다. [18] 그리스도는 하나님에게 완전히 의존하고 있음을 느꼈으며, 하나님과의 충만한 교제는 지속되었으며, 결국 종교의 본질이 완전히 성취되었다. 이로부터 그리스도는 이 종교적 감정인 의존의 감정을 우리 안에서 창조하고 강하게 할 힘을 끌어냈다. 우리를 그리스도의 교제로 이끌면서, 그리스도는 우리를 하나님과의 교제로 이끈다. 슐라이어마허가 말한 기독교의 본질 구성은 적어도 하나의 적극적인 요소가 있다. 즉, 그리스도의 인격이 다시 앞에 나오게 되었다는 것이다.

사실, 칸트는 하나님을 기쁘게 하는 한, 인간성의 관념인 모범이며 상징이며 대표로서 그리스도의 인격을 이미 인식했다. 칸트가 그리스도에 대한 이 관념의 역사적 출현에서 믿음이 구원에 아무런 의미가 없음을 견지한 것은 사실이다. 그러나 칸트는 믿음을 제시했고, 비록 믿음이 단지 역사적 연결성에 불과할지라도 이 관념과 그리스도의 인격 사이에 한 특정한 연결성을 상정했다.

그리스도의 역사적 출현은 셸링(Schelling)과 헤겔의 철학에서 더 중요한 의미가 있었다. 셸링에게 그리스도는 창조에서 시작되었던 그리스도의 성육신이 가장 높은 계시이자 실현으로 나타났다. 또한 그리스도가 신성과 인성의 연합으로 구현되었기 때문에 성도의 머리가 되었을 때, 성도의 모든 지체는 그와 같은 방식으로 이 연합을 구현해야 한다. 그러나 셸링은 발전 과정에서 이 연합을 통합했기 때문에, 헤겔은 의식의 영역에서 이 연합을 더욱 완전하게 했다. 그리스도는 이 연합을 가장 잘 의식했으며 가장 명백히 표현했기 때문에 신-인이었다.

19세기 전반기에서 이 모든 사람의 영향으로 기독교의 본질은 주로 그리스도의 인격에서 추구되었다. 그리스도는 신성과 인성의 단일성을 소유했다. 이는 이 단일성을 처음으로 의식한 자로서 혹은 자신 안에서 이 단일성을 처음으로 실현한 자로서 소유한 것이다. 이 두 접근의 차이점은 특히 1835년에 헤겔 철학에서 결론을 도출한 슈트라우스(Strauss)에 의해 알려졌다. 이때 슈트라우스는 이 개념이 한 개인에게 완전한 충만함을 쏟는 것을 "싫어한다고" 표현했다.

[19] 그래서 슈트라우스는 신-인의 연합의 개념과 그리스도의 역사적 인격의 관계에 대한 문제를 의도적으로 제기했다. 그러나 슈트라우스의 중요성은 다른 영역에서 훨씬 더 컸다. 지금까지는 철학에서만 이 질문을 다루어 왔지만, 이제는 슈트라우스 때문에 역사 비평이 그 논의에 들어왔다. 예수가 누구인가 하는 질문은 순전히 역사적 질문이 되었고 특히 복음서와 같은 자료를 연구해서 답해야만 한다. 슈트라우스 자신은 예수의 역사적 인격과 회중의 그리스도를 날카롭게 구분했다.

예수만이 신-인의 개념이 회중의 의식에 들어가게 되었다. 이 개념에 자극받은 회중의 종교적 환상은 잠재의식과 상징적 발명품들과 메시아 예언들에 힘입어 역사적 예수의 인격을 신앙의 그리스도로서 덧입혔다. 그리스도

헤르만 바빙크의 현대 사상 해석

의 초상은 회중의 창조물이 된다.

슈트라우스가 원본의 그리스도로 제시한 이 해석을 변호한 논증은 곧 변호할 수 없는 것으로 증명되었다. 그러나 회중의 산물인 그리스도의 초상은 지금까지 계속해서 많은 신학 학파를 지배했다. 그러나 만약 예수가 인격적이며 진정으로 그리스도가 아니었다면, (회중이 처음부터 보았던) 그리스도의 초상은 결국 다른 방식과 다른 방향에서 반드시 설명되어야 한다. 예외적인 노력이 복음서 사이에 있는 근원과 구성, 친밀성과 차별성을 찾는 것에서 시도되어 왔다. 모든 종류의 요소가 회중 안에 있는 그리스도의 초상의 원본을 이해할 수 있도록 요구되었다. 학자들은 순서대로 구약, 유대교, 에세네파, 탈무드, 헬레니즘, 페르시아, 인도로부터의 영향을 제시했다. 최근에는 기독교의 바벨론-앗시리아 해석이 유행한다. 요한계시록의 장면들과 바울신학과 요한 신학의 요소들뿐만 아니라 예수와 그의 선재, 탄생, 세례, 시험, 승귀, 기적, 부활, 승천에서 나타난 모든 사건에 이르는 모든 것이 신화적 관점에서 도출된다. 하나의 일치성과 간단한 표현과 단순한 단어를 비롯한 이 모든 요소는 종교사학파[religionsgeschichtliche] 방법론의 지지자들이 역사적 의존성을 공상하기에 충분하다.

어떤 학자들은 예수를 원전에서 알 수 있다는 사실을 부인하는 데까지 나아갔다. [20] 또는 이런 학자들은 예수의 존재에도 의문을 표했다. 심지어 여기까지 가지 않은 학자들도 예수를 표현하는 방식에서 여전히 그렇게 멀지 않다. 첫 번째 입장의 학자는 예수를 종교의 모든 외적인 형태에 저항했고 순전히 본질적이고 영적인 종교를 창시한 도덕적 개혁자이자 인간의 설교자로 여긴다. 두 번째 입장의 학자는 부자와 권력자의 폭력에 대항해 가난한 자를 보호했던 사회주의의 선구자로 예수를 본다. 세 번째 입장의 학자는 모든 문화를 악으로 여기며 사람들을 자연의 진리와 단순성에 돌아가게 한 불교적 개인 구원의 설교가로 예수를 본다. 각 입장은 예수의 인격에 대한 자신의 관점을 보여준다. 여러 대학이 너무나도 다양하게 제시하는 교수-그리스도에 대한 칼토프(Kalthoff)의 조롱은 대부분 사실이다. 그러나 여전히 이 형상은 길이요 진리요 생명으로서, 이상적 모범으로서 일반인에게 나타난다.

최근에 기독교의 본질을 말했던 이런 학자 중 누구도 베를린의 저명한 교수인 아돌프 하르낙(Adolf Harnack)보다 더 중요한 학자는 없다. 1899/1900년 겨울에 모든 분야에서 온 수많은 학생이 이 주제에 대한 하르낙의 강의를 들었다. 그래서 이 강의는 수많은 학파에서 엄청난 관심을 끌었다. 또한 이 강의가 출판되었을 때 엄청난 반응이 잇따랐다.[1] 한 측면에서 많은 유대교 학자와 로이지(A. Loisy)와 같은 일부 로마 가톨릭 학자들로 구성된 하르낙의 지지자들 사이에서 엄청난 합의가 있었다. 이 집단은 기독교의 본질에 대한 하르낙의 책을 매우 용기 있는 행동, 개인적 고백, 신학 학문의 완숙한 결실, 현대의 필요에 적절한 대처, 현대 과학과 기독교 신앙의 가장 예기치 않은 화해로 격찬했다. 그러나 온건하고 강한 정통주의 학자들은 이 작업에서 하르낙은 그저 자유주의 신학의 지지자와 교회론 기독론의 반대자로서 자신을 드러냈을 뿐이라고 주장했다. 하르낙이 지지한 기독교는 기독교의 가장 중심에 있는 핵심을 강탈했다. 그 핵심은 삼위일체, 그리스도, 화해, 교회, 성례가 없는 기독교였다. 하르낙의 관점에서 18세기의 시대 정신과 개인적인 일로서의 종교와 자연종교는 자신의 승리를 축하했다.

하르낙의 강의를 아는 사람은 누구든지 이런 다른 평가에 놀라지 않는다. 왜냐하면 하르낙에 따르면 기독교의 본질은 경험[Erlebnis]을 도출하는

---

1) 편집자 주: A. von Harnack, *What Is Christianity?* trans. Thomas Bailey Saunders (New York: Harper & Brothers, 1957).

 헤르만 바빙크의 현대 사상 해석

것으로 구성되기 때문이다. 그 경험은 그리스도의 모습과 가르침과 삶에서 하나님이 우리 아버지이며 우리가 하나님의 자녀라는 것이다. [21] 도덕적 인간은 가시적이고 비가시적인 것에서, 외적이고 내적인 것에서, 육신과 영혼에서, 현세와 내세에서, 하나님과 세상에서 깊은 갈등을 겪는다. 그러나 기독교는 인간을 고통스러운 반대편으로 격상시킨다. 기독교는 인간을 하나님의 편에 두며 현생에서 영생을 주며 하나님과 영혼 사이에 관계를 맺고 교제한다. 기독교가 이렇게 하는 이유는 기독교가 항상 하나님의 아버지 됨과 인간 영혼의 고귀함을 선포하고 이 두 가지 진리에서 기독교 자신을 완전히 선포하기 때문이다. 따라서 예수가 선포한 원 복음에는 아들이 아니라 아버지가 속한다. 예수는 자신을 선포하지 않았다. 예수는 자신의 인격 안에서 믿음을 요구하지 않았다. 예수에게 기독론은 없었다. 불쌍한 세리와 자기 잔돈을 헌금함에 넣는 여인과 방탕한 아들 모두가 이 진리를 충분히 보여준다.

그러나 하나님에 대한 완전하고 유일한 예수의 지식으로, 예수의 인격과 말씀과 행위로, 예수가 진실로 하나님께로 이끌고 아버지에게로 인도하는 지도자라는 사실이 다른 진리를 없애지 않는다. 수천 명이 예수를 통해 하나님에게 나아 왔다. 예수는 인격적인 실재이며 복음의 능력이었으며 오늘날까지 그 실재와 능력으로 남아있다. 우리 안에서 인성인 삶은 오직 예수의 인격적인 능력에서 그 존재가 나온다. 하르낙은 어떻게 예수가 그런 탁월한 지위를 얻음으로 하나님의 완전하고 독특한 지식을 얻었는지 설명하지 않는다. 하르낙은 인성의 신비에만 호소할 뿐이다. 그러나 우리는 하나님과 교제, 영혼의 평화, 예수의 복음 안에서 믿음만으로 세상을 정복하는데까지 간다. 그러나 이 믿음은 교리의 수용으로 구성되지 않는다. 왜냐하면 복음은 교리가 아니라 기쁜 소식이기 때문이다. 복음은 도덕적 경험으로, 아버지의 뜻을 행함으로, 예수의 복음을 지키는 삶으로, 예수의 모습과 말씀과 삶을 통해 우리 안에서 창조된 영혼을 인격적으로 경험하는 것으로 구성되기 때문이다.

기독교의 본질을 연구하려고 시작하는 사람은 누구든지 자신이 맡은 과업을 반드시 먼저 이해해야 한다. 우리는 위에서 기독교의 본질에 대한 질문이 현대에 이르러서야 처음으로 제시되었다고 말했다. 실제로 교회 교의(敎義)와 개인의 신앙 사이에 불화가 일어났을 때 그리고 교회의 신앙고백과 예배를 존중했던 기독교의 관점이 더 이상 그 주제에 동의할 수 없었을 때, 이 질문이 처음으로 고려되었다. 이 사실은 [22] 기독교의 본질에 대한 연구가 처음으로 시작되었을 때 그 의도에 관해 놀라운 실마리를 던진다. 그런 연구를 주장했던 학자들은 기독교에 관한 교회의 관점에 동의할 수 없는 학자들이었다. 이 학자들은 기독교의 본질에 속하지 않는 교회의 신앙고백과 예배의 특징을 교회가 가정해왔다는 견해에 동의했다. 헬라 철학, 이교도의 미신, 권력에 대한 정치적 갈망, 모든 종류의 다른 요소의 영향력에서 교회는 실제 기독교와 아무런 관련이 없는 많은 교리와 예식을 들여왔었다. 이것이 기독교를 모든 이상한 첨가물에서 해방하고 원래의 순수한 상태로 기독교를 받아 들이는 것이 필요한 이유다.

그래서 기독교의 본질에 관한 연구는 원래 공적 교회의 신앙고백에서 이루어졌던, 비록 오류가 있었지만 다양한 해석에 반하는 저항으로 시도되었다. 또한 이 연구자들은 교회에서 기독교에 대한 잘못된 관점에 반대해서 기독교를 더 바르게 다뤘던 또 다른, 더 순수한 관점을 원래 관점 곁에 두는 것 외에는 다른 목적이 없었다. 그래서 기독교의 본질에 관한 연구는 간단하고 명확해진다. 왜냐하면 기독교의 본질에 관한 연구는 사실상 이 질문이 되기 때문이다. 참되고 진정하며 무오한, 즉 근본적인 기독교는 무엇인가?

기독교의 본질에 관한 연구의 목적을 정확히 해석한다면, 그 연구의 결과에 대한 특별한 실마리가 처음부터 밝혀질 것이다. 모든 교회와 신앙고백은 기독교에 대한 특정한 관점을 나타낸다. 노스겐(Nosgen)이 정확히 말했다. "신앙고백을 규정하는 것은 신앙고백 각각에 나타난 기독교에 대한 독특한 이해다." 만약 기독교에 대한 교회의 관점에 동의할 수 없고, 자신만의 새로운 해석을 하려는 사람이 있다면, 이들은 그렇게 할 완전한 자유가 있다. 이제 이들이 옳으며 모든 시대에 걸쳐 교회가 잘못해 왔다는 것을 밝힐 수 있을지도 모른다. 그러나 신앙고백의 오류에 반대하는 그러한 연구자들을 인정할 수 없다. 기독교에 대한 자신의 개인적 관점을 제공하고, 자신을 교회보다 높은 위치에 두고, 오직 참된 한 가지 관점을 제시하는 그런 연구자들 말이다. 그러나 그런 교만한 어조는 때때로 브루흐(Bruch)의 작은 책에서처럼 기독교의 본질에 관해 당연한 것처럼 생각된다.

스스로 과학과 같은 것으로 밝혀진 불신앙이 비난받아 마땅한 것과 마찬가지로 불신앙은 결국 선을 넘어 자기 주제를 넘는다. 만일 학자가 교회에서 벗어나 복음을 다르게 해석하고자 [23] 공적 신앙고백들에 대해 교의적이고 파편적이며 그릇된 관점에 반대해서 자기의 관점을 참된 복음으로서 확립하려 한다면 말이다. 또한 더 뚜렷하게 말해 신앙고백들 속에서 복음의 교리적 해석과 하르낙이 제시하는 해석과 같은 역사 비평적 해석은 서로 반대되지 않는다. 심지어 후자도 전자보다 더 우월한 것은 아니다. 이 해석들은 그저 복음에 대한 다른 관점일 뿐이다. 교회 또한 신앙고백과 예전에서, 예식과 정치에서 복음에 대한 가장 순수한 관점을 주고자 했다. 그래서 하르낙과 같이 이 관점을 거부하고 자기 자신의 해석을 하는 사람들은 원 복음에 대한 관점보다 더 나아가지 않는다. 그들의 눈에 이 원 복음은 모든 다른 관점보다 더 우선해야 마땅하기 때문이다. 그래서 하르낙과 같은 사람들은 교회 교의의 지위에 복음을 두지 않고 복음에 대한 또 다른 관점을 교회가 존중하는 관점과 나란히 둔다. 결국 이들은 이전부터 원래 복음에서 주어져 왔던 해석의 숫자를 늘릴 뿐이다.

나는 "결국"이라고 말한다. 왜냐하면 인간의 정신은 그렇게 독자적이지도 독창적이지도 않아서 과거로부터 완전히 자유로울 수 없고 아무도 행하지 않았던 새로운 방향으로 전환할 수도 없기 때문이다. 가장 독창적인 사상가조차 선구자와 창시자가 있었다. 재세례파와 소키누스파, 합리주의와 경건주의, 칸트와 슐라이어마허, 헤겔과 셸링, 슈트라우스와 포이어바흐(Feuerbach), 울만(Ullmann)과 브루흐와 하르낙에 의해 제시되어 왔던 기독교의 본질에 관한 개인적 관점을 고려한다면, 모든 이런 관점은 완전히 새로운 것이 아니라 초대 교회의 몇 세기 동안 이미 제시되어 왔던 것이었다. 그렇기에 주의 깊게 연구한 후에 교회는 이런 관점들을 정당한 이유로 거부하고 반대했다.

교회가 결코 교회의 본질에 대한 질문에 관심을 가지지 않았고 기독교에 아무런 관련이 없는 문제를 오직 혹은 우선 관심을 가졌다는 것은 말이 안 된다. 이후 교회는 주로 강력히 주장했던 본질적인 것과 우연적인 것의 대립을 항상 경계해 왔다. 그러나 교회는 신앙고백과 예배에서 진정하고 근본적이며 동시에 완전하고 온전한 기독교를 항상 정당히 다루려고 노력해왔다. 교회가 성공했는가는 또 다른 문제다. 종교개혁은 로마 가톨릭 교회가 많은 사례에서 근본적인 기독교를 다양한 이질적인 요소들과 혼합했던 것과 싸운다. 그러나 종교개혁 자체는 [24] 기독교의 모호한 "본질"을 고백하지 않고, 영광 받기에 합당한 완전하고 온전한 기독교를 회복하려고 했다. 만일 우리의 해석으로 복음 자체와 교의 사이를 적절히 구분 짓는다면, 하르낙과 그의 지지자들이 교회 교의의 맞은편에 복음을 두지 않지만, 교회의 교의에 나란히 그들 자신이 상정한 복음의 교의를 제시됨으로 상황이 간단히 정리될 것이다. 이제 질문은 누가 옳은가이다. 진정하고 완전한 복음을 누가 가장 정당

헤르만 바빙크의 현대 사상 해석

히 다루는가? 교회의 교의인가? 슐라이어마허나 칸트, 리츨이나 칸트의 개인적 관점과 같은 학자들의 교의인가?

기독교의 본질에 대한 연구는 진정하고 근본적인 기독교를 구성하는 것이 무엇인가 하는 질문에 봉착한다. 이는 이 연구에 잇따른 방법으로 분명하게 된다. 기독교의 본질을 말할 때 생각할 수 있는 것은 기독교가 가장 넓은 의미에서 특별 종교로서 이해된다는 것이다. 이 특별 종교는 신앙과 도덕에서, 예배와 정치에서 그리스도인에 의해 고백된다. 이 경우에 기독교의 본질에 대한 연구는 모든 기독교 교회와 신앙고백과 예전과 같은 철저한 연구로 구성되어야 한다. 이는 이 연구가 귀납법으로 모든 이에게 공통적이고 토대가 되는 근본적인 본질을 꿰뚫기 위함이다. 그러나 이 귀납법은 기독교의 본질에 대한 연구에 뒤따르지 않는다. 하르낙이 가톨릭주의와 개신교주의에 대해 논의한 것은 정당하다. 그러나 하르낙은 훨씬 전에 다른 방식으로 기독교의 본질을 발견한 후에야 이 논의에 이른다. 그러고는 하르낙은 자기 관점에 반하는 교회 안에서의 복음에 대한 다양한 관점을 평가한다.

사실 위에서 제시된 귀납법은 아마도 빈약한 결론에 이르게 될 것이다. 비교종교사에서 종교의 본질에 대한 연구는 쓸모없는 모호한 일반성을 제시할 뿐이다. 같은 방식으로 다양한 기독교 교회와 신앙고백에 대한 비교 연구에서 기독교의 본질을 포착하려하는 시도는 하나의 모호한 도식에 이르게 할 뿐이다. 그 도식은 삶의 충만함과 풍부함에 대한 어떤 이해를 완전히 결여한 그런 도식이다. 그래서 이후 이 모호한 도식에 반대해 교회의 확고한 신앙고백을 꼭 시험하고자 한다면 어떤 것도 남아있지 않을 뿐이며, 결국 모든 이런 연구는 역사적 기독교를 없애는 데 이를 뿐이다.

이 위험은 상상이 아니다. 헤겔의 체계는 이 반석 위에서 고립되었다. [25] 역사적 기독교에서 헤겔은 신인의 단일성에 대한 개념을 끌어 올렸고 이 개념으로 기독교의 모든 것을 상징적 형상들로 해체했다. 레이든의 스홀튼(Scholten)은 개혁교회의 신앙고백에 같은 방식을 적용하여 하나님의 완전한 주권이 신앙고백의 제일원리임을 발견했다. 이 원리를 사용하여 그는 개혁파 신앙고백들이 아무것도 아님을 논했다. 헤겔과 스홀튼 모두 기독교가 철학이 아니라 종교임을 잊어버렸다. 기독교는 논리적 연역으로 도출되거나 구성될 수 있는 추상적이고 형식적인 원리가 아니다. 기독교는 역사적으로 주어진 긍정적인 종교다. 하나님의 은혜와 자비, 그리스도의 성육신, 화해, 믿음, 칭의, 다른 모든 교리는 신성과 인성의 연합에 대한 추상적인 원리에서 나오는, 하나님의 완전한 주권에서 나오는, 그와 같은 것에서 나오는 우리의 논리적 사고에서 도출되지 않는다. 오히려 이 교리는 하나님의 계시에서 역사 속에서 또는 신앙고백을 따라 우리에게 주어졌다. 곧 하나님의 계시로부터 주어진 것이다. 철학적 원리가 아닌 이 원리는 종교와 신학의 근본적인 인식의 원리[principium cognoscendi]다. 믿음으로 계시에서 이 가르침을 받아들이지 않는 이는 누구도 그런 교리를 찾지 못할 것이다. 심지어 칸트나 헤겔에 필적하는 지적인 능력을 갖췄다 해도 말이다.

사실 슈트라우스 이후 거의 모든 사람이 기독교의 본질에 관한 지식에 도달하기 위해 역사 비평의 방식을 택했다. 그리하여 결국 모든 이가 기독교의 본질에 대한 질문이 또 다른 질문에 이른다는 것을 인정했다. 예수와 사도들이 신약에서 선포했던 근본적이고 진정한 기독교는 무엇인가? 의심할 바 없이 역사적 방법이 이 연구에서 자기 자리를 차지한다. 결국 기독교는 역사적 종교다. 기독교는 역사에서 준비됐고 태동했고 발전했다. 기독교는 이렇게 역사적 연구에 대한 주제를 구성한다. 본질적으로 이 연구의 역사적 방법의 정당함에 대해서 어떤 이견도 없다. 더욱이 교회의 교의는 교묘하게 고안된 철학적 구성이 아니라, 역사에서 나타났고 복음의 역사적 진리에 정초하는 근본적인 기독교의 해석이다. 초대 교회가 근본적인 기독교에 관해 매우 불완전한 지식을 가졌고 초대 교회의 관점은 자주 잘못되었고 정확하지 않았다고 주장할 수 있다. 그러나 초대 교회는 자기 확신에 따라 근본적인 기독교에 대한 사실만을 교의에 담고자 했다. 초대 교회가 신-인의 그리스도를 고백했을 때, 초대 교회는 사도들처럼 [26] 그리스도 안에서 말씀이 육신이 되었다는 것을 진정으로 믿었기 때문에 그렇게 했다.

따라서 여기서도 교리적인 것에 반대해 기독교의 역사 비평적 해석을 시도한 하르낙이 차지할 자리는 없다. 두 해석은 "복음의 역사적이고 진정하며 근본적인 이해"를 주려고 한다. 그러나 차이는 사실과 관계있다. 하르낙에게 예수는 매우 고귀한 인간임에도 일반적인 인간이었다. 기독교 교회에 예수는 하나님이 육신으로 계시한 사람이다. 그래서 시대에 걸쳐 교회는 그리스도에 대한 교회의 신앙고백이 소위 하르낙이 말하는 역사적 관점보다 훨씬 더 사실에 일치함을 견지했다.

그렇다면 왜 근본적인 기독교에 관한 다양한 관점이 있다는 실로 슬픈 현상이 나타나는가? 이는 (여기서 논의할 필요가 없는 다른 이유에 더해) 역사적 방법 그 자체의 본질과 의미에 관해 극단적으로 나뉘는 개념에서 설명된다. 현대 관점의 영향으로 역사적 방법은 소위 무전제성[Voraussetzunglosigkeit]이라는 주제에서 전제를 완전히 배제함을 요구하는 것으로 이해한다. 이는 목적상 자연법에 완전한 종속을 요구한다. 역사적 방법의 이 관점이 정확하다면 기독교는 선험적으로 판단되어야 한다. 왜냐하면 이 관점은 하나님의 은혜와 자비에 대한 중대한 기적으로 역사에서 그저 나타난 것이 아니기 때문이다. 이 관점은 이 기적을 알고 받아들이고자 하는 이들에게서 어린아이와 같은 정신과 수용적인 마음을 가질 것도 요구한다. 만일 당신이 어린아이와 같이 되지 않는다면 결코 천국에 들어가지 못할 것이다.

그러나 역사적 연구의 전체 영역에서 (위에서 묘사된 실증주의적 의미에서 이해되고 적용되는) 역사적 방법은 현상을 위배하면서 일관적으로 적용할 능력이 어디에도 없음을 증명할 수 있다. 결국 역사에서 자연과 다른 요소가 함께 작동한다. 우리는 역사에서 기계적이고 화학적 힘과 마주하지 않고, 인격의 영적인 힘과 마주한다. 그래서 우리는 선택을 강요받는다. 본성에 맹목적으로 작용하는 힘에 대해 그런 힘을 줄이거나, 이를 받아들여서 훌륭한 인물에게 경의를 표하거나 하는 선택을 말이다. 더 나아가 우리는 역사에서 모든 종류의 종교적이고 윤리적이고 미적인 현상을 만난다. 그런 현상은 우리 편에서 영적인 관계를 맺지 않고는 인식되거나 관찰되게 하지 않는다. 사실 이런 현상은 관찰로만 충족되지 않는다. 이런 현상은 평가를 요구하고 우리 영혼 안에서 그런 평가에 대해 특정한 기준을 가정한다. 기독교에서는 반드시 인간의 악한 [27] 생각과 정욕을 거슬러야만 함이 더해져야 한다. 왜냐하면 기독교는 죄와 오류와 거짓에서 인간을 자유롭게 하는 구원의 종교이기 때문이다. 만일 복음이 실로 인간과 인간의 필요와 인간 전체를 위한다면, 복음은 인간에 의한 것일 수 없고 인간 마음의 부패와 일치할 수도 없을 것이다.

무엇보다 하르낙 스스로가 이 증명을 제시한다. 하르낙은 기독교를 구성하는 것에 대한 질문이 역사적 질문이며, 역사적 연구로 답해진다고 말하면서 시작한다. 그러나 하르낙은 자신이 적용하고자 하는 역사적 방법으로 불가피하게 특정한 관점을 가져온다. 그래서 한 측면에서 하르낙은 그 방법을 모든 기적을 배제하는 방식으로 이해한다. 왜냐하면 기적은 자연법칙을 거스르기 때문이다. 다른 측면에서 하르낙은 역사 자체가 절대적 판단을 줄 수 없을지라도 기독교의 본질에 관한 질문은 "경험 역사에서 도출된 삶의 경험"으로부터 답해져야만 함을 인정한다. 하르낙이 절대 종교로서 기독교를 평가하고 변호하고자 한다면, 하르낙은 실증주의적 역사 연구가 아니라 역사적 연구를 수반하는 자신의 도덕적 체험에 대한 이 판단에 빚을 지는 것이다. 하르낙의 역사적 방법은 자기 방법에도 적용된다. 자기 인격에게도 말이다. 이 적용은 불가피하고 항상 모두에게 나타난다. 따라서 기독교의 교회-교의적 관점과 역사-과학적 관점 사이의 대립에는 어떤 토대도 없다. 양자 모두 복음에 대한 "역사적이고 진정한 이해"임을 주장한다. 그래서 가장 먼저 예수가 신임을 인정하고자 하는 이는 누구든지 아버지의 뜻을 행함을 염두에 두어야 해야만 한다는 복음의 요구에는 반대가 없다. "마음이 청결한 자는 하나님을 볼 것임이요." 따라서 이 말씀은 영광스럽고 종교적 진술일 뿐만 아니라 철저한 과학적 진술이기도 하다.

기독교에 대한 다양한 관점은 유별나게 많다. 그러나 그 이상의 논의를 그만둘 만큼 혹은 논의를 쓸모없게 만들 만큼 많지 않다. 실로 기독교의 본질에 대한 수 없이 많은 관점이 있다. 여기에는 정교회, 로마 가톨릭, 루터파, 개혁파, 재세례파, 시칠리아파, 합리주의자, 경건주의자 등이 있다. 여기에 칸트, 슐라이어마허, [28] 헤겔, 셸링, 하르낙과 지금까지 제시된 다른 학자도 더할 수 있다. 첫 번째 목록의 역사적 관점 중 하나로 학자들의 목록을 줄일 수도 있다. 최신 관점은 많은 경우 정말로 구식이다. 그러나 각 관점에 대한 독창성과 독립성을 인정해보자. 왜냐하면 관점은 그렇게 중요하지 않기 때문이다. 하지만 이 다양한 관점 속에서 어떤 점에서 중요한 일치점을 찾을 수 있다. 그리고 이런 일치점은 기독교의 본질에 관해 더 깊은 논의를 가능하게 한다.

첫째, 자기 관점이 근본적인 기독교와 일치한다고 말하는 어떤 교회나 공동체나 분파나 견해도 없다. 각 관점이 자기 관점을 참된 것으로 여기고 자기와 다른 견해로부터 자신을 변호하는 것은 맞다. 그럼에도 각 관점과 또한 모든 교회는 그리스도 안에서 계시된 진리와 이 진리로부터 받아 왔던 이해를 구분한다. 로마 가톨릭은 여기서 예외다. 왜냐하면 로마 가톨릭은 교회에 대한 무오성을 확정하고 복음에 대한 단 하나의 참되고 절대적으로 정확한 해석으로 자기 가르침을 드러내기 때문이다. 그러나 로마 가톨릭조차 그리스도와 그의 대리인 교황을, 사도와 선지자의 영감과 교회의 최고의 머리이신 성령님의 도움을 구분한다. 로마 가톨릭이 얼마나 오랫동안 이 구분을 유지하려고 고집을 부렸는지 짐작 못 할 것이다. 로마 가톨릭 개혁 운동의 중요성과 영향력을 과대평가하려 하지 않는 이들조차 그런 두려움을 감출 수 없다. 이런 두려움은 역사 비평의 영역과 (로이지와 같은 학자에 의한) 진화에 대한 교육과 역사적 예수의 제시에서 나타나는 신앙고백에서 현대 과학으로의 전환과 관계있다. 성경에서의 하나님의 말씀은 교회의 말씀에 더욱더 종속되고 희생되었다. 그러나 그 외에 성경의 진리와 교회의 교의 사이의 구분에 주로 반대하는 자는 아무도 없다.

둘째, 기독교의 본질에 대한 질문이 근본적이고 진정하며 참된 기독교에 대한 질문과 일치해야 한다는 동의도 있다. 이 [동의]는 우리가 기독교의 본질을 알기 위해서 특히 신약 성경으로 돌아가야 한다는 것이다. 또한 여기에는 많은 의견의 차이도 있다. 어떤 사람들은 신약만 생각한다. 다른 사람들은 구약도 생각한다. 어떤 사람들은 근본적인 기독교에 대한 지식의 대한 자료로 공관복음만을 인정한다. 다른 사람들은 신약의 모든 책을 인정한다. 어떤 사람들은 이러한 자료들을 역사적 권위로만 인정한다. 다른 사람들은 도덕적 권위도 인정한다. 그러나 이러한 모든 것은 근본적인 기독교를 아는 [29] 자료와 규범이 있다는 점에 대한 동의를 없애지 않는다. 누구도 근본적인 기독교를 구성하는 것이 무엇인지 스스로 결정할 수 없다. 다만 이 문제는 근본적인 기독교의 역사로 모든 것이 결정된다. 기독교가 무엇인가는 (간단히 말해) 그리스도인에 의해 결정되는 것이 아니라 그리스도에 의해 결정된다.

셋째, 역사적인 권위뿐만 아니라 특정한 교리적 권위도 그리스도가 만든 것이라는 동의도 있다. 기독교를 완전히 무너뜨리고자 했던 자들은 그리스도의 이름에 어떤 절대적인 경의를 표하지 않고 그리스도의 말씀에 대해 신경 쓰지 않는다. 이런 극단적인 견해와 별도로 다양한 신학적 방향과 분파는 일반적으로 그리스도의 이름을 소중하게 여기고 그리스도의 권위는 여전히 권위를 가진다. 역사적 예수를 가능한 한 자신의 상상력으로 꾸며내려는 시도는 기독교의 본질을 찾는 자들이 개인적으로 관여하고 있음을 증명한다. 모든 사람이 자기가 근본적인 기독교에 사로잡혔고 다른 누구보다 자기가 기독교를 잘 이해한다고 믿는다. 우리와 다른 사람들이 그리스도의 이름에 가치를 부여하는 한, 여기에 이의를 제기하고 일관성과 결과에 대한 우리의 채찍으로 그들을 몰아갈 이유는 없다. 오히려 이 사실은 우리가 그들을 그리스도의 이름을 굳게 붙들고, 이 이름이 함의하는 진리와 삶의 충만함으로 되돌아가도록 자극한다.

따라서 기독교의 본질에 대한 탐구는 자연적으로 그리고 모든 사실에 동의하면서 다른 질문으로 돌아가게 한다. 누가 그리스도였으며 그리스도가 가르쳤고 행했던 것이 무엇인가? "너희는 나를 누구라 하느냐?"라는 질문은 종교와 신학의 기본 질문이며 그렇게 남아있다. 확실히 모든 세대에 걸쳐 교회는 성육신한 말씀으로 그리고 하나님과 사람의 중보자로 그리스도를 고백한다. 그러나 시간이 지나가면서 사람들은 이 신앙고백이 처음 회중의 고백이 아니었고 철학적 개념의 영향을 받은 2세기에서야 나타났음을 많은 측면에서 보여주려고 했다. 이와 관련해 대부분의 신약 성경은 1세기에서 2세기로 반드시 옮겨져야 했다. 그러나 바울의 네 주요 서신처럼 일부 성경은 이런 시간적 이동에 계속 고집스럽게 저항해왔다. 그렇지만, 학자들은 교회의 기독론이 주로 1세기에 그 기원이 있음을 인식하기 시작했다. 그래서 많은 신약 성경의 저작 시기를 더 후기로 옮겨야 할 이유가 사라졌다. 거의 모든 신약 성경이 잇따라 1세기로 옮겨갔다. 1897년 하르낙은 사람들이 가장 오래된 [30] 기독교 문헌에서 속임과 위조의 그물을 보았던 때가 있었지만 그런 때는 지났다고 말했다. 바울서신에서 이레나이우스에 이르기까지 전통이 성경을 분류한 연대 목록은 모든 점에서 정확하다. 만일 기독교가 낯선 자료로 설명된다면, 그런 자료는 반드시 학자들이 한 때 수용하려 했던 때보다 회중에게 훨씬 더 일찍 영향을 미치고 있었어야 한다.

그래서 바울이 교회 기독교의 진정한 창시자라는 개념이 나타났다. 팔레스타인에서 가장 오래된 교회는 성육신한 말씀으로서 그리스도에 대한 신앙고백을 아직 가지고 있지 않았다. 그리스도와 더불어 종교는 여전히 순수하게 내적이었다. 그러나 바울은 그리스도를 종교의 내용이자 대상으로 만들었다. 예수의 종교에 대한 바울의 위조는 특히 다음과 같이 구성되었다:

첫째, 바울은 인간 예수의 신격화를 도입했으며 역사적 예수를 신성한 피조물로 바꿨다. 이 예수는 선재했으며 죽음으로부터 부활했으며 지상에 나타난 후 하늘로 승천했다. 둘째, 바울은 초자연적 구원을 덧붙였다. 이 초자연적 구원은 객관적으로 일어나며 인간과는 상관없이 성취되었다. 셋째, 바울은 근본적인 기독교에 속죄하는 희생제물로서 그리스도의 개념을 도입했다. 이로써 바울은 로마 가톨릭적 희생제사인 미사의 포석을 마련했다. 넷째, 이 모든 것에 바울은 객관적으로 작동하는 신비로서 성례의 교리를 덧붙였다. 이미 라가르드(Lagarde)는 수년 전에 이런 방식으로 말했다.

하르낙은 이렇게 멀리 가지 않았다. 그러나 하르낙은 여전히 예수를 잘 이해했던 인간으로서 바울을 평가하려 했다. 그러나 결정적인 순간에 하르낙은 바울이 예수의 원 복음을 바꿨다는 사실을 인정하도록 강요한다. 예수와 복음은 하나님과 영혼의 문제가 되었고, 구원은 주관적 경험이 되었다. 그러나 바울과 그리스도는 하나님과 인간에게 와서 우리와 상관없이 우리의 구원을 성취한다. 다른 학자들은 자기 관점을 훨씬 더 거칠게 바울을 복음을 완전히 부패시킨 자로 부른다. 그래서 이런 학자들은 (크게 혹은 조용히) 이 표어를 부르짖는다. "바울에서 떠나라! 예수에게 돌아가라!"

그러나 사도 바울이 진정한 기독교의 창시자가 되도록 그를 이교도로 몰아가는 것은 문제를 간단하게 하지 않는다. 이 경우에 가말리엘 문하의 제자이자, 교만한 바리새인이자, 조상의 율법에 열심히 있었던 열심당원인 바울에 대한 또 다른 질문에 반드시 직면해야 한다. 어떻게 바울이 메시아의 선재와 죄에 대한 그 속전과 승천과 같은 많은 개념을 자신의 구조에 통합할 수 있었는가? 그래서 바울은 어떻게 이런 개념들을 참혹한 박해를 받아 회중의 십자가에 못 박힌 나사렛 사람에게 적용할 수 있었는가? [31] 그러나 (완전히 틀렸지만) 이 사실을 설명할 수 있더라도 또 다른 신비가 항상 남아있다. 어떻게 바울은 근본적인 기독교의 "위조"를 보일 수 있었고 기존의 성도 혹은 예루살렘의 사도에게 거의 아무런 반대도 받지 않을 수 있었는가?

바울과 유대인 형제의 일부에는 어떤 차이가 있었다. 그러나 이 차이는 구약의 율법과 관련된 복음에서 흘러나온 결과에 제한되지 않는다. 그리스도의 인격에 관한, 그리스도의 죽음과 부활에 대한 문제에는 어떤 차이도 없었다. 모든 사도는 여기에 완전히 동의했다. 초대 교회 회중에게서 기독론 투쟁의 실마리는 없다. 그러므로 초대 교회에 바울에게 기원하지 않은 기독론이 이미 있었다는 결론을 내린다.

그런데, 만일 초대 교회가 그 존재가 시작된 순간에서 그리스도가 약속된 메시아이며 하나님의 아들이며, 회중의 주님이며, 산 자와 죽은 자의 심판자였음을 이미 고백했다면, 두 가지 설명만이 가능하다. 즉, 그리스도는 교회가 만든 결과물이거나 회중이 그리스도의 결과물이다. 만약 첫 번째 설명이 옳다면 반드시 다음과 같은 경우를 상상해야 한다. 어떤 상황 또는 사회적 환경 때문에 한 사회적 집단이 그리스도라는 인물에 대한 모든 종류의 특징을 유대와 인도와 바벨론과 이집트와 많은 다른 자료에서 가져와 한 실제적 (혹은 비실제적) 예수에게 적용해 만들어냈다. 그러나 이렇게 시도한 해결책은 너무 인위적이어서 감히 "해결책"이 유효하다고 예측할 수 없었다. 이와 더불어 이 집단의 사람에 관해 대답하지 않은 질문들도 있다. 무엇이 이 집단을 모이게 했으며 무엇이 이 집단을 통합했는가? 이 집단이 그리스도라는 인물의 특징을 어디서부터 도출할 수 있었는가? 어떻게 이 집단이 수많은 특징을 하나의 조화로운 전체로 결합할 수 있었는가? 어떻게 이 집단이 한 특정한 인물인 예수 안에 수많은 특징들을 구현할 수 있었는가? 이 집단이 이 예수의 존재를 믿었던 이유들은 무엇인가? 여기에는 수많은 수수께끼와 신비가 있다. 그래서 잠깐 열려있었던 것 같은 신학적 도피가 곧바로 파국임이 드러났다. 그래서 그리스도가 없는 기독교를 설명할 수 없다는 사실 외에 다른 답은 없는 것처럼 보인다.

따라서 신학자 대부분은 예수가 실제로 존재했고 살았다는 사실을 받아들인다. 그러나 한편으로 어떤 이상한 일이 일어난다. 먼저 교회가 그리스도에게 속한 것이라고 말했던 많은 속성이 예수에게 속한 것은 아니라고 거부되었다. 이 사실은 점점 [31] 더 많은 측면에서 교회의 환상에서 반드시 설명해야 한다. 모든 종류의 영향에서 파생된 한 환상을 말이다. 그래서 이런 환상이 불가능한 것처럼 보일 때 교회는 다시 역사적 예수에게 이런 속성을 반드시 할당해야 한다. 이 발전이 그리스도의 인상에 대한 초상이 온갖 종류로 나타난 이유다. 칼토프(Kalthoff)에 따르면 이 인상은 실제로 모든 대학에서 다 다르다. 한 학자에 따르면 예수는 존재했다. 그러나 또 다른 학자는 그렇지 않았다고 말한다. 어떤 사람은 예수가 메시아로서 자신을 생각했고 계시했다는 것을 믿지만 다른 사람은 강하게 이 사실을 거부한다. 어떤 사람은 예수의 무죄성을 주장하지만 다른 사람은 이 사실을 거부한다. 그래서 예수가 말한 모든 말, 예수가 행한 모든 사역, 예수의 삶에서 일어난 모든 사건은 함께 한다. 역사 비평은 항상 한 관점 또는 다른 관점을 타당하게 설명하려고 한다. 역사 비평은 바뀌는 의견의 파도에서 요동친다. 고요한 진보를 알아차릴 징후가 전혀 없다. 역사 비평은 진입한 도로로 되돌아간다. 왜냐하면 진입한 도로가 막다른 길이라는 것이 곧 명확해졌기 때문이다.

역사 비평은 그리스도의 인격에서 기독교를 설명하려 하지 않는다. 그래서 역사 비평은 그리스도가 스스로 증거 하는 반석 위에서 항상 실패한다. 역사 비평은 역사적 예수의 극히 일부만 확실한 것으로 인정한다. 그러나 심지어 이 일부조차 자연법칙의 확실한 영역 속에서 믿고, 자연법칙에 예외가 없다는 관점에서는 항상 너무 많다. 예수는 요한복음과 사도의 서신뿐만 아니라 공관복음에서도 많은 사람 중에 완전한 타자로서 우리 앞에 나타난다. 예수는 하나님의 아들이자 인간의 아들임을 명백히 자각한다. 예수는 자신이 독특한 측면에서 아버지를 알고 조상에게 약속한 그 사람으로서 이스라엘의 메시아로서 성부 하나님에 의해 보내졌음을 완전하게 안다. 예수는 항상 아버지와의 끊을 수 없는 교제 속에서 산다. 예수는 아버지의 뜻을 성취한다. 예수는 죄의 용서와 영원한 구원을 자신의 죽음에 연결한다. 예수는 자신의 부활과 승천을 예견한다. 예수는 산 자와 죽은 자의 심판자로서 다시 올 것을 알린다.

하르낙은 확실히 모든 실제 기적을 부인한다. 그러나 하르낙은 예수가 완전히 독특한 면에서 아버지를 알았고, 아버지와의 끊임없는 교제 속에서 살았고, 자신을 메시아로서 보았다는 윤리적 기적을 인정한다. 하르낙은 이 윤리적 기적을 설명하려고 하지 않는다. 다만 하르낙은 인격의 신비에만 호소할 뿐이다. 그러나 이는 말장난일 뿐이다. 이런 방식으로 하르낙은 또한 모든 기적을 정당화할 수 있었다. 바울 또한 신비를 말했다. 그래서 바울은 기적을 경건의 신비로 불렀다. [33] 비록 바울이 기적을 이해할 수 없었지만, 바울은 신비의 내용을 알았다. 그 내용은 바로 예수가 하나님이었고, 육신으로 계시되었고, 성령 안에서 의롭게 되셨고, 천사들에게 나타나셨고, 이방인에게 전파되었고, 세상에서 믿어졌고, 영광으로 들어가셨다는 내용이다(딤전 3:16 – 옮긴이 주).

그래서 관대한 역사적 연구는 예수 자신의 말씀과 처음부터 있었던 교회의 믿음에 따라 예수가 그리스도였다는 확신으로 이끈다. 그러나 로마 가톨릭과 개신교, 정통주의와 자유주의, 혹은 교회와 분파들에서가 아니라 어린아이와 같은 방식으로 예수의 증인을 인정하는 사람과 입이 아닌 마음으로 확실히 예수를 거부하는 자에서 나뉘는 여기에 길이 있다. 오늘날에는 많은 사람이 중도를 추구한다. 중도를 추구하는 사람은 예수를 알기 원하지만, 하나님의 아버지 됨에 대한 복음을 설명하려는 처음이자 가장 명백한 사람이었던 한 예수를 알고자 할 뿐이다. 그들은 참된 기독교로서 예수의 기독교[Christentum Jesu]에 대해 말한다. 그들은 바로 그 그리스도가 아니라 처음이자 뛰어난 그리스도인으로 예수를 생각한다. 그들은 예수**의** 믿음처럼 혹은 예수를 **통한** 믿음처럼 한 믿음의 일부가 되고자 한다. 이 믿음은 예수를 통해 먼저 가능하게 된 믿음과 예수의 인격에 영향을 받아 정초되고 강화된 믿음을 말한다. 그러나 그들에게 예수 **안에** 있는 믿음은 필요하지 않다. 그 믿음은 그리스도 자신을 향한 믿음이며, 예수 안에서 아버지에게 향하는 믿음이다. 그런 사람들은 모호한 입장에 있다. 그들은 예수에게 호소하나 사실은 예수를 거절한다. 만약 예수가 아버지에게 기름 부음을 받고, 하나님과 사람의 중보자인 그리스도가 아니라면, 예수는 우리에게 어떤 특별한 점도 없다. 예수는 다른 모든 종교의 창시자와 도덕을 전하는 모든 설파자와 똑같

헤르만 바빙크의 현대 사상 해석

다. 우리 기독교는 렙시우스(Lepsius)가 말했듯 기독교는 더 숭고한 율법주의 [sublimer Nomismus]와 다를 바 없고 복음의 유대적 관점을 넘지 못한다.

하르낙의 책을 격찬했던 유대교 학자들은 이 사실을 확실히 이해했다. 유대인과 그리스도인은 하나다. 로고스, 삼위일체, 원죄, 예정 등과 같은 교리가 모두 외부에서 유입된 것이라면, 또한 근본적인 기독교가 하나님의 아버지 됨과 인간 영혼의 가치에 대한 개념일 뿐이라면 말이다. 9월에 제네바에서 있었던 자유주의자 국제회의에서는 레비 랍비(Levi Rabbi) 박사 이상으로 찬사를 받은 이는 없었다. 만일 유대교가 탈무드주의를 버리고, 만일 기독교가 기독론과 여기에 연결된 모든 것을 포기한다면, 두 종교의 모든 차이는 사라진다. 기독교는 그리스도와 함께 서고 무너진다. 그리스도의 교회가 이 사실을 깨닫고 인정할 때마다 [34] 교회는 항상 예수 자신의 증언을, 그리고 이 측면에서 모든 예수의 선지자와 사도의 증언을 가져왔다. 역사 비평의 연구자가 자기 연구의 결과에서 더 관심을 가지지 않게 되면서 이 연구자는 더욱 이 입장에 동의하게 된다.

기독교에 대한 교회의 관점은 항상 새롭게 공격받는다. 그러나 이는 또한 성경 연구를 통해 계속 새롭게 정당화되기도 한다. 결국 교회는 복음에 대한 당시 시대의 변화하는 견해를 제공한 역사적으로 진정한 이해 [geschichtlich authentische Verständnis]보다 역사적으로 더 흠이 없었음을 항상 증명했다.

그러나 만일 그리스도가 실로 교회가 고백하는 그 그리스도가 되려면 그리고 만일 그리스도가 단지 설교자일 뿐 아니라 자기 인격과 사역에서 복음 그 자체인 그리스도가 복음의 주체이자 객체가 되려면, 기독교의 본질에 대한 연구는 한 결론에 아직 이르지 못했다. 우리가 기독교의 시작점이자 중심을 갖고 있다는 것은 맞지만 우리는 그 완전한 내용을 여전히 펼치지 못했다.

우리는 그리스도와 함께 멈출 수 없다. 왜냐하면 그리스도는 복음의 주체이자 객체이며, 복음의 핵심이자 중심이지만 그리스도는 근원도 종착지도 아니기 때문이다. 그리스도는 하나님과 사람 사이의 중보자다. 따라서 그리스도는 자신에게서 아버지에게로 향하게 한다. 하나님이 만유의 주로서 만유 안에 있어 미래로 향하도록 이끄는 것과 마찬가지로 말이다.

본 논문에서 이런 생각을 확장할 기회는 없다. 그렇지만 한 주목할만한 부분을 결론에서 말할 것을 허락하길 바란다. 우리가 설명했듯이 기독론에서 출발점을 갖는 교의학은 거기서 멈출 수 없고, 여기서 하나님께서 그의 말씀으로 회중에게 주신 풍부한 내용을 풀어내는 것까지 반드시 나아가야 한다.

완전한 교의학과 기독교의 전체 역사의 요점은 무엇인가? 교의학의 요점은 결국 부분에 불과한가? 교의학의 본질에서 교의학은 그리스도의 증언에 따라 그리스도에게 속한 위치를 결정하고 유지하는 것일 따름이다. 교의학은 하나님의 존재, 창조, 세계, 인간, 교회, 문화, 만유에 대한 그리스도의 관계에서 그리스도의 위치를 말한다. 그러나 이 위치를 결정하고 유지함에 교회는 한 도구일 뿐이다. 사실 모든 반대에도 불구하고 이 위치를 이루고 유지하는 자는 그리스도뿐이다. 만일 우리가 이 사실을 고려하고 이해하려 한다면, 결국 기독교는 모든 자기의 아름다움과 영광 속에서 우리 영혼의 눈앞에 나타날 것이다. 기독교는 삼위 하나님의 실제 사역이자 최고의 사역이다. 그 사역에서 아버지는 성자의 죽음을 통해 자신의 피조물이 아니라 타락한 세계와 화해한다. 그 사역에서 아버지는 성령을 통해 하나님의 나라를 재창조한다.

3. 신학과 종교 연구

Essays on Religion
Science and
Society

3. 신학과 종교 연구

[35] 특별 계시에서 믿음을 가진 입장에서만 참된 의미의 신학을[1] 말할
수 있다. 단어와 이름은 확실히 고유한 역사를 가진다. 언어는 모든 것이 살
아있는 것처럼 바뀌고 다양해진다. 단어의 어원론적 의미는 자주 일상적 용
례를 통해 완전히 사라진다. 그러나 다른 모든 변화 중에서도 **신학**이라는 단
어는 원래 의미를 유지해왔다. 그래서 우리에게는 그 단어를 항상 가졌던 의
미로, 또 다른 의미가 없는 의미로 사용할 도덕적 의무가 있다. 단어는 어떤
사람이 마음대로 바꿀 수 있는 제멋대로 된 기호가 아니다. 모든 단어는 분명

---

1)   편집자 주: 바빙크는 신학이라는 뜻을 가진 네덜란드어 theologie와 godgeleerdheid이라는 단어를 교차적
     으로 사용한다.

---

* 편집자 주: 본 논문은 원래 다음 출처에서 출판되었다. "Godgeleerdheid en godsdienstwetenschap," in the
journal *De vrije kerk* 18 (1892): 197 – 225. 네덜란드어 "godsdienstwetenschap"는 이 논문에서 "종교 연구"로 번
역했다. 더 정확하고 학술적 번역은 "종교에 대한 학문적 연구(scientific study pof "religion [s])"가 될 것이다. (1
장에서도 1902년 12월 17일 암스테르담 자유대학의 신학 교수로서 취임했을 때 이 주제를 다뤘다. *Godsdienst en
godgeleerdheid* [Wageningen: Vada, 1902]).

한 사고를 나타낸다. 일상에서 사용하는 것 이상으로 한 단어에 또 다른 의미를 강제하는 것은 언어를 오용하는 것이면서 무수한 혼란을 초래하는 것이다. 로크(Locke)는 이미 철학에서 대부분의 불일치가 단어의 오용에서부터 나타난다고 지적했다.

신학이라는 단어를 추론했던 고대 헬라인들은 호메로스(Homer)와 헤시오도스(Hesiod)가 기록했듯이 **신학**이라는 단어를 신들에 대한 가르침을 뜻한다고 이해했고, 또한 그렇게 사람들이 믿었다. 기독교 교회는 이 단어를 채용할 수 있었다. 왜냐하면 이 단어는 선지자를 통해 말씀한 하나님을, 그 이후 자기 아들을 통해서 말씀한 하나님을, 교회의 모든 시대에 걸쳐 자기 말씀으로 자신을 계시했던 하나님을 믿는 것이기 때문이다. 그러므로 우리는 그 단어 자체의 참된 의미에서 신학을 갖는다. 기독교 교회는 하나님의 말씀 안에서, 하나님의 성령을 통해 주어진 하나님의 자기 계시의 토대 위에서 하나님 자신을 아는 지식을 가졌다. 신학은 하나님을 아는 지식이었다. 신학의 대상은 하나님 자신이었다. 하나님이 자연과 은혜에서 자신을 사람들에게 알렸던 것처럼 말이다. 신학의 모든 주제는 이 원리로부터 전개되었고 체계를 이루었다.

신학에서 논의된 모든 것은 신학과 하나님이 특정한 관계가 있고 이 방식으로 우리가 가진 하나님을 아는 지식이 증대되었기 때문에 (또한 이럴 때만) 주목받게 되었다. [36] 세계, 인간, 천사, 성경, 그리스도, 교회 등 모든 것이 신학에서 자기 위치를 찾았다. 왜냐하면 이 단어들은 직접적이든 간접적이든 하나님에게 종속되었기 때문이다. 하나님을 아는 지식은 삶의 원리이자, 신학 전체를 조직하는 원리였기 때문이었다. 일부 예외를 제외하면 신학의 본질에 대한 이런 관점은 교부 신학자, 스콜라 신학자, 로마 가톨릭 신학자, 개신교 신학자에게 공통된 것이었다. 이런 관점은 18세기 말까지 일반적

으로 지배적인 관점이었다.[2]

여전히 **신학**이라는 단어가 한 때 교의학이나 조직신학만 의미했다는 사실을 반드시 떠올려야 한다. 성경의 주해와 교회사가 언급했을 때조차도, 이 언급은 종종 신학의 여러 학문 옆에서 분리된 위치를 차지했으며 때때로 보조적인 학문으로 지정되었다. 모든 신학 학문에 대한 조직된 배열을 발전하려는 시도는 없었다. 여기에 사실상 신학의 백과사전적인 체계에 대한 이해가 없었다. 일반적으로 그러한 배열에 대한 기원과 미약한 시도만 감지할 수 있다.

사람들이 고백한 믿음의 원리가 다른 방향에서 발전했었는지 또는 정통주의 시대에서 삶의 다양한 영역에 적용된 것이 얼마나 적은지를 감안하면 이 사실은 놀라울 정도다. 투쟁의 시기 이후 확고한 교리가 확립되었을 때 전통 교의학이 곧바로 나타났다. 이후 신학자들은 그저 초기 견해에 동의했고 순진하게 이 견해를 베꼈다. 아무도 발전의 필요성을 거의 느끼지 못했다. 이후 신학자들은 교부들이 가졌던 것을 지키면서, 그들이 성취했던 일에 안주했으나 계속해야 하는 개혁을 충분히 고려하지 않았다. 이는 우리 시대에 개혁파 성도가 학문적으로나 실천적으로 개혁해야 할 것이 그렇게 많은 이유다.

그러나 이전 세기의[18세기의] 결론은 **신학**의 개념에 큰 변화를 불러왔다. **신학**이라는 단어는 여전히 일반적으로 사용된다. 그러나 초등학교에서 중립적 교육에 대한 그릇된 꼬리표로 나타나는 "그리스도인의 미덕"이라는 표어와 꼭 같은 의미에서만, **신학**이라는 단어는 완전히 새롭게 수입된 개념 아래 오직 고대의 깃발으로 사용된다. 종교 연구[의 학문]은 점차 우리 세기

---

2) Cf. H. Bavinck, *De wetenschap der heilige godgeleerdheid* (Kampen: Zalsman, 1883).

헤르만 바빙크의 현대 사상 해석

에 신학을 대체해나갔고, 신학은 더 이상 [네덜란드] 국립대학에서 가르쳐지지 않는다. [37] 이런 중요한 변화가 철학의 영향 아래 일어났다. 데카르트(Descartes)의 철학에서 중요했던 합리주의는 자연 신학을 계시 신학에서 더욱더 독립시켰다. 종교개혁자들에 의해 믿음의 학문 아래 위치해 왔던 이성은 점차 이 제한을 점차 무시해갔다. 이성은 먼저 익숙한 어투를 띈다. 이성은 확실히 믿음을 파괴하려 하지 않지만 그로부터 독립하려 하고 믿음 옆에서 자신이 주인이 될 수 있는 오직 자신의 고유한 영역을 주장했을 뿐이다. 이성은 자신의 눈으로 보기 원했고 심지어 하나님 자신에게서 합리적 지식을 얻기를 원했다.

그런데, 이성이 한 번 믿음 **옆에서** 이 위치를 얻게 되자, 곧바로 이성은 믿음을 대가로 자기 영역을 확장하여 믿음에 **반대하는** 입장에 서기 시작했고, 초자연 계시에서 믿음이 완전히 필요하지 않다고 주장했다. 참된 종교는 이성의 종교로, 어느 정도는 모든 종교의 기초였다. 이렇게 참된 종교와 그릇된 종교의 구분이 사라졌다. 종교의 본질은 모든 종교에 존재하지만, 기독교뿐만 아니라 이방 종교에서도 수많은 쓸모 없는 의식과 독단적인 계명 아래에 묻혀 있는 것으로 여겨졌다.

칸트(Kant)는 『[실천]이성 비판』에서, 하나님에 대한 합리적 지식을 세우는 이런 자신감의 토대를 파괴했다. 그래서 칸트는 초자연적인 합리적 학문을 산산 조각내어 붕괴시켰다. 칸트는 우리의 감각이 우리를 인도하는 한, 우리는 실제 세계와 접촉하고 있음을 선언했다. 일반적으로 유효한 학문은 감각 인식으로만 가능하다. 그러나 우리가 우리의 감각 너머에 있는 어떤 것에 이르는 순간 어둠 속에서 헤맨다. 그러면 반드시 모두가 인식해야 하는 학문을 말하는 가능성은 더 이상 있을 수 없다. 나머지 모든 것은 주관적 확신과 도덕적 확실성이다. 자신과 타인은 다르게 생각하기 때문이다. 그러나 칸트가 이러한 비판으로 합리적 신학을 얼마나 파괴했든, 그는 자기 시대의 합리주의에 계속 사로잡혀 있었다. 주된 요점에서 종교에 대한 칸트의 관점은 당대의 관점과 완전히 일치했다.

첫째로, 칸트는 도덕이 종교의 토대라고 여겼다. 그래서 종교는 **실천** 이성의 가정의 필연적 결과로서 존재하는 한, 인간 본성에 토대를 둔 것이었다. 종교는 인간 본성에 직접적이고 즉각적으로 주어진 것이 아니라, 의무와 양심의 감각을 수단으로 삼을 때에만 나타난다. 그러나 종교에 대한 심리학적 설명은 이 입장에서 저절로 드러나지 않는다.

[38] 둘째로, 칸트가 말하는 종교의 내용과 대상은 다른 모든 합리주의자의 견해와 다르지 않다. 참된 종교는 자연적이고 합리적이고 그 내용으로 하나님과 덕과 불멸만 믿는다. 그러나 그러한 순수한 자연 종교는 실제로 어디에서도 찾을 수 없다. 모든 종교는 일반적으로 그리고 필연적으로 그 종교에 독특한 완전히 다른 요소로 구성된다. 그러나 칸트는 실제에서 원했던 것에서 물러났다. 합리적 구조에 따라 종교를 결정했던 칸트는 종교의 실제 본질에 대한 눈도 마음도 가지고 있지 않았다.

셋째로, 이 접근은 칸트의 역사적 감수성의 부족과 관계있다. 칸트는 자신의 이성 종교를 제외한 모든 종교가 교리적이고 역사적이고 교회적인 믿음으로 구성되어 있다는 사실에서 피할 수 없다. 하지만 칸트는 그런 종류의 믿음으로 무엇을 해야 할지 몰랐다. 칸트는 덕을 행하는 삶이 하나님이 우리에게 요구하는 모든 것이라는 사실에 쉽게 설득되지 않을 것을 설명한다. 사람들은 하나님도 자기에게서 특별한 섬김을 원하며, 따라서 순수한 도덕적 종교 옆에 있는 그 자리에서 "종교적 실천"이 나타난다고 생각한다. 따라서 모든 종교는 두 가지 요소로 구성되며 두 근원으로부터 흘러나온다. 모든 종교는 도덕적 인식에서, 또한 인간의 약함과 무지에서 나온다.

헤르만 바빙크의 현대 사상 해석

그리하여 합리주의는 현대 종교 연구의 부흥에 이렇게 기여했다. 그 기여는 참된 종교가 단 하나의 특정한 종교가 아니라 모든 종교에서 나타나며, 참된 종교와 그릇된 종교 사이의 차별이 반드시 폐기되어야 한다는 것이다. 그러나 합리주의는 종교의 심리적이고 역사적이고 형이상학적 측면의 질문을 거의 완전히 무시했다. 이 사실은 칸트와 피히테(Fichte) 이후에 나타난 철학에서만 명백하다. 이 전환, 또는 오히려 이 역전은 칸트와 피히테가 셸링(Schelling)과 헤겔(Hegel)을 따랐을 때 생겼다. 칸트와 피히테 철학의 주된 개념은 인간이 지적으로도 도덕적으로 자율적이라는 사실이다. 인간은 피조물이 아니라 세계의 창조자이자 형성자이다. 인간은 법을 정하며 세계는 반드시 인간의 관점에서 설명되어야 한다.

그러나 역사와 경험이 곧바로 이 자립과 자유에 대항해 많은 것을 배우게 했다. 오히려 인간 자신은 전체 중 일부다. 그 전체는 모든 것이 함께한 절대적 힘 속에서 근원을 가지는 사물 자체와 연결된 채로 취해진 것이다. 그래서 완전히 다른 철학이 나타났다. 주체인 "나"가 아니라 모든 것을 지배하는 절대적 힘이 철학의 원리가 되었다. 그 절대적이고 자존하는 힘은 자신을 자연에서 객관화하며, 이제는 정신 안에 있는 객관에서부터 다시 스스로에게로 돌아간다. [39] 모든 사물은 하나의 강력한 과정에 수용된다. 발전은 전체 체계의 기본 개념이 된다. 모든 것이 한 논리 법칙에 따라 적절한 때에 자신을 드러낸다. 종교 역시 그 과정에서 한 순간을 형성한다. 종교는 우연적 현상이 아니며 사제가 만들어낸 고안물도 아니다. 종교는 인간 본성에 기초한다. 종교는 제멋대로의 예식과 법칙을 조잡하게 수집한 것이 아니다. 오히려 종교는 자기가 드러내는 모든 외관에서 깊은 사상을 포함한다. 종교는 다양한 역사적 종교를 통해 기독교에서 가장 높고 가장 순수한 형태로 점차 상승한다. 그러한 종교가 헤겔의 철학에서 종교의 관점이었다. 헤겔은 종교의 심리적이고 역사적이고 형이상학적 측면을 강조했던 첫 번째 철학자였다. 헤겔 종교 철학의 사소한 요점은 폐기되어왔고 따로 분리되어 왔다. 그러나 헤겔의 관점에서 탄생한 그 관점은 여전히 현재를 지배한다. 헤겔은 정당하게 현대 종교 연구의 아버지라 불릴 수 있다.

종교의 학문적 연구는 그 이름이 지적하는 바와 정확히 같다. 이 연구는 "종교"라고 불리는 우리의 삶 속에서 중요한 현상에 대한 완전한 지식을 얻고자 분투한다. 대개 이 연구는 역사적 부문과 철학적 부문으로 나뉜다. 역사적 부문은 다양한 종교 역사를 별도로 묘사할 뿐만 아니라 그 상호 관계 속에서 이 종교를 알고자 노력한다. 모든 종교는 같은 과정의 다른 진화로서 하나로 연결된 것처럼 보인다. 종교 역사는 모든 단계가 가장 높은 형태와 가장 순수한 상태에 도달함을 통해 반드시 한 종교 역사로 인도해야 한다. 철학 부문의 과업은 종교의 근원과 본질과 권리와 가치를 나타내는 것이다. 예를 들어 이 철학은 이렇게 묻는다. 종교가 인간 본성에 어떻게 뿌리내리고 있는가? 종교가 인간의 기능과 능력과 어떻게 상호작용하는가? 어떤 성향과 감정과 행위에서 종교는 스스로 나타내는가? 종교의 존재 권리의 기초는 무엇인가? 종교가 인간에게 갖는 가치는 무엇인가? 종교는 문화와 특히 도덕과 예술과 학문과 같은 것과 어떻게 관계하는가? 여기에는 이 부문을 심리학적이고 현상학적이고 형이상학적인 연구로 나눌 충분한 자료가 있다.

본 논문의 목적을 위해 이런 종교 연구에 대한 접근은 우리나라 국립대학에서 신학을 어떻게 그리고 어느 정도로 밀어 냈는지 추적하는 것은 중요하다.[3] 이미 1848년에 (네덜란드 의회가 자유 헌법을 통과시켰을 때) 네덜란드 정

---

3) 편집자 주: 이 이후 몇 페이지에서 나오는 내용은 네덜란드어 본문의 39-48페이지에 대한 편집자의 중요한 요약과 다시 고쳐 쓴 것이다. 네덜란드어 원문은 네덜란드의 고등교육법에 대한 1876년의 확장된 논

헤르만 바빙크의 현대 사상 해석

부는 국립대학에서 신학부를 없애고 종교 연구 학과로 대체하라는 압력을 받고 있었다.[4] 수많은 공방과 제안과 반박, 의회의 조정이 오간 후, 1876년 고등교육법은 별난 예외를 만들었다. **신학**이라는 학부의 **이름**은 유지하되 실제로 가르쳐야 할 **내용**은 종교 연구 학과로 만들었다. **이런 방식으로 신학은 그 핵심과 생명이 손상되고 빼앗겼다.**

이 이상한 발전에 대한 근거는 국가가 네덜란드 개혁교회(Nederlands Hervormde Kerk)의 목회자를 훈련하는 데 영향을 행사하는 것을 포기하고 싶지 않았기 때문이다. 동시에 [네덜란드 개혁교회] **총회가 목회자를 훈련하기 위해 고유한 교육 기관을 만들기가 불가능했거나 원하지 않았기 때문이기도 하다.** 그 결과가 모든 통합과 연합의 개념이 결여된 이상한 무능함의 혼합이었다. 가르치는 과목 일부는 옛 신학의 과정 중 하나를 상기시킨다. 다른 과목은 명백히 종교 연구 분야에 속한다. 이 불행한 발전은 또한 반드시 이 학과에서 가르쳐야 하는 교수를 다른 상황에 두게 한다. 예를 들어, 레이든 대학의 J. H. 휜닝(Gunning) 교수는 신학 교수로서 새롭게 배치될 때 종교 철학을 가르칠 수 없게 되었다. 일반 종교 연구 과정은 한 사람이 기독교 신앙에 대해 중립성을 갖도록 요구한다. 이 신앙을 많은 종교 중에 한 종교로 다루면서 말이다. 그리고 이런 일은 휜닝이 할 수 없었다. 한 사람에게 강요된 이 접근으로 [이런 방식에서] **종교 연구를 하는 그리스도인은 자신의 신앙고**

의를 포함한다. 이 고등교육법은 실제로 국립대학의 신학부를 종교학부로 바꾸었다. 독자를 쓸데없이 혼란스럽게 하지 않기 위해 새로운 법에 대한 바빙크의 비판적 요점을 확립하는 충분히 자세한 요약을 실었다. 자세한 역사가 종교 연구의 역사를 연구하는 전공 학자에게는 관심이 있을 것이기 때문에 모든 자세한 서술은 부록 B에 실려있다. 다음 문단에서 이텔릭체로 표현된 문장과 절은 바빙크의 본문에서 직접 가져온 것이다. 역자주: 한국어 본문에서 이텔릭체는 볼드체로 바꾸었다.

4) 편집자 주: 바빙크가 쓰는 단어 *faculteit*를 "학부(faculty)"와 영어 용법에 따라 "학과(department)"로도 번역할 것이다.

백을 저버리고 반대자의 진영에 건너간다.

신학과 종교 연구가 양립할 수 없고 한 학부에 포함될 수 없다는 사실이 명백해졌다. 신학은 항상 특정한 한 종교에 매여 있기에 당연히 다른 종교를 배제한다. 기독교 신학자가 종교사학과 종교 철학에 대한 어떤 지식을 갖도록 하는 일은 중요하다. 그러나 신학과 종교 연구는 각자가 가진 꽤 많은 과정이 있었고, 이런 과정이 신학의 백과사전에 깔끔하게 들어맞는 것은 아니었다.

마찬가지로 신학을 종교 연구에 통합하는 것은 불가능하다. 이 통합은 기독교 신학을 다른 신학과 동등하게 취급하는 것이며 신학을 역사적 가치만 가진 것으로 축소한다. 그래서 교의신학과 [교회의] 실천 신학은 모두 설자리가 없다. 신학과 종교 연구 학과의 충돌에서 종교 연구 학과가 대학의 어떤 곳에서도 신학의 자리를 용인하지 않는 한, 신학은 종교 연구를 완전히 인정할 수 없고 종교 연구를 존중할 수도 없다는 사실을 특히 반드시 주의해야 한다.

게다가 점점 더 많은 사람이 **건전한 신학의 필수불가결함**을 느낀다. 하나님 앞에서 삶의 큰 질문에 대한 더 확실하고, 규범적이며, 긍정적인 답을 갖고자 하는 열망이 커지는 한, 종교 연구의 잠재적 불가지론에 대해 우려하고 반대하려는 열망도 커진다. 하나님을 알 수 없으며 그래서 종교를 도덕으로 축소한 칸트의 주장은 만족하기에는 너무도 편파적이다. **"교리가 아니라 삶이다. 종교는 정신의 문제가 아니라 감정, 정서의 문제다."** 일반적으로 모든 곳에서 특정한 신앙의 내용인 분명한 교리의 필요성을 일깨우는 것을 본다. 또한 종교는 정신으로부터 하나님을 섬기는 것이다. 따라서 종교는 반드시 진리여야 하며 지식을 주어야 한다(요 17:3). 종교는 무의식과 흑암과 정서적 감각에서 찾을 수 없다.

다른 측면에서 종교 연구 학과에 대한 반대는 분명히 사소한 일로 생각해서는 안 된다. 만일 종교 연구가 실제 대상을 확인하고자 한다면, 하나님의 존재와 인식 가능성을 반드시 가정해야 한다. 하나님의 존재와 계시를 완전히 부정하는 자는 누구든지 종교에서 인간 정신의 병리적 현상만을 인식할 수 있다.

오늘날 네덜란드 대학에서 존재하는 종교 연구에 대한 다른 반대는 진정한 학문으로서 문제 되는 성격을 수반한다. 누구도 세계의 모든 종교에 대한 자료를 다룰 수 없다. 그래서 **자료를 사용하는 참된 학문적 연구는 이 경우에 가능한지를 또한 (학문의 첫 번째 요구인) 자료에 대한 연구가 사실상 불가능한 것인지**를 따지는 것은 정당한 질문이다.

결국 종교 연구 학과는 여전히 또 다른 반대로 저지된다. 만일 종교 연구 학과가 현실적 의무가 아니라 자기의 이상에 따라 바르게 설립되려면, 이 학과는 어떤 직업 분야를 위해서도 준비될 수 없으며, 따라서 어떤 학생에게도 호소할 수 없다. 대학생은 지식만 추구하지 않는다. 대다수는 주로 교회나 사회에서 전문가로 일하기 위해 준비하고 훈련받기를 원한다. 그러나 종교 연구 학과는 완전히 일상생활에서 동떨어져 있고 [학생]에게 어떤 것도 준비시키지 않는다. 심지어 신학이 "현실 세계"와 여러 방식으로 걸쳐 있는 우리나라에서조차 신학 연구가 학생이 훈련받아야 하는 직분과 사역을 충분히 고려하지 않는다는 불평을 자주 듣는다. "이 모든 이유가 [대학] 신학과를 종교 연구 학과로 바꾸는 우리나라의 1876년 법을 반드시 승인하지 말아야 하는 이유다."[5]

그러나 지금까지 우리가 연구한 질문에 답을 하지 않았다. 신학과 종교

---

5) 편집자 주: 이 말은 요약되었고 다시 쓰였다. 나머지 논문은 바빙크의 모든 본문의 번역이다.

연구가 한 학부로 합쳐질 수 없다고, 신학이 자기만의 학과를 가져야 한다고 가정해보자. 그러나 종교 역시 연구할 권리가 있고 알려져야 할 권리가 있다. 왜냐하면 종교는 학문의 주제이기 때문이다. 아무도 이 사실을 거부할 수도, 거부하고자 하지도 않는다. 다양한 종교에 대해 모든 측면에서 제시되는 자료는 증가해왔고 넓어져서 학문적 작업이 매우 급히 필요하게 되었다. 우리는 오래된 공식과 개념에 더 이상 만족할 수 없다. 부처(Buddha)와 조로아스터(Zoroaster)와 무함마드(Muhammad)가 단지 사탄의 사기꾼이자 도구라고 간단히 말하는 것이 더 이상 불가능하다. 심리학과 역사 철학은 우리가 가진 개념에서 중요한 변화로 이끌었다. 특히 믿음의 토대 위에 서 있는 그리스도인은 이와 같은 다른 종교 연구에서 어렵고 중요한 과업을 수행한다. 그리스도인은 하나님 나라의 역사에서 모든 민족이 갖는 중요성 이상으로 반드시 더욱더 깊게 파고 들어야 한다. 그리스도인은 이방 종교와 기독교 사이에 존재하는 관계와 차이를 연구해야 한다. 그래서 그리스도인은 성경과 역사가 계시하는 범위에서 하나님의 계획을 발견해야 한다.

[49] 그러나 거부할 수 없는 의무인 이런 종교 연구는 그 본질상 신학부에 속하지 않고 인문학부에 속한다.[6] 인문학부는 특별하고 뚜렷한 과목을 연구한다. 그 과목은 영적이고 합리적인 존재로서 인간 존재다. 모든 학문은 우리의 영적 본성에 집중하고, 드러난 사실과 현상에 집중한다. 지성적이고 윤리적이며 미적인 삶, 곧 인간의 완전하고 풍부한 정신적 삶은 연구되고 검토되었다. 따라서 인문학부는 인간의 종교적 삶에 대한 연구에 가장 자연스

---

6) 편집자 주: 유럽 대학에는 전통적으로 네 개의 주 학부가 있다. 그것은: 법학, 의학, 신학, 인문학(자유학예와 인문학)이다. 인문학부에 종교 연구를 두는 것을 강조하면서 바빙크는 명백히 규범적(prescriptive)이고 표준적(normative)인 학문으로서의 신학으로부터 서술적(descriptive) 학문으로서의 종교 연구를 구분하고 있다.

헤르만 바빙크의 현대 사상 해석

러운 자리다. 도덕적 삶이 구별된 학문의 대상이 아니며 그렇게 될 수도 없듯이 종교도 마찬가지다. 윤리적이고 미적인 삶처럼 종교적 삶은 인간 존재에 대한 정신적인 본성의 한 현상이다. 그래서 종교 연구는 인문학부에 속한다.

그러나 종교 학과의 연구는 이 연구가 가지는 중요성이 합당할 때만 정당화할 수 있다. 위에서 살펴보았듯이 학문 관점에서 종교 연구에 대한 현재의 분류에 대해 강력한 반대가 있다. 유대교와 기독교를 제외한 모든 종교 연구는 한 사람에게 할당되는 학문의 요구와 일치하지 않는다. 이 작업은 한 학자가 얼마나 대단하든 간에 너무 부담스럽다. 그러나 인문학부에서 이 심각한 반대는 완전히 극복할 수 있다. 인문학부의 학문은 언어학적이고 역사적이며 철학적인 세 분과로 구성된다. 종교 연구는 중간에 속한다.

역사에 대한 더 최근의 관점은 이 결론으로 이끈다. 역사는 더 이상 사실과 시대, 군주와 전쟁의 연대기를 읊조리는 것이 아니다. 다만 역사는 인간의 발전에 대한 서술이다. 일반 역사는 문화사에 통합되지 않았다. 다만 이제 일반 역사는 문화사도 포함한다. 역사는 더 이상 인간의 정치적 중요성만 기술하지 않는다. [역사는] 또한 도덕과 관습, 사상과 노동을 포함하는, 즉 달리 말해 모든 문화의 사회적 발전에 대한 [서술]이다. 그래서 종교 역사는 이 문화에 속하지 않는다. 종교는 종교적 삶의 가장 강력한 요소 중 하나이자 사람이 가진 열망이다. 특정 민족의 역사를 연구하는 학자는 종교를 무시할 수 없고, 종교에 관한 연구와 민족의 삶에서 종교의 자리에 의거해 이 연구를 추진해 나간다. 이런 이유로 종교 역사에서 표준적인 연구 중 많은 연구가 신학자가 아니라 인문학 연구자에 의해 수행되었다. [50] 인도학, 중국학, 페르시아학, 이집트학, 앗시리아학 전문가는 일반적으로 다양한 종교에 대한 가장 정교한 지식을 제시한다.

그러나 그저 역사학 분야가 현재에 매우 눈에 띄게 확장되었고 그 자료가 너무도 놀랍게 증가했다는 사실은, 인문학부에 일반 역사를 담당할 한 교수만 있어야 한다는 이유가 되지 못한다. 여기서 연구를 분담할 필요가 있다. 좋은 학문은 가장 중요한 민족에 대한 언어와 역사 연구를 위해 구별된 교수를 임명하는 것과 다양한 종교 역사가 그 연구와 관련되어야 한다는 것을 요구한다. 건전한 학문을 수행할 수 있게 이 작업이 이루어질 때만, 이 연구가 그 무게와 중요성 때문에 대학에서 받아야 할 정확한 자리를 발견할 것이다. 그러나 작은 우리나라의 네 개의 국립대학과 네 교육기관에 분배된 자금이 여전히 부족해서 어떤 대학도 마땅히 이루어야 할 일을 준비하지 못했다. 그래서 우리는 여전히 중요한 학문에 여러 자리가 부족하다. 그리고 자금이 충분할지라도 네 개의 대학에 있는 자리를 채울 충분한 학자도 없다. 이런 이유로 대학 수의 축소는 바람직하다.

만일 종교 역사가 인문학부에 이러한 방식으로 통합될 수 있다면 고등교육법에 관대한 헤임스께르끄(Heemskerk) 총리의 반대는 사라졌을 것이다. 총리는 문학부에 종교학을 둘 것을 처음으로 제안했으나 이후에 마음을 바꿨다. 이 변화의 이유를 헤임스께르끄는 다음과 같이 말했다. 종교학 교수가 실제로 신학자라면 인문학부에서 신학자들은 박사 학위에 대해 투표해야 하며 그 반대도 마찬가지일 것이다. 문학 교수는 종교학 학위를 결정해야할 것이다.[7] 그러나 이 반대는 종교학이 근본적으로 신학이며 같은 학문의 부분이자 일부라는 개념에 놓여있다. 우리는 두 가정이 모두 잘못되었음을 입증했다. 종교 연구는 신학이 아니라 인문학에 속한다. 이 사실은 언어 연구와 도덕적 현상을 연구하는 것과 민족의 관습을 연구하는 것과 마찬가지다. 그

---

7)   cf. B. J. L. de Geer van Jutphaas, *De wet op het hooger onderwijs* (Utrecht: Bijleveld, 1877), 159.

런 특정한 종교적이고 신학적인 지식은 이런 연구가 기초 원리를 바꾸지 않는다는 점에서는 바람직하고 필요하다. [51] 종교 연구에서 분리된 박사 학위는 언어학에서 분리된 박사 학위만큼 불가능하다. 만일 박사 학위가 매력적인 것이 되려면 언어와 역사에 연결된 특정한 민족 혹은 민족 집단에서만 이루어질 수 있다. 예를 들어 고전학과 셈학과 다른 문학에서 지금 이루어진 것처럼 말이다.

종교 철학은 인문학부에도 속한다. 횐닝 교수와 [H. H.] 묄른벨트(Meulenbelt) 박사는 이 학문이 신학의 일부가 되지 않을 뿐만 아니라 현대 학문이기도 해서 기독교 원리를 배반하지 않은 채로 그리스도인임을 고백하면서 연구되고 가르쳐질 수 없다는 의견을 제시한다. 첫 번째 의견은 맞지만 두 번째 의견은 아니다. 결국 종교는 관심과 연구를 확실히 받을 만한 일반적인 인간의 현상이다. 왜 이 현상이 반드시 연구되어야 하는가? 어떻게 종교가 인간 본성에서 나오는지 혹은 인간의 다른 능력에 연관되는지 왜 생각해서는 안 되고, 생각 할 수도 없는가? 어떤 감정과 행위에서 종교는 자신을 드러내는가? 어떤 기초에서 종교가 정당화되는가? 혹은 인간의 삶에서 종교가 어떤 중요성을 가지는가?

다른 측면에서 철학은 그 범위에 있는 모든 것을 생각하는 보편적인 학문이다. 철학은 참되고 선하며 아름다운 것에 대한 개념을 고려한다. 철학은 역사와 자연과 정의와 도덕과 예술에 관대한 가장 깊은 반영을 발견하고자 한다. 철학이 이 모든 영역을 고려한다면, 왜 종교도 고려할 수 있고, 인간 영혼의 삶에서 중요한 현상과 인간의 삶 전체에 종교가 얼마나 중요한지 숙고할 수 있고 숙고해야 하는가?

횐닝 교수가 신학에서 종교 철학에 대한 자리가 없다고 판단할 때 분명히 옳다. 비록 종교가 신학에서, 예를 들어서 교의학과 윤리학에서 논의되더라도, 종교 철학은 철학이지 신학이 아니다. 그래서 따라서 본성상 인문학부에 속한다. 철학은 원리, 방법, 목적에서 신학과 다르다. 철학은 인간에 대한 지식으로 인간론에 속한다. 철학은 신학의 대상인 하나님에 대한 지식이 아니다.

현재 우리 교육법은 철학 아래 철학사와 논리학과 형이상학과 심리학과 같은 학문만 나열한다. 그러나 모두 철학이 더 다른 과목을 포함해야함을 알고 있다. [52] 철학은 항상 체계적인 세계와 삶에 대한 관점인 통합된 세계관 [einheitliche Weltanschauung]을 이루고자 분투해왔다. 모든 철학적 체계는 자기 방식으로 우주를 이해하려는 시도다. 모든 철학은 자연과 역사 그리고 물질적이고 영적인 세계의 무수한 현상을 한 단일한 원인으로, 그 본질로, 그 관계를 드러내려고 하며 그 중요성과 목적을 발견하여 축소하고자 했다.

그러나 만일 이런 축소가 철학의 본질적 작업이라면 사실상 어느 누구도 철학에서 한 자리를 차지하는 일은 불가능할 것이다. 참된 의미에서 철학자가 누구인지 어디서 찾을 수 있는가? 누가 완전히 만개한 철학적 체계를 가지고 오는가?

상원에서 카페이너 판 더 코펠로(Kappeyne van de Coppello) 의원은 정확히 이렇게 말했다. "좁은 의미에서 자기 체계의 창시자인 '철학자'라는 말은 그 질문에 유효하지 않다. 나는 우리나라에서 스피노자(Spinoza)를 제외하고 그러한 체계의 창시자가 있었는지조차 모르겠다. 게다가 스피노자가 네덜란드인이었는지조차도 논의 중이다."

그러나 판 더 코펠로 의원은 이렇게 덧붙임으로 이 딜레마를 부분적으로 해결했다. "그동안 우리에게 철학자가 있었는지 충분히 답할 수 있다. 다양한 철학 체계에 어떻게 파고들지 알고, 자기 자신의 체계들 중 하나를 선택할 수 있고, 철학방법론이 다양한 체계와 소통할 수 있고, 그런 체계 중 하나를 선

헤르만 바빙크의 현대 사상 해석

호하는 이유를 밝힐 수 있는 그런 학자 말이다."[8]

만일 우리가 이런 거부할 수 없는 사실을 설명하고자 한다면 인문학부에서 종교 철학을 목표로 할 수 있는 실천적 반대가 사라진다. 종교 철학과 법철학은 차이가 없다. 우리 [네덜란드] 교육법은 법학[Rechtsgeleerdheid] 아래에 이런 학문을 둔다. 위트레흐트 대학의 이사회의 반대와 카페이너 의원의 반대에도 불구하고 이런 배치가 이루어졌다. 카페이너 의원은 법철학이 철학적 윤리학처럼 일반 철학의 양상이 있음을 정확히 지적했다.[9] 결국 법철학은 특정한 경우에 대한 일반적인 철학적 체계의 특정한 적용에 불과하다. 그래서 법철학은 법학자의 것이 아니라 플라톤(Plato)과 아리스토텔레스(Aristotle)와 칸트와 피히테와 헤겔과 같은 철학자의 것이 되었다. 똑같은 경우가 종교 철학에도 적용된다. 그 학자는 비록 신학 교수나 회중의 목회자라 해도 신학자가 아니라 철학자이다. [53] 이런 측면에서 종교와 도덕과 예술과 법과 역사의 철학은 모두 같은 수준에 있다. 이들 모두는 한 사람이 동의하는 일반적인 철학 체계의 그저 특별한 적용일 뿐이다. 각 적용은 받아들이는 철학 원리에 따라 결정된다. 그래서 유일한 질문은 일관적이고 논리적으로 삶의 다양한 영역에 그 관계를 적용할 수 있는 여부에 대한 것이다.

당연히 그리스도인의 관점에서 종교 역사와 종교(와 모든 학문) 철학을 실천하고 가르칠 수 있는 그리스도인에게 의무가 주어진다. 이런 학문이 실질적으로 인문학부에 속한다는 사실은 차이를 만들지 않는다. 결국 그리스도의 복음은 특정한 환경에서 어떤 사람에게만 정당한 것이 아니라 **모든** 사람과 **전체** 사람을 위한 기쁜 소식이다. 복음은 배운 사람뿐 아니라 배우지 못한 사

---

8) Ibid., 193.

9) Ibid., 181.

람에게도 기쁜 소식이다. 그래서 복음에서 문학자와 역사가와 철학자보다 신학자가 더 나은 점이 없다. 따라서 나는 왜 이런 학문을 그리스도인이 다루는 일이 허용되지 않거나 가능하지 않은지를 찾는 데에 실패한다.

믿음의 토대에 대한 이런 학문에 반대한 휜닝 교수의 반대는 그런 점에서 이 분야가 아니라 [다른 두 문제]를 건드린다. (a) 이 두 학과를 신학의 자리를 차지하는 한 분과로 통합하는 것과; (b) 이 배열을 낳는 중립적인 종교의 원리가 그것이다. 이런 방식으로 조직된 학과에서 가르치는 것을 반대할 수 있다는 사실은 이해할 수 있다. 그러나 만일 이런 방식을 금지하는 원리가 없다면, 법에 의해 분류된 이런 과목을 공부하고 가르치는 것에 대한 반대가 거의 없게 될 것이다. 확실히 이런 학문은 악하지 않다. 다양한 종교는 연구되고 알려질 권리가 있다. 철학은 무의미한 오용 때문에 성경에서 정죄 받을 수 있다. 그러나 철학 자체는 칼뱅에 따르면 하나님의 선물[donum Dei; gift of God]이다.

교육법은 그리스도인이 이런 학문에 접근하는 것도 허락한다. 교육법은 요구하지도 금지하지도 않는다. 초등교육법은 그리스도인 교사가 공립학교에서 가르칠 때 자신의 신앙을 감출 것을 요구한다. 그러나 대학 교수에게 이는 매우 어려운 것이다. 학자와 교수로서 그 역시 자신의 신앙을 고백할 수 있다. 심지어 종교 연구 학과 교수가 학과의 원리와 조직을 말이나 글에서 격렬히 비판할 자유를 갖는 것도 학문의 권리다. [54] 사실상 우리 법에 제정된 종교 연구 분과에서 학문의 배열을 변호하려는 우리 대학의 교수는 단 한명도 없다. 국가는 학교의 선생이 아니며, 이 사실은 더 수준 높은 교육의 영역에서도 그러하다. 그래서 교육법은 우리나라의 대학에서 긍정적인 그리스도의 정신에서 종교 역사와 종교 철학을 가르칠 사람을 반드시 온전하게 대우해야 한다.

헤르만 바빙크의 현대 사상 해석

이런 관점에 대한 저항은 여전히 덕과 학문을 위한 보장으로서 중립성을 보고, (중립적 관점으로부터가 아니라 선험적으로) 학문과 실증적 신앙이 함께 존재할 수 없다는 사실을 견지하려는 사람들로부터만 나타날 것이다. 물론 위에서 언급한 학문에서 기독교 학문에 편견이 없다는 것은 확실히 맞는 말이다. 그러나 편견 없는 학문에 대한 요구는 이론적으로 그릇되고 실천적으로 불가능하다. 현대주의자는 상당히 주의 깊게 이 요구의 엄격함을 이미 완화해왔다. 현대주의자는 종교 역사학자와 종교 철학자가 종교적인 사람이 되고 이들이 종교적 감수성을 갖는 갈망을 허용할 뿐만 아니라 원하기도 한다. 만일 현대주의자가 (이런 학문에서 학자가 자유주의 그리스도인이 될 것을 요구하는) 실증주의자에 반대하는 이런 요구를 할 권리가 있다면, 왜 개혁파, 정통주의 혹은 윤리적 그리스도인에게 학 연구에 자신의 실증적 확신을 사용할 권리가 거부되어야 하는가? 한 "편견"은 또 다른 편견만큼 더 낫다.

그런 중립성에 대한 요구를 이론적으로 수용하든 그러지 않든 어떤 사람이 그 요구에 동의하는 것은 실천적으로 불가능하다. 모든 학자는 마음과 성향과 열정을 갖고 연구한다. 연구할 때 개인은 존재하기를 멈추지 않는다. 자신이 누구이며 연구에서 필요한 것은 무엇인가에 대한 질문만이 있을 뿐이다. 이제 신자의 신앙고백은 그리스도인이 다시 원리에서 죄와 오류에 죽었고, 하나님의 인격으로 재창조되며, 따라서 모든 선한 일에 준비된다는 사실이다. 이런 준비는 학문의 일에도 마찬가지다.

4. 종교 심리학

Essays on Religion
Science and
Society

4. 종교 심리학

[55] (간략하게 요약하면 근원과 본성과 가치인) 종교 현상에 대한 심리학적 연구는 상당히 최근의 학문이지만 이미 꽤 오랜 시간동안 형성되어왔다. 독일의 경건주의, 영국의 감리교, 1740년 미국의 "대각성 운동"과 같은 17세기 말과 18세기 초에 일어난 광범위한 종교의 변화 때문에, 무게의 중심은 종교의 객관성에서 주관성으로 전환되었다. 이 전환 이전에 종교는 객관적인 실제로 생각됐다. 그 실제의 진리와 적법성은 모든 의심을 초월한 것이거나 어떤 경우에도 쉽게 증명될 수 있어서 한 사람이 반드시 경험해야 했고 순응해야 했던 그런 진리였다. 그러나 이제 종교의 객관적 진리보다 주관적 상태가 자기 존재를 더 주장하기 시작했다. 그래서 교리의 중요성은 삶의 중요성에 대해 부차적인 것이 되었다.

종교 생활에서 이런 새로운 유행이 칸트(Kant)의 철학적 해석과 슐라이어

---

* 편집자 주: 본 논문은 원래 다음 출처에서 출판되었다. "Psychologie der religie," in *Verslagen en mededeelingen der Koninklijke Academie der wetenschappen, afdeeling letterkunde*, series 4, vol. IX (Amsterdam: Joh. Muller, 1909), 147-78.

마허(Schleiermacher)의 신학적 해석에서 발견됐다. 그럼에도 이 두 사람은 상당히 달랐다. 칸트에게 종교는 도덕성 위에 세워진 것이어서, 인간의 도덕적 본성의 (필수불가결한 것임에도 불구하고) 한 보충물이나 장식물에 지나지 않았다. 슐라이어마허에게 종교는 모든 생각과 의지를 초월하는 의존의 감정에 근거하는 것이어서, 종교는 인간의 삶 전체와 발달의 신비로운 토대를 형성한다. 그러나 칸트와 슐라이어마허 모두 종교가 최소한 가장 먼저 인간 자질로서가 아니라, 하나님이 준 계명이나 선물로서 생각하지 않았다. 두 사람 모두 이 종교의 새로운 개념으로 종교와 신학에 크게 영향을 미쳐왔다. 이 변화는 교의학에서 가장 명백해졌다. 교의학이 성경 혹은 교회의 교리에 대한 주해로 사용되는 한, 이제 종교는 의식적인 종교적 개념 혹은 경건한 감정의 표현이 되었다. 그래서 한 규칙으로서 [56] 이런 개념 혹은 감정 배후에 있는 종교적 실제를 돌파하려는 시도가 있음에도 불구하고 오히려 교의신학은 주관적 경험에서 그 토대와 기초를 찾았다.

민족학적 지식의 확장의 결과로 19세기에 두드러진 종교 연구는 이 새로운 종교의 개념에서 유익을 얻었다. 이 연구가 수많은 다양한 종교를 분류하고 그 상호 관계를 결정하는데 필요했기 때문이다. 또한 이 연구가 종교를 항상 그리고 어디서든 하나이고 같은 인간의 자질 혹은 경향으로 특징짓는 것으로 계속해서 나타났기 때문이기도 하다. 예를 들어, 말하는 능력과 매우 유사한 종교는 개념과 감정과 행동을 매우 다양한 형태로 표현할 수 있었다. 다양한 종교와 신조가 하나의 "종교적 경험"의 "다양성"으로 자신을 표현했다. 이 변화는 이 나라[네덜란드]에서 공식적인 지지를 받았다. 대학에서 신학부가 종교 연구 학과로 바뀌었을 때 말이다.

이 종교 연구에서 처음에는 배타적으로 혹은 대체로 관심은 당연히 교의와 숭배의 요소에 집중되었다. 모든 종교에서 이 요소가 나타났고 따라서 역사적인 방법이 선호되었다. 먼저, 모든 곳에서 모인 자료는 수집되고 조직되어야 했다. 그러나 처음부터 학자들은 이런 방식으로 종교의 근원과 본질, 진리와 정당성에 대한 문제를 해결할 수도 있으리라는 소망을 품었다. 비록 이 소망을 고수한 일부 학자들이 여전히 있기는 하다. 그러나 역사적 방법이 **이런** 목적에 도달하는데 충분하지 않고 적합하지 않다고 믿는 학자들의 수는 여전히 증가하고 있다.

결국 종교의 **근원**은 역사적으로 발견될 수 없었다. 왜냐하면 역사가 우리로 과거를 보도록 허락할 때마다, 종교가 이미 오랫동안 모든 곳에서 존재했었음을 발견하기 때문이다. 종교의 **본질**에 대해 역사는 거의 혹은 아예 도움을 주지 않는다. 왜냐하면 수많은 다양한 종교가 너무 멀리 떨어져 있어서 한번 특정한 종교가 나오게 된다면, 모든 사람이 다르게 해석하는 모호한 정의를 제외하고는 일반적이고 공통된 본질에 대해 아무 것도 남아있지 않기 때문이다. 일반적인 종교 혹은 특히 특정한 종교에 관련된 **진리**와 **정당성**은 역사적으로 증명될 가능성이 없다. 왜냐하면 진리와 오류, 정당성과 부당성에 대한 범주가 우리에게 주어진 단순한 사실 외에 사물의 또 다른 질서에 속하기 때문이다.

이런 종교 연구의 결과는 한 측면에서 어떤 학자가 종교 연구에서 철학, 형이상학, [57] 교의학으로 돌아갈 것을 왜 주장하는지, 또 다른 측면에서 이 학문의 연구자 대다수가 종교적 문제의 해결을 줄 것을 기대하면서 왜 역사적 방법에서 **심리학적** 방법으로 나아가는가를 설명한다. 결국 형이상학적 접근은 종교학자들이 그렇게 추론하듯 인간의 인지적 능력에 대한 칸트의 비판 이후에 저지된다. 하나님과 세계의 근원, 존재, 끝에 대한 추측을 한 걸음도 나아가지 못하게 한다. 종교의 진리와 정당성은 교의학적으로 결정될 수 없다. 유일하게 남은 연구는 심리적이고 사회적 관점에서 종교를 연구하고, 이런 방식으로 개인의 삶과 사회 전반에 대해 종교가 가지는 중요성과 가치를 보여주는 것이다.

이런 종교 연구는 그 자체로 유익하기도 하다. 최근에는 많은 사람이 모든 종교에서 소외되었다. 그래서 많은 사람이 복음적 노력 혹은 선교의 수단으로 접근할 수도 구원받을 수도 없다. 그러나 종교를 형이상학적 혹은 역사적이 아니라, 심리학적이고 사회적으로 모든 사람과 모든 사회에 관련하여 연구했을 때, 그 중요성과 필수불가결성과 유용성은 다시 한 번 인정받을 것이다. 그 가치를 인정하는 것은 종교의 진리와 정당성을 보여주는 데까지 이를 수 있을 것이다. 교육학과 목회 사역, 종교와 교회 생활, 복음적이고 선교적인 사역 전체가 종교의 심리학적 연구에 의해 열매를 맺음으로 유익을 누릴 것이다.

이런 기대와 약속과 더불어 종교의 심리학적 연구는 먼저 그 토양이 준비된 미국에서 착수되었다. 미국인에게 소위 종교 부흥은 1740년 이후에 두드러졌다. 종교 심리학적 연구는 이토록 자주 반복되는 부흥이 학계에서도 주의를 끌 것으로 기대되었다. 미국에서 대규모로 일어났던 첫 번째 부흥 운동에서 지도력을 발휘했던 대학자인 조나단 에드워즈(Jonathan Edwards)는 『신앙 감정론』(*The Religious Affections*)이라는 중요한 논문을 썼다.[1]

이후에 부흥운동가들은 성별과 나이를 포함한 회심자 수의 목록을 모으고 취합해 보고서를 제출하는 관습을 채용했다. 이 보고서는 이제 클라

---

1) 편집자 주: 이 논문은 일부 판에서 구할 수 있다. 결정적인 비평판은 *The Works of Jonathan Edwards*, ed. John E. Smith (New Haven: Yale University Press, 1959)의 2권이다. 이 논문의 전문도 The Banner of Truth Trust, Carlisle, PA에서 구할 수 있다. 실용적으로 편집되고 요약된 판은 *Faith beyond Feelings: Discerning the Heart of True Spirituality*, ed. James M. Houston (1984; repr., Colorado Springs: Cook Communications, 2005)에서 구할 수 있다.

크 대학의 총장이 된 G. 스탠리 홀(Stanley Hall)의 관심을 끌었다.[2] 이 보고서를 통해 스탠리 홀은 자기 관심을 끈 자료를 진지하게 연구하기 시작했다. 그리고 곧 [58] 1881년 2월 5일 보스턴에서 12개에 달하는 하버드 강의 중에 "청소년기는 일반적으로 종교적 감수성을 갖는, 특히 회심을 겪는 시기였다"라고 결론 내렸다. 달리 말해, 사춘기에 발생하는 생리학적 변화와 심리학적 변화 사이에 밀접한 관계가 있다. 이 변화는 사춘기에 일어나는 종교적 경험으로 발생한다. 이후에 스탠리 홀은 이 연구를 계속했을 뿐 아니라 버넘 (Burnham)과 대니엘스(Daniels)와 랭캐스터(Lancaster)와 루바(Leuba)와 스타벅(Starbuck)과 같은 재능이 출중한 많은 학생을 모으기도 했다. 이 학생들은 같은 연구 분야를 스탠리 홀과 함께 연구했다. 이들은 1906년부터 『미국 종교 심리학과 교육학술지』(the *American Journal of Religious Psychology and Education*)라는 간행물을 출간한다.

특히 [1902년에 출판된] 1901-2학년도에 하버드 대학의 교수 윌리엄 제임스(William James)가 열었던 『종교적 경험의 다양성』(*The Varieties of Religious Experience*)이라는 제목으로 된 에든버러 대학의 기포드 강연 이후에, 유럽에서 이런 연구의 중요성이 인식되었다. 프랑스에서는 그 문제에 대해 테오뒬 리보(Théodule Ribot)과 그의 학파의 경험적이고 실험적이

---

2) 편집자 주: 그랜빌 스탠리 홀(Granville Stanley Hall, 1844-1924)은 미국 심리학의 개척자이자 미국 심리학 협회(the American Psychological Association)의 첫 번째 회장이자 『미국 심리학술지』(the *American Journal of Psychology*)의 설립자이자 클라크 대학의 첫 번째 총장이었다. 스탠리 홀은 하버드 대학에서 윌리엄 제임스(William James)의 지도하에 연구했고 교육 심리학의 발전에 중요한 기여를 했다. 특히 스탠리 홀은 교육과 종교적 경험이 청소년기에 미치는 영향에 집중했다. 바빙크는 구원의 서정에서 회심을 신학적으로 이해하는데 있어 종교 심리학의 중요성을 보다 더 철저히 『개혁교의학』에서 논의한다. Herman Bavinck, *Reformed Dogmatics*, 4 vols. (Grand Rapids: Baker Academic, 2006), III:556-64 (#427). 이 부분 전체는 개정되고 확장된 네덜란드어 두 번째 판 『개혁교의학』에 있던 새로운 자료다. 이 부분은 바빙크가 기독교 교의 신학에서 학제간 연구를 반영하는데 높은 가치를 두었음을 드러낸다.

100   헤르만 바빙크의 현대 사상 해석

고 비교적인 심리학이 오래전에 길을 터놨다. 제네바에서 테오도르 플루노이(Théodore Flournoy)는 1901-2년에 종교적 심리학에 대한 열두 개에 이르는 강의 시리즈를 시작했다. 그 중 첫 번째 강의인 『종교 심리학의 원리』(Les principes de la psychologie religieuse)는 1902년에 심리학 기록보관소(the Archives de psychologie)에서 이미 출판되었고 [나머지는] 차례로 별도로 출판되었다. 위에서 언급된 나라들에서 오늘날 많은 학자가 종교적 현상의 심리학적 연구에 참여하고 있다. 특별한 대다수 연구가 일반적인 종교 심리학뿐만 아니라 [많은 주제에 대해서도] 이미 출판되었다. 그 주제는 믿음, 기도, 회심, 부흥, 죄, 용서, 성화, 영생, 영감, 예언, 신비주의, 금욕주의, 황홀경, 종교 생활의 병폐들, 종파들, 종교적 개념들, 아이와 농부와 노동자에게서의 감정들과 같은 것을 다루는 심리학이다. 이런 연구가 상당히 확대될 것이고, 향후 몇 년 동안 증가될 것으로 예상한다.

지금까지 이런 연구에 대한 독일의 태도는 다소 소극적이었다. 독일에서 심리학 연구가 향유된 그 대중성을 감안함에도 불구하고, 신학에서 엄격한 적용이 지난 수년간 요구된 종교-역사적 방법과도 대조적으로, 정확한 종교 심리학에 대한 관심은 지금까지 미미했었다. 그러나 여기서 변화가 일어났다. 편집자이자 목사인 포어브로트(Vorbrodt) 박사와 의료담당자인 브레슬레(Bressler) 박사가 함께한 올해 [1909년] 4월에 『종교 심리학 잡지』(Zeitschrift für Religionspsychologie)의 첫 번째 간행물이 빛을 보았다. [59] 이 심리학이 연구하고자 하는 종교적 현상은 특정한 집단을 구성한다. 이 심리학은 평등하게 모든 종교적 현상을 연구하지 않고, 역사적이고 철학적 학제에 이르는 교의와 예전과 같은 종교의 객관적 요소에 대한 연구를 남겨둔다. 종교 심리학은 스스로를 주관적 종교[religio subjectiva]와 [개인] 주체의 종교적 경험에 대한 연구에 제한한다. 플루노이가 "종교 생활은 주체의 개인적 의식에서 발전하는 그 순간에 내면으로부터 고려되었다"고 덧붙이듯 말이다. 그래서 더 나아가 이 연구는 종교적 개념에 관심을 기울이는 것이 아니라, 종교적 감정과 정서와 열정, 즉 "고독한 개인의 감정과 행위와 경험"에 더 관심을 기울인다.

이 관심이 왜 종교 심리학이 일반적인 경우와 더 흥미로운 경우에 속하는 것에서 떠난 사례를 대표하는 그런 종교적 현상 혹은 종교적 인간을 직관적이거나 의도적으로 연구하고자 하는 이유다. 여기에 포함된 사례는 모든 종류와 정도의 신비주의자와 열광주의자와 광신도와 열성가를 말한다. 왜냐하면 제임스가 덧붙이듯 이들은 자신의 종교를 가장 명백하게 표현하며, 이들의 종교 생활은 가장 근본적이기 때문이다. 이들은 종교의 "고전주의자"라 할 수 있는 천재들이다. 심지어 가끔 종교 심리학이 종교에서 병리학적 현상을 마치 건강한 현상보다 더 주목할 만하고 유익한 현상으로 고려하는 것처럼 보이기도 한다. 여기서 [필리프] 피넬(Philippe Pinel)의 규칙이 적용된다. "일반적으로 현명한 사람이 어떻게 생각하는지 알려면 먼저 어리석은 사람이 터무니없는 말을 어떻게 내뱉는지를 반드시 들어야 한다."

종교 심리학은 매우 공정하고 객관적으로 이런 현상을 익히고 연구하려고 한다. 종교 심리학은 오직 두 가지 전제로부터 진행된다. 첫 번째 전제는 종교가 인간의 삶에서 존재할 뿐만 아니라 연구할 가치가 있는 현상이라는 것이다. 종교가 환상이라고 생각하는 사람조차도 종교의 중요성과 영향 때문에 연구할 가치가 있음을 반드시 생각해야 한다. 그래서 종교가 환상으로 유지될 수 있게 말이다. 종교는 어떤 실제와도 일치하지 않을지 모르지만, 인간의 삶에서 핵심적인 중요성을 가진 현상으로서 종교는 진지하게 연구할 만하다. 그리고 종교 심리학은 두 번째 전제에서 진행된다. 이 전제는 자연과 일상생활에서 발생 하듯이 영적 생활에서, 더 정확히 말하면 인간의 종교 생활

헤르만 바빙크의 현대 사상 해석

에서도 그런 법칙과 질서와 규칙이 지배한다는 사실이다. 모든 학문은 조용히 혹은 명백히 이 가정에서 진행된다. 왜냐하면 어떤 영역이 완전한 임의성이나, 예측할 수 없는 운명, 혹은 무질서한 혼란에 지배받는다면, 사물의 본성에서 얻는 학문적 연구와 지식을 받아들일 수 없을 것이기 때문이다. [60] 자연 영역에 있는 법칙은 정신적 영역, 윤리적 영역, 종교적 영역 안에 있는 법칙들과 다를 수 있다. 그러나 만일 종교 심리학이 학문이 되고자 한다면, 그 근본에서 종교 생활과 진보도 법칙에 속해 있다는 사실을 가정하고 요구해야 한다.

그밖에도 종교 심리학을 완전히 공정하고 편견 없이 진행한다고 주장하면서, 종교적 현상을 지탱하는 객관적 진리에는 무관심하다. 당연히 이 연구는 신자가 깊은 확신을 가지고 있다는 심리학적 사실을 설명한다. 그러나 종교 심리학이 순수한 학문이 되고자 하고 또 그렇게 남으려면, 경험적이고 객관적으로만 연구해야 한다. 종교 심리학은 종교 현상의 진리 또는 오류에 대해 어떤 선언을 절대로 하지 않으며, 다만 학자 자신이 제시하는 현상만을 취한다. 이 사실은 두 질문 사이를 날카롭게 구분한다. 종교적 경향은 무엇인가? 종교 철학적 중요성은 무엇인가? 사실 판단[Seinsurteile]과 가치 판단[Werturteile]을 혼합하지 않고, 혼동하지도 않으려면 조심해야 한다. 또한 가치 판단은 사실 판단에서 독립적이다. 개략적으로 종교 심리학은 종교 생활에서 초자연적 힘이 작용한다는 사실을 꽤 잘 설명한다. 그러나 이 사실이 참이더라도 종교 심리학은 종교적 현상이 나타나고 당연히 진행되며, 그에 일치하는 법칙 아래에 있는 조건의 조사만 그 과업으로 본다. 이 모든 것은 다른 요소에 기초하고, 다른 관점에서 볼 때 초자연적 행위의 파생물로서 지정될 수 있다. 아무도 이 사실에 반대할 수 없다. 왜냐하면 문제는 알려지고 이해됨으로 그 가치를 잃지 않기 때문이다. 또한 종교 심리학이 종교의 신비를 한 번에 그리고 완전히 해결하고자 하지 않기 때문에 두려워할 이유도 적다. 대신에 종교 심리학은 종교를 더 잘 이해하고 평가하도록 돕는 종교적 현상과, 이 현상에 대한 지식을 바르게 나타내는 질서와 연결을 발견하기 원할 뿐이다.

이런 경험적이고 귀납적인 방법의 적용은 종교 심리학자가 자기 연구를 위해 사용한 자료를 얻는 방식에서 이미 직접적으로 나타난다. 종교 심리학자는 어떤 신학적 체계나 철학적 체계에서 이런 자료를 이끌어내는 것도 아니며, 자기 영적 생활을 반성하는 생각을 통해 이런 자료를 만드는 것도 아니다. 오히려 종교 심리학자는 종교적 인간을 연구한다. 종교 심리학자는 종교 집회를 방문하거나, 부흥 집회에 출석하거나, 잠시 종교적 사회에서 생활하거나, 삶을 공유함으로 종교 경험에 대해 알고 배우려고 한다. 둘째로, 종교적 현상에 관한 지식의 근원으로서 종교 심리학자는 의도적이든 아니든 종교 경험을 축적한 모든 신념, 나이, 성별, 시간, 장소에서 나타난 표현을 설명하려 한다. 또한 종교 심리학자는 다른 사람에 의해 묘사된 이러한 표현을 고찰한다.

[61] 셋째로, 스탠리 홀(Stanley Hall), 에드윈 딜러 스타벅(Edwin Diller Starbuck), [조지 알버트] 코(George Albert Coe)와 같은 이 분야의 일부 연구자가 이미 오랫동안 다른 곳에서 수행해 왔던 것처럼, 소위 말하는 질문지 방식 혹은 설문지 방식을 사용한 것은 특별한 관심을 받을 만하다. 예를 들어, 릴런드 스탠퍼드 주니어 대학의 스타벅 교수는 미국에서 종종 일어나는 것처럼 갑작스런 회심이 일반적으로 일어나는 특정한 시기에 [집중하면서] 종교 생활의 발달에 대한 특별한 연구를 했다.[3] 연구 목적을 달성하기 위해 스

---

3) 편집자 주: 바빙크는 에드윈 딜러 스타벅의 다음 책을 언급했을 가능성이 높다. Edwin Diller Starbuck, *The Psychology of Religion: An Empirical Study of the Growth of Religious Consciousness* (London: W. Scott; New

글줄을 줄였습니다. 수정해도 안되어서   헤르만 바빙크의 현대 사상 해석

타벅 교수는 삶에서 그런 전환점을 알고 있는 사람들, 즉 대부분 미국인이고 개신교인이었지만 다른 교회에도 소속된 신뢰할 만한 많은 사람에게 열한개의 질문을 했다. 이런 질문은 모두 삶에서 이 결정적인 순간에 선행하고, 거기에 동반되며 뒤 따르는 환경과 경험에 관계있었다. 이런 방식으로 스타벅 교수가 수집하고 진행한 "사례들"은 120명의 여성과 72명의 남성에게서 수집된 총 192건에 달했다. 회심의 순간에 대한 연구에서 스타벅 교수는 훨씬 더 많은 응답을 사용했는데, 이 응답은 254명의 여성과 1,011명의 남성에게서 수집된 것으로 총 1,275건에 달했다. 더 나아가 스타벅 교수는 삶에서 결정적인 전환점을 알지 못하는 사람들의 종교적 발달을 조사하기도 했다. 이 조사에서 스타벅 교수는 해리엇 마티노(Harriet Martineau), 메리 리버모어(Mary Livermore), 프랜시스 파워 코브(Frances Power Cobbe), 조지 엘리엇(George Eliot), 톨스토이(Tolstoy), 칼라일(Carlyle), 러스킨(Ruskin), 프레데릭 로버트슨(Frederick Robertson), 찰스 킹슬리(Charles Kingsley), 괴테(Goethe)의 전기를 찾아봤을 뿐만 아니라 142명의 여성과 95명의 남성에게서 모은 총 237명으로부터 여덟 개의 질문에 답을 받기도 했다.

이런 자료를 가지고 연구를 진행하는 것은 단순히 자료를 모으는 것보다 훨씬 힘들다. 첫째로, 반드시 개별 답변을 분석해야 하고, 정확한 중요성을 이해하고, 설명해야 학문적인 연구가 이런 [특정한] 사례에서 발생했던 종교적 발달의 순수하고 정확한 인상을 얻을 것이다. 이런 작업은 많은 시간을 요구했으며 때때로 며칠씩 걸리기도 했다. 더 많은 정보가 있다면 더 길어졌다. 한번 이 분석이 이루어졌다면 비교와 분류가 뒤따라왔다. 차이점과 유사성을

York: Scribner, 1901).

반드시 주의 깊게 생각해야 했다. 매우 자주 특정한 사례를 어떤 집단에 분류해야 하는가에 대해 불확실했다. 분석과 분류는 "일반화"의 어려운 작업에 뒤따랐다. 이 일반화 작업은 실제 자료로부터 종교적 발전을 지배하는 법칙으로 환원하는 노력이었다.

그러나 이 모든 작업이 얼마나 어렵든 간에 종교 심리학이 학문이 되려면, 이 문제에 반드시 확신이 따라야 한다. [62] 왜냐하면 모든 학문은 현상의 발전을 가리키는 법칙을 이해하려고 노력하기 때문이다. 심리학적 방식의 학문에서 종교 생활을 이해하기 위해 연구는 육체적이고 정신적 삶, 출신, 성별, 나이, 기질, 건강과 같은 요소를 분석함으로 모든 사람에 관계되는 것이어야 한다. 더 나아가 종교 생활을 존재, 발전, 변화, 부활 혹은 거절로 이끄는 모든 원인과 환경과 조건을 배우는 것이 필요하다. 플루노이에 따르면 종교 심리학은 반드시 생리적이고 유전적 (혹은 진화적)이고, 비교적이며, 역동적이어야 한다. 이런 이유에서 종교 심리학은 종교 생물학 혹은 정신 생물학으로 불리기도 했다.

그런 연구에 기초해 일부 심리학자들은 개인에게서 발견되는 종교 생활의 발전에 뒤따르는 윤곽을 우리에게 이미 제시했다. 유아에게는 개인적인 종교 생활이 아직 없다. 인간 배아가 인간이 되기 전에 유기적 존재가 그랬듯이, 인간 배아가 다양한 발달 단계를 거쳐 가듯이 유아기는 인류의 근본적이고 가장 오래된 상태를 나타낸다. 개체 발생은 계통 발생의 반복이다. 낮은 단계의 존재로부터의 진화에서 첫 번째 인간이 오랫동안 부분적으로는 동물로 남았던 것처럼, 동물적 삶은 유아에게도 자연스럽다. 아기는 사실상 동물에서 존재하는 것과 같은 직관으로 삶에 들어간다. 원죄에 대한 교회의 교리의 진리는 인간이 여전히 동물적 기원의 후유증에 따라 사는 것을 보여준다. 따라서 유아는 본성상 이기적이고 고집세면서 적대적이다. 유아는 분노와 예민

헤르만 바빙크의 현대 사상 해석

과 질투와 같은 감정에서 스스로를 드러내는 자기 보호에 대한 인간의 본능으로 이끌어진다.

이와 관련해 유아는 종교와 도덕에 나아올 때, 동물과 같은 이기심을 드러낸다. 유아에게 종교의 가치는 종교가 자기에게 가져오거나 줄 수 있는 것으로만 구성된다. 그래서 유아가 독립적인 통찰을 가지지 않음에도 잘 믿어서 자기가 들은 어떤 것이든 진리로 받아들인다. 대개 유아를 위한 종교는 부모나 교회의 권위에 의해 부과된 교육과 교의에서 구성된다. 유아는 권위에 의해 믿고 살아간다. 유아에게 종교는 완전히 외부에 있고 객관적인 무엇이다. "종교는 자기에게 외부에 있는 모든 것이다. 하나님은 자기보다 위에 있고 그 너머에 있는 한 존재다." 일반적으로 14세의 소녀와 16세의 소년에게 사춘기가 올 때 큰 변화가 일어난다. 성인기 초에 생기는 이 변화의 본성과 범위와 중요성은 [63] 지난 몇 년간 진지하고 광범위한 학문 연구의 대상이 되었다.

최근에 스탠리 홀은 사춘기에 일어나는 인간 발달의 모든 변화를 꼼꼼하고 철저하게 추적한 1,300페이지가 넘는 책을 출판했다.[4] 이 변화는 삶 전체에 영향을 미치며 동시에 생리학적이고, 심리학적이고, 생물학적이며, 사회적인 본성 모두에 영향을 미친다. 유아가 인류의 가장 오래된 상태를 떠올리는 것과 마찬가지로, 청소년기 역시 그 오래된 상태를 반복한다. 이때 더 이른 시기의 종의 정복은 다시 체험되고 반복된다. 이 시기에 일어난 발달은 일반적으로 점진적이라기보다는 비약적인 사건으로 특징지어진다. 이 시기는 이전의 제약을 부수고 인간이 문명의 더 높은 단계로 올라갔을 때의 보다 이른 시

---

4) 편집자 주: 바빙크가 언급한 책은 다음과 같다. G. Stanley Hall, Adolescence: *Its Psychology and Its Relations to Physiology, Anthropology, Sociology, Sex, Crime, Religion, and Education*, 2 vols. (New York: D. Appleton, 1904).

기의 격동과 긴장을 반복한다. 키와 몸무게와 육체적인 강함이 어릴 때보다 훨씬 더 증가한다. 그래서 이전에 존재하지 않았던 중요한 기능이 나타나고 중요하게 된다. 목소리가 바뀌며 머리카락이 자라며 팔의 비율이 바뀌고 뇌의 신경 체계가 전체 범위에 미치는 더 풍부한 정신적 삶을 요구한다. 마치 자연이 온갖 힘을 다해 자기 마음대로 인간을 기다리는 투쟁을 할 준비를 하듯이 말이다. 이 시기는 남성을 호전적으로 만들며, 여성을 어머니가 되게 한다.

생리학적으로 이 시기 동안 삶에서 나타나는 변화는 그토록 위대하다. 소년과 소녀가 세계와 다른 관계를 맺고 다른 관심을 가지는 동안 그들의 감각 기관 또한 구조와 기능에서 바뀐다. 외양만이 아니라 촉각과 후각과 미각과 청각이 중대한 변화를 겪는다. 일반적으로 감각 인식은 줄어들고 주목할 만한 발달이 신중함과 반성의 발전에서 일어난다. 정신과 이성과 의식적 인격이 일깨워지고 완전히 새롭고 더 일반적이며 추상적인 영적 진리를 깨우친다. 유아가 유전과 모방에 지배를 받는 반면, 이제 자기의 개성이 형성된다. 일반적으로 인간이 스스로를 차별화하고 특별하게 드러내는 것은 성격과 얼굴에서 드러나는 다양한 특성이다. 그래서 이 모든 새로운 개념으로 정서의 또 다른 세계가 인간에도 들어온다. 종종 깨달아지지도 않고, 이해되지도 않는 질투와 불안, 공감과 적대, 성향과 욕망, 욕구와 이상의 새로운 감정이 한 인간의 정신에 침입한다. 성격과 통찰과 "나"라는 개인으로서 인간 존재는 젊은 남성과 여성에게 나타난다. 남성과 여성은 이제 자신이 되고 싶어 하며, 자기 삶을 살고 싶어 한다.

[64] 사춘기는 생물학적이고 사회학적인 큰 변화도 초래한다. 사춘기는 성생활을 일깨우고 생식 활동을 일깨운다. 소년은 남성이 되고, 소녀는 결혼할 수 있게 된다. 성적 발달은 생리학적이고 심리학적인 발달과 유사하지 않고 사실상 그 중심을 구성한다. 비록 성적 발달이 다른 모든 발달을 일으키

헤르만 바빙크의 현대 사상 해석

거나 설명할 수 없을지라도, 여기에 전체적인 색상과 색조를 덧입힐 뿐만 아니라 강력한 충동과 자극을 주기도 한다. 생식 활동을 일으키는 것과 더불어 인간은 자신 주변에 있는 사회에서의 위상도 증가한다. 인간은 자기를 위해서만 사는 것이 아니라, 타인과 함께 또한 타인을 위해서도 살아간다. 생각과 감정, 욕구와 욕망의 더욱 풍부한 세계에 함께, 새로운 인격은 유아적이고 이기적인 작고 제한된 사회생활에서 많은 복잡한 관계로 이루어진 큰 사회생활로 전환한다. 활동의 중심이 자신에 대한 관심에서, 전체로서 삶의 전체성 속에서의 관심으로 전환된다. 한 마디로 사춘기는 새로운 개인과 동시에 사회적 인격의 출생인 거듭남이자 두 번째 출생이다.

그러나 첫 번째 출생과 마찬가지로, 두 번째 출생도 슬픔과 진통을 동반한다. 사춘기는 그 자체의 고통과 위험, 탈선과 죄를 가져온다. 사춘기는 격동과 긴장의 시기인 인류의 역사와 일치한다. 육체와 지체의 급격하고 불균형한 성장은 불완전한 감정을 일으킨다. 신경에서 축적되고 출구를 찾지 못한 큰 잠재적 힘이 그 활동에 제약을 받아 무력함과 긴장을 일으킨다. 의식에서 모든 종류의 새로운 감각과 관념의 외관은 영혼의 삶에서 지속적인 격동과 혼란을 일으킨다. 사춘기는 바다가 바람에 의해서 앞뒤로, 위아래로 요동치는 것과 닮았다. 독립심을 일깨우고 자신의 힘으로 살고자 하는 새로운 인격은 이타적 삶으로 이끌기 원하는 사회에 의해 둘러싸이고, 좌절되고, 방해받는 느낌을 받는다. 주체와 환경이 충돌하고, 자주 한 인격 안에 대립하는 두 자아가 있어서, 서로를 이기기 위해 싸우는 것처럼 나타난다.

한 측면에서 이런 요소는 이 시기가 의심, 무력함, 슬픔, 우울, 슬픔, 몽상, 성찰, 반성의 모든 종류의 표현으로 나타난 미완과 불만족의 감정에 의해 특징지어지는 이유다. [65] 다른 측면에서 자유와 독립에 대한 갈망과 사물을 확인하고자 하는 욕망, 위대한 사상과 위대한 인물, 자신감 있는 너그러움, 미래에 대한 믿음, 높은 이상, 모든 것을 개혁하고자 하는 욕망이 있다. 다른 시기와 마찬가지로 똑같이 특별한 이 시기는 고유한 덕과 악을 가지고 있다. 이 시기에 삶은 지혜와 어리석음, 존경과 경멸, 관심과 무관심, 강함에 대한 무리한 노력과 재발, 자기희생과 이기심, 순전함과 회의, 존경할 만한 성품과 죄악된 욕망 사이에서 앞뒤로 흔들린다. 젊은이는 교차로에 서 있다. 젊은이의 미래는 자기가 선택할 길에 달려있다. 소년은 남성의 아버지다.

이 모든 상황과 경험이 새 인격을 낳는 진통이다. 유아기의 낙원에서 나오면서 젊은이는 자기가 있을 곳을 확인하기 위해 세계로 들어온다. 자유와 독립에 이르기까지 젊은이는 환경에 적응하며 사회적 환경에 맞춘다. 젊은이가 반드시 경험해야 하는 격통과 긴장은 유용하고 선하다. 이 격동과 긴장은 젊은이의 인격을 강하게 하고, 식견을 풍부하게 하며, 삶을 깊이 있게 한다. 유아기로부터 위험한 사춘기를 통해, 남성과 여성의 성숙기를 통해 인격은 전환한다. 사춘기의 육체적이고 정신적 과도기에서 종교적 발달이 특별한 위치를 차지한다. 두 과도기 사이에 있는 연관성의 발견은 일부 학자에게 정말 놀라운 것이었다. 이 학자들은 성적 욕구로부터 모든 종교를 설명할 수 있다고 생각했다. 또한 이 학자들은 종교에서 "왜곡된 성생활"밖에 발견하지 않았다고 생각했다.[5]

그러나 대부분의 종교 심리학자는 이런 의학적 유물론에 반대한다. 잠시 동안 부분적으로 일치하는 성적 발달과 종교적 발달 사이에 관계가 있을지도 모른다. 그러나 종교 심리학자에 따르면, 종교를 완전히 성에 [대해] 설명하려는 사람은 누구든지 호흡과 소화에서도 똑같이 종교를 도출할 수 있어

---

5) 편집자 주: 바빙크는 여기서 (영어의) 인용문에 대해 어떤 참고 문헌도 달지 않는다. 바빙크가 인용한 구와 절은 각주 4번의 스타벅으로부터 온 것일 가능성이 높다.

헤르만 바빙크의 현대 사상 해석

야 한다. 왜냐하면 호흡과 소화도 종교와 성에 관련 있기 때문이다. 그리고 호흡과 소화도 과학과 예술에 관련 있다. 왜냐하면 호흡과 소화의 관심도 왜곡된 성으로서 사춘기를 일으키는데 있기 때문이다. 스타벅에 따르면 성적 발달은 종교적 각성의 원인과 조건일 가능성이 높다. 그러나 그 경우에 조건과 원인 사이에는 엄청난 차이가 있음을 염두에 둬야 한다. 종교적 발달에서 육체적 발달뿐만 아니라 정신적 발달도 영향을 미친다. 특히 도덕적 본성처럼 모든 종류의 암시와 개념은 종교와 관련 있다. 종교적 발달 과정은 [66] 그저 단일한 원인과 단일한 공식으로부터 설명되기에는 너무나 복잡하다. 여기에 더해 종교적 의식의 내용은 종종 성적 의식과는 완전히 다르다. 그래서 종교는 이후 자기 자리와 가치를 유지한다. 영혼은 육체에 의존하고 육체는 영혼에 의존한다. 그러나 그럼에도 영혼의 삶과 종교적 내용은 독립적 가치에 자격을 준다. 결국 종교의 근원이 아니라 종교의 합리적 내용과 도덕적 열매가 종교의 가치를 결정한다. "그들의 뿌리가 아니라 그들의 열매로 그들을 (정신적 상태를) 알지니라."(마 7:16-20- 옮긴이 주).

그러나 이런 유물론에 대한 거부는 모든 종교 심리학자가 종교와 사랑 사이의 밀접한 관계를 인정한다는 사실을 바꾸지 않는다. 이 사실 이상으로 거의 정의되지 않지만 말이다. 그래서 종교 심리학자가 젊은이의 삶에서 자연스럽고 필수적인 발달기가 되는 사춘기에서 종교적 발달을 발견한다. 물론 이 종교적 발달은 모든 사람에게 같은 방식과 같은 형태로 나타나지 않는다. 양육과 환경, 성격과 기질, 성별과 나이에 따라 차이가 있다. 특히 건강한 영혼과 병약한 영혼, "건전한 영혼"과 "상한 영혼" 사이의 종교적 발달에는 차이가 있다. 회심이 필요 없는 사람과 회심이 필요한 사람이 있다. "한 번 태어난" 사람과 "거듭난" 사람이 있다. 어떤 사람들은 청소년기에 종교적 양육을 받았고, 일평생 유아기 때 가진 그 종교에서 편안함을 느낀다. 이들은 결정적인 고비를 겪을 필요가 없다. 이들은 상한 마음이 무엇인지, 또는 죄와 씨름하는 것이 무엇인지 모른다. 이들은 형벌의 공포 혹은 심판의 괴로움을 모른다. 이들은 자신을 둘러싼 선함을 향유하고, 인류의 진보를 믿으며, 자유롭고 행복한 아이들로 삶을 살아간다. 그래서 이들은 미래에 대한 선한 소망을 가진다. 이들은 정신의 선한 기운과 긍정적인 틀 덕분에, 이 세상의 슬픔을 정복하는 운이 좋은 사람들이다. 이들은 "정신 치유 운동"이 암시를 통해, 인간 마음에서 공포를 몰아내고, 사고를 통해 모든 죄와 약함을 파괴하고자 한 사례들로 나타난다.

그럼에도 불구하고 사춘기에 심지어 이런 특권을 가진 사람들조차도 어쩌면 결정적 회심이 아니라, 다소 강력한 종교적 부흥을 여전히 자주 경험한다. 유아에게 종교는 여전히 외부적이고 객관적이다. 만일 이 종교가 암기된 가르침이 아니라, 개인적이고 자유로우며 인격적인 확신인 마음의 문제로 남아 있으려면, [67] 각성시키며, 되살리며, 성장시키며, 내면화하는 종교 생활이 반드시 나타나야 한다. 그래서 그런 종교 생활의 발달은 대개 독립된 개성이 인격 안에서 태어나는 일과 동시에 일어난다. 그러나 종교적 경험에는 많은 유형이 있다. 한 기준이 모든 경험에 적용되지 않는다. 우주는 우리가 예상하는 것보다 훨씬 더 넓고, 한 체계에 들어맞지 않는다. 삶에 대해 완전히 다른 양상을 가지는 상한 심령도 있다. 이들은 세상의 슬픔과 모든 사물의 헛됨을 이해하며, 자기 영혼에서 죄악과 그 권세인 죄와 씨름한다. 이들은 구원의 종교를 필요로 한다. 이들은 고통, 공포, 슬픔을 잘 참지 못한다. 이들은 결정적인 고비만으로 안식과 평안에 도달한다.

그런 고비는 대개 회심으로 불린다. 기독교는 회심을 초자연적 행위의 열매로 본다. 그러나 종교 심리학에 따르면 이런 종교적 고비에 대한 설명으로, 초자연적 요소에 의지할 과학적 필요성이 전혀 없다. 회심이 얼마나 이상하

헤르만 바빙크의 현대 사상 해석

고 비정상적으로 보이든 간에, 회심은 만족스러운 심리학적 설명을 가지고 있는 완전히 자연스러운 과정이다.

첫째, 종교 경험의 심리학적 연구는 사춘기의 육체적이고 정신적인 발달과 사춘기에 일어나는 종교적 각성과 발달에 긴밀한 연결이 있음을 보여줬다. 이 연결성에 대한 연구와 얻은 자료의 통계 처리는 종교적 각성이 일반적으로 인생의 10세와 25세 사이에 놓임을 보여줬다. 세부 요소를 생략하면 종교적 각성은 이미 7세 혹은 8세에 일어나며, 20세까지는 급격히 감소하고, 30세까지는 사라져, 그 이후에는 거의 일어나지 않는다고 말할 수 있다. 또한 사춘기와 회심이 일어나는 시기가 정확히 일치하지 않을지라도, 대개 소녀에게 종교적 위기가 소년보다 다소 일찍 일어난다는 점은 반드시 주목을 받아야 한다. 특히 13세와 16세의 소녀에게 종교적 고비가 발생하며, 18세에서는 훨씬 적게 일어난다. 대조적으로 소년은 12세 이전에 종교적 고비는 거의 발생하지 않고, 16세에 가장 많이 일어나며, 18세와 19세에도 자주 일어난다.

이 일치는 사춘기와 회심, 사랑과 종교, 성적 감정과 [68] 종교적 각성 사이에 긴밀한 연결이 이미 존대한다는 사실을 주목하게 하고 추측하게 한다. 둘째로, 이 추측은 그 나이 대의 젊은이에게 위에서 언급한 개인적 경험과 같은 나이에서 일어난 종교적 발견 사이에서 관찰될 수 있는 중대한 연결성과 두드러지는 유사성에 의해 강화된다. 사춘기 동안 영적 생활은 지속적인 초조함과 혼란과 의심과 요동과 같은 것에 종속된다. 이제 종교적 경험은 같은 성격을 보인다. 죄 의식, 죄책감, 형벌에 대한 공포, 우울, 낙담, 회개, 공포와 같은 것이 모두 그 일부다. 더 짧거나 더 긴 시간 동안 지속되는 회심의 순간에 옛 사람과 새 사람, 어둠과 빛, 죄와 덕, 사탄과 그리스도처럼 다르게 나타나는 두 힘이 있는 것 같이 서로 투쟁한다. 그래서 인격 자체가 대립하는 당사자 중 한 사람이 아니라, 두 세력이 싸워서 얻는 전리품과 같은 것으로 나타난다. 이 씨름에서 죄의 경험과 슬픔과 비참함은 점차 여지를 만들지만, 가끔 갑작스럽게 평화와 기쁨, 용서와 화해, 하나님의 은혜, 하나님과의 교제의 감정이 생기기도 한다. 그러므로 종교적 경험은 사춘기의 경험과 질적으로 동일하다. 그래서 종교의 무대로 옮겨질 때 자연스럽게 종교적 색채가 입혀지며, 그에 따라 해석된다는 점에서만 사춘기의 경험과 다르다.

셋째로, 종교 심리학에 따르면 회심, 각성, 회복과 같은 것으로 부르는 종교적 경험이 오로지 한 종교에서만 결정적으로 일어나지 않고, 모든 사람과 모든 종교에서 일어난다는 점을 반드시 염두에 두어야 한다. 바울과 아우구스티누스와 루터뿐만 아니라, 부처와 무함마드(Muhammad)와 같은 사람도 종교적 위기를 경험한다. 개인적이고 많은 사람의 부흥에 대한 이야기를 할 수 있는 것은 기독교뿐만 아니라 모든 종교도 그렇다. (교의, 예전, 회중과 같은) 객관적인 현상뿐만 아니라 (신비주의, 금욕주의, 황홀경, 계시, 영감과 같은) 주관적인 현상인 모든 종교 현상은 모든 종교의 일부다. 그래서 그뿐만이 아니라 모든 종교가 의식적이든 무의식적이든 종교적 발달과 사춘기에 한 관련성이 있다는 점을 가정한다는 사실에 동의한다. 이 시기에 모든 종교는 분리하고, 시험하고, 할례를 하고, 문신 등과 같은 특정한 예식을 행한다. 이 모든 예식은 젊은이를 완전한 종교적 교제로 입교시키려 한다. 우리 중에 로마 가톨릭 신자가 첫 성찬을 하고, 루터파 신자가 견진을 받고, 개혁파 신자가 [69] 공적 신앙 고백을 한다. 사춘기는 두 번째 출생의 시기이며, 종교적 독립과 종교 사회적 인격의 탄생의 시기다.

넷째로, 결국 새로운 심리학은 한 인격의 회심 혹은 각성에서 일어나는 변화를 받아들일만하게 잘 설명할 수 있다. 지난 수년간 많은 심리학자들은 인간의 삶에서 중대한 의미가 무의식에 있음을, 혹은 더 나아가면 반드시 하부의식이나 잠재의식의 정신활동에 있어야 한다고 이해해왔다. 그러면 인간

헤르만 바빙크의 현대 사상 해석

의식에서 특정한 순간에 있는 사고는 사실상 그 순간에서 발견되는 것들의 아주 작거나 사소한 일부여야만 한다. 일어났거나 일깨워진 감각, 인상, 성욕, 욕망 등이 함께 사라지지 않는다. 그러나 이런 것들은 의식에서 무의식으로 바뀌는 경계 아래에 가라앉아 남겨진 채로, 마치 고유한 생명과 활동이 있듯이 잔존해서 뇌신경 체계의 경로를 따라간다. 비록 새로운 감각을 얻은 결과로 무의식에서 지속적인 변화가 있지만, 사고의 무의식적 구성요소는 꾸준히 작동한다. 그래서 특정한 시기 또는 어떤 시기에 사고의 특정한 범주가 무의식으로부터 표면에 쉽게 떠오를 수 있고, 의식에서 사고를 바로잡을 수도 있으며, 사고를 완전히 몰아내거나 대체할 수도 있다.

그런 의식의 변형과 인격의 변화는 지속적으로 인간 삶에서 일어난다. 오늘의 우리는 특정 원인에 매우 큰 관심을 가지고 있지만, 내일의 우리는 그 관심을 잊어버린다. "호산나"는 "십자가에 못 박으소서"라고 개인과 대중이 외친 그 모든 순간에 대체된다. 숫자와 이름과 사건은 우리의 모든 노력에도 불구하고, 특정 순간에 떠오르지 않을 것이다. 그러나 그 후에는 별다른 노력 없이도 생각 날 것이다. 수학적인 문제나 다른 문제, 혹은 논증은 저녁에는 풀 수 없는 것처럼 보이지만, 그 다음날 아침에 마음에 이미 풀린 답이 떠오른다. [시어도어] 루즈벨트 대통령([Theodore] Roosevelt)은 백악관에서 문제 상황에 전념하고 있을 때보다, 사냥 여행을 즐길 때 완전히 다른 사고 환경에서 해답을 깨닫는다. 그 순간에 루즈벨트 대통령은 외적이고 내적인 면에서 다른 사람이자 다른 인격이 된다.

그렇다면 이제 회심과 부흥과 각성은 그런 의식의 변화밖에 되지 않는다. 이는 다음과 같은 의미다. "이전에 의식에서 지엽적이었던 종교적 개념이 이제는 중요한 [70] 위치를 차지하며, 종교적 목적은 활동의 습관적 중심을 형성한다." 회심은 생각이 떠오르거나, 천재가 영감을 떠올리듯, 갑작스럽고 급박하며 준비되지 않은 것처럼 **보인다**. 그렇지만 사실 그렇지 않다. 모든 회심자는 이전에 받은 종교적 인상을 이후에 말한다. 오래 전에 청소년기 초에 받은 그런 인상과 감각과 개념은 사라지지 않는다. 다만 무의식에 잠겨있을 뿐이다. 영혼의 성향에 일치하는 외부적 계기로부터 한 계기가 생길 때, 예를 들어, 사무치는 설교에서 들은 말씀, 성경에서 불현듯 기억나는 본문이나 펼쳐진 본문을 볼 때, 순회 부흥 집회와 같은 계기가 생긴다면, 지금까지 무의식 속에 있고, 무의식을 휘저으며 작동했던 사고가 무엇이든, 이제는 의식으로 갑작스럽게 떠오른다. 그리고 이런 계기는 지금 하고 있는 주요한 사고를 몰아내고 중심적인 위치를 차지한다. 한 사람의 의식은 급진적으로 바뀌며 완전히 새로운 내용을 받는다. 그래서 이 현상과 함께 의식의 변화인 두 번째 출생, 곧 새로운 종교적 인격의 탄생이 일어난다. "자발적인 각성은 잠재의식의 사고활동 속에서 맺어지는 결실이다."

따라서 종종 종교적 각성을 특징 짓는 갑작스러운 성격은 기적적인 근원이나 초자연적 근원을 증명하지 않을 뿐 아니라, 본질상 다른 종교적 발달이 증명하는 더디고 꾸준한 발전과 구분되지도 않는다. 종교적 각성의 가치가 종교의 근원에 의존하지 않으며, 오히려 종교의 본질과 열매에 의존한다. 이제 질문은 "어떻게 각성이 일어났는가?"가 아니라 "무엇이 이루어졌는가?"가 된다. 결정적인 고비를 경험하든 안 하든지 간에, 종교적 발달은 인간 존재의 특수성에 의존하고, 더 이른 환경과 현재 상황에 의해서 결정된다. 따라서 회심은 특정한 계층에서 일어나는 사건도, 일부에 의해서만 경험되어지는 사건도 아니다. 오히려 회심은 모든 사람에게 일어나는 공통적 경험이다. 회심은 청소년기 동안 일어나는 자연스럽고 필연적이며 일반적인 심리학적 과정으로서, 사춘기의 시기 동안 겪는 종교적 인격에 대한 각성의 표현이다.

이런 회심의 심리학적 설명은 그 이후 시기에 명백해지고, 일반적으로 성화로 불리는 종교적 발달에 의해 지지된다. 이제 그런 경험을 알지 못하는 사람들로부터 종교적 회심을 겪은 사람을 구별하는 것은 불가능한 것처럼 보인다. "회심한 인간은 자연적 인간과 구분될 수 없다." 매우 자주 자연적 인간은 심지어 더 높은 도덕적 수준에 있다. 평화와 고요의 순간, 환경과 조화를 이루고 환경에 맞추어진 상황은 회심한 사람들 [71] 혹은 그리스도인을 배타적으로 규정하지 않고 다른 사람들도 규정하지 않는다. 확신과 기쁨의 감정은 톨스토이뿐만 아이라 번연(Bunyan)에게서도 발견된다. 다른 측면에서 "두 번 태어난 사람"은 "한 번 태어난 사람" 혹은 "건전한 사람"보다 이후에 겪을 모든 종류의 의심과 투쟁에서 더 이상 자유롭지 않다. 완전한 배교는 드물 수 있다. 그렇지만 우울과 피로한 때에 뒤따르는 열광주의의 시기와 활동의 시기는 매우 일반적이다. 활이 항상 당겨질 수 없다는 사실이 여기서도 옳다. 간조에는 만조가 뒤따르는 법이다.

더욱이 인간이 성숙기에 도달할 때, 대개 자기 의심을 정복하고 자기 믿음과 삶을 재구성하기 시작한다는 놀라운 현상이 있다. 한 번 성인이 된 사람이 종교에 완전히 부정적인 태도를 계속 유지하는 경우는 상대적으로 적다. 거의 모든 사람에게 종교적 발달은 모든 종류의 방황에도 불구하고 결국 긍정적이고 능동적인 종교적 태도를 낳는다. 재구성은 이후의 시기에 종교 생활의 법칙으로 드러난다. 한 번 인간이 확립된 시민이 되고, 남성 혹은 여성이 아버지 혹은 어머니가 되고, 모든 종류의 관계를 통해 사회에 소속되어, 사회에서 자기 자리를 차지하기 시작할 때가 있다. 이들이 격동과 긴장의 시기 이후, 평온하고 진지하게 의무감과 책임감으로 과학과 철학, 종교와 예술이 발하는 목소리를 들을 때가 있다. 이들이 삶의 실망과 재앙에 익숙해지는 때가 있다. 이 때 이들의 판단은 자주 바뀌고, 더 유연해지며 종교적 신앙을 재구성한다. 어떤 사람은 청소년기의 종교에 되돌아갈 것이다. 변화와 관계를 통해 다른 어떤 사람은 새로운 종교를 창조할 것이다. 종교적으로 볼 때, 사람들 사이에는 많은 다양성이 있다. 이 다양성은 삶이 성장해감에 따라 더 다양해지고 복잡하게 성장해간다. 때때로 종교 생활은 어떤 사람에게는 다양한 병리학적 형태로 나타난다.

그럼에도 불구하고 스타벅은 특히 세 가지 측면에서 차이가 통일로 이끈다고 말한다.[6] 첫째, 모든 [그리스도인]에게 인격적인 하나님, 불멸하는 영혼의 존재, 구속주 혹은 모범으로서 그리스도의 인격에 대한 이해에서 신앙의 일치가 증가하고 있다. 둘째, 많은 종교적 개념이 회복되었음에도 모든 개념을 고려할 때, 교의가 가지는 중요성은 계속 줄어들지만 종교적 믿음 대신 종교적 감정과 관계된 가치가 점점 더 증가한다. [72] 종교의 외적인 형태보다 종교 생활의 내적 측면에 더 큰 중요성이 놓여있다. 그래서 셋째로, 팽배한 의견에 따르면 동기와 선한 의도는 종교적 믿음과 감정을 초월한다. 왜냐하면 모든 사람에게 있는 영감이 더욱더 이타주의를 향하기 때문이다. 자기중심적 성향은 사회, 세계, 신격이 중심을 차지하는 다른 요소에 자리를 양보한다.

그래서 홀의 견해를 요약하면, 대부분의 인간과 개인 모두에게 종교적 발달에서 생각과 법칙, 운동과 계획이 있다. 재현은 없다. 여기서 세 가지 시기를 알 수 있다. 첫째, 동물에서부터 인류의 오랜 세월 계속되는 출생에 대한 반응으로, 개인적이고 독립적인 인격으로의 인간의 진화가 있다. 그리고 끝없는 형태와 복잡한 관계로 사회의 느린 탄생에 반응해 사회적 존재로 나아가는 개별 인간의 발달이 있다. 마지막으로 사회적 인격이 대체로 세계와 인류의 일부이자 신성의 일부이자 "공의에 이바지하는 권력"의 일부가 되게 하

---

6) 편집자 주: 이 표현은 이전 단락에서 인용부호가 쓰인 문구들(구와 절과 문장)이 실제로 스타벅의 연구로부터 온 것이라는 가장 명백한 증거다. (바로 앞의 각주를 보라.)

는 진화가 있다. 스탠리 홀에 따르면, 우리는 지금 이 시기의 중간에 있다. 인류의 진화는 끝없는 시대를 회상하며 또한 끝없는 시대를 마주본다. 우리는 그리스도인이 자주 생각하듯, 백발이 된 고대 세계에 살지 않는다. 그러나 우리는 청년기에 살고 있다. 우리가 인식하는 황혼은 저녁의 황혼이 아니라 새벽의 여명이다. 영혼은 **존재하는** 것이 아니라 **변화되어가는** 과정에 있다. 영혼은 여전히 만들어지는 중이다. 영혼은 잠자는 숲속의 공주처럼 지금도 자는 힘을 포함하고 있다. 그러나 영혼은 우리가 할 수 있는 것보다 더 강력하게 "인간의 나라"인 인간 왕국의 도래와 통치를 일깨우고 촉진할 것이다.

잠시 관심을 끌었던 종교 심리학의 가치를 평가하면서 종교 심리학에 제기할 수 있는 모든 신학적 반대를 삼가고자 한다. 그리고 종교 심리학의 가치를 일반적인 학문적 본질에 대한 일부 견해에 한정해서 평가하고자 한다.

가장 먼저 최근에 종교에서 객관적인 현상뿐만 아니라 주관적인 현상이 과학의 관심을 끌었고 주의 깊은 체계적 연구의 대상으로 바뀌어 온 것은 기뻐해야 하고 감사해야 할 한 근거 때문이다. 비록 사람들이 이런 종교적 현상에 대한 모든 객관적인 진리를 거부하고자 했고, 상상으로 가득 찬 망상과 허구와 다를 바 없다고 생각하고자 했지만, 종교적 현상은 인간의 삶에서 중요한 의의가 있기 때문에 여전히 연구되어야 한다. [73] 그래서 가능하다면 종교적 현상은 종교의 근원과 본질에서 설명되어야 한다.

이 연구의 가능성과 정당성은 의심할 수 없다. 왜냐하면 내 의견으로는 본질과 인식이 확실하게 일치하지 않을지라도, 세계는 의식 안과 의식만으로 한 인격을 위해 존재한다. 따라서 이런 의식의 내용은 이런 의식 자체 속에서 또한 이런 의식 자체를 위해서 객관적으로 알려지고 연구될 수 있다. 또한 이런 의식의 내용은 심리학적 관점으로부터 주관적으로 알려지고 연구될 수도 있다. 이런 심리학적 사고는 의외로 두드러진 방식으로 전자[예, 객관적]를 보충하며 종종 아래로부터 나타나는 종교적 현상을 조명한다. 예술과 학문과 철학과 사회 연구와 같은 것이 그 사례이며, 이미 그 사례는 이제 종교의 연구에서 드러났다. 유아와 청소년과 성인과 노인의 종교 생활에서 나타나는 차이, 곧 종교적 회복과 사춘기 사이의 연결성, 의식의 반복된 변혁을 통한 회심에 대한 설명, 종교적 발달에서 나타나는 잠재의식적 힘의 작용과 같은 모든 것이 지평을 확장하고, 종교 생활에 대한 통찰을 심화시키며, 신학자, 목사, 설교자, 선교사, 교사, 교육자에게 무시할 수 없는 유익을 준다.

그러나 종교 심리학은 여전히 최근의 학문이다. 따라서 종교 심리학은 가끔 여물기 전에 열매를 따려는 욕심에 사로잡힌다. 비록 그런 요구가 그렇게 멀리 나아가지 않더라도, 수백 명의 사람들 사이에서 항상 제한된 채로 남아야 한다. 그렇다면 질문을 받지 못한 수천 명의 답이 회심 또는 각성이 사춘기에 자연스럽고 필연적인 과정이라는 결론을 완전히 뒤집을 수 있다는 사실에 반대하는 종교 심리학자들의 주장은 무엇인가? 더 나아가 최대한 신중하게 연구할 사람을 선택하고, 연구 대상에게 주어진 질문을 세련되게 구성했을지라도, 영혼의 인격적 경험에 대한 자서전, 일기, 고백, 회심, 역사, 설명 등과 마찬가지로, 그런 응답을 최대한 신중하게 다루지 않으면 의도된 목적을 위해 사용될 수도 없고 합쳐질 수도 없다. 그 질문에서 의도적으로 부정직한 행위가 나온다. 그러나 여기에 그런 자기 인식에 대한 부족, 기만의 위험, 존재와 의식의 큰 격차가 있다. 그래서 그런 설명을 기초로 어떤 설명을 세우기는 어렵다. 그래서 종종 같은 의미지만 다른 의미가 생기는 이런 종교적 경험이 가공되고, 같은 공식 하에 범주화되고, [74] 범주들에 분류되고, 마침내는 법칙으로 일반화 될 때, 어려움은 가중되어서 사람들은 일반적인 결론을 도출하는 것으로부터 움츠러들게 된다. 종교 역사에서, 또한 일반적으로 사회학과 역사에서도 마찬가지로 고정된 법칙을 찾는 시도는 성공이라는 왕관

헤르만 바빙크의 현대 사상 해석

을 받을 정도로 멀리 간 적이 없었다. 이 때문에 종교 심리학이 일부 사람들이 생각하는 것처럼, 곧바로 그 노력을 보상받을 수 없을 것이라는 정당한 두려움이 있다.

예를 들어, 종교와 사랑에, 종교적 각성과 사춘기에 연결성이 있을 가능성이 크다. 그러나 그 연결성의 본질은 여전히 신비로 남아있다. 육체와 영혼의 연결성과 마찬가지로 말이다. 더 나아가 종교적 각성은 의심할 바 없이 사춘기에 일어났지만, 사춘기 이전과 이후에 일어난 사람들도 적지 않다. 모든 규칙에는 예외가 있다. 더 나아가 갑작스런 회심도 감리교도 사이에서는 일반적이지 않지만 매우 자주 일어난다. 그러나 대부분의 기독교 교회는 회심을 절대 자극하지 않았으며, 대개는 이런 회심의 현상이 일어나는 방식에 대해 서로 다른 개념을 가지고 있다. 그래서 결국 수많은 사람이 사춘기의 종교에 대해 질문할 때, 곧바로 얻는 것보다 잃는 것이 더 많다는 사실을 반박하기 어렵다. 이 사실과는 별도로 스타벅과 홀도 청소년기가 종교적-윤리적 인격일 뿐만 아니라 범죄와 호색가와 주정뱅이가 형성되는 시기라는 사실도 인정한다. 이 모든 사실에 반해, 만일 회심이 사춘기의 발달에 필연적인 시기라는 현상을 유지하려면, 회심의 전체 내용으로부터 회심을 분리할 때에만, 회심을 의식의 모든 변화와 같은 것으로 둘 때에만, 이런 현상이 일어날 수 있다. 제임스가 이전에 말했듯이 회심은 이런 방식으로 존재한다. 곧 하나님에 대한 어떤 개념 없이 죄와 덕에 이르는 것처럼, 덕에서 죄에 이르는 것도 똑같이 존재한다는 것이다. 사춘기와 종교적 각성 모두가 자신의 모든 내용에서 분리된다면 순수하게 심리학적이게 된다. 그러면 사춘기와 종교적 각성은 의식의 변화로서 간주된다. 따라서 사춘기와 종교적 각성은 실제로 완전히 똑같다. 그러나 그 경우 실제로 인식된 원리는 역사를 바로잡는데 도움을 준다. 그뿐만 아니라 실제로 인식된 원리는 역사를 설명하는 것 이상으로 더 나쁘게는 자기 연구의 대상을 파괴하기도 한다.

더 나아가 이런 의견은 [윌리엄] 제임스([William] James)에 의해 제시된 종교 심리학의 수단으로 종교의 정당성과 진리와 가치를 표현할 가능성을 진지하게 의심하도록 한다. 제임스와 다른 종교 심리학자들이 실제로 그렇게 하듯 법학, 도덕, 미학처럼 종교의 진리, 선, 아름다움이 되는 모든 요소를 붙들지 않고, [75] 변칙적이고 병리학적 현상을 인정하는 한, 판단을 위해 다른 분야에서 규범을 가져오거나 반드시 종교적 현상 자체로부터 규범을 빌려와야 한다. 후자는 소위 말하는 실용주의의 목적이다. 이 목적은 제임스를 따르는 종교 심리학자들 사이에서 제임스를 포함하는 철학적 유행이다. "뿌리"가 아니라 "열매"가 종교적 현상의 진리와 정당성에 대한 규범을 구성하려는 것이다. 종교는 "과도하게 활발한 [강력한] 정서"에 속한다. 종교는 생명력이며 인류의 가장 중요한 생물학적 기능 중에 하나다. 종교의 강조점은 신이 무엇인가를 그렇게 강조하는 것이 아니라, 신을 어떻게 사용하는가를 강조하는 것이다. "신이 아니라 더 나은 삶이 종교의 목적이다. 사용된 신은 알 수 없다." 그러한 생명력인 존재에 의해 그리고 생명력을 적용함으로 종교는 진리와 정당함을 증명한다.

여기서 충격적인 관점은 제임스가 칸트와 정반대의 입장을 취한다는 사실이다. 달리 말해 제임스는 칸트를 매우 강력히 지지한다. 칸트는 행복과 복지를 일으키는 모든 행복주의(eudaemon)의 덕을 완전히 박탈하려고 했다. 제임스에게 종교와 덕은 일반적인 복지를 촉진하고, 따라서 사회적으로 실용적이기 때문에 권장된다. 제임스는 여전히 봉착한 어려움을 심지어 실용주의 규범으로도 극복하지 않는다. 생명력만이 종교에서 무엇이 참되고 바른지를 결정할 때, 이슬람교와 불교가 기독교보다 더 확고한 토대를 가질 수 있는가 아닌가, 대부분의 사람 사이에서 나타나 계속되는 미신이 순수한 종교를 이길 수 있는가 없는가라는 심각한 의문이 남는다. 이런 의문과 별도로 생명력과 일반적 복지의 촉진이 의미하는 것을 결정할 때조차도, 일반적으로 확고한 기준 없이 세울 수 없다. 우리는 생명력으로 확실히 강하고 능력 있고 육체적인 힘만 생각하는 것이 아니라, 그 내용까지도 생각한다. 만일 "가치" 혹은 "진가"가 "진리"를 증명하는 것이라면, 가장 먼저 가치와 진가에 일치하는 것이 반드시 있어야 한다.[7] 일관성이 있으려면 실용주의는 가치/진가가 그 가치 혹은 진가로부터 반드시 증명될 수 있어야 한다. 따라서 이런 가치/진가는 무한해야한다고 반드시 말해야 한다. 이런 일은 불가능하기 때문에 실용주의는 스스로를 역전시켜 가치 혹은 진가에 대한 관점과 다른 관점으로부터 종교의 진리와 정당함을 드러내지 않는 한 막다른 길에 봉착한다.

제임스는 자기 연구의 목적이 종교의 진리와 정당성에 일치하고, 이를 증명하는 데 종교 심리학이 어디까지 객관적 실제의 존재를 증명할 수 있는가 없는가를 물었을 때, 이 막다른 길을 깨달았어야 했다. 제임스는 [76] 직접적인 계시에 호소하는 신비주의와, 추측에 호소하는 신학과 형이상학 모두 이 증명을 할 수 없다고 말함으로 이 질문에 답한다. 그러나 인간은 정신뿐만 아니라 마음과 정서와 의지도 가지고 있다. 정신으로 우리는 "실제의 상징"인 현상에만 도달할 뿐이다. 그러나 마음으로 우리는 "그 단어의 가장 완전한 뜻에서 실제와 함께" **본체** 세계인 실제와 객관적 실제에 접촉한다. 이 때문에 마음은 반드시 다시 존중받아야 한다. 학문에서 정신보다 여전히 더 강한 것은 이런 인간의 감정적이고 동기를 부여하는 측면이 삶을 살아가는 일에 자신을 주장하는 것이다. 이 측면은 고립된 학문이 우리에게 주는 것과 다

---

7) 편집자 주: 바빙크는 발음이 비슷한 두 네덜란드어 단어인 waarde(가치, 진가)와 waarheid(진리)으로 언어유희를 하고 있다.

른 세계와 삶의 관점으로 이끈다. 종교적이고 윤리적인 사물의 개별성에 대한 모든 판단은 인격적인 의지에 의존하며 우리 감정에서 기원한다. "마음은 이성이 알지 못하는 추론을 가지고 있다(Le coeur a ses raisons que la raison ne connaît pas)."[8]

사실 이 결론으로 제임스는 한 때 자기가 거부했던 신비주의로 되돌아간다. 실증주의 과학의 기초해서 제임스는 이상적인 세계관의 건축을 시도한다. 이 때문에 제임스는 인간을 정신적 존재와 의지적 존재로 구별하고, 세계를 현상계와 본체계로 구별한다. 이제 제임스는 이 두 요소가 차림표와 저녁식사로서, 상징과 실제로서 서로 관계가 있음을 주장한다. 따라서 『인격』(Human Personality)이라는 책에서 마이어스와 심령 연구회(Society for Psychical Research)의 많은 회원이 하는 일과 마찬가지로, 무의식에 대해 제임스는 신비적 이론을 퍼스(Peirce), 재스트로(Jastro), 홀과 다른 학자들이 의해 매우 강력한 근거로 반대했다는 사실에도 불구하고, 이 신비로운 이론을 붙든다. 무의식 속에서 마음과 인간의 감정 안에 있는 모든 종류의 초자연적인 혹은 타세계적인[jenseitige] 존재의 수용과 작동을 아는 데까지 나아가지 않음을 인정해보자. 그렇다 하더라도 제임스는 실제가 자신을 계시하며, 숨겨진 생각과 힘이 작동하는 곳인 "잠재의식의 문"을 통해 오고 작동하는 하나님의 은혜가 경험되는 장소를 말하지 않는다. 따라서 나름의 이유로 제임스는 매우 수정된 의미지만 스스로를 초자연주의자라 부른다.

그럼에도 불구하고, 이런 방식, 곧 슐라이어마허와 쇼펜하우어(Schopenhauer)의 방식으로 제임스가 얻는 지식은 사소하다. 이 방식은 이렇

---

8) "The heart has its reasons that reason does not know." 편집자 주: 블레즈 파스칼(Blaise Pascal, 1623-62)의 말이다.

게 귀결된다. 종교의 진리는 현상을 연구하고 우리가 알게 하는 것인 "더 나은 것," 학문보다 "더 나은 것"이 존재하는 것으로 나타날 때, 심리학 연구만으로 증명될 수 있다. 그런 "더 나은 것"은 인간 안에서 일치하는 감정이 주관적 종교의 핵심을 구성하는 것처럼, 모든 종교에서 객관적으로 본질적인 것이다. 물론 아무도 종교에서 그런 "더 나은 것"에 만족하지 않는다. 모든 사람은 종교를 자기 방식으로 다르게 포장하고 해석한다. [77] 이런 포장과 설명은 "절대적으로 필수불가결"하지만, 동시에 객관적 정당성을 주장할 수 없는 "맹신"의 내용을 구성한다. 그래서 모든 사람은 자기 종교를 가지고 자기만의 신을 반드시 가져야 한다. "모든 이상은 관계의 문제다." 심지어는 종교적 경험이 하나님의 단일성을 증명하고 요구하는지 아닌지를 물어볼 수도 있다. 종교적 경험은 독립성, 단순성, 성격 등과 같은 절대적이고 형이상학적인 속성을 갖춘 절대적인 능력 혹은 절대적인 존재를 필요로 하지 않는다. 왜냐하면 그런 모든 속성은 헛된 칭호이며 떡보다는 돌에 불과하기 때문이다. 그런 속성은 "우리 예배에 형이상학적 괴물"을 제공한다. 오직 종교가 더 높은 능력을 필요로 한다. 이것이 다신교가 중요한 진리를 가지고 있는 이유다. 다신교는 더 나은 세계에 대한 수많은 다양성을 보여준다.

이 연구의 결과 제임스 자신은 비록 종교 심리학이 종교 생활에 대해 더 나은 이해에 중요한 기여를 할 수 있음에도 종교의 역사를 대체하는 것 이상으로 교의학, 철학, 형이상학을 절대로 대체할 수도 없고 구성할 수도 없음을 증명한다. 종교 심리학은 종교가 무엇이며, 어떻게 기원했으며, 인간 본성에 어떻게 연관되는지에 대해 어느 정도만을 우리에게 알려준다. 그러나 종교 심리학은 종교의 내용과 진리와 적법성에 대해 어떤 것도 말해주지 않는다. 따라서 트뢸치(Troeltsch)는 [1905년에 출판된] 『종교학에서 심리학과 인식론』(*Psychologie und Erkenntnistheorie in der Religionswissenschaft*)에 관한 세인트 루이스 대학의 [만국박람회에서 있었던] 강의에서 정확하게 논평한다. 미국과 영국과 프랑스에서 행해지는 종교 심리학은 확실히 많은 중요한 점을 주긴 하지만 인식[knowledge]에 대한 정당한 이론이 부족하기 때문에 진리에 대해 묻지 않는다고 말이다. 그래서 종교의 학문에 대한 최종 분석에서도 지식은 진리에 대한 모든 것이다.

헤르만 바빙크의 현대 사상 해석

5. 기독교와 자연 과학

Essays on Religion
Science and
Society

5. 기독교와 자연 과학

네덜란드령 동인도제도의 예산이 1911년 12월에 [네덜란드 의회] 상원에서 논의되었을 때 C. Th. 판 데이픈떠르(van Deventer) 의원은 다양한 문제를 언급하면서, 특히 우리 식민지에서 정부의 교육 정책에 대한 중요한 연설을 했다. 교육 정책에 대한 문제와 관련해서 데이픈떠르 의원은 기본적인 질문을 던졌다. "현지인을 교육하기 위한 근거는 무엇이 되어야 하는가? 종교에 기초해야 하는가, 아니면 일반적인 인문주의에 기초해야 하는가? 그 교육이 신앙고백적이어야 하는가, 아니면 중립적이어야 하는가?"

데이픈떠르 의원의 선택은 결정적으로 중립적이고, 일반적인 인문주의 교육을 선호했다. 그래서 데이픈떠르 의원은 이 선택에 대한 근거로서 많은 생각을 덧붙였다. 인도네시아의 환경은 우리와는 사뭇 다르다. [데이픈떠르

---

*편집자 주: 본 논문은 1912 회계연도에 네덜란드령 동인도제도에 대한 예산 문제에서, 1911년 12월 29일 네덜란드 상원에서 연설한 바빙크의 주석을 다시 작성한 것이다.

　　　　　　　　　　혜르만 바빙크의 현대 사상 해석

의원의 주석은 다음과 같다.][1]

우리나라에서는 기독교 원리에 기초해 유아를 교육하고자 하는 부모가 분명히 있다. 그렇지만 인도네시아에서는 그렇지 않다. 이슬람 지역에서 있는 부모가 기독교 교육을 좋아하리라고 가정하기란 어렵다. 그런 학교를 설립하려는 의사를 표명한다면, 이 요구는 **부모**에게서 근거한 것이 아니라, **다른 사람**에게서 근거한 것이다. 그렇지만 알다시피 부모는 실제로는 종교를 건드리지 않는 **서양** 교육을 받기 원한다는 꾸준한 증거가 있다. 이런 현상은 공립학교, 즉 현지인 학교의 명백한 인지도를 설명한다. 심지어 아체(Aceh) 지역의 광적인 사람은 정부 학교에 대해 반대하지도 않고 기꺼이 자기 아이를 보낸다. 그런데 이 부모들은 학교가 이슬람에 반하는 교육을 전개하는 데 사용된다면 그렇게 하지 않을 것이다. 우리나라에서 많은 사람이 교육은 종교적 토대를 요구한다고 확신할 수 있다. 그러나 현지인 대다수에게는 그렇지 않다. 여기에 있는 많은 사람에게 중립적 학교는 [79] 모욕을 주는 것과 마찬가지다. 하지만 중립적 학교는 현지인 대다수가 바라는 훨씬 더 좋은 학교다.

덧붙여서 스눅 후르흐론여(Snouck Hurgronje) 교수가 말하듯, 오늘날 정통주의 무슬림은 이런 중립적 학교가 종교에 **간섭하지** 않는다는 사실을 알기 때문에 네덜란드식 공립 교육을 신뢰한다. 그런데 담대한 선교 사역이 반드시 정부에 의해서 수행되고 지원받아야 한다면, 이 사역은 빠르든 늦든 어떤 반응을 만들어 낼 것이다. 식민지와 우리의 관계에서 매우 심각한 충돌을 야기하고 곤란한 대립을 만들어 내면서 말이다. 현지 문화가 아직 보조금을

---

1) 편집자 주: 이 편집된 삽입구는 다음에 나오는 내용이 바빙크가 자기의 관점을 진술하는 것이 아니라 판 데이폰떠르(van Deventer) 의원의 진술을 요약하는 것임을 명확하게 하기 위해 추가되었다. 바빙크는 반혁명당을 지지하는 상원의회의 일원이었다(다음 각주를 보라). 그래서 본 논문은 데이폰떠르의 연설에 대한 바빙크의 답변이다.

적용할 만큼 충분히 큰 규모로 학교를 설립할 수단이 없기 때문에, 이런 사역은 기껏해야 더 큰 지적 발달을 위한 요구를 완화할 뿐이다.

그러나 이런 배경을 오용해, 현지인이 내는 세금에서 많은 양을 지불하고, 또한 이런 세금이 직접적으로 기독교를 선전하는데 쓰이도록, 현지 무슬림을 대상으로 하는 교육기관을 강제한다면, [그 전략은] 신중한 정책과 양립할 수 없고, 반혁명당이 그토록 강력히 지지하는 자유 교육의 원리와도 양립할 수 없다.[2] 만약 지난 사반세기 동안 현지 문화가 우리 문화에 통합되려는 강한 경향을 보여 왔다면, 그럼에도 아무것도 하지 않고 종교 지역 외부에서 영향을 미쳤다면, 현지인에게 긍정적인 기독교 교육이 아니라 중립적이고 인문주의 교육을 보장하려는 자유 교육에 대한 반혁명당의 원리와 완전히 양립가능하다. 네덜란드식 공립학교에서 부모들이 점점 더 만족한 사례가 이미 지난 수년간 있었듯이 말이다.

소견의 결론에서 판 데이픈떠르 의원은 자바섬의 무슬림이 기독교화를 선호했음을 덧붙였다. 그러나 사실에서 눈을 감지 말아야 한다. 자바섬과 그 외부 지역에 있는 이슬람교도는 대다수가 자기 조상의 믿음을 포기하려는 경향이 드물고, 이슬람교에 비해 열등한 것으로서 기독교의 가르침을 받아들인다는 것이다. 실제로 역사는 결과적으로 단일신론인 이슬람교가 세워진 곳에서 기독교를 위한 기회가 거의 없음을 보여준다.

이 때문에 판 데이픈떠르 의원의 견해는 선교가 성공의 기회가 훨씬 더 있을 만한 이슬람교가 장악하지 않은 [인도네시아] 제도에 선교적 노력을 집

---

2) 편집자 주: 아브라함 카이퍼(Abraham Kuyper)가 1879년에 설립한 반혁명당(Anti-Revolutionary Party[ARP])은 네덜란드의 신칼뱅주의자로 구성된 정치당이었다. 여기서 명백하게 데이픈떠르 의원의 정책은 특히 네덜란드 칼뱅주의자를 직접적으로 겨냥하고 있다. 바빙크는 자신뿐만 아니라 반혁명당의 관점을 대표해서 답하고 있다.

중하는 것이 더 현명할 것이라는 말이다. [80] [선교 사역이] 일반적으로 효과가 없는 무슬림 사이에서, 이슬람교를 반대하게끔 이끌면서 무슬림 사이에서 선교하는 것보다 말이다. 그동안 라덴 아드젱 카르티니(Raden Adjeng Kartini)가[3] 썼던 건설적인 책에서 목도했듯이, 비종교적일 필요가 없는 서구의 인문주의는 영을 일깨우고, 감정을 달래고, 고상한 도덕을 높여왔다. 아마도 이런 방식을 따라 무슬림에게 그리스도의 가르침을 더 받아들일 수 있게 하려는 태도가 생겼을 것이다.[4]

[반혁명당의] 호비(Hovy) 의원과 볼쳐(Woltjer) 의원이 이 연설의 진술에 반대한 것으로 알려졌을 때, 나 역시 이 연설에 실례를 무릅쓰고 이의를 제기하려고 했다. 첫 번째 반대는 일반적으로 그리고 특히 우리 식민지에서 지난 수년간 동방에서 평가되어 왔던 우리 현대 문화가 기독교로부터 또한 일반적인 종교로부터 떠날 수 없다는 반대다. 그 보고서에 따르면 다음과 같이 진

---

3) 편집자 주: 라덴 아드젱 (아유) 카르티니(Raden Adjeng (Ajoe) Kartini, 1879-1904)는 교육에서 선구적인 업적과 인도네시아에서 여성의 해방으로 국가적인 영웅이 된 자바섬의 귀족 여성이다. 카르티니가 수집한 편지는 사후에 네덜란드어 제목인 『어둠에서 빛이 온다』(Door duisternis tot licht)로 1911년 헤이그에서 출판되었다. 이 책은 『자바섬 공주의 편지』(Letters of a Javanese Princess) (New York: Alfred A. Knopf, 1920)라는 제목으로 영어로 번역되고 출판되었다. 여기서 언급된 책은 확실히 그 책일 것이다.

4) Report of the Acts of the Upper Chamber of the States-General, 1911 - 1912, 10th meeting, December 29, 1911, 113 - 14. 판 데이픈떠르 의원이 네덜란드령 동인도제도로 오랜 여행을 하고 12월 초에 돌아왔을 때 [1912년] 12월 30일에 상원에서 큰 관심을 일으켰던 연설을 했다. 물론 정부의 "기독교 교육 정책"이 다시 언급되었다. 내가 보기에는 1912년의 두 번째 연설은 1911년의 첫 번째 연설과 구분된다. 첫째로, 판 데이픈떠르 의원이 미나하사 반도와 몰루카 제도에 있는 중립적인 정부 학교에 대한 더 강한 진술을 하고 있기 때문이다. 둘째로, 그렇지만 이번에는 식민지 장관과 합의 하에 먼저는 이슬람 지역의 교육적 규정과 다른 측면에서 외진 지역에 있는 이교도 지역에서 날카로운 구분을 하고 있기 때문이다. 셋째로, 판 데이픈떠르 의원은 자기 딴에는 이교도 지역에서 기독교 선교가 교육적 사역의 일부를 제공해야 한다는 것에 대해 반대하지 않는다. 이와는 반대로 판 데이픈떠르 의원은 이 지역에서 했던 일을 평가했다. 동시에 판 데이픈떠르 의원은 모든 선교적 교육, 즉 일반적인 이슬람교 지역에서 기독교 교육이 결정적으로 선호되지 않는다고 생각했다. 이제 그 근거는 이슬람이 더욱 높은 문화와 양립할 수 있기 때문에 세계 종교로서 이슬람교가 존중받아야 함을 받아들여야 하는 것에 대해서 말하는 것이었다. Report of the Acts, 12th meeting, December 30, 1912, 177.

술된다. 동방에서 더욱 갈망하는 문화는 네덜란드식 초등학교 교육의 증대 뿐 아니라 심지어는 네덜란드식 중학교 교육과 고등 교육 역시 더 증대되는 것이다. 내 생각에 단어의 더 넓은 문맥에서 이 문화는 종교와 기독교에 긴밀하게 연결되어 있다. 이것을 길게 논할 수 있겠지만 간략히 하기 위해 다음 논평에 이 논의를 제한하고자 한다.

우리 현대 문화가 간접적으로 주로 그 존재를 자연 과학의 비정상적인 진보와 기술적 발명의 적용에 빚지고 있으며, 역사 연구에는 부차적으로 빚을 지고 있다. 베를린 대학에서 이전에 교수였던 유명한 [폴 다비드 구스타프] 뒤 부아 레이몽([Paul David Gustav] Du Bois-Reymond)외에는[5] 아무도 [81] 자연 과학이라는 말이 얼마나 모순적으로 들리든 간에, 자연 과학의 기원이 기독교에 빚지고 있다는 사실은 진술되지 않았다. 사실 그들은 기독교가 다신교 혹은 다마신교(polydaemonism, 多魔神敎)에서 불가능한 입장인 어떤 독립된 실체로서 자연을 생각하기를 묻는 종교이기 때문에, 기독교로부터 나올 수 없었다. 역사라는 학문이 고려되는 한, 예나 대학의 루돌프 오이켄(Rudolf Eucken) 교수[6]는 역사학이 우리가 오늘날 알듯이 기독교의 본질과 가치, 양자 모두에서 기독교와 긴밀하게 연결되어 있음을 한 번뿐만 아니라 반복해서 인정하고 진술해왔다. 또다시 기독교는 단일한 역사가 가능하

---

5) 편집자 주: 폴 뒤 부아 레이몽(Paul du Bois-Reymond, 1831-89)은 생리학을 공부했지만 이후에는 수학을 공부해서 미분 방정식의 영역에서 현대 미분학에 크게 기여했다.

6) 편집자 주: 루돌프 크리스토프 오이켄(Rudolf Christoph Eucken, 1846-1926)은 1908년에 노벨문학상을 수상한 독일 관념 철학자다. 오이켄의 관념론적(반자연주의적) 사상에 대한 선호는 1909년의 노벨 강연에서 명백하게 표현됐다. "자연주의는 문학에 내적 독립성을 줄 수 없거나 독립적인 주도권을 허락할 수 없다. 왜냐하면 만일 문학이 시계의 눈금판 위에 있는 생명의 손일뿐이라면, 문학은 일어난 일로서 사건을 모방하고 기록할 수만 있기 때문이다. 인상적인 기술의 수단으로 문학은 시간이 자신의 욕망을 더 잘 이해하도록 도와줄 수 있다. 그러나 창조적인 능력은 문학을 거부하기 때문에, 문학은 내적 자유와 인간의 고양에 기여할 수 없다."

헤르만 바빙크의 현대 사상 해석

고 모든 사람과 전체 세계와 인류 모두를 포함하는 한, 장엄하고 거대한 드라마로서 스스로를 알렸다. 이런 기초 위에, 나는 종교가 없는 문화와 기독교가 없는 문화는 우리 식민지에 있는 사람들에게 필요로 하는 것을 주기 위해 확실히 적절하다는 주장에 반드시 반론을 제기해야 한다고 믿는다.[7]

이런 말들이 나온 지 일 년 후에 (C. Th. 판 데이픈떠르 의원과 혼동하지 말라) Ch. M. 판 데이픈떠르 박사는 『안내서』(De Gids)라는 정기간행물에서 이런 방식의 추론을 반박하면서 한 논문을 썼다.[8] 그런데 판 데이픈떠르 박사는 그 논증을 내버려 둔 채, 한 문장을 가지고 왔다. 그러고는 그 한 문장을 그 문맥에서 분리하고, 이 문장에 대해서 날카로운 비판의 무기를 겨눈다. 판 데이픈떠르 박사가 인용부호로 인용해 비판한 그 문장은 이렇다. "자연 과학이라는 말이 얼마나 모순적으로 들리든 간에, 자연 과학의 기원이 기독교에 빚지고 있다는 사실은 진술되지 않았다. 기독교에서 자연 과학은 실제로 분리될 수 없다. 사실 그들은 기독교가 다신교 혹은 다마신교에서 불가능한 입장인 어떤 독립된 실체로서 자연을 생각하기를 묻는 종교이기 때문에, 기독교로부터 나올 수 없었다."

이 인용은 문자 그대로 정확하지 않다. 특히 문맥을 고려한다면 그렇다. 내가 생각할 때 내 추론은 명확했다. 내 추론은 정부의 기독교 정책에 관한 것이었다. 나는 그 근거를 간단히 보여주고자 했다. 내 추론은 기독교 정책을 반대하는 자들, 그리고 더 낮은 학년뿐만 아니라 중학교와 고등학교 교육을 위해 네덜란드령 동인도제도에 있는 중립적 교육을 반대하는 자들을 반박한

---

7) *Report of the Acts of the Upper Chamber*, 1911 – 1912, 17.

8) 그 논문은 이런 제목으로 출판되었다. "Het breede betoog: Onuitgesproken rede," *De gids* (December 1912): 481 – 96.

다. 그 추론은 기독교와 문화가 분리될 수 없고, 그런 관점을 지지하는 어떤 이원론도 이론과 실천에서 지지될 수 없다는 사실이다. [82] 중립 교육을 지지하는 사람들에게 반하는 강력한 논증을 만들기 위해, 나는 반대자의 영역에서도 알려지고, 정통주의에 대한 어떤 편견도 의심할 수 없는 베를린 대학의 뒤 부아 레이몽 교수의 권위에 호소했다. 나는 다음과 같이 요약해서 말했다. "이제 베를린 대학에서 이전에 교수였던 유명한 뒤 부아 레이몽 외에는 아무도 자연 과학이라는 말이 얼마나 모순적으로 들리든 간에, 그럼에도 자연 과학의 기원이 기독교에 빚지고 있다는 사실은 진술되지 않았다."

그러나 판 데이픈떠르 박사는 인용문의 처음 부분을 바꾼다. 판 데이픈떠르 박사는 뒤 부아 레이몽을 생략하고 이런 표현으로 그 생략을 정당화한다. "그런 것이 주 논제다. 그래서 위대한 뒤 부아 레이몽으로부터 온 것은 이제는 중요하지 않다. 바빙크 교수는 '논제 그 자체'로 뒤 부아 레이몽의 말을 차용한다."[9] 판 데이픈떠르 박사는 무엇이 분명한 진술이 되어야 하는지가 아니라, 무엇이 완전히 모순적인 진술이 되어야 하는지 거부하고자 하는 듯 보인다. 자연 과학이 기독교에 그 기원을 빚지고 있다는 모순적인 진술은 뒤 부아 레이몽과 그의 권위에서 분리되고 내 설명으로 바뀐다. 그럼에도 판 데이픈떠르 박사는 우리 모두가 "우리 자신이라고 부르지 않고, 유아라고 부르기를" 주저하지 않는 "위대한 뒤 부아 레이몽"과 나란히 그 진술을 필요로 한다는 것에 대해 다소 혼란스러워 한다. 493페이지에서[10] 판 데이픈떠르 박사는 앞에서 언급한 학자는 생리학으로 유명함에도 불구하고, 고대에 대한 전

---

9) Ibid., 481 – 82.

10) 편집자 주: 본문에서 이 페이지 수와 다음 페이지 수는 "광범위한 주장(Het breede betoog)"이라는 연설에 있는 것이다.

헤르만 바빙크의 현대 사상 해석

문가였던 적이 없었다고 말한다. 그래서 판 데이픈떠르 박사는 논문의 추신에서, 솔직히 말해 뒤 부아 레이몽이 실제로 자연 과학의 기원에 대한 논평했으며, 그 측면에서 그 추론이 매우 약한 것임을 인정하려는 충동을 느낀다. 그래서 그 다음에 이렇게 말한다. "반대는 뒤 부아 레이몽에 대한 것이 아니라, 그 논제가 정확하다고 주장했던 바빙크 교수에 대한 반대다(496)."

이와 함께 판 데이픈떠르 박사는 그 베를린 교수의 이 논평을 인용하려는 의도를 완전히 무시한다. 만일 내가 단지 자연 과학의 기원에 대해 그런 진술을 했다면, 그런 진술은 특히 추가 설명 없이도 가치가 없었을 것이다. 그러나 뒤 부아 레이몽과 같은 사람이 그런 진술을 한다면 우리 모두 그의 말이 정확한지 아닌지 제대로 숙고하고 결정할 것이다. 이 때문에 연설의 일부를 감당했던 사람이 그에 동의하는지 아닌지는 그렇게 중요하지 않다. 그럼에도 그 베를린 대학 교수의 논제는 여전히 유효하다. 그래서 이 때문에 판 데이픈떠르 박사의 논증은 그가 피하려함에도 불구하고, 일차적으로는 내가 단지 인용만 한 나에 대한 반대가 아니라, 인용문의 저자에 반대하는 것이다.

이 문제에서 나는 심지어 판 데이픈떠르 박사를 만날 수도 있었다. 만일 내가 내 말로 기독교와 자연 과학의 관계에 대해 말하기를 원했다면, 확실히 뒤 부아 레이몽보다 덜 교의적이고 덜 강제적인 방식으로 표현했었을 것이다. 지금 나는 판 데이픈떠르 박사의 비평 때문에 이 말을 하는 것이 아니다. 왜냐하면 나는 항상 이 방식을 생각했기 때문이다. 수년 전에 나는 다음과 같이 덧붙였다.

기독교 신학은 이런 요소를 거부하지 않는다. 이런 요소와 반대로, 기독교 신학은 성경의 예시를 따라 항상 자연 질서와 자연 현상의 원인적 결합을 강조해서 지지했다. 초자연주의를 가진 기독교는 자연 질서에 적대적이었고, 과학을 불가능한 것으로 만들었다는 주장은 틀렸다. 예를 들어, 드레이퍼(Draper)와 다른 학자들이 그런 관심을 증명하려고 추구해왔던 것처럼 말이다. 사실과 훨씬 더 부합하는 주장은 뒤 부아 레이몽의 판단이다. "현대 자연 과학이라는 단어가 얼마나 모순적이게 들리든 간에, 자연 과학의 기원이 기독교에 빚지고 있다." 어떤 경우든 기독교는 과학을, 특히 자연 과학을 가능하게 했고, 과학을 위한 토대를 마련했다. 자연 현상이 다신교처럼 더 신격화되고, 보이는 형상과 신성의 담지자로 더 많이 보일수록, 반드시 신성의 신비를 방해하는 신성모독이 이루어지기에, 과학적 연구는 더욱 불가능해질 것이다. 그러나 기독교는 하나님과 세상을 분리했다. 그래서 기독교는 만유의 창조주로서 하나님에 대한 기독교 신앙고백을 가지고 있기에, 자연의 결합으로부터 하나님을 분리했고, 자연의 결합보다 훨씬 더 높은 곳에 계신 하나님을 높였다. 따라서 자연에 대한 연구는 더 이상 신성을 더럽히지 않는다.[11]

이 말은 내가 상원에서 논의하는 동안 했던 간단한 발언에 대한 의도를 분명히 설명한다. 그러나 판 데이픈떠르 박사는 **더 최근의** 자연 과학의 기원이 기독교에 빚지고 있다고만 말했던 뒤 부아 레이몽보다 더 약하게 표현하지 않고, 더 강력하게 표현했을 때에도 충분히 반박할 수 있다. 그럼에도 나는 형용사를 생략하고 일반적인 자연 과학에서도 똑같이 주장했다. 그러나 이 즉흥적인 생략은 완전히 무심결에 한 것이며 부지불식간에 일어났다. 나는『개혁교의학』에서 그랬듯이, [84] 판 데이픈떠르 박사가 덧붙인 주장 그 이상의 의미를 부여하지 않고, 뒤 부아 레이몽을 인용하려고만 했다. 그 문제에 관해

---

11) Herman Bavinck, *Reformed Dogmatics* (Grand Rapids: Baker Academic, 2004), II:611.

헤르만 바빙크의 현대 사상 해석

어떤 다른 것을 말하는 것은 어려울 것이다. **그러나** 내 생각에는 그 논의가 기독교와 문화의 연결성에 대한 것이었기 때문에, 더 최근의 자연 과학이 네덜란드령 동인도제도 현지인에 대한 교육에서도 그 논의는 함께 고려되어야 한다. 이 언급은 특히 동인도제도의 현지인이 지난 수년간 관심을 표현해왔던 "우리 현대 문화"에 대한 말 때문이었다. 그 말은 이 현대 문화가 주로 자연 학문과 역사 학문의 비정상적인 진보에서 도출된다는 것이었다. 물론 지난 수세기동안 이 진보가 이 문화에 줄 수 있는 유일한 의미이기 때문이다.

그래서 역사학에 대해 말하면서, 나는 즉시 그리고 의도적으로 덧붙였다. "우리가 오늘날 알듯이." 결국 내 연설의 나머지에서 나는 우리 문화가 이슬람에 의해 어떻게 적용될 수 있고, 우리 세계관이 어떻게 심길 수 있는지에 대해 열린 질문을 남겨둔 채로, 네덜란드령 동인도제도의 현지인에 의해 행해지는 정령숭배와 이슬람교를 의도적으로 구분했다. 그러나 나는 확실히 그러한 정책이 정령숭배와는 같이 갈 수 없다는 내 믿음을 언급했다. 연설을 들은 누구도 자연 과학과 역사학을 포함한 우리 현대 문화와 다른 어떤 문화를 생각할 수 없었을 것이다. 나를 비판한 선한 의도가 거의 없는 판 데이픈떠르 박사는 자연 과학을 언급할 때 추측할 수 있었을 것이다. 내가 확실히 중세의 끝에서 나타난 현상을 뜻했고, 이제는 그런 경외할만한 높이에 도달해왔음을 말이다. 혹은 적어도 내 논제가 그가 이해했던 절대적인 의미에서 받아들여지면 안 된다고 말이다. 그러나 만일 자연 과학 일반이 그런 의미를 가지고 있었다면, 합리적 해석은 자연 과학이 먼저 기독교의 영향에서 완전히 발전했다는 경우에만 도출될 것이다. 자연 과학이 많은 경우에 다른 곳에서 매우 건실하게 연구되고 있기는 하지만 말이다. [더 나아가] 자연 과학이 기독교 국가 사이에서 예상치 못한 연합과 확장과 중요성을 이루어낸 유신론적 세계관에 그 존재를 빚지고 있다는 사실을 반드시 추론해야 했다. 이 사실은 역사학에서도 마찬가지다.

그러나 판 데이픈떠르 박사는 이렇게 생각하지 않는다. 어떤 특정한 압력 때문에 판 데이픈떠르 박사는 이 문맥에서 이전에 언급한 문장을 지지한다. 그리고 뒤 부아 레이몽의 권위로부터 이탈한다. 이제는 이 문장에 [85] 독립적인 지위를 준다. 그리고 그 단어의 가장 명백한 의미에서 벗어난 의미를 가지고 나서, 이제는 나를 이상한 주장을 한 사람으로 몰아간다. 그 이상한 주장은 기독교가 자연 과학의 유일한 출처이며, 그 출처는 그리스도 아라비아도 아닌 그 어느 곳에서도 없으며, 자연 현상에 대한 조사와 유사한 것은 어떤 것도 없다는 주장이다.

물론 이렇게 해서 판 데이픈떠르 박사는 논증을 시작하기도 전에 이미 그 논증에서 이겼다. 만일 적의 입장이 어디에 있는지, 그리고 어떻게 있는지 결정하고 나타낼 자유가 있다면 이기기 쉽다. 따라서 고대의 자연 학문과 역사 학문의 존재와 번영에 대한 판 데이픈떠르 박사의 전체 논의는 완전히 생략되었다. 허수아비 논증의 반대자에 반대하면서 말이다.

판 데이픈떠르 박사는 과거의 기록이 주는 유익에도 불구하고, 그리스도인들이 처음부터 항상 일반적인 학문과 예술과 문화의 영역에서 고대로부터 성취되어온 무엇이든지 감사하게 인정해왔고 적용해왔다는 사실을 반드시 알아야 한다. 그리고 490페이지에서 판 데이픈떠르 박사는 중세 기독교 세계는 아랍으로부터 천문학을, 자연 과학을 아리스토텔레스로부터 반드시 다시 배워야 했다고 상기시킨다. 그래서 판 데이픈떠르 박사는 이렇게 물음으로 이런 과거의 회상을 결론 내린다. "그런 사실로 우리가 동요해야만 하는 것이 어리석지 않은가?" 나는 긍정문으로 그 질문에 답하고 싶다. 우리는 반박할 수 없는 사실과 싸우지 않는다. 우리는 하나님이 자신의 섭리로 우리에게 나타내신 것으로서, 그런 사실을 인정하고 존중하고 싶다.

헤르만 바빙크의 현대 사상 해석

그러나 우리는 자주 이런 주어진 사실에 대한 설명에 반대하고, 그런 사실에 엮여있는 의견에 대해 반대한다. 또한 판 데이픈떠르 박사의 논문은 다시 한 번 이런 필연적인 구분을 지적하도록 강요한다. 판 데이픈떠르 박사가 내가 확실한 입장을 취하지 않는 곳에 서 있다고 생각할 때, 나에 반하는 증거로서 고대의 역사로부터 모든 종류의 사실을 모은 것은 그의 권리였다.

그러나 판 데이픈떠르 박사는 현명한 사색보다 더 맹렬한 울화통을 배신하는 비판을 허용해, 그런 사적인 공격과 일반적인 관찰을 덧붙일 권리는 **없었다**. 그래서 판 데이픈떠르 박사는 감히 사실을 이야기로 바꾸려는 사람으로(488), 대도(大盜) 코르테스(Cortez)와 피사로(Pizarro)와 정복자처럼 떠오르는 사람으로, 소수의 군대로 왕국을 정복하고자 하는 사람으로, 전투에서 이긴 곳에서 유럽과 기독교의 더욱 위대한 영광으로 사원과 우상을 파괴했던 사람으로(488-489), 즉 굉장히 뻔뻔한 사람으로 자기 반대자를 묘사하고 있다.

또한 판 데이픈떠르 박사는 나와 [86] 온화한 대화를 하는 것이 어리석다고 [주장하면서], 이성을 받아들이지 않는 성급한 사람으로 묘사한다. 그래서 판 데이픈떠르 박사는 내 탐욕이 태양만큼 거대한 사실에서 내 눈을 가리며, 오직 격렬한 저항이 내가 미칠 유독성에서 구해낼 수 있으리라 묘사한다.

이런 식으로 분노를 표출하는 것은 판 데이픈떠르 의원의 관용이 받아 마땅할 깊은 존경에 도움이 되지 않는다. 의회 의원으로 [또한 그렇게 불리는] 판 데이픈떠르 의원은 마지막 연설의 결론에서 말했듯이 네덜란드인이 네덜란드령 동인도제도에서 그렇게 대단한 임무를 완수하는 것이 필요하다고 생각하는 것을 거의 알아차리지 못할 것이다. 지식과 현명, 정의와 강함,

자기 부인, 관용과 그 위에 있는 사랑을 가져오는 임무 말이다.[12] 그러나 개인에게 이 임무는 너무 과하다. 판 데이픈떠르 박사가 기독교에 대한 자기 논문에서 도출한 결론들은 그리스도인 혹은 기독교 교회뿐만 아니라, 기독교 자체에도 매우 심각하다. 판 데이픈떠르 의원은 기독교를 폄하하려고 하지 않음을 단언하지만, 모든 사람이 이런 확신에 얼마나 많은 자본을 투입할 것인지 다음의 인용에서부터 엿볼 수 있다. 판 데이픈떠르 의원은 고통받았던 갈릴레오(Galileo)를 언급했고, 화형당한 브루노(Bruno)를 언급하며, 해임된 베커(Bekker)를 언급했다(490). 세르베투스(Servetus)가 여기서 언급되지 않은 것은 놀랍지만, 예상된 것이다.[13]

그러나 더 나아가 기독교가 다마신교를 몰아낼 필요가 없다는 사실을 (489) 판 데이픈떠르 박사에게서 배워야 한다. 왜냐하면 많은 나라에서 악한 영과 악마와 요정과 엘프와 고블린과 같은 것에 대한 믿음이 기독교가 소개된 이후에도 계속 지배하고 있었기 때문이다. 1600년경으로 거슬러 가면, 델리오(Delrio) 신부는 악한 영이 있고 이것을 믿는 것이 이단이 아니라고 말했다. 그래서 판 데이픈떠르 박사에 따르면 "현지인이 앞으로도 오랫동안 민족적 믿음 혹은 미신을 위해 기독교를 지지할 것"을 걱정할 만하다. "성인, 천사, 악마, 혹은 초월적 영적 존재에 대해 믿고, 유명한 헬라 다신론처럼 기적을 인정하는 기독교가 있다면 성인과 천사와 악마에 대한 그런 고안된 능력을 덧

---

12) *Report of the Acts of the First Chamber*, December 30, 1912, 181.

13) 나는 그리스도인과 기독교 교회가 행한 이런 행위와 비슷한 행위를 묵인하지 않는다. 또한 불평이 제기된 투르크인과는 상대도 되지 않는 불가리아 대학살도 용인하지 않는다. 그럼에도 정당한 판결은 한 사람이 모든 환경을 설명해야 할 것을 요구한다. 예를 들어 [B. H. C. K.] 판 더 바이끄(van der Wijck) 교수가 조르다노 브루노(Giordano Bruno)와 그의 지위에 대해 잘 수행되고 공정한 연구를 한 것처럼 말이다. *Verspreide opstellen* (Haarlem: De Erven F. Bohn, 1911), 159–203. 더 나아가 한 사람이 이런 문제에 관해 애도하는지 혹은 그들을 비판하는지 아닌지에 따라 큰 차이가 생긴다.

140   헤르만 바빙크의 현대 사상 해석

붙임으로 자연 외부로부터 오는 힘에 의해 자연이 방해받을 수 있는 가능성
이 존재한다(491)." "그런 존재를 인정하는 어떤 종교는 고대 다신교와 동일
한 측면에 서있으며(490), 그래서 사실상 단일신론 혹은 다신론에 대한 질문
은 그렇게 중요하지 않다." "따라서 여기서 문제는 [87] 이 개입하는 힘이 **하
나인지 아닌지**가 아니라 그런 힘이 있는지 아닌지, 혹은 그런 힘과, 그런 힘의
믿음과, 엄격한 자연 과학이 공존할 수 있는가 아닌가이다(491)." "어떤 종교
의 형태가 신들, 천사들, 악마들, 성인들, 하나의 신 자체에게 방해받을 수 있
다고 가정해 보자. 그렇다면 이런 종교의 형태는 종교의 다양한 순수한 형태
보다 더 해롭다. 또한 이런 종교의 형태는 확실히 에피쿠로스(Epicurus)의 다
신교보다 훨씬 더 해롭다. 자연 과학의 엄격한 교육이 일반적인 고대 다신교
에게 해로운 것과 마찬가지로 말이다(491)."

이 모든 진술은 우리가 서 있는 위치를 확실히 말해준다는 장점이 있다.
그리고 이런 진술은 네덜란드령 동인도제도에서 기독교 정책과 기독교 선교
사역에 있어야 할 판단이 무엇인지 알려주는 명백한 지표를 준다. 판 데이픈
떠르 박사는 전달되지 않은 연설 원고에서 이렇게 말했다. "신사 여러분, 우리
는 수 세기를 기다리는 것보다 빨리 네덜란드령 동인도제도로 이주하기를 원
합니다. (수 세기 동안 기독교가 많은 나라에서 만연했지만, 모든 종류의 미신이 존재하
는 것을 허용했습니다.) 그래서 우리는 계몽주의의 보호 아래 자연 과학을 교육
하기를 선호하고, 현상이 자연적 원인에서 설명될 수 있다는 논제로부터 진
행합니다. 비슷하게 그리스에서 계몽주의는 모든 저항에 반해 중세 시대 동
안 길을 열었고 악마주의와 싸웠습니다. 따라서, 자연 과학의 지식이 너무 늦
게 들어가지 않는다면, 계몽주의는 네덜란드령 동인도제도에서 이루어져야
합니다. 우리는 원주민이 기독교에 대한 빈약한 이해 때문에, 기독교를 정령
숭배의 무기로 바꾸지 않도록 매우 조심해야 하며, 이런 방식으로 계몽주의

를 추진해야 합니다(489-90)."

계몽주의와 기독교의 대립을 그토록 열렬하고 열정적으로 주장하는 판 데이픈떠르 의원이 연설 말미에 이르러서, 종교 전쟁에 대해 말하기 시작하는 것은 놀랍지 않다. 492페이지에서 판 데이픈떠르 박사는 이렇게 말한다. **"종교 전쟁**이라는 말은 정말 힘겹게 들립니다. 그렇지만 우리는 만일 당신이 [바빙크의] 연설과 법률에 따라 동의한다면 그런 전쟁으로 끝나게 될 것입니다."

판 데이픈떠르 박사는 내가 기독교와 자연 과학과 역사학에 대한 관계를 상원에서 말했던 매우 순수하고 사소한 사실에 대한 반응 이상으로 말한다. 그 관계는 뒤 부아 레이몽과 오이켄의 권위에 호소한 것이었다. 그래서 심지어 만일 내가 판 데이픈떠르 박사가 부당하게 내 탓으로 돌리는 것만큼 엄격하게 그 관계를 생각한다 해도, [88] 그가 했던 방식을 비난하고, 종교 전쟁을 말함으로 결론을 내리는 식으로 흥분해서 무슨 합리화를 하겠는가? 당장 분을 일으키지 않고 기독교와 문화의 연결로 그런 중요한 문제를 논하는 것이 오늘날에 더 이상 불가능한가? 나는 이 문제에 있어서 판 데이픈떠르 박사를 더 이상 따르고 싶지 않다. 그러나 나는 기꺼이 내 의견을 설명할 기회가 있다. 기독교와 더 최근의 자연 과학의 관계와 그 관계가 어떠해야 하는지 어느 정도 더 자세히 설명할 기회를 말이다.

오해를 피하기 위해 기독교가 의미하는 것과 자연 과학이 [의미하는 것]과의 연결을 서너 마디로 진술하는 것이 낫다. 기독교에 관해서 우리는 예술과 과학과 철학과 같은 것이 아니라는 확립된 사실을 가정할 수 있다. 기독교는 종교이며 더 자세히 말하자면 구원의 종교이다. 그 구원의 종교는 종교의 중심에 그리스도의 인격이 있고 그리스도 안에서 그리스도를 통해 죄책과 죄의 권능에서 인간의 구원과 하나님과 인간의 교제의 회복을 목표로 한다. 그래서 기독교는 하나님에 대한 특정한 관점을 포함하기 때문에, 기독교는

헤르만 바빙크의 현대 사상 해석

자연 과학과 관계할 수 있거나 충돌할 수도 있다. 만일 기독교가 어떤 분위기 혹은 어떤 감정 혹은 어떤 정서로만 구성된다면, 이런 식의 관계 또는 충돌은 불가능하다. 그러나 기독교가 어떻게 축소될 수 있든 간에 기독교는 자연 과학의 영역을 건드리는 어떤 종교적 **개념**을 항상 함의한다.[14) 그럼에도 다른 측면이 얼마나 중요하든 간에 이런 개념에 있는 모든 것이 자연 과학에 중요한 것은 아니다. 교회와 성례와 그런 것을 고려하듯 많은 개념은 자연 과학에 손을 댈 수도 없고 혹은 가끔씩만 손을 댈 수 있다. 그러나 기독교와 자연 과학은 서로 관계한다. 특히 종교-윤리적 영역과 목적론적 영역, 달리말해 유신론적 세계관에서 그렇다. 유신론적 세계관은 사도신경의 첫 번째 조항에서 표현된 전체 기독교 교회에 의해 고백된 섭리와 통치라는 측면에서 창조의 교리에서 표현된 것이다.

자연 과학의 개념은 자연의 개념이 더 넓은 혹은 더 좁은 개념에서 취해지는지에 따라 더 넓거나 더 좁은 의미로 생각될 수 있다. 이전에는 영적인 창조뿐만 아니라 물질적 창조와 같은 창조 전체가 자주 자연 아래에 흡수되고, 그 개념이 능산적 자연(natura naturans, 창조하는 자연)으로서 하나님을 말했을 때, 하나님을 포함하는 데까지 확대됐다. 그러나 후자가 꺼려질 때조차도 "자연"은 오늘날 생각하는 것보다 훨씬 더 넓은 교리를 포함하는 것으로 생각되었다. 영혼들과 영들과(혹은 천사들)의 교리를 포함하는 측면에서 말이다. 그러나 오늘날 자연을 말할 때 우리는 가시적이고 물리적인 세계만을 생각한다. 즉, "감각할 수 있는 외적인 것과 영에 반하는 것(das sinnlich Äusserliche und dem Geist Entgegengesetzte)"이다.[15) 그러나 심지어 이런 제한된 의미에

---

14)   Rudolf Otto, *Naturalistische und religiöse Weltansicht* (Tübingen: Mohr, 1904), 2ff.

15)   [Rudolf] Eisler, *Wörterbuch der philosophische Begriffe* (Berlin: Mittler, 1899 –), s.v. "Natur."

서도 자연은 다양한 학문의 대상이다. 가장 일차적인 측면에서, 자연 과학을 말할 때 물리학과 화학과 공학을 생각한다. 그러나 얼마나 중요하든간에 이런 학문은 자연을 연구하는 유일한 학문이 아니다. 다른 많은 학문이 천문학과 지질학과 광물학과 고생물학과 [89] 지질학과 생물학과 식물학과 인간학(생체학)과 같은 학문처럼 언급할 수 있다.

이런 자연 과학은 종종 정확한 과학의 이름으로 진행된다. 왜냐하면 많은 예시에서 그리고 오히려 더 큰 범위에서 이런 과학은 실험을 하기 때문이다. 그러나 이런 실험은 한계를 가지고 또한 자연 과학이 관찰과 실험에 제한될 수 없다는 것을 기억해야 한다. 관찰과 실험의 측면에서 과학은 추리와 추측을 피할 수 없다. 특히 학문으로서 과학은 현상에서 보편적이고 체계적이고 논리적인 것을 찾기 때문이다. 과학은 단일하지 않다(scientia non est singularum). 이 때문에 비간트(Wigand)는 꽤 정확히 정의했다. "사색 없이 가설이 없고, 가설 없이 어떤 과학도 가능하지 않다."[16] 비슷하게 루이 파스퇴르(Louis Pasteur)도 이렇게 말했다. "실험자의 망상은 자신의 능력이 대부분을 차지한다. 인식된 개념은 자기를 인도하는 것으로 기능한다."[17] 오늘날 모든 자연 과학에서 그런 사색이 필요하다. 왜냐하면 하나의 일반적인 표제 아래 현상을 묶기 때문이다. 특히 과학은 오랫동안 무시되어 왔고 최근에서야 정확한 지위를 회복했다. 과학은 "자연의 철학"으로 불린다. 여기서 자연 과학이 그 결론에 도달한다. 왜냐하면 최종적이고, 또는 원한다면 첫 번째 질문은 모든 학문에서 가장 중요한 질문이기 때문이다.

---

16) Albert Wigand, *Der Darwinismus und die Naturforschung Newtons und Cuviers: Beiträge zur Naturforschung und zur Speciesfrage*, 3 vols. (Braunschweig: F. Vieweg & Sohn, 1874–77), II:68.

17) "Louis Pasteur," in Doctor J. V. de Groot, *Denkers van onzen tijd* (Amsterdam: Veen & van Langenhuysen, 1910), 156.

헤르만 바빙크의 현대 사상 해석

물리학과 화학은 크게 칭송받았다. 물리학과 화학이 그토록 많은 방식으로 사람들의 실용적 삶을 풍부하게 해왔다는 결과가 크게 존중받았다. 결국 우리는 모든 것을 알고자 한다. 자연을 구성하는 것이 무엇인지, 자연의 기원이 무엇인지, 그 본질이 무엇이며 그 끝이 무엇인지 말이다. 사물 사이에 존재하는 양적 관계를 아는 것은 중요하고 유용하다. 그러나 우리에게 본질이 물질과 힘, 공간과 시간, 원인과 운동, 효과와 목적과 같은 사물의 성질과 관계 있기 때문에, 사물 자체가 그 자체로 무엇인지 아는 것이 훨씬 더 가치가 있다. 따라서 모든 사람은 그런 자연의 철학을 숨긴다. 의식적이든 무의식적이든, 그들이 원하든 원하지 않든, 자연의 철학은 모든 과학 연구에 영향을 미친다. 그러나 이전에 이런 측면에서 완전한 만장일치가 있었음에도 오늘날 의견은 상당히 변했다. 자연(과 세계관)에 대한 물질적이고 정신적인 관점, 기계적이고 역동적인 관점, 단일적이고 복수적인 관점이 우선성을 갖고자 서로 경쟁하고 싸운다.

우리가 기독교와 자연 과학에 대해 이런 문제를 염두할 때, 기독교와 자연 과학의 관계에 대한 질문은 너무 모호하다. [90] 오히려 어떤 이는 이 문제를 단 몇 마디로 일축한다. 이들은 종교, 특히 기독교는 일반적으로 문화에 문제만 일으키고, 특히 자연 과학에 그렇다는 것만을 안다. 이런 사고방식을 표명하는 많은 증인을 언급하는 것은 너무 쉬울 것이다. 간결하게 말하자면, 나는 많은 사람 중에서 그런 사람을 찾는 어떤 작업이 독자의 흥미를 끌 것임을 안다.[18] 이들을 읽음으로 많은 사람은 일부 교회의 신조와 갈등을 빚을

18) John William Draper, *History of the Conflict between Religion and Science* (New York: D. Appleton, 1897); L. Büchner, *Force and Matter, or Principles of the Natural Order of the Universe*, 4th ed., trans. from 15th German ed. (New York: P. Eckler, 1891); [Karl August] Specht, *Theologie und Wissenschaft*, 3rd ed. (Gotha: Stollberg, 1878); Ernst Haeckel, *The Riddle of the Universe at the Close of the Nineteenth Century*, trans. Joseph McCabe

뿐만 아니라, 기독교 자체에 반하고, 심지어 모든 종교에 반하는 갈등을 빚음을 곧바로 알게 된다.

이 생각은 여전히 매우 피상적이다. 이 생각은 모든 사람에게 고대부터 문화가 종교에 매우 밀접하게 연결되어 있기 때문에, 문화가 부분적으로 종교에서 기원하고, 부분적으로 종교에 의해 자극받아 왔다는 이 의미심장하고 심지어 널리 인정받아온 사실로 즉시 반박된다. 바벨론인과 앗시리아인, 페니키아인과 이집트인, 중국인과 동인도인, 그리스인과 로마인, 그리고 이들의 문화에서 이런 사실이 유지된다. 그래서 이런 다양한 사람들에게 이 사실을 말할 수 있다는 점에서, 자연에 대한 지식과 연구에 이 사실을 마찬가지로 말할 수 있다는 사실은 적절하다.[19] 지식과 모든 문화에 대한 그 다양한 분화의 기원은 매우 오래된 고대로 돌아간다. 심지어 수메르와 아카드 땅의 첫 거주민에게까지 말이다. 특히 천문학과 정수론은 종교-점성술적 세계관의 영향과 연결 아래에서, 수메르와 아카드인에게서 시작되었다.[20] 바벨론인이 원거주인으로부터 이 문화를 채용했을 때, 바벨론인은 자기 주변으로 이 문화를 매우 폭넓게 확장했다. 예를 들어, 바벨론인은 자기 달력으로 모든 인류의 교사가 되어 왔다.[21] 이 고대 문명은 바벨론에서 인도와 중국을 비롯한 동방과 서구를 거쳐 소아시아와 북아프리카를 비롯해 모든 곳으로 경유해 갔다.

(New York: Harper & Brothers, 1900); Andrew Dickson White, *A History of the Warfare of Science with Theology in Christendom* (1896; repr., New York: Free Press, 1965).

19) 이 때문에 우리 문화가 종교에 (이 경우 기독교에) 연결되어 있을 뿐만 아니라 항상 모든 문화와 모든 장소와 연결되어 있다는 것은 옳다. 종교적으로 중립적인 문화와 결코 만날 수 없다.

20) Cf., e.g., H[ugo] Winckler, *Die babylonische Geisteskultur in ihren Beziehungen zur Kulturentwicklung der Menschen* (Leipzig: Quelle & Meyer, 1907). 범바벨론주의자는 종종 과장이라는 잘못을 저지른다는 점을 염두에 두어야 한다. 또한 고대 바벨론의 천문학적 지식의 측면에서도 마찬가지다. cf. Friedrich Küchler, "Die altorientalische Weltauffassung und ihr Ende," *Theologische Rundschau* 14 (1911): 237ff.

21) R[udolf] Eisler, *Geschichte der Wissenschaften* (Leipzig: Weber, 1906), 8.

헤르만 바빙크의 현대 사상 해석

가장 최근의 발견은 [91] 그리스에서까지도 나타난다.[22]

그러나 그리스에서 학문은 처음으로 자신의 방향성을 결정했다. 왜냐하면 그리스 학문은 대중 종교로부터 스스로 자유로울 수 있었고, 신성과 세계에 대한 가장 순수한 개념을 얻을 수 있었기 때문이다. 그리스 종교는 진보와 성공을 보장하는 독립적인 영역을 정복했다. 종교와 문명(학문)의 절대적 분리는 일부 측면을 제외하고는 그들에게 알려지지 않았다. 아낙사고라스(Anaxagoras)와 소크라테스(Socrates)는 대중 종교의 표준에 의해 무신론자로 불린다. 그러나 사실상 아낙사고라스와 소크라테스는 그렇지 않았다. 그리스에서 학문의 가장 중요한 연구자는 거룩하고 은혜로운 하나님으로서 하나님을 아직 알지 못했음에도 자연에서 질서 잡힌 영을 보았다.

2세기의 기독교가 이 고대 문화와 더 친숙해졌을 때, 기독교와 자연이 어떤 관계가 있는가 하는 질문이 자연스럽게 떠올랐다. 여기에는 우파와 좌파 사이의 극단이 있었다. 어떤 이는 이 관계를 완전히 거부하고자 했고, 다른 이들은 무비판적으로 이 관계를 수용하고자 했다. 그러나 기독교 교회와 신학은 일반적으로 말해 더욱 예민했다. 기독교 교회와 신학은 비판적이고 절충적 관점을 수용하면서, 모든 것을 조사하면서, 선한 것을 유지하고자 했다.[23] 이런 작업은 항상 성공적이지 않았고 때로는 이교도 문명과 사람들의 미신에 너무 많은 양보를 하기도 했다. 이 사실은 16세기에 종교개혁의 권리와 의무를 인정하는 모두가 쉽게 인정한다. 프톨레마이오스(Ptolemy)가 성경의 전통을 수용했다는 [아놀드] 도델([Arnold] Dodel)의 주장은 정확하지 않

---

22)   R. H. Woltjer, *De beteekenis van het Oosten voor de klassieke oudheid* (Utrecht, 1912), 18ff.

23)   [Joseph] Mausbach, *Christentum und Weltmoral*, 2nd ed. (Münster: Aschendorff, 1905).

지만,[24) [빌헬름] 딜타이([Wilhelm] Dilthey)가 했던 주장인 신학이 우주에 대한 고대 학문의 구성 요소와 밀접하게 관계가 있었다는 주장을 반박하는 것은 여전히 어렵다.[25)

고대와 고대의 전통의 밀접한 관계는 독립적인 학문의 등장과 성공을 심지어 방해하고 저해하기도 했다. 더욱이 476년에 서구에서 로마 제국의 멸망 이후, 기독교 교회의 교의가 형성되어 왔고 그 조직이 완성되어 왔을 때, 기독교 교회는 민족의 이주로 유럽에 들어왔던 사람들을 교육해야 하는 장대한 임무에 직면했다. 이 모든 결점에도 불구하고 기독교 교회는 매우 훌륭하게 그 임무를 완수했다. 기독교 교회의 일부가 이루어낸 이 위대한 성취는 그에 걸맞는 높은 평가를 받을 수 없고, 절대로 잊혀서는 안 된다. 왜냐하면 이렇게 함으로 기독교 교회는 수도원에서 고대의 문화유산을 지켜냈고, 그 후 점차 독립을 얻었던 [92] 새로운 나라들에 이를 전달했기 때문이다. 이미 샤를마뉴(Charlemagne)의 영향 하에 수도원과 주교좌와 참사회 학교가 모든 지역에 설립되었다. 그래서 기독교 세계가 독일의 민족 정신에 충분히 들어왔고 이를 형성했을 때, 지식과 배움에 대한 갈망이 20세기부터 대학에서 이루어지기를 추구했다.

그러나 강제적이고 외부적인 자극이 여기에 더해졌다. 처음에 독일 민족은 고전 고대에 대한 불완전한 지식만을 가졌다. 그러나 20세기 초 이후에 아랍의 중재를 통해서 유대인과 특히 콘스탄티노폴리스 함락 이후, 형이상학과 물리학과 심리학과 윤리학에 대한 아리스토텔레스와 다른 학자의 그리스의

---

24)   Cf. Eberhard Dennert, *Die Religion der Naturforscher*, 4th ed. (Berlin: Berliner Stadtmission, 1901), 8.

25)   W[ilhelm] Dilthey, *Einleitung in die Geisteswissenschaften* (Leipzig: Duncker & Humbolt, 1883), I:369, 377. [ET: *Introduction to the Human Sciences*, edited with an introduction by Rudolf A. Makkreel and Frithjof Rodi (Princeton, NJ: Princeton University Press, 1989).]

헤르만 바빙크의 현대 사상 해석

학술 저작이 서구 유럽에 전해졌을 때, 큰 변화가 생겼다. 고대 그리스인들 사이에서 철학의 쇠퇴 이후 에데사와 니시비스와 다마스쿠스와 다른 장소의 학교가 배움의 자리로 바뀌었다. 여기서 아랍인들은 철학을 알게 되었고 믿을 수 없을 정도로 단기간에 이 철학을 자기 것으로 만들어 성공의 정점으로 이끄는 데 성공했다. 다마스쿠스의 요한(John of Damascus)처럼 기독교 신학과 논쟁의 필요성을 아는 것은 이슬람 신학의 등장과 변증학의 발전을 촉진했다. 쿠란에 관대한 연구와 언어에 대한 연구가 그 결과였다. 그러나 이것이 다가 아니다. 곧바로 자연과 역사에 관한 모든 종류의 학문이 새로운 생명을 얻었다. 이 사실은 바그다드에서 문화의 중심을 이루었던, 특히 기원후 750년 이후 아바스인들 사이에서 그랬다. 수도에서 학문의 예를 따라 학교와 도서관, 종종 관측소와 병원이 많은 장소에서 설립되었다. 고전 고대의 학문이 이런 학문에서만 보존된 것이 아니라 많은 측면에서도 증대되고 확장되었다.[26]

이 이슬람 문화의 가치에 대한 의견은 나뉜다. 이슬람 문화에 대해 무엇을 생각하든 간에 이슬람 문화는 이슬람 세계에 대한 모든 종류의 외적이고 내적인 추론을 없앴다. 비록 이슬람 문화가 기독교 유럽에 옮겨갔지만, 오늘날까지 이슬람 세계에 부활한 것은 없었다. 여기서 이슬람 문화는 수용적인 환경을 찾았다. 씨앗은 비옥한 땅에 떨어졌다. 확실히 처음에 아리스토텔레스를 학교에 도입하는 데 부분적인 반대가 있었다. 그러나 이런 저항은 상대적으로 짧은 시기에 있었을 뿐이다. 일단 아리스토텔레스가 알려지자 [93] 플라톤적이고 신플라톤주의적 사색에서 자유로운 것으로 이해했다. 그래서 일단 하나님에 대한 아리스토텔레스의 개념과 세계의 창조와 영혼의 불멸

---

26)   Alfred von Kremer, *Culturgeschichte des Orients under den Chalifen*, 2 vols. (Wien: Braumüller, 1875–77), II:396ff.; Joseph Hell, *Die Kultur der Araber* (Leipzig: Quelle & Meyer, 1909).

성은 기독교 신조와 다소 비슷한 것을 가져왔다. 그래서 아리스토텔레스는 큰 권위를 얻었고 자연적 문제에서 그리스도의 선구자[praecursor Christi in naturalibus]가 되었다. 세례 요한이 은혜의 문제에서 그리스도의 선구자 [praecursor Christi in gratuitis]가 되어왔던 것처럼 말이다. 사실상 아리스토텔레스는 단일신론자로 간주되었다. 그래서 아리스토텔레스의 유신론적 세계관은 아랍과 유대 철학이 기독교 유럽에 그렇게 쉽게 받아들여진 이유 중 하나다.[27]

이 모든 요소는 스콜라주의로 알려진 중세 학문을 형성하는데 같이 작동했다. 비록 스콜라주의가 자주 비난받았지만, 대개 거의 공부되지 않거나 이해되지 않았기 때문이다. 중세는 암흑기로서 여전히 일부 학계에서 알려진다. 그러나 이런 판단은 무지에 기초하며 매우 편파적이다. 단지 다음의 세 요소를 염두에 두는 것만으로, 기독교 문화의 역사에서 이 중요한 시기를 경멸적으로 깔보려는 마음과 용기를 잃을 것이다. (구체적인 예술과 같은 문화의 다른 요소에 대해 말하는 것이 아니다.) (1) 중세 기독교는 새로운 민족의 기독교화와 문명화를 일으켰다. (2) 중세 기독교는 가장 오래되고 가장 유명한 대학을 낳았다. (3) 중세 기독교는 뛰어난 지적 능력과 관계된 가장 기본적인 문제를 다뤘고, 인문학을 이전에 절대로 성취할 수 없었던 이례적인 수준으로까지 높였다. 물론 이런 측면에서 질문은 우리 자신의 것으로서 중세 학문을 수용할 수 있는가 없는가와 중세 학문이 많은 결점으로 씨름했는가 아닌가 하는 것이 아니다. 심지어 로마 가톨릭주의가 관찰을 무시하고, 고대에 너무나

27) Friedrich Ueberweg, *Geschichte der Philosophie*, ed. Max Heinze, 4 vols. (Berlin: E. S. Mittler & Sohn, 1901–5), II:271, 276–77; Dilthey, *Einleitung*, I:385, 393.

헤르만 바빙크의 현대 사상 해석

많은 권위를 내줬고, 책에서 모든 지혜를 찾을 수 있다고 믿었지만 말이다.[28] 더 많은 개신교인이 이 사실을 반드시 인정해야 한다! 그러나 이런 중세의 결점은 역사적으로 설명될 수 있었다. 그래서 중세 기독교는 관찰이 지식에 대한 통로였다는 선천적인 관념에 대한 교리를 거부하면서, 스콜라주의가 이 구동성으로 가르쳤던 원리에 대한 잘못을 저지르지 않았다.[29]

진화의 개념은 우리 모두를 지배하는 한 체계라기보다, 아직은 마음가짐에 더 가깝다. 그 진화의 개념은 자주 우리를 속이고, 과거를 비합리적으로 만든다. 진화론은 무심결에 우리가 이전에 존재했던 사물을 열등하고 일시적인 것으로, 또한 과거의 전성기가 지났다고 믿게 한다. 이전에 존재했던 사물은 이후 나타날 사물에 대한 준비로 기능할 뿐이다. 그래서 이전에 존재했던 사물은 어떤 독립적인 가치도 가지지 않는다. [94] 그런데 이런 생각은 지나친 편견을 가진 생각이다. 일어날 사건으로 나아가는 것과는 별개로, 역사의 모든 시기는 그자체로 영구적인 중요성을 가지고 있다. "우리는 모든 것을 알 능력이 없다[non omnia possumes omnes]."[30] 따라서 파울젠(Paulsen)은 특히 중세 학문을 언급하면서 꽤 정확히 말했다. "모든 인간 존재가 반드시 후손을 위해 살아야만 하고, 모든 역사 시대가 미래를 위해 살아야 한다고 요구하는 것은 어리석은 생각이다."[31] 파울젠은 진화론의 개념을 부당하다고 판단해야 한다고 생각했다. 낭만주의가 계몽주의에 대해 부당하다고

---

28) Cf., e.g., T[ilmann] Pesch, *Die grossen Welträthsel*, 2nd ed., 2 vols. (Freiburg: Herder, 1892), I:118, 138, etc.

29) Ibid., I:250, 106, 134. 이 문제에서 알베르투스 마그누스(Albert the Great), 로저 베이컨(Roger Bacon), 쿠자의 니콜라스(Nicholas of Cusa)와 레오나르도 다 빈치(Leonardo da Vinci)와 같은 사람들은 자신의 예시에 반하는 것을 가르쳤다.

30) 편집자 주: Virgil, *Eclogue 8*, line 63.

31) F[riedrich] Paulsen, *Geschichte des gelehrten Unterrichts* (Leipzig: Veit, 1885), 21.

내린 판단과 마찬가지로, 사회 민주주의가 오늘날의 사회에 부당하다고 내린 판단과 마찬가지로 말이다.

그러나 이런 사실과 별개로 중세는 새로운 시대의 사람을 준비하는 긍정적인 요소도 있었다. 많은 요소가 여기에 기여했다. 게르만족의 정신, 십자군, 도시와 자유 시민의 출현, 사회적이고 정치적 상태, 화약의 발명, 인쇄기, 그리고 아랍과 유대 철학, 아메리카 대륙의 발견과 같은 요소 말이다. 새로운 시대는 종교개혁의 결과로서, 혹은 베타적인 르네상스의 결과로서, 혹은 중세 말의 학문적 정신이 인문주의로 배타적으로 축소될 수 있도록 나타난 생각만으로는 설명될 수 없다. 딜타이는 말한다. "14세기 이후의 학문적 정신의 변화를 인문주의로 축소하는 것은 생소한 개념이다. 책을 통해, 고대 사상의 도움으로 지식을 증대하는 일은 중세 전체에 걸쳐 일어났다."[32] 그래서 가장 먼저 이 지식의 증가가 인문주의에 유익을 끼쳤다는 사실은 맞다. 딜타이에 따르면, 그럼에도 신학적 형이상학은 유럽 사상의 중심이기를 그만두었다. 그리스와 아랍의 자연에 대한 지식과 자연에 대한 철학이 서구 유럽에 들어왔을 때, 이런 유입은 중세 전체에 걸쳐 서구 유럽에서 가장 위대한 지적 변화를 일으켰다.[33]

그러나 기독교도 이 과정에 분명한 영향을 미쳤다. 가장 먼저, 시편 기자와 선지자와 예수와 사도를 통해, 성경이 자연에 대한 관점을 너무나도 풍부하고 아름답게 나타냈다. 성경에서 자연은 이스라엘에서 지어진 자연에 대한 탁월한 시로 나타났고, 숭고하게 탄생한 기독교 교회로 나타났다. 그럼에도

---

32)   Dilthey, *Einleitung*, 1:452.

33)   Ibid., 1:379.

어디서도 찾을 수 없는, 기본적으로 매우 건전한 자연 철학이[34] 니사의 그레고리우스(Gregory of Nyssa), 아타나시우스(Athanasius), 아우구스티누스(Saint Augustine), 토마스 아퀴나스(Thomas Aquinas)와 같은 인물을 통해 존재하게 되었다.

[95] 이교주의가 세계에 대한 경솔한 폄하와 신비로운 힘에 대한 유아적 두려움 사이에서 항상 헤매는 동안, 독자적인 확신으로 가득 찬 히브리인은 자연을 두려워하지 않으면서도, 자연에 대한 높은 책임감을 가지면서 자연을 접한다. 왜냐하면 하나님의 인간으로서 히브리인이 자연을 정복하고 다스리도록 부름받았기 때문이다.[35] 다양한 고대에서, 특히 아리스토텔레스에게 자연 철학은 민간 신앙의 신통기적 개념과 신화적 개념보다 훨씬 더 높이 부상한다. 그러나 사고가 단일신론에 가까워지는 곳에서도, 신격은 거룩함과 사랑 없이 모든 것을 합리적인 종말을 향하도록 배열하는 우주적 권위로 남아있다. 이런 사실이 갖는 풍부한 중요성을 이해하려면, 역사에 대한 기독교의 관점을 잘 이해해야 한다. 아무도 헤로도토스(Herodotus)가 역사의 아버지로 불릴 수 있다는 사실을 반박하지 않는다. 그럼에도 역사에 관한 헬라의 관점과 기독교의 관점에 중요한 차이가 있다. 역사에 대한 기독교적 관점은 성경에서 기원하며 아우구스티누스에 의해 가장 잘 이해된다. [루돌프] 오이켄은 다음과 같이 이 사실을 표현했다.

기독교가 교회의 형태에서 불변성의 교리를 굳건히 고수하고 있지만,

---

34) Cf. Bavinck, *Reformed Dogmatics*, II:408ff., 416ff.

35) Rudolf Smend, *Lehrbuch der alttestamentlichen Religionsgeschichte* (Freiburg im Breisgau: Mohr, 1893), 458을 따랐다.

기독교 사상계는 반대 성격이 가지고 있는 유익한 자극을 결여하고 있지 않았다. 역사는 고대 세계보다 기독교에서 훨씬 더 의미가 있었다. 신적 존재가 창백한 반사가 아니라 신적 영광의 충만함으로 시간의 영역에서 나타났다는 사실이 기독교 신앙에 있었다. 따라서 전체를 지배하는 핵심적인 힘으로서 신적 존재는 반드시 과거 전체와 관계가 있어야 하고, 자신에 대한 미래 전체를 알릴 수 있어야 한다. 이 핵심 사건의 독특한 성격은 의심의 여지가 없었다. 그리스도는 다시 올 수 없었고, 십자가에 다시 못 박힐 수 없었다. 따라서 고대 세계의 무한한 역사적 순환이 사라졌고, 이전에 있었던 사물의 영원한 반복이 이제 사라졌다. 역사는 단일한 주기의 반복을 그만두고 종합적이고 전체적인 단일한 무대가 되었다. 이제 인간은 완전한 변화를 성취하도록 부름받았고, 이 사실은 옛 시대에 인간이 그저 이미 존재한 자연을 반드시 알려야 했을 때 했던 것과는 비교할 수 없을 정도로 인간의 삶을 자극했다. 따라서 어떤 곳도 아닌 기독교에서 일반적으로 역사와 시간적 삶에 대한 높은 가치의 뿌리가 놓인다.[36]

역사에 대한 이런 관점에서 기독교가 도입한 새로운 요소는 자연[을 보는 관점]에서 보다 더 명백히 알려졌다. [96] 그러나 중세 사상이 고대인의 사상에 얼마나 의존하든 간에, 여기서 역사와 사회의 철학의 이 부분은 딜타이가 불렀듯 "창조적(schöpferisch[creative])"이다. 기독교는 하나님의 섭리가 인간을 정해진 목적으로 이끌기 원하는 이성적인 피조물의 의지와의 협동으로서 인식되었다. 이런 관점은 고대 사상과 완전히 다르다. 왜냐하면 고전 사상은

---

36) Rudolf Eucken, *Main Currents of Modern Thought: A Study of the Spiritual and Intellectual Movements of the Present Day*, trans. Meyrick Booth (London: T. F. Unwin; New York: Charles Scribner's Sons, 1912), 246; cf. idem, *The Problem of Human Life as Viewed by the Great Thinkers from Plato to the Present Time*, trans. Williston S. Hough and William Ralph Boyce Gibson (New York: Charles Scribner's Sons, 1910), 143–44, 147–50.

헤르만 바빙크의 현대 사상 해석

우주로부터 신격에 대한 관점을 이끌어내고자 계속 시도했으며, 고대인들이 목적론적 체계를 만든 곳에서 "세계 질서의 미약한 이해(Gedankenmässigkeit des Weltzusammenhangs[feeble understanding of the world order])" 이상으로 이해하지 못했다. 그러나 기독교에서는 하나님 자신이 역사에 들어오며, 인간을 그 목적의 실현으로 이끈다. 기독교에서 하나님은 역사의 하나님이다. 고대인에게 신은 인류를 뜻하는 사회도 결국 종속되어야 하는 어떤 자연의 힘으로 항상 남아있었다. 그러나 기독교에서 하나님은 자신의 협의를 세계에서 성취하는 역사의 하나님이다. 고대인들에게 신은 최고의 이성이다. [기독교는] 여기서 하나님이 전능하며 거룩하며 은혜로운 뜻을 가지고 있다고 말한다. 여기에 하나님의 본질이 있다. 여기에 하나님의 인격이 있다. 여기서 세계는 자연의 발전이다. 여기서 아름다운 연극이 펼쳐진다.[37]

그래서 이 사실이 다시 자연에 대한 일반적인 관점과 관계가 있다. 왜냐하면 사도신경의 첫 번째와 두 번째 조항은 상호 관계가 있기 때문이다. 자연은 모든 것이 정해진 질서와 수치와 숫자에 따라서 움직이는 기계적인 장치다. 우리는 이 사실을 이전 시대보다 오늘날 더 명백하게 알고 있다. 그러나 성경의 저자와 아우구스티누스와 같은 기독교 신학자와 철학자도 원래 이 사실을 알았다. 따라서 우리는 인과관계의 본질, 또는 예를 들어, 이전 시기보다 중력의 법칙을 잘 이해한다. 왜냐하면 우리는 "중력"이라는 용어를 사용하도록 배워왔기 때문이다. 왜냐하면 어떤 피조된 정신이 자연의 본질에 침투하지 않는다는 사실이 [현대 과학] 이전과 이후에 참된 것으로 남기 때문이다. 그러나 기독교는 더 최근의 자연 과학에 어떤 깨달음을 주었다. 얼마

---

37) 딜타이의 책에서 완전하고 진중하게 작성된 부분을 보려면 다음을 추천한다. Dilthey, *Einleitung*, I:418 – 46, "Die mittelalterliche Metaphysik der Geschichte und Gesellschaft."

나 자연이 기계적으로 작동할 수 있든 간에, 자연은 영에 종속되고, 전체 세계는 영원한 하나님의 계획을 위한 장치이자 도구라는 인식이다.

이 사실에 어떤 것이 더해져야 한다. 중세인들은 세계 비행에 깊은 갈망을 품었고, 또 세계를 지배하려는 강한 욕구를 보였다. 양자는 성경에서 이끌어졌던 것이 아니라 플라톤의 철학에서 이끌어진 물질과 정신 사이의 이원론에서 나왔다. [97] 기독교에 있던 이원론이 로마 가톨릭의 소유가 되어감에 따라, 이원론은 자연적인 것과 초자연적인 것의 구분으로 바뀌었다. 우리가 로마 가톨릭이 자연과 물질을 죄악된 것으로 인식한다고 가정할 때, 혹은 악한 것의 원리라고 생각할 때, 이 사실을 합리화하지 않는다. 그러나 로마 가톨릭은 자연을 다소 열등하고 더 낮은 질서에 있는 것으로 생각해 자연이 초자연적 은혜로 반드시 억제되어야 한다고 생각한다. 마찬가지로 중세 기독교는 이 구분을 대립과 긴장으로 이끌었다. 중세 기독교는 강력한 반응을 대비했고 교육 체계를 통해 이 구분을 촉진했다. 중세의 끝에 다다르자 모든 곳에서 삶의 모든 영역을 자유롭게 하기 위한 한 욕망이 일어난다. 교황으로부터, 황제로부터, 교회로부터, 위계질서로부터, 사제로부터, 전통으로부터, 스콜라주의로부터, 야만적인 라틴어로부터, 아리스토텔레스의 철학으로부터, "고딕" 예술로부터, 부자연스러운 것으로부터의 자유다. 마치 인류가 성년에 이르기라도 하듯이 교회에 의해 이끌어지기를 거부한다. 개신교의 정신이 태동한다. 그래서 이 해방 운동에서 종교개혁은 핵심적인 위치를 차지한다. 왜냐하면 종교개혁은 무오한 교회에 관한 신뢰를 잃어버린 개인에게 종교적 확신을 보장하기 때문이다. 특히 오직 믿음으로 죄인이 칭의를 얻는다는 설교를 통해서 말이다. 모든 인간은 열정적으로 일하기 위해, 하나님의 소명으로의 지상적 소명을 이해하기 위해, 하나님을 섬기기 위한 모든 일상생활에 헌신하기 위해 이 확신을 필요로 한다.

헤르만 바빙크의 현대 사상 해석

자연 과학은 이런 방식과 이런 정신을 떠맡았다. 자연 과학은 처음부터 [프랜시스] 베이컨([Francis] Bacon)의 표현에서 설계되었다. "피상적인 과학은 하나님으로부터 벗어나게 한다. 철저하고 건전한 과학은 하나님에게로 이끈다." 왜냐하면 더 최근의 자연 과학의 각성이 종교개혁과 동시대의 발전과 일치한다는 사실이 잊혀서는 안 되기 때문이다. 또한 얼마나 뚜렷이 이 모든 운동이 구별되는지와는 상관없이, 서로 상당한 유사성을 보여준다는 사실도 잊혀서는 안 된다. 우리는 이 사실을 중세 스콜라주의에 반대한다는 점에서 부정적으로 본다. 그러나 이뿐만 아니라, 우리는 이 사실을 모든 곳에서 자연을 되찾는다는 점에서, 또한 특정하고 새로운 종교적 관점의 결과로 자연을 자연이 있어야 할 정당한 자리로 회복한다는 점에서 긍정적으로도 본다. 종교개혁자는 이 사실 때문에 유명해졌다. 종교개혁자는 로마 가톨릭의 열등한 자연과 윤리적인 초자연적 은혜의 양적 대조를 죄와 은혜의 질적 대조로 대체했다.

우리는 오늘날 자연 과학의 창시자에게서 비슷한 개혁을 발견한다. 루터처럼 신비주의에 의해 영향을 받은 자연 과학자의 창시자는 [98] 자신의 삶과 마음에서 다시 하나님을 찾았다. 이들은 또한 자연 전체에서 다시 하나님을 발견했다. 이런 자연은 여전히 동일했지만, 인간의 인격이 바뀌었다. 이들은 새로운 조명에서 자연을 다르게 보았다. 이 조명이 하나님의 계시를 통해 스스로의 영혼에서 떠올라왔다. 그래서 그런 사람이 이 관점으로부터 자연을 봤을 때 자연의 아름다움과 영광에 놀라서 멍하니 서 있었다. 감탄은 과학을 다시 시작하게 했다. 하나님의 조명에서 보인 자연은 유혹하는 사탄적 힘이 아니라, 하나님의 영광의 계시이며, 조화와 일치로 이루어진 놀라운 창조였다. 하나님의 단일성이 세계의 단일성을 일으켰다. 그래서 주체와 객체, 소우주와 대우주, 모든 것이 [서로 짝을 이루는 요소인] 양자 모두를 창조했던 하나님의 친근함을 느꼈다. 루터는 『탁상 담화』(Table Talk)에서 하나님의 은혜로 우리는 다시 하나님의 영광스러운 사역을 인정하고, 난소에서 열매의 형성과 들의 꽃에 놀람을 말했다. 칼뱅은 하나님의 영광을 드러내지 않는 세계의 어떤 작은 부분 혹은 요소도 없음을 증언했다. 그래서 벨기에 신앙고백에서 우리는 자연이 모든 크고 작은 피조물이 사번드의 레이먼드(Raymond of Sabunde)에게서 이미 나타난 인상처럼 너무나도 많은 글자로 이루어진 아름다운 책과 같다고 읽는다.

그래서 더 최근의 자연 과학을 소개한 모든 사람은 이렇게 말했다. 신앙과 과학이 대립하지 않고, 심지어 서로 분리되어 있지 않다고 말이다. 그러나 신앙은 자연을 과학적으로 조사하도록 자극한다. 콜럼버스(Columbus)는 모든 반대에도 불구하고, 서쪽으로 가서 신앙에서 강함과 용기를 이끌어낸 신앙의 영웅이었다. 심지어 콜럼버스는 극동 지역에 있는 실낙원을 찾으라는 하나님의 부르심을 받았다고 생각했다. 그래서 콜럼버스가 오리노코 강을 발견했을 때, 낙원(에덴)의 강줄기 중 하나를 마주했다고 생각했다. "천문학의 루터"인 코페르니쿠스(Copernicus)도 태양중심설의 체계에 이끌릴 때 이런 부르심을 느꼈다. 왜냐하면 태양중심설의 체계가 더 간단하고 창조주의 지혜와 더 부합했기 때문이다. "의학의 루터"인 파라켈수스(Paracelsus)는 자연 연구를 추천했다. 왜냐하면 성경과 나란히 자연은 각 나라가 한 페이지로 이루어진 하나님의 책이기 때문이다. 이런 인물들은 관찰을 강력하게 권장했고, 심지어 때로 실험을 권장했다. 왜냐하면 이런 인물들은 하나님의 사역에서 하나님을 알고자 했기 때문이다. 이런 욕망은 하이헌스(Huygens), 뉴턴(Newton), 보일(Boyle), 하비(Harvey), 수밤메르담(Swammerdam)에 의해, 또한 자기의 과학적 작업과 명확한 증언으로 천문학자와 자연주의자 대다수에 의해 표현되었다.

확실히 이 모든 사실은 특정한 영역에서 억압되었고 무시되었다. 세계에 대한 그릇된 관점의 영향 아래에 많은 사람이 자연 과학이 우리를 성경, 기독교, 종교, 도덕, 정의, 심지어는 하나님에게서 [정당하게] 훔쳐왔다고 믿기 시작해왔다. [99] 그래서 그들은 유명한 거의 모든 사람을 유물론자와 무신론자로 간주하도록 압력을 행사하고, 그들 자신의 순위를 매겨서 분류한다. 예를 들어 슈페흐트(Specht)는 이렇게 이해한다. 유물론자는 영이 물질을 만들어낼 수 없고, 따라서 물질에 대한 지식만이 물질의 효과와 법칙을 이해하도록 한다고 말이다. 이 사실은 대부분의 그리고 가장 위대한 자연주의자가 유물론을 선택한 사실을 설명한다.[38] 그러나 역사는 다른 사실을 보여준다. 만일 우리가 한 인간에게 존재했던 것이 무엇인지 알았다면, 심지어 더 강력히 말할 수 있었을 것이다. 그러나 과학의 역사를 다루는 책에서 연구자의 종교적 확신은 드물게, 심지어 아예 언급되지도 않는다. 더욱이 철학의 역사에 대한 책은 마치 철학자의 생각에 가장 사소한 관계가 있는 것도 없었던 것처럼, 그리고 모든 인간이 살과 피를 가진 인간이 아니라 사상가였을 뿐이었던 것처럼, 일반적인 철학자를 기록하는 데 실패한다. 하나님과 종교에 대한 그들의 가장 내면적인 생각이 무엇이었는지 찾는 것은 가끔 어렵다. 왜냐하면 이들이 그런 생각을 말하지 않았거나, 아마도 친구들 사이에서만 말했거나, 그래서 이 주제에 대해 후대까지 보존된 그들의 사상 중 아무 것도 남았지 않거나 해서일 것이다. 그러나 우리는 [루이] 파스퇴르가 의학회에서 언젠가 말했듯이 우리 각자 안에 두 인격이 있다고 확신할 수 있다.

우리 각자는 두 인격으로 구성된다. 정신을 사용해 관찰과 실험과 추

---

38) Specht, *Theologie und Wissenschaft*, 355.

론을 통해 자연에 대한 지식을 얻고자 하는 지적인 사람이 있다. 또한 감정적인 사람이 있다. 전통을 가지고, 믿음 혹은 의심을 가지고 있는 감정을 가진 사람이 있다. 자기 자녀가 더 이상 없고, 슬프게도 자녀를 다시는 못 볼 것임을 증명할 수 없기 때문에 슬퍼하는 사람이 있다. 그러나 자기가 원하는 것을 믿고 소망하는 사람도 있다. 미생물처럼 죽지 않기를 원하고, 자기 내면에 있는 힘이 변화를 일으킬 것이라고 말하는 사람이 있다.[39]

그러나 심지어 우리가 새로운 역사가 시작될 때부터 그 부흥에 이르기까지 자연 과학에 대해 모든 사람이 믿었던 것을 포함해서, 모든 시대에 걸쳐 모든 사람 중에서 우리 인류의 가장 위대한 믿음을 가진 사람에 대해 특별히 알려진 것만 참고 하더라도, 유신론적 자연 과학의 지지자는 자신에 가득 차 이렇게 말할 것이다. 우리를 지지하는 사람이 우리를 반대하는 사람보다 위대하다. 흐룬 판 프린스터러(Groen van Prinsterer)는 자기 시대의 인간으로 프랑스 혁명의 합헌성을 반박할 때, 이전 모든 시대를 증인으로 요청했을 때 완전한 정당화를 얻었다. 비슷한 의미에서 중세 말에서 대략 18세기 중반에 이르기까지 자연 과학을 연구했던 사람들 중 대다수가 훌륭한 기독교 신앙고백의 지지자였다. [100] "나는 전능하신 아버지 하나님, 천지의 창조주를 믿습니다."[40]

---

39) In J. V. de *Groot, Denkers van onzen tijd*, 171.

40) 간단히 말해 나는 이 주장이 참됨을 보여주는 몇 권의 책을 언급하고자 한다. Rudolf Eucken, *Beiträge zur Einführung in die Geschichte der Philosophie*, 2nd ed. (Leipzig: Dürr, 1906), 1–54 (쿠자누스 [Cusanus], 파라켈수스[Paracelsus], 케플러[Kepler]에 대해서); Otto Zöckler, *Gottes Zeugen im Reich der Natur*, part 2 (Gütersloh: Bertelsmann, 1881); Karl Alois Kneller, *Das Christentum und die Vertreter der neueren Naturwissenschaft* (Freiburg: Herder, 1903); E[berhard] Dennert, *Die Religion der Naturforscher*, 6th ed. (Berlin: Berliner Stadtmission, 1901); idem, German 7th ed., trans. G. Steenkamer, titled *Zijn de natuuronderzoekers ongeloovigen?* (Baarn: Hollandia, 1910); Karl Joël, *Der Ursprung der Naturphilosophie*

헤르만 바빙크의 현대 사상 해석

그러나 18세기에 점진적인 변화가 일어났다. 변화의 방식은 이신론에 의해 준비되었다. 그래서 변화는 정확히 유물론의 성경이라 불려왔던 [폴 앙리 티리] 돌바흐 남작(Baron [Paul-Henri Thiry] d'Holbach)이 1770년에 출판한 『자연의 체계』(*Système de la nature*)에서 처음으로 명확하고 명백하게 드러났다. 이 책이 나타났던 시대로 판단할 때, 보급된 자연주의는 정확한 과학의 결실이라기보다는 이미 고대의 일부 헬라 철학자까지 거슬러 올라가는 철학적 세계관의 산물이었다. 그럼에도 불구하고 이 책은 사색적인 철학의 붕괴를 따라 19세기에 더욱 널리 받아들여졌다. 더 나아가 이 책은 드 라마르크(de Lamarck)와 조프루아 생틸레르(Geoffrey Saint Hilaire)가 처음으로 지지한 종의 다양성에 대한 강의로 입증되고 혹은 적어도 입증되고자 했다. 그 내용은 19세기의 물리학과 화학의 그런 현저한 성공에 적용되는 다윈(Darwin)의 계통 이론과 기계적인 설명이었다. 학자들 사이에서는 기계적 설명에 사실상 이견이 없다. 기독교 신앙고백의 어떤 조항에 기초한 것에 반한다는 이유로 어떤 반대도 제기되지 않았다. 물리학과 화학에 반대하는 논쟁은 없다. 역학(공학)과 천문학과 광물학과 같은 과학에도 그런 논쟁이 없는 것은 마찬가지다. 지질학과 고생물학도 그렇다. 한 구분이 과학에 기초한 사실과 이론 사이에 있는 한 말이다. 그러나 이 사실은 생물의 기원과 특히 인류의 기원인 삶의 교리에 접근하자마자 변한다. 우리는 이 근거를 멀리서 찾을 필요가 없다. 자연에 대한 기계적 설명은 과학이 아니다. 그러나 이 설명은 순수히 기계적이고 단순히 양적 의미에서 물리학과 화학과 공학(역학)을 설명하기 위해, 이 과학의 세계 안에서 모든 유기적 삶의 현상을 이끌어내기를 의도한 과학의

aus dem Geiste der Mystik (Basel: Reinhardt Univ.-Dr., 1903); Élie de Cyon, *Gott und Wissenschaft*, vol. I, Psychologie der Naturforscher (Leipzig: Veit, 1912).

연구자 사이에 있는 특정한 관점일 뿐이다.

에른스트 헤켈([Ernst] Haeckel)은 이 사실을 가장 뚜렷하게 가르친다. 헤켈이 설파한 일원론에 대한 개념은 [101] 원인적 구조로서 유일한 "세계 질서 (Weltgesetzlichkeit)"가 있다는 것이다. 헤켈은 모든 다른 이론을 단순히 이원적이고, 초월적이고, 초자연적인 것으로 부른다. 뒤 부아 레이몽이 생명과 의식은 신진대사로부터 설명할 수 없다고 생각할 때, 뒤 부아 레이몽은 헤켈에 따라 형이상학적 이원론의 체계를 제안한다.[41] 만일 [빌헬름] 분트([Wilhelm] Wundt)가 심리학이 특별한 학문임을 여전히 유지하려면, 일원론적이고 유신론적 관점을 이원론과 관념론적 관점으로 바꾸었을 것이다.[42] 카를 에른스트 폰 베어(Karl Ernst von Baer)가 유기물에 대해 "합목적성[Zielstrebigkeit]"을 말했을 때, 폰 베어가 원래 일원론적 관점이었던 것을 이원론적 관점으로 바꾼 것을 수명의 증가와 신비주의의 영향 때문이라고 [헤켈은 주장할 것이다.][43] 그러나 이 측면에서 헤켈은 확실히 [그렇게 말하는] 유일한 사람은 아니었다. 비록 헤켈이 다른 학자보다 더 멀리 갔지만 말이다.

많은 학자가 원리상 헤켈에 동의한다. 비록 그들이 헤켈이 자기 길에 있는 특정한 지점에서 갑작스럽게 멈추고, 더 나아가기를 거부함에도 그렇다. 그래서 예를 들어 뒤 부아 레이몽은 세계 7대 불가사의 뒤에 숨어 과학에 의한 설명 너머에 있는 이런 신비를 생각한다. 그러나 사실상 뒤 부아 레이몽은 헤켈이 그런 것과 마찬가지로 과학에 대해 생각하기 때문에 이런 신비로운 방식을 추론한다. 이론적인 자연 과학의 이상인 자연에 대한 모든 연구의 목적은

---

41)   Haeckel, *Riddle of the Universe*, 180-82.

42)   Ibid., 100-101.

43)   Ibid., 266-70.

헤르만 바빙크의 현대 사상 해석

뒤 부아 레이몽에게 "원자의 구조에 있는 모든 자연 현상의 붕괴"다. 그래서 한 특정한 시점에 세계 전체를 조사하기 위한 충분한 이해를 가진 사람은 틀림없이 세계의 과거와 미래 전체를 세계로부터 읽을 수 있을 것이다.[44] 심지어 여기에 세계의 근원적인 요소가 원자, 분자, 원동력, 단자, 힘 등 어떤 것으로 불릴 수 있든 간에, 이런 근본적인 요소는 사소한 문제일 뿐이다. 위에서 언급된 문제가 무엇이며 결정적 요소가 무엇인지는 과학적 설명이 원자의 구조에 대한 모든 자연 현상을 축소한 구조와 일치하는지 아닌지에 대한 질문이다. 심지어 삶과 의식과 의지와 같은 것들조차 말이다.[45]

내가 확신하기에, 세계에 대한 그런 기계적 설명은 일반적인 기독교와 종교뿐만 아니라, 우리의 모든 문화와 모든 이상에도 위험하다. 따라서 우리는 최근에 어떤 반작용이 과학에 반대해 과학적 분야에서 일어나고 있다는 사실에 감사해야 한다. 그 반작용은 심리학과 역사가 독립성을 다시 얻으려 했다는 사실이다. 또한 그 반작용은 유물론에 반대하거나 그 옆에 있는 관념론이 다시 자기 권리를 주장한다는 사실이다. 그러나 이런 반작용은 종종 [102] 원리에 기초한 특징이라기보다 오히려 보수적인 성격을 드러낸다. 그래서 과학의 흐름을 막을 수 없다. 과학은 알려진 것과 모르는 것 사이의, 학문과 환상의 영역 사이의, 인간의 머리와 가슴 사이의, 지성과 직관(직감) 사이의 구분과 분리를 만드는 이원론에 대한 믿음을 고정한다. 그래서 과학은 원리상 세계에 있는 두 가지 최고의 힘 사이를 고정한다. 따라서 그동안 유물론과 기계적 세계관은 점차 인류의 모든 부분을 침범한다. 그리고 그곳에서 유

---

44) [Emil Heinrich] Du Bois-Reymond, *Über die Grenzen des Naturerkennens: Die Sieben Welträthsel; Zwei Vorträge*, 5th ed. (Leipzig: Veit, 1882), 10ff. Cf. the criticism of Wigand, *Darwinismus*, II:433ff.

45) Cf. also Otto, *Naturalistische und religiöse Weltansicht*, 17 – 18.

물론과 기계적 세계관은 종교와 도덕과 정의에 대한 모든 개념을 약화시킨다. 따라서 특정한 의미에서 기독교와 문화를 구분하는 것은 가능하다. 그러나 과학이 기독교로부터 문화를 분리하고 후퇴시키는 정도와 유신론적 신앙 고백으로부터 자연 과학을 후퇴시키는 정도에 따라, 과학은 그 단어의 참된 의미에서 문화 혹은 참된 학문이 되도록 하는 것을 없앤다. 그래서 과학은 유익한 영향을 잃어버린다. [우리엘] 다 코스타([Uriel] da Costa)가 인쇄기는 천국과 지옥을 향한 큰 걸음이었다고 말한 것은 모든 문화에 들어맞는 말이다. 다이너마이트는 놀라운 발명이며 매우 유용하다. 그러나 무정부주의자의 손에서 다이너마이트는 방화와 파괴와 살인의 수단이 된다.

기독교와 문화의 관계에 대한 관점은 특히 네덜란드령 동인도제도에 중요하다. 여기 유럽에서 우리는 특정한 사회에서 살고 있다. 이 사회는 여전히 기독교 정신이 크게 스며들어 있으며, 종교와 도덕과 정의와 같은 것이 기독교 원리에 기초한다. 그러나 종교, 교회, 자선 제도, 일요일, 축제일, 결혼, 맹세, 도덕 원리와 사법 원리, 예술과 문화 등에 관계하는 기독교가 우리 가운데서 갑자기 사라진다고 가정해보라. 우리의 빈곤함은 헤아릴 수 없을 것이며, 우리의 손실은 감당할 수 없을 것이다! 이제 헤켈의 유물론적 일원론과 같은 더 새로운 세계관과 개인적인 관점이 대중의 신앙이 되었다고 가정해보라. 그 관점 위에 교회, 예배, 종교, 도덕, 사법 체계, 사회, 시민 정부를 세우는 것이 가능할 것인가? 이런 일을 의심스럽게 하는 몇 가지 확실한 근거가 있다. 다행히 오늘날 언론의 자유에 어떤 공식적인 제한도 더 이상 존재하지 않는다. 그러나 이 말은 이 언론의 자유로 학문의 모든 연구자와 문화의 모든 주창자가 가지는 도덕적 책임이 더욱더 무거워졌으며, 그들 모두가 반드시 더욱 칸트의 원리에 따라 행동해야 함을 의미한다. 당신의 의지의 기본적인 교의가 동시에 일반법으로서 적용될 수 있는 방식으로 행동하라.

이미 말했듯이, 이 말은 우리의 식민지에 두 배로 중요하다. 왜냐하면 모든 종교와 도덕을 약화하는 세계관에 대해 균형과 저항을 줄 수 있는 [103] 기독교 사회가 없기 때문이다. 많은 사람이 네덜란드령 동인도제도에 전달하고자 하는 중립적인 문화에 정직한 의도를 가지고 있음은 확실하다. 그러나 이 문화가 스스로 그리고 비자발적으로 시민적이고 사회적 삶에 더해서 많은 측면에서 현지인의 종교적이고 도덕적인 신념에 영향을 미치고 있다는 사실은 마찬가지로 확실하다. 오늘날 이 사실이 정령을 숭배하는 교인에 대해 매우 보편적으로 인정된다. 그리고 많은 사람이 기독교 선교의 권리와 유익을 인정한다. 그러나 이 선교는 무슬림이 거주하는 지역과 나라에서 불필요하고 위험하게 생각된다. 사실 구분은 선교 사역의 두 목적 사이에서 반드시 이루어져야 한다. 여기서 경험된 선교와 무력함에 대한 호소와 결과의 부족은 이슬람을 기독교화하려는 노력으로 특징지어졌다. [선교사들은] 이미 바른 방법과 정당한 방식을 발견했다고 마지막으로 말할 것이다. 그러나 이 말은 선교 사역이 반드시 중지되어야 하며, 중립성이 기독교가 이슬람에 대해 가정해야하는 적절한 태도라는 사실을 의미하지 않는다.

중립성의 지지자는 심지어 학교에 대해서도 이런 관점에 충실하지 않다. 교육에서 중립성의 지지자가 교육에서 중립성을 요구하자마자 교육을 심지어 비종교적일 필요도 없는 카르티니가 책에서 증명한 "인문주의 교육"이라는 용어로 말할 것이다. 그러나 이 인문주의는 확실히 특정한 세계관을 포함한다. 혹은 적어도 기독교로부터 온 것과 다르고 이슬람 신앙에 정반대되는 삶의 철학을 포함한다. 확실히 최소한 중세 말기에 르네상스로부터 나타난 인문주의는 기독교가 높이 평가했던 다른 요소를 포함하기도 한다. 왜냐하면 기독교는 완벽히 모든 선한 행위로 무장된 하나님의 백성을 형성하기를 원하기 때문이다. 그러나 만일 대중이 인문주의에 대한 선전을 하기 위해 중립성을 사용한다면 우리는 무엇을 말할 수 있을 것인가? 즉, 불가지론, 회의주의, 무신론, 유물론, 사회주의, 혹은 일반적으로 편견 없는 학문과 현대 계몽의 이름으로 신과 종교를 꾸짖는 기계적 세계관의 수용을 위해 같은 중립성을 사용하는 자들에게 무엇을 말할 수 있을 것인가? 이런 위험은 더 이상 상상이 아니다.

마지막으로 기독교 세계에서 문화는 이례적인 수준을 이루어 왔다. 그러나 우리가 인류 전체를 생각할 때, 상대적으로 이 수준은 일부만이 누리고 있음을 [우리는 안다.] 개인적인 관찰에서 이 수준을 [104] 알지 못하는 누구든지, 즉 가난과 빈곤으로 고통받는 사람은 말할 필요도 없고, 대중의 삶이 얼마나 단순하고 냉정한지 상상하기 어려움을 알게 된다. 그리고 이 사실은 물론 지식과 문화와 번영을 더 큰 집단에 전달하려는 모든 노력에도 불구하고 절대 변하지 않을 것이다. 지구가 지구에 사는 수많은 모든 거주자로 하여금 허영에 살아가게 할 만큼 충분히 부유하지 않다는 사실은 명백하다. 이마에 땀을 흘림으로 인간은 자신과 가족을 부양하기 위해 적당히 할당된 빵을 벌어야 한다. 그 자체는 불행한 경우가 아니다. 왜냐하면 정신의 평화는 풍요와 허영에서 발견되는 것이 아니며, 자족함으로 이루어진 경건이야말로 선한 유익이기 때문이다. 그러나 만일 유럽 문화가 네덜란드령 동인도제도에 자기 방식을 도입한다면, 이 방식은 장점뿐만 아니라 술과 아편의 수입은 말할 필요도 없고, 자본주의, 노동자 계층, 계급의 분리, 큰 도시, 사치, 가난, 광산, 공장에서의 냉혹한 노동과 같은 단점도 가져갈 것이다.

그러나 루소(Rousseau)가 그랬듯, 문명화되지 않은 인간의 환경을 이상화하지 않고서, 문제는 이 인간이 단지 우리 문화 때문에 더 행복하게 발전해가고 더 만족해 가는지 아닌지와 관련있다. 그럼에도 불구하고 문화적 진보는 하나님의 섭리 아래에 진행되며, 이 관계는 역전될 수 없다. 그러나 이 경우에

혜르만 바빙크의 현대 사상 해석

조금이라도 가능하다면 우리 문명의 단계로 높이기 원하는 모든 인간에게, 삶의 극심한 투쟁에서 신앙이 주는 위로를 전달하는 것이 우리의 소명이자 의무가 아닌가? 따라서 이 인간에게 전능함과 항상 존재하는 능력으로 하늘과 땅과 모든 피조물을 자기 손으로 유지하는 우리 주 예수 그리스도의 아버지인 하나님에 대해 말하라. 누가 만물을 다스리는가? 잎과 싹, 비와 가뭄, 풍년과 흉년, 음식과 음료, 건강과 질병, 번영과 빈곤, 만물이 사실상 우연히 오지 않는다. 그러나 아버지 같은 손으로부터 온 만물을 다스리는 자는 누구인가? 본질적으로 교회의 선교는 이런 말을 하려는 목적만 가지고 있다. 그래서 선교는 문화에 반대해서 있는 것이 아니라, 그 이름에 합당한 모든 문화와 연결된다. 프리드리히 뤼케르트(Friedrich Rückert)의 말에 따르면 자연 과학에도 이 원리는 마찬가지다.

> 자연은 하나님의 책이다.
> 그러나 인간은 경험한다.
> 하나님의 계시 없이
> 읽으려는 시도가 실패할 것임을.[46]

---

46) 편집자 주: 프리드리히 뤼케르트(Friedrich Rückert, 1788-1866)는 중국어와 페르시아어와 다른 동방 언어로 시적 작품을 번역한 독일 시인이자 동방 언어 교수였다.

6. 진화론

Essays on Religion
Science and
Society

6. 진화론

　"진화"라는 단어와 관련된 개념은 너무나 불안정하고 변하기 쉬울 수 있어서 먼저 이 단어가 의미하는 바를 명확히 정의해야 한다.

　이 단어는 이미 고전 라틴어에서 나타난다. 그런데 당시에 이 단어는 오늘날의 뜻과 다른 함의가 있다. 가장 먼저 동사 evolvere는 그 자체에서 유추되듯이 안에 있고 숨겨진 어떤 사물을 열린 공간에 굴려서 넣는 것을 의미한다. 따라서 이 단어는 구체적으로 땅에 떨어지는 내장에 사용된다. 또한 이 단어는 펼치는 것, 퍼뜨리는 것, 여는 것이라는 의미도 있다. 그래서 이 단어는 의복을 펼치는 것과 두루마리를 여는 것에 사용된다. 더 나아가 이 단어는 연설 혹은 논문에서 반드시 질서 있고 점진적으로 전개되어야 하는 주제를 다룬다는 의미가 있다. 그래서 evolutio는 키케로(Cicero)에게 책을 찾아보고 읽는다는 의미로 나타나고, 또한 어떤 주제를 규칙적으로 다루는 것

＊ 편집자 주: 본 논문은 원래 다음 출처에서 출판되었다. *Evolutie*, in the series Pro en contra betreffende vraagstukken van algemeen belang [Concerning Questions of General Concern], series 3, vol. 3 (Baarn: Hollandia, 1907). 자매편은 P. G. 부에케르스(P. G. Buekers)가 썼다.

헤르만 바빙크의 현대 사상 해석

으로도 언급되었다. 따라서 evolvere와 evolutio라는 단어는 원래 방법론적 의미에서 사용되었다. 이 단어들은 오랫동안 이 의미를 유지했다. 그러나 18세기까지는 아니었다. 특히 라이프니츠(Leibniz)가 라틴어 evolutio를 프랑스어로 발전(développement)으로 썼다. 또한 독일어와 네덜란드어 발전(ontwikkeling)은 자연에서 사물의 변화하는 것인 실제로 변화하는 것에 적용되었다.

단어보다 훨씬 더 오래된 것은 오늘날 이런 명칭으로 표현된 사상이다. 고대에서 [루돌프] 오이켄([Rudolf] Eucken)에[1] 따르면 **존재**의 개념은 중요했다. 그래서 엘레아 학파는 이 개념을 다양성과 운동이 외관상 없어지는 정도로 단어의 한계를 확장했다. 그러나 이전에 헤라클리투스(Heraclitus)는 모든 **존재**를 거부했고 [106] 특정한 사물뿐만 아니라 세계 전체를 영원한 변화에 종속시켰을 때 비슷한 과장을 범하는 잘못을 저질렀다. 이 철학자는 **존재**하는 것은 없고 **변화**하는 것만 있다고 주장했다. 발생하는 것과 움직이는 것, 변화하는 것만 신이다. 이런 유행을 계승한 철학은 꾸준히 흔적을 남겼다. 존재와 변화, 단일성과 다양성, 정지와 운동, 절대적인 것과 상대적인 것과 같은 양 극단을 피하려는 시도와 가능한 한 양 극단을 결합하려는 노력으로 말이다. 이 철학은 엠페도클레스(Empedocles)와 아낙사고라스(Anaxagoras)와 원자론자를 점령했을 뿐만 아니라 플라톤(Plato)과 아리스토텔레스(Aristotle)도 점령했다. 그리고 마지막에 언급된 철학자가 "발전의 체계"를 최초로 고안한 사람이었다고 정당하게 말할 수 있다.

---

1)   편집자 주: 이 언급은 바빙크의 것이 아니라 아마도 다음 책일 것이다. Rudolf Eucken, *The Problem of Human Life as Viewed by the Great Thinkers from Plato to the Present Time*, trans. Williston S. Hough and William Ralph Boyce Gibson (New York: Charles Scribner's Sons, 1910), esp. 18ff.

아리스토텔레스는 현상에서 발전하고 있는 존재로서 **존재하는 것**(that which is)을 인식했다. 참된 존재는 위에 있거나 그 너머에서 고립된 채로 구성되지 않고 사물 **안에** 존재한다. 그러나 참된 존재는 즉시 그리고 처음부터 완전히 거기에 존재하지 않고, 점진적인 과정의 방식으로 존재하게 된다. 모든 변화하는 것(발생하고 운동하는 것)은 잠재태에서 가능태로 전환되는 것으로 구성된다. 따라서 아리스토텔레스는 원자론자가 그러듯이 기계적 압력이나 충격으로부터 발생하는 사건을 설명하지 않고, 유기물로부터 발전의 개념을 가져온다. 아리스토텔레스에게 변화하는 것은 현실화하는 것이다. 잠재적으로 그리고 배아적으로 존재하는 사물의 실현이 현상에서 존재한다. 아리스토텔레스는 **존재**로부터 **변화**하는 것을 설명한다. 아리스토텔레스에게 발생(genesis)은 실체(ousia)를 위해 존재한다. 이런 생각으로 아리스토텔레스는 원자론자보다 훨씬 앞서있다. 왜냐하면 아리스토텔레스는 변화를 우연적인 환경을 통해 완전히 외부로부터 결정된 것으로서 보는 것이 아니라, 특정한 방향을 가지고 처음부터 방향을 가진 것으로 보기 때문이다. 어떤 사물의 본성, 성격, 존재, 관념은 발전이 일어나는 방향을 나타낸다. 진화가 유기적인 발전으로 생각되기 때문에, 진화는 역시 철저히 목적론적이게 된다. 그래서 아리스토텔레스가 발전의 개념을 특정한 사물뿐만 아니라, 세계 전체성에서 세계에도 적용했기 때문에, 피조물의 세계에서 질서와 계획을 그리고 운동과 상승하는 유동성을 발견한다. 더 높은 사물은 더 낮은 사물을 전제하고 그 위에 세워진다. 그러나 더 높은 사물은 절대로 더 낮은 사물의 단순한 산물이 아니다. 더 높은 사물은 차례로 더 낮은 사물보다 훨씬 높은 곳으로 상승하는 독립된 어떤 사물이다. 진화는 유기적이며 목적론적이다. 그래서 진화는 진보적인 성격을 가진다.

기독교는 이런 발전의 개념을 대체하거나 반대하지 않았다. 오히려 기독교는 이 개념을 탈취하고 풍부하게 했다. 발전의 개념은 특히 두 측면에서 기독교 세계관에서 유익을 얻어왔다. 가장 먼저 창조의 교리가 있다. 아리스토텔레스는 자신의 체계에서 물질을 어떻게 다루어야 하는지 몰랐다. 플라톤과 대부분 [107] 헬라 철학자처럼 아리스토텔레스는 이원론자로 남았다. 영혼과 물질, 신적인 것과 물리적인 것이 영원에서부터 서로 대립되는 것으로 남았다. 물질이 어떻게 관념의 일부가 될 수 있는지 결정할 수 없다는 사실로부터, 물질은 근본적으로 비합리적인 부산물로서 무질서한 물질로 끝까지 남았다. 그러나 기독교는 물질도 말씀으로부터 또한 말씀을 통해 기원했다는 사실을 가르쳤다. 따라서 물질은 신적인 사고의 일부였다. 이런 설명은 어떻게 세계가 물질이라는 개념을 공유할 수 있는지 명확하게 했다. 세계는 단지 물질이라는 개념과 교제하는 것이 아니었다. 다만 세계는 물질이라는 개념에서 나아갔다. 세계는 사고의 성육신이었다. 이성(Vernunft)은 모든 사물의 기초였다. 자연은 어둡고 악한 물질이 아니었다. 다만 자연은 성육신한 말씀이었다. 성육신한 말씀은 내용에서 무한히 깊음에도 가장 바닥에 있는 부분까지 명확하다. 그럼에도 이런 관점으로 기독교는 모든 실체를 합리적인 것이라고 말하는 잘못을 저질렀던 헤겔(Hegel)의 오류에 빠지지 않았다. 기독교는 이 세계에 나타난 모든 불화를 허용했다. 그러나 기독교는 이 불화를 일시적이고 임시적인 변형으로 인식했다. 그리스도인은 물질로부터 또한 사물의 본질로부터 이 불화를 설명하지 않았다. 그러나 변형으로부터 그리고 사물을 기억하지 못하는 **실어증**에 걸린 것으로 설명했으며, 이는 물리적인 설명이 아니라 윤리적인 설명이었다. 기독교는 이원론적 구분을 가져오지 않았다. 그러나 기독교는 물리적이고 윤리적인 과정 사이에서 없앨 수 없는 구분을 제시했다. 이렇게 해서 기독교는 발전의 이론을 매우 풍성하게 했다.

두 번째로 이 설명은 기독교가 역사에게 주었던 새롭고 중요한 개념을 생각할 때 더 분명해진다. 최근에서야 [울리히] 폰 빌라모비츠 묄렌도르프 ([Ulrich] von Wilamowitz-Moellendorff)는 다음과 같이 이 설명을 표현했다. "헬라인은 역사에 대한 진정한 이론을 발전한 적이 없었다." 헬라인의 지평은 너무 제한되어 있었다. 헬라인은 사람을 알았지만 인류는 알지 못했다. 이 때문에 헬라인은 단일한 역사에 도달할 수 없다. 역사는 민족의 과거의 단조로운 반복이라는 과정에서 민족의 흥망성쇠에 휘말려 있었다. 오늘 일어난 일은 이미 이전에도 무수히 일어났으며 다시 일어날 것이다. 세계는 쉬지 않고 오고 간다. 그러나 무수한 과정에서 어떤 진보도 없고, 영원한 안식에 대한 소망도 없다. 반대로 기독교는 인류의 역사를 나타낸다. 기독교에서 인류의 역사는 특정한 지점에서 진행해서 정해진 목적을 향해 가는 발전이다. 이 발전은 절대적인 이상으로, 참된 존재로, 영원한 생명으로 진행한다. 역사는 영광의 고난을 통해 지나가는 거대한 연극이 된다. 하나님의 희극은 점진적이지만 하나님의 나라가 확실히 실현됨을 보여준다. 그래서 하나님의 희극은 이 슬픈 세상에 하나님의 영광을 엿보게 한다.

또한 이런 발전에 대한 기독교의 개념은 더 최근의 철학에도 진행되었다. [108] 라이프니츠(Leibniz)에게서 그 철학의 가장 순수한 형태를 찾을 수 있다. 그러나 본질적으로는 헤르더(Herder), 괴테(Goethe), 헤겔(Hegel), 셸링(Schelling) 그리고 사실상 유명한 모든 역사가에게서도 만난다. 실제로 많은 학자에게 발전의 개념은 기독교에 기초하는 유신론적 토대에서 분리되었다. 그래서 이 개념에 심각한 결함이 있다. 이런 역사가는 자주 유신론을 자연주의로 바꾼다. 그러나 그 경우 이 자연주의는 특별한 종류가 된다. [에른스트] 헤켈([Ernst] Haeckel)이 언급하기 좋아하는 괴테와 그 지지자에게 자연은 무생물의 기계가 아니라, 신적인 생명으로 가득 찬 것이자, 영원히 발생하는 힘이며, 절대로 고갈되지 않는 창조적인 예술가였다. 따라서 이 세계에서 꾸준히 관찰되는 변화는 내부로부터의 발전으로서 보인다. 전체는 부분 속에서 작동한다. 그래서 발전은 유기적으로 인식된다. 이 때문에 발전은 목적론적 특징을 유지한다. 발전은 절대 "이성(Vernunft)"의 작동이다. 괴테의 유명한 시는 이런 발전에 대한 철학적 개념의 시적 해석이다.

> 신이란 과연 무엇인가, 외부에서 찔러보는 한 신인가?
> 누가 손가락으로 감싼 우주를 돌렸는가?
> 내면에서 세계를 움직이는 일은 자신의 기쁨과 어울리고,
> 자연 안에서 자신은 존재를 하고, 자신 안에서 자연은 보배를 찾고,
> 마침내 자신 안에서 엮어지며 존재하는 생명은,
> 자신의 지성과 정신을 상실하는 일은 없도다.[2]

따라서 이런 학자들이 어떤 도약[saltus]을 인정하거나 자연에서 도약하

---

[2] 편집자 주: 이 시는 다음 책에 나온다. Goethe, "Prooemium," in Johann Wolfgang von Goethe, *Selected Poems*, ed. Christopher Middleton, *Goethe Edition*, vol. I (Boston: Suhrkamp/Insel, 1983), 227. 바빙크는 이 시에서 한 행만 인용한다. "Was wär ein Gott, der nur von aussen stiesse...?" 문맥에서 이 행을 더 잘 이해하려면 그 다음에 있는 다섯 행도 인용해야 한다. 바빙크가 말하는 요점은 이 시의 첫 두 행을 고려할 때 더 명확해진다.

이제 자신을 창조한 자신의 이름으로!
[더 명확하게는 다음과 같다. "자신을 창조한 그의 이름으로(*sich Selbst erschuf!*)"]
영원에서 창조라는 유일한 사역을 행하도다 [*Von Ewigkeit in schaffendem Beruf*].

편집자는 이 인용을 추적하는데 도움을 줬던 칼빈대학교의 바바라 카빌(Barbara Carville) 교수에게 감사를 표한다.

* 역자 주: 원문은 다음과 같다:
"Was wäre ein Gott, der nur von außen stieße,
Im Kreis das All am Finger laufen ließe!
Ihm ziemt´s, die Welt im Innern zu bewegen,
Natur in Sich, Sich in Natur zu hegen,
So daß, was was in Ihm lebt und webt und ist,
Nie Seine Kraft, nie Seinen Geist vermißt."

기를 원하는 것이 아니라, 모든 곳에서 점진적인 전환을 찾으면서 발전 속에서 통일성을 말할 때, 이런 전환은 육체적 계통을 의미하지 않고 피조물의 진보에서 나타나는 논리적이고 관념적인 질서를 의미한다. 형태의 풍부함은 이들이 신격화한 자연의 영원하고 계속 상승하는 창조적인 힘에 대한 증명이다.

19세기에 발전의 이런 개념은 많은 개념을 완전히 다른 한 개념으로 바꾸었다. 이런 현대의 개념은 완전히 새로운 개념이 아니다. 왜냐하면 이 개념은 이미 고대에서 레우키포스(Leucippus)와 데모크리토스(Democritus)와 에피쿠로스(Epicurus)에게서 제안되었기 때문이다. 동물의 몸에 대한 강의에서 [피에르] 가상디([Pierre] Gassendi)와 [르네] 데카르트([René] Descartes)의 더 최근의 철학에서 이 개념은 다시 나타났다. 그래서 일부 프랑스 백과사전파가 이 개념을 받아들였다. 그러나 다양한 이유 때문에 이 개념은 19세기에 새롭고 왕성한 생명을 얻었다. 가장 먼저, 이 개념은 유신론적 뿌리에서 발전의 개념을 분리해왔던 관념철학으로 준비되었다. 둘째로, 이 개념은 19세기의 2분기 이후에 목격된 자연 과학의 물질적 문화와 비상한 비행의 거대한 번영으로 전진되었다. 셋째로, 이 개념은 모든 존재의 신비에 대한 해결책으로 발전을 봤던 포크트(Vogt), 뷔히너(Büchner), 몰레스홋(Moleschott), 촐베(Czolbe)와 같은 많은 학자에 의해 치기어린 열광주의로 사로잡히고 변호되었다. [109] 그럼에도 이 모든 지지자와 함께 발전의 개념은 오랫동안 정신을 사로잡아 지배하기에 너무나 철학적이었던 특징을 보여줬다.

그러나 이제 발전의 개념이 찰스 다윈(Charles Darwin)의 진지하고 정확하고 예리한 연구를 통해 과학적 토대를 얻게 된 것은 특권이었다. 진화에 대한 현대의 개념은 사회주의의 전망이 마르크스(Marx) 이전에 이미 선지자가 있었던 것과 마찬가지로 다윈 이전에도 이미 존재했다. 그러나 마르크스가 그의 지지자의 의견을 따라 유토피아적 사회주의를 과학적 사회주의로 바꾼 것과 같은 방식으로, 다윈은 이런 진화의 개념에 사실에서 발견된 확고한 기초를 주려고 애썼다. 그래서 다윈은 진화론을 그대로 두지 않았다. 다윈은 [카롤루스] 린나이우스([Carolus] Linnaeus)가 종으로 범주화해왔던 유기물 사이에 존재하는 놀라운 유비가 나타내는 놀라울 정도로 많은 사실의 토대 위에서 계통 이론을 세웠다. 그뿐만 아니라 다윈은 "생존을 위한 투쟁"이 "적자생존"을 보장하며 결국 진보로서 발전을 보장한다는 "자연 선택"의 가설로 이 계통을 설명하려고 했다.

그 결과 진화론은 더 최근의 과학에서 이전에 가졌던 의미와 비교할 때, 완전히 다른 의미를 얻었다. 이전에 발전은 일반적으로 유기적이고, 진보적이고, 목적론적 과정을 가진 것으로 이해되었다. 그래서 발전은 피조물 사이에 존재하는 논리적이고 관념적인 질서를 가정하는데 사용되었다. 오늘날 발전에 대한 개념과 체계는 다음과 같은 특징을 가진다.

1. 진화는 특히 계통의 의미에서 이해된다. 인간은 동물로부터, 동물은 식물로부터, 식물은 세포에서부터, 세포는 무생물적 물질에서 기원했다. 더 높은 모든 것은 더 아래에 있는 것으로부터 나왔다. 혼은 물질에서, 영은 육체에서, 사고는 뇌에서, 삶은 죽음에서 나온다. 새로운 시작은 어디에도 없다. 어떤 새로운 힘도 유기물의 무한한 순환에서 결코 나타나지 않는다.
2. 이 진화를 일으키는 힘은 모두 기계적이고 화학적인 성질을 가진다. 따라서 이 힘은 고정되고 변하지 않는 자연 법칙을 따라 작동한다.
3. 사물의 본질과 본성에 대한 여지는 없다. 발전의 과정에 계획과 목표도 없다. 원인적 관점에서 필요한 것이 무엇이든 간에, 목적론의 관점에서는 우연적이다.

진화에 대한 현대 이론의 세 가지 특징에 대해 이견은 없다. 그러나 이 발전이 진보 혹은 퇴보와 동등한 것인지에 대한 질문에는 몇 가지 의견이 있다. 발전 그 자체는 중립적 단어다. [110] 그래서 발전은 진보 혹은 퇴보 모두를 함의할 수 있다. 또한 이런 용어는 개인적 견해에 의한 판단을 함의하기 때문에 판단에 대한 기준을 가정한다. 진화에 대한 현대 이론이 어떤 유도된 사상과 목적도 거부하기 때문에, 발전은 진보나 퇴보를 측정할 기준을 줄 수 없다. 그러나 발전은 진보의 의미에서 거의 항상 그리고 무심결에 이해된다. 계통 이론에 기초해 진화론자는 인류의 지속적인 향상을 예측한다. 그래서 강신술 학파가 무덤과 다른 측면에서 이런 기대를 확장한다. 야생 무리가 잘 정돈된 사회로 발전할 수 있다면, 여기에는 질서 정연하지만 큰 결점을 가진 사회가 사회주의적 유토피아로 진화할 수 있다는 선한 희망이 있다. 그래서 만일 원숭이가 점진적으로 인간으로 진화할 수 있다면, 여기에는 인간이 내세에서 점진적으로 천사로 변화할 수 있다는 선한 가능성이 있다. 그러나 여기서 현대 진화론이 그런 세속적인 혹은 내세적인 진보를 믿는 믿음에 대한 충분한 토대를 주는가에 대한 질문은 논할 필요가 없다. 본 논문의 목적상, 발전에 대한 최근 이론이 기계적이고 목적이 없는 계통 이론의 형태를 보여주고 있다는 사실을 아는 것만으로도 충분하다.

이 이론에 대해 그토록 많고 중대한 반대가 있기 때문에, 진지하게 이 세계의 문제에 대한 해결책으로서 진화를 생각하기는 불가능하다. 이 논쟁을 위해 가능한 짧은 여백만이 몇 가지 평가를 허락한다. 그러나 기계적 일원론이 학문의 세계 내부와 바깥 모두에서 겪는 어떤 반증을 정당화하기에는 완전히 충분할 것이다.

일반적으로 기계적 세계관은 존재의 신비에 대한 너무 순진하고 피상적인 개념에서 즉각적으로 어려움을 겪는다. "세계가 기계다"라는 [주장]은 간

헤르만 바빙크의 현대 사상 해석

단하게 들린다. 그러나 이 간단한 공식이 모든 운동과 삶에 대한 답을 반드시 가져야 하고, 인간과 인류의 측면에 존재하는 모든 생각과 분투, 투쟁과 고난이 결국 기계적 운동으로 환원될 수 있으며, 영혼이 없는 원자의 압력과 운동이라는 결과가 된다는 사실을 믿기에는 너무 많은 것을 요구한다. 세계는 절대 자명한 어떤 것이 될 수 없다. 더 과학적인 연구는 현상으로 더 깊숙이 도달한다. 현상이 더욱 복잡해질수록 신비는 증가한다.

이 사실은 사물의 기원에 대한 질문이 제기되자마자 명백해진다. 자연 과학이 자기 세계에 자신을 제한할 때, [111] 이 질문에 관심을 가질 필요가 없기 때문에 이 사실은 참되다. 존재하는 것의 토대 위에서 사물의 발생과 기원에 대해 판단할 수 없다. 그러나 연구자 역시 형이상학의 요구 너머에 있지 않은 인간의 마음을 가진 사람이기 때문에, 자연 과학은 종종 자기도 모르는 새에 자연 철학으로 전환한다. 사실에 대한 관찰은 이론적 사고로 전환한다. 자연의 일부 영역에서 완전히 정당화되는 기계적 개념은 이제 기계적 세계관으로 확장되고, 물질에 대한 영원성의 교리를 설파한다. 이 방식으로 말하는 사람은 더 이상 자연주의자로서 말하는 것이 아니라, 철학자로서, 신자로서 말한다. 창조에서 사물의 기원을 설명하고자 하는 사람과 마찬가지로 말이다. 그래서 후자에서 오는 구분은 자신을 해결할 수 없는 모순에 스스로를 포함시킨다.

결국 물리학이 우리에게 보여주는 세계는 우주와 시간의 범주로 구성된다. 이런 범주는 절대적이고 영원하고 무수한 용어로 세계를 생각할 수 없게 한다. 이성의 자가당착에서, 철학자 칸트(Kant)는 이 세계가 유일한 참된 실제가 되도록 생각할 때, 막다른 길에 도달한다는 사실을 반박할 수 없게 증명했다. 시간 혹은 우주라는 범주는 사물의 본성이 절대자로 전환되는 것을 허락하지 않는다. 세계에 시작점과 경계가 없다는 사실을 안다는 사상은 무한한 시간과 무한한 공간이 존대한다는 자가당착으로 이끈다. 얼마나 크든 간에 유한한 부분의 총체는 무한으로 이끌지 않는다. 따라서 시간과 공간은 세계의 실존적 범주이며, 우리의 관찰이 행하는 사고의 형태다. 그러나 시간과 공간은 모든 존재의 절대적 토대라는 사실의 일부가 될 수 없다. 무한한 시간과 무한한 공간은 내적 모순을 포함한다.

세계의 운동에 대해서도 마찬가지다. 이제 과학은 에너지의 사용과 열역학 이론을 이전보다 더 잘 이해하지만, 세계를 기계와 동일하게 둘 수 없다. 왜냐하면 세계가 실제로 기계였다면, 어떤 시점에서 세계의 운동이 반드시 시작되어야 했기 때문이다. 무한 동력 기계는 자기모순이다. 만일 기계처럼 보이는 세계가 영원했다면, 세계는 동력을 영원히 사용해 왔어야 했고, 결국 진작 영원히 정지했어야 했다. 따라서 오늘날 이 세계가 시작이 있었고 끝이 있을 것이라는 사실이 보편적으로 받아들여졌다. 만약 이 사실이 참되다면, 이 세계기계가 어떻게 운동하게 되었으며, 무엇을 통해서 운동을 하게 되었는지에 대한 질문에 직면한다. 만약 이 운동이 선행 운동 때문이라면 반드시 무한 후퇴[regressus in infinitum]를 가정해야 한다. [112] 이 가정은 사실상 기계적 세계관을 버리는 것을 뜻한다. 그러나 만일 운동이 그 때에 시작되었다면, 정지가 어떻게 운동으로 변화하는지 그리고 더구나 물질의 운동이 현재 세계를 창조한 그런 방향을 왜 가정했는지 기계적 관점으로 설명할 수 없다. 한마디로 절대적인 것과 상대적인 것, 필연적인 것과 우연적인 것, 하나님과 세상을 식별하는 것은 불가능하다. 이 식별을 바라는 누구든지 단어를 사용하는 것이지 개념을 사용하는 것은 아니다. 세계는 필요 없다. 세계가 모순 없이 존재하지 않는 것으로 생각될 수 있다. 세계는 우연적인 성격을 가진다. 따라서 질문은 항상 질문 자체를 다시 던진다. 세계가 어디서 왔으며, 왜 존재하는가? 이 질문이 우리가 직면한 신비다. 존재 그 자체가 신비다. 그래

헤르만 바빙크의 현대 사상 해석

서 기계적 세계관은 어떤 신학이나 철학이 하는 것과 마찬가지로 반드시 이 신비를 인정하고 존중해야 한다.

이와 반대로 사물의 근원이 실제로 신비라고 말할 수 있다. 그러나 이 진술은 기계적 세계관에서 신비일 뿐이다. 그럼에도 즉시 두 번째 신비가 사물의 본질을 고려할 때, 첫 번째 신비와 합쳐진다. 우리는 세계의 가장 보편적인 사물이 있기라도 하듯 물질과 힘과 자연법에 대해 자주 말한다. 그러나 이런 단어에서 함의된 실제 역시 신비로 가득 차 있다. 원자론은 오랫동안 높게 평가되었다. 극히 작은 물질 입자는 세계의 기본 요소로 생각되었다. 그래서 이런 입자는 힘의 운반자로 생각되었다. 이 사실은 비록 물질의 본질, 혹은 힘의 본질, 혹은 그들 간의 상호 연결이 조금도 밝혀지지 않은 채로 받아들여진 이론이 되었다. 그러나 추가 연구에서, 더 최근의 물리학과 화학은 원자가 세계의 기본 요소가 아님을 발견했다. 이 사실은 원자론 전체를 흔들리게 했다. 1903년 카셀에서 열린 자연주의자 회의에서, 유명한 영국 화학자 [윌리엄] 램지 [경]([Sir William] Ramsay)은 이렇게 표현했다. 오늘날 아무도 태양과 행성처럼 동력을 얻는 세계가 모든 현상을 원자로 환원하여 이해할 수 있다는 사실을 더 이상 믿지 않는다. 현상을 일으키는 법칙을 부분적으로 알고 있다는 사실에도 불구하고, 법칙 그 자체는 그 본질상 신비로 남아있다는 사실을 알기 시작해왔다. ([알렉산더] 클라센[Alexander Classen]에 따르면) "한 상태에서 다른 상태로 전환하는 숨겨진 사건을 일으키는 가장 핵심적인 사건이 무엇인지는 영원히 신비로 남아 있다."

[113] 이 진술이 더 최근의 원자론이 더욱더 동력론으로 대체되어가는 이유다. 여기서 물질 원자는 모든 사물의 기본 요소로서가 아니라 에너지 혹은 힘의 중심으로서 나타난다. 이제 에너지 혹은 힘의 중심은 운반자 없는 힘 혹은 영들 혹은 혼들에 돌려지는 것과 마찬가지로 반드시 독립적으

로 존재해야 하는 것이다. 이 에너지로 가득 찬 세계관은 실증주의 인식론 [Erkenntnistheorie]에서 지지될 것을 추구한다. 만일 과학이 단어의 가장 엄격한 의미에서 주어진 것으로만 진행될 수 있다면, 우리 외부의 어떤 원자도 이 사실이 아니라 오직 내적 감정으로 생각할 수 있다. 의식 속에 있는 개념만 단어의 실제 의미를 입증한다. 비록 이 관념론적 입장이 우리 외부에 존재하는 원자로서 힘을 말하도록 허락하지 않고, 또한 이 입장이 결국 유아론과 회의주의로 이끌지만, 이 입장은 기계론에 반대하는 데 도움을 준다. 이 입장은 원자론의 피상성을 드러낸다. 물질과 힘과 이들 간의 상호 관계는 확실히 유물론이 믿기 원하는 것처럼 단순하지 않다. 이 관점은 중요한 단어[원자]를 매우 은밀하게 사용한다.

만일 이 관점이 가능하다면, 더 이해하기 어려운 것은 이 세계 안에서 만나는 **생명**이라 부르는 현상이다. 생물학의 발전은 19세기에 매우 성공적으로 나타났다. 놀라운 유사성이 대체로 자연과 살아있는 유기물에서, 생산물과 현상 사이에서 발견되었다. 무기 화학과 유기 화학이 긴밀하게 연관된 것처럼 보였다. 식물과 동물은 기본적인 구조와 생명 현상과 기능하는 방식에서 근본적인 유사성을 보여준다. 살아있는 유기물은 기계적이고 화학적인 법칙에 종속된 신진대사와 혈액 순환과 섭취 과정과 같은 장기와 기능을 포함한다. 자연 환경에서 살아있는 육체에서만 활동하는 유기적 물질은 연구실에서 인공적으로도 일어날 수 있었다. 살아있는 유기체의 반응성과 자발성은 결정의 형성처럼 무기체의 본질에서도 두드러진 유사성을 발견한다.

따라서 생명의 신비가 오늘날 풀리지 않은 채로 남은 것은 매우 주목할 만하다. 꾸준한 미생물 연구는 간단한 원자로 이끌지 않고, 가장 작은 생명의 단위로 이끈다. 19세기에 생물학의 일부로 준비된 작업에 따라온 가장 주목할 만한 발견은 세포의 발견이다. 그래서 유기물의 가장 기본적인 구성요

헤르만 바빙크의 현대 사상 해석

소인 세포에서, 우리는 모든 살아있는 존재가 직면하는 같은 문제에 직면한다. 생명의 기원과 본질에 대한 질문은 세포의 기원과 존재에 대한 질문으로 환원된다. [114] 물론 이런 세포가 화학적이지도 물리적이지도 않고, 생물학적으로 훨씬 더 많은 요소를 가진 것인지 아닌지는 이후 연구에 남겨둘 것이다. 오늘날 유기물의 최종적인 생물학적 단위를 다루는 세포에만 주목할 것이다. 마찬가지로, 무기물의 물질로부터 단순한 기계적 힘을 통해 세포 자체가 기원했다는 의견에는 이견이 없다. 이후에 생명이 없는 것으로부터 생명을 생산할 수 있는가하는 문제는 사람마다 다를 수 있는 문제다. 그러나 오늘날 "모든 세포는 다른 세포에서 나온다[omnis cellula e cellula]"라는 말은 생물학 지식의 종말이다. 체계의 최종 답으로 "자연 발생설[generatio aequivoca]"을 고려하는 사람도 여전히 생명의 기원과 본질은 모른다는 사실을 반드시 인정해야 할 것이다. 따라서 많은 자연주의자가 최근에 기계론을 활력론으로 대체해 왔다는 사실에 놀랄 필요는 없다.

기계적 진화론의 지지자는 자연 발생설이 아직 증명되지 않았음에도 과학의 가정으로 반드시 수용되어야 한다고 말할지도 모른다. 이 주장에서 정확한 유일한 요소는 자연 발생설이 기계적 세계관에서 고유한 전제를 가지는 가정이라는 점이다. 그러나 이 사실은 **과학**과 여전히 일치하지 않는다. 알려진 사실에 기초해, 생명에 대한 기계적 설명을 거절할 수도 있다. 또한 생명 안에 존재하는 힘은 생명이 없는 자연에서 [활동적인 것]과는 다른 힘으로 작동한다고 확신할 수도 있다. 그런 사람은 충분히 기계적 세계관의 지지자처럼 자기 의견을 가질 자격이 있다. 이 의견은 이원론적 초자연주의와 아무 상관이 없다. 자연이 무엇인지는 그 전체성에서 드러난다. 자연은 또한 식물과 동물과 인간 존재를 포함한다. 그래서 과학에 대한 우리의 이해라는 이름에서, 우리는 자연에서 어떤 힘이 작용하는지를 규정할 수 없다. 다만 우리는 자연 자체를 겸손하게 아이처럼 배워야 한다. "자유는 자연에 순종하는 법이다(Naturae parere, libertas)."

　이 규칙은 인간의 기원에 대한 문제에 접근할 때, 더 강력한 적용을 요구한다. 위험은 인간의 동물적 계통에 대한 가설이 세워진 사실과 일치한다는 상상이 아니다. 사실은 인간과 동물 사이에 있는 해부학과 생리학과 심리학에서 식별되어왔던 많은 유사점에 지나지 않는다. 물론 큰 유사성이 이미 잘 잘려져 왔다. 왜냐하면 이 유사성이 모두에게 명백하고 분명하기 때문이다. 이성적 동물로서 인간에 대한 정의는 명확히 그리고 간결히 인간과 동물 사이의 유사성과 차별성을 보여준다. 그러나 다윈을 통해 또한 다윈 이후, 유사성을 입증하는 자료가 [115] 상당히 증가했고, 세부 사항이 지적되어 왔다. 유사성은 골격, 뼈 구조, 척추, 해골, 뇌, 폐, 생식 기관, 태반과 같은 것에만 드러나지 않는다. 그러나 이 유사성은 베를린의 [한스] 프리덴탈([Hans] Friedenthal) 박사가 실험을 통해 인간과 소위 말하는 유인원 사이의 혈연관계를 결정했듯이, 흔적 기관과 배아의 발달에서도 명확하다.

　이런 비슷한 현상 사이의 유사성은 너무나 강력하고 충격적이어서, 창조에 대한 믿음을 버리고 다른 자료를 무시하면서, 인간이 동물로부터 점차 진화했다는 생각이 쉽게 떠오를 수 있다. 그러나 이 가설은 자신이 기초하는 사실과는 반드시 엄격히 구분되어야 한다. 인간의 동물적 계통 이론에서는 관찰가능하고 잘 확립된 사실을 다루는 것이 아니라, 위에서 언급한 사실에 세워진 논의를 다룬다는 사실이다. 달리 말해 근거라고 말하지 않고 가설이라고 말하기 때문에, 이 이론은 이미 반드시 거절되어야 한다. 과학에서 가설은 존재에 대한 확실한 권리를 가지며, 과학의 진보에 필수불가결한 것이다. 잠정적으로 관찰된 다양한 현상에 대한 설명으로 가정된 가설은 이후의 연구를 통해서 확인될 수 있고 점차 이론의 특징을 가정할 수 있다. 그러나 물론 이후에 더 나은 관찰이 가설을 약화시킬 수 있고, 그 가설을 폐기하게 할 수도 있다.

이제 동물 계통 이론은 처음에는 유일한 참된 해결책으로 찬사를 받았지만, 계속된 연구에서는 가능성을 얻기 보다는 잃어버린 개념으로 드러난다. 계통 이론이 함의하는 바를 그 이론을 찬성하는 사람을 따라 생각해 보라. 즉, 유기물이 무기물에서 발생했다는 것과 마찬가지로, 단순히 기계적이고 화학적인 힘의 작동을 통해 인간이 동물로부터 점차 진화했다는 사실이다. 예를 들어, 헤켈에 따르면 생명력 혹은 영혼의 독립된 생명과 같은 또 다른 힘을 지지하는 자는 누구든지 체계를 파괴하고 이원론과 초자연주의를 가져오고, 칸트(Kant), 뒤 부아 레이몽(Du Bois-Reymond), 피르호(Virchow), 분트(Wundt), 파스퇴르(Pasteur)가 그런 것처럼 정신적 고통을 겪는다. 기계적 체계는 모든 생명과 또한 인간 생명이 복잡한 기계인 운동의 형태라는 사실을 요구한다. 그 토대 없이 진행된 연구가 인간 계통에 대한 이런 가설을 확인하거나 약화할 수 있는지에 대한 여부를 말할 수 없다.

평가는 일련의 과학적 유비에 근거해 계보적 유사성을 구성하는 데 충분히 주의를 기울일 수 없다는 점을 반드시 미리 말해야 한다. [116] 비교 방법론은 확실히 존재할 가치가 있고 큰 가치를 가지고 있다. 그러나 이 방법은 성급한 결론을 쉽게 내리도록 부추긴다. 오늘날 광범위하게 적용되는 종교적이고 역사적인 방법은 주목할 만한 많은 예시를 제공한다. 사람들은 두 이야기인 민담과 신화 사이에서 약간 일치하는 특성을 감지하고, 즉시 차이가 단순히 형식에 관한 것이고 서로 역사적으로 관련이 있다는 근거를 들어, 민담과 신화가 사실상 동일하다는 주장을 할 준비가 되어 있다. 다양한 측면이 이 미숙한 결론에 반대해왔다. 그러나 그런 경고는 심지어 자연 과학에서도 지나치지 않다. 계통 이론은 주로 비교 해부학, 생리학, 심리학에 의존한다. 그러나 이런 것들은 유사성 대한 욕구로 비자발적으로 이끌린다. 이 유사성을 완전히 드러내고, 차이점과 특이점을 뒤로 밀어내며 폄하하면서 말이다.

그러나 이 모든 유사성에도 불구하고, 인간과 동물 사이에 그런 차이가 존재한다. 생명의 집단으로서 인류는 다른 모든 종류의 존재와 다양한 특징으로 구별된다. 생리학적으로 볼 때, 특히 직립 보행이 있다. 또한 손과 해골과 뇌의 모양이 있다. 그리고 비록 수는 적지만 이런 특징은 매우 큰 의미를 가진다. 아무도 인간과 동물 사이를 구별하는데 실수하지 않으며, 계통 분석가는 이런 요소를 다른 범주로 조직하는데 어려움을 조금도 겪지 않는다. 이런 분류는 그 자체로 인간과 동물 사이의 상당한 차이점이 있음을 증명한다. 왜냐하면 계통학적으로 이들이 관련되어 있다면, 주요 표제로 분류될 수 없거나 매우 어렵게 분류될 수 있는 많은 형태가 있어야 하기 때문이다.

그러나 더 중요한 것은 정신과 이성, 마음과 양심, 의지와 자유에서 나타나는 인간 영혼의 더 높은 삶에서 표현된 특성이자, 또한 인간의 합리적 본성에 요구되고 의존하는 언어와 종교, 도덕과 정의, 과학과 예술에서 드러나는 모든 영적인 문제에서 표현되는 특성이다. 이 때문에 인간의 계통은 자연과학으로만 결정되지 않는다. 심리학과 종교와 윤리학 또한 이 문제에 대해 말할 권리가 있다. 그래서 이들은 해부학과 생리학에서 인간의 특성이 당연히 받아야 할 대우를 받지 못하거나, 심지어는 받아야 할 대우를 거부당할 때, 더 그렇게 말할 권리가 있다. 계통 이론이 언어, 종교, 도덕 등의 기원을 설명하려 시도하려는 경우에도 마찬가지다. 그러나 많은 시도가 [117] 지금까지 아무도 성공하지 못한 그 목적을 달성하려고 이루어졌다. 이런 시도는 항상 설명하려는 현상을 오해하는 결과에 이른다. 여기서는 간단히 인간의 의식에 대한 설명만 말하고자 한다.

만일 유물론적 계통 이론이 참되며, 담즙과 간의 관계처럼 사고가 뇌와 관계 있다면, 의식은 전혀 일련의 사건에 기초하지 않고, 이 사건으로부터 완전히 분리된 뇌에서 일어나는 어떤 물질적 과정을 반영하는 것에 지나지 않는다. 그러면 세계 역사는 같은 과정을 계속했을 것이다. 비록 인간이 의식과 사고가 없음에도 말이다. 그러나 논리적으로 원리에서 도출되는 이 결론은 유물론에 눈이 멀지 않은 모든 사람에 의해 거부되었다. 왜냐하면 가장 미약한 감각도 본성과 본질에서 유물론적 과정에서 말하는 것과 너무 다르기 때문이다. 그래서 유물론적 과정으로부터 첫 번째 설명을 도출하는 것은 불가능하다. 따라서 테어도어 지헨([Theodor] Ziehen)은 정확히 유물론이 문제를 푸는데 실패했을 뿐만 아니라 심지어 문제를 이해하지도 못하고 바르게 표현도 못했다고 주장한다. 심리학에서 유물론은 많은 사람에 의해 심신 평행론 혹은 정신적 일원론으로 대체되어 왔다.

만일 인간의 동물적 계통이 **사실**이라면, 인간의 동물적 계통은 모든 사실에도 불구하고 반드시 받아들여져야 한다. 그러나 이 경우는 절대 그렇지 않다. 여기에 직접적인 증명이 없다. 아무도 이 증명을 관찰하지 못했다. 오늘날 우리는 종이 일정한 시대에 산다. 자주 과장되긴 하지만, 인간과 동물의 배아 발달 사이의 강력한 유사성조차도 이 배아들이 처음 발달될 때부터 다른 방향으로 이루어진다는 사실을 없애지 않는다. 그래서 과학적 연구가 문제를 판단할 수 있게 한다는 점을 고려한다면, 이런 경우는 과거에서도 항상 그래왔던 것처럼 보인다. 우리가 결정할 수 있는 한, 인간 존재는 항상 인간이었고, 동물은 항상 동물이었다. 일반적으로 더디고 점진적인 전환을 말할 수 없다. 따라서 지금까지 "잃어버린 고리"는 발견되지 않았다. 많은 전문가의 판단에 따르면 네안데르탈인의 해골과 피테칸트로푸스와 같은 화석은 고려할 가치가 없다. 더욱이 이런 사례는 너무 고립되어 있어서, 계통 이론이 내리듯 그런 광범위한 결론을 합리화할 수 없다. 만일 계통이 무수한 세월에 걸쳐 수많은 작은 변화를 통해 일어났다면, 과도기적 형태는 반드시 무수히 많아야 한다. 그러나 고생물학은 다음과 같이 가르친다. 유기물의 기원에는 계승이 있었지만, 다양한 종은 항상 나란히 함께 살았으며, 과도기적 형태를 통한 [118] 계보학적 친족에 대한 증거는 없다는 것이다.

게다가 선택설은 고등 생물이 저등 생물로부터 기원할 수 있다는 방식으로 설명하려 했다. 이렇게 좁은 의미를 가진 다윈주의는 거의 방치되었고, 더 받아들여질 수 있는 설명으로 대체되어 왔다. [루돌프] 피르호의 논제인 계통 이론이 증명된 적이 없었다고 수년간 말했던 주장은 오늘날 많은 학자에 의해 정확하다고 인정되었다. 1901년 베를린에서 열린 동물학회에서, [빌헬름] 브랑코([Wilhelm] Branco) 교수는 대홍수기에 인간은 조상 없이 갑자기 나타났다고 말했다. 1년 전에 라인케(Reinke)는 19세기의 자연 과학의 발전에 대한 연설에서 다음과 같이 표명했다. "솔직히 우리는 계통 이론의 정확성에 대해 완전히 반박할 수 없는 단 하나의 증거조차 없음을 반드시 인정해야 한다."

이 상황이 계통 이론이 처한 상황이기 때문에, 계통 이론은 분명히 아는 것보다 원하고 믿는 문제에 더 가까움을 보여준다. 계통 이론은 사실에 의해 증명된 것이 아니라, 체계에 의해 요구된 것이다. 만일 창조가 선험적으로 거부되어야 하고, 기계적이고 화학적인 힘보다 더 높은 힘의 존재가 이원적이고 초자연적인 힘을 가지고, 훨씬 먼저 어떤 학자들의 논의 외부에서 자리잡는다면, 인간은 반드시 동물로부터 기원해야 하는 것이 확실하다. 인간 존재는 반드시 어떤 장소로부터 나타나야 한다. 그래서 헤켈이 피르호의 입장을 언급하면서 제기한 질문은 옳았다. "그렇다면 그는[인간은] 어디서 왔는가?" 그러나 이 논의에 깔려 있는 학계의 전체 관점은 잘못된 전제에서 진행한다. 우리는 사물이 화학적으로 분석될 수 있고, 모든 화학적 작용이 기계적 운동으로 환원될 수 있을 때에만, 참된 의미에서 알 수 있다고 생각한다.

헤르만 바빙크의 현대 사상 해석

그러나 이 말은 "화학적이고 물리적인 지식"을 과대평가한다. 이 평가에 대해서 [카를 빌헬름 폰] 네겔리([Karl Wilhelm von] Nägeli)와 오스카 헤르트비히(Oskar Hertwig)가 정당하게 경고했다. "일반적으로 이런 사실이 여기서 무시된다. 곧, 모든 인간의 지식처럼 이 지식도 파편적인 작업일 뿐이라는 사실이다. 이 지식은 그 순간에는 확고한 것으로 보이지만, 자연 과학의 모든 합류점에 반하는 방향으로 밀어붙이고 있다. 화학과 물리학은 원리상 생물학에 대한 관계에서 유리한 입장을 가지고 있지 않다."

생물학과 인류학뿐만 아니라 무생물로 구성된 자연에서도 만물을 유지하고 다스리는 하나님의 전능하고 전지한 능력 없이 우리 방식을 찾을 수 없을 것이다. [요한네스 디데릭] 판 더 발스([Johannes Diderik] van der Waals)가 1903년 3월자의 『안내서』(De gids)에서 출판된 유명한 논문에서 말했듯이, 자연에서 모든 일은 모든 것을 포괄하지만, 여전히 하나님의 보이지 않는 사고의 실현이다. 법칙과 규칙이 모든 곳에 존재하기 때문에, 모든 일의 배후에 위대하고 초월적인 정신이 존재한다. 1904년에 [헨드릭 빌름] 바크하위스 로제봄([Hendrik Willem] Bakhuis Roozeboom) 교수는 [119] 자기 연설인 "화학의 문제에 대한 현재의 상태"에서 이렇게 결론 내린다. "우리의 지식이 아직 닿지 않은 영역에 도달할수록, 자연의 영역에서 스스로를 드러내는 하나님의 세계 질서와, 여러 가지 다양성을 몇 가지 기본 생각으로 환원하는 하나님의 세계 질서에 대한 찬사를 보낼 이유가 더 많아진다."

신앙과 과학의 관계는 이럴 때 확실히 개선될 것이다. 과학이 기계적 세계관을 포기할 때, 과학이 종교, 특히 기독교에 대한 적대감을 포기할 때, 과학이 상대방이 지금까지 그랬던 것보다 훨씬 더 확실히 진화론과 계통 이론에서 함의된 중요한 진리의 요소를 인정할 때 말이다. 진화론이 기계 운동과 화학 결합과 분리에 제한되지 않고 주어진다면, 진화론이 존재한다는 것은 결국 모든 생물의 탄생과 소멸이 일어난다는 사실로 인해, 인간과 인류의 역사를 통해 증명되었다. 여기에는 같은 부모에서 태어나는 아이와 사람 사이의 인종, 식물 배양과 동물 사육에서 나타나는 차이점에서 나타나는 유전뿐만 아니라 변이도 있다. 변이의 정도는 이 시점에서 알 수 없다. 그러나 이 정도는 확실히 린나이우스가 『자연의 체계』(Systema naturae)에서 말한 종의 경계에 한정될 수 없다. 종에 대한 우리의 이해는 확실하지 않고 고정된 것과 거리가 멀다. 이 이해는 과학적 연구에 의해 어떤 시점에서 변할 수도, 환원될 수도, 확장될 수도 있다. 따라서 오늘날 식물과 동물 세계에서 우리가 받아들이는 종은 하나님이 태초에 창조하는 능력으로 탄생시켰던 일과 일치하지 않는다. 아마도 후자[태초에]는 린나이우스가 자기 시대에 추측할 수 있었던 수보다 훨씬 더 적었을 것이다. 이 경우 계보는 진화뿐만 아니라 점진적인 변화와 갑작스런 변이를 통해 생물의 넓은 영역에서 일어난다.

따라서 진화가 기계적 의미에서 이해되지 않는다는 점을 고려한다면, 창조와 발전 사이에는 어떤 대립도 없다. 그러나 진화는 다른 방식으로 이해해서는 안 된다. 오이켄 교수는 자기 글에서 결국 인간 정신의 수고로운 산물인 오늘날의 진보된 문화가 인간 정신의 우수성을 증명한다는 점을 반복적으로 강조한다. 인류의 영적 생활에는 불멸하는 규범, 진리를 찾고 부분적으로 소유하는 일, 방대한 내적 삶, 독립성과 인간성, 자유와 무한을 욕망하고 분투하는 일이 있다. 이런 영적 생활에서, 더 높은 실제는 자연에서 우리가 접하는 것보다 더 높은 것을 드러낸다.

[120] 이 모든 말은 참되고 아름답게 들린다. 영적 생활은 자연보다 더 높으며 기계적 운동의 산물로 이해될 수 없다. 그러나 이 말로는 충분하지 않다. 왜냐하면 이 말은 영혼과 물질에 대한 고대의 이원론 너머로 이끌지 않았기 때문이다. 여전히 자연적 기계론은 지적 원인 없이 설명될 수 없다. 이미

원인이 기계로 존재하기 때문에, 이 원인은 인간이 창의력과 에너지로 만든 각 도구에 창조주의 도장이 찍혀 있는 것과 마찬가지로, 어떤 지적 원인으로 거슬러서 돌아가게 한다. 자연적 기계론은 자신에 대한 설명을 요구하기 때문에, 모든 사물의 최종 원인이자 최종 설명일 수 없다. 자연적 기계론은 세계의 주인이 아니라 영적 종이다. 시간과 공간, 수치와 숫자, 질서와 법칙처럼 작동하는 형태는 정신의 기본 범주[Urverhältnisse des Geistes]다. 기계가 인간을 섬기는 것과 마찬가지로 자연적 기계론은 만물을 지배하는 하나님의 정신이 다스리는 일과 이끄는 일에 반드시 복종해야 한다.

이 사실은 발전이라는 단어의 참된 의미에 여지를 준다. 만일 세계 전체가 하나의 큰 기계에 지나지 않는다면 발전은 배제된다. 발전을 말하는 누구든지 계획과 법칙을, 방향과 목표를 말한다. 발전은 처음과 끝 사이에 있다. 발전은 처음부터 끝까지 이끈다. 발전은 기계적 개념이 아니라 유기적이며 목적론적 개념이다. 이 때문에 발전은 세계를 존재하게 하고 근본적으로 그리고 원리적으로 세계가 반드시 변화되어야 하는 일이 창조에 기초해야만 완전한 정당성을 얻을 수 있음을 말한다. 이미 아리스토텔레스는 변화는 존재를 위해 있는 것이지, 존재가 변화를 위해 있지 않다는 사실을 이해했다. **존재**가 있을 때에만 그리고 **존재** 때문에 **변화**가 있다.

7. 기독교 원리와 사회적 관계

Essays on Religion
Science and
Society

7. 기독교 원리와 사회적 관계

[121] 사회와 사회적 문제를 바라보는 우리 주 예수 그리스도의 입장에 대해 의견이 매우 분분하다. 많은 사람이 [네덜란드의] 사회민주당에 소속될 것을 요구하거나, 사회민주당의 원칙에 동의한다. 이런 사람들은 예수에게서 무엇보다도 사회적 개혁가를 본다. 그들이 말하는 기독교는 당시의 사회적 요구로부터 태동한 것이다. 후기 칼뱅주의의 예정 교리가 16세기 초의 경제적 상황에 대한 불안정에서 나타났다는 주장과 마찬가지로 말이다. 결국 [그들이 말하길] 국가와 교회, 종교와 사회, 학문과 예술에서 나타나는 모든 영적 개념과 힘은 궁극적으로 그리고 근본적으로 물질 재화가 생산되고 분배되는 방식으로 사회적 조건에 따라 일어난다. 예수가 태어난 시대의 사회 상황은 매우 힘겨웠다. 이 시대의 사람들은 예수의 마음에 깊은 근심을 낳았고, 상당한 동정심을 불러 일으켰다. 따라서 예수가 가져왔던 복음은 가난한

---

* 본 논문은 원래 다음 출처에서 출판되었다. *Christelijke beginselen en maatschappelijke verhoudingen* in the series Christendom en Maatschappij, series 1, vol. 1 (Utrecht: Ruys, 1908).

혜르만 바빙크의 현대 사상 해석

자를 위한 복음이었다. 오늘날과 마찬가지로 이 시대에 있었던 죄와 슬픔은 사회가 조직되는 방식의 결과였다. 죄인을 만드는 것은 법이다. 맘몬은 강도를 만든다. 결혼은 간음을 일으킨다. 이 사실을 납득한 예수는 인위적인 사회에서 벗어나 자연으로 되돌아가기를 원했다. 정의와 법, 정부와 권력 대신에 인간은 사랑과 자유가 필요했다. 예수는 최초의 사회주의자이자 무정부주의자였다.

달리 말해 이런 전제가 다소 과장된 것처럼 보인다 하더라도, 예수는 민중의 사람이자 민중을 위한 사람이었다. 예수는 항상 가난한 자를 변호하고, 부자에 반대하는 말을 했다. 예수는 항상 부자와 권력자를 비웃고, 불행한 모든 사람에게 동정을 표했다. 예수가 치른 삶의 싸움은 귀족과 고리대금업자와 제사장에 대항한 것이었다. 그래서 그 싸움에서 예수는 죽었다. 오늘날의 기독교는 [122] 속이 좁은 데다 이기적이다. 과거의 악한 한 시대에 기독교는 부와 권력을 돕는 일에 협력했고, 자신을 병자와 약자에 대항하는 위치에 둔다. 오늘날 강단은 왕좌를 보호하는 일만 한다. 사제는 군주와 합작한 공범으로 스스로를 낮춰왔고, 교회는 자본주의의 버팀목이 되어왔다. 그러나 근본적인 기독교는 완전히 다른 목적을 가지고 있었다. 근본적인 기독교는 사회적 계급 사이에 있는 모든 갈등을 반대했다. 근본적인 기독교는 공동체를 원했고, 공동체에 속한 구성원의 협력을 원했다. 근본적인 기독교는 같은 몸에 있는 지체 사이에 존재하는 것으로서 조화와 사랑을 권했다. 만일 오늘날 기독교가 잃어버린 영향을 되찾고, 사회의 복이 되려면, 그 태도는 반드시 극단적으로 바뀌어야 할 것이다. 근본적인 기독교는 유명한 사람과 부유한 사람만 출석하는 큰 예배당에서 자기 마음대로 문을 걸어 잠가서는 안 된다. 근본적인 기독교는 모든 계층의 사람에게 반드시 내려와야 한다. 근본적인 기독교는 반드시 도로와 갓길로 나와야 하며, 잃어버린 자를 되찾아야 한다. 기독교는 반드시 사회적인 마음을 가져야 하며, 그렇지 않으면 사라질 것이다.

이런 사회적이고 사회주의적인 기독교를 지지하는 사람들에 반대해 이런 믿음과 정반대로 믿는 사람들이 있다. 기독교는 사회와 국가와 아무런 관련이 없다. 기독교는 사회와 국가에게 아무 말도 하지 않는다. 예수는 분명히 종교적 천재였다. 예수는 높은 도덕적 이상에 답했다. 그러나 사회의 관심은 예수의 관심을 끌지 않았다. 또한 예수는 국가의 문제에 대해 아무 일도 하지 않았다. 예수가 모든 문화에 완전히 무관심하기라도 한 듯 말이다. 한쪽에는 종교와 도덕이 있다. 그리고 다른 한 쪽에는 사회와 국가와 문화가 있다. 각자는 자신의 삶을 산다. 각자는 자신의 길을 간다. 종교의 위치는 마음 안에, 내적인 공간 속에, 교회 안에 존재한다. 그러나 정치학과 경제학은 자기만의 길을 간다. 따라서 정치학과 경제학은 종교와는 아무런 관계가 없다.

독일에서 이 관점은 특히 유명한 현직 국회의원인 [프리드리히] 노이만 (Fr[iedrich] Naumann)에 의해 지지되었다. 노이만은 경력 초기에 종교와 정치를 화해시키고자 했다. 노이만은 예수를 사회적 개혁가라고 생각했다. 그래서 노이만은 사회 정치를 통해 독일 시민에게 예수의 통치를 확장하고자 했다. 따라서 노이만은 기독교와 사회 민주주의가 양립가능하다고 믿었다. [프리츠] 퀴스터([Fritz] Küster), 한스 슈퇼케([Hans] Stoelke), [아우구스트 헤르만] 프랑케([August Hermann] Francke)와 같은 인물들이 여전히 오늘날에도 이런 사실을 믿는 것과 마찬가지로 말이다. 그러나 1898년 동방으로의 여행과 그 경험은 노이만의 관점을 바꿨다. 노이만이 경제적이고 정치적인 삶에 익숙해질수록, 이런 사실에 확신을 더해갔다. 곧 경제적이고 정치적인 삶은 현재 세계에서 고유의 삶의 형태를 가지고 있다는 사실이며, 예수는 이런 삶에 대해 아무 것도 몰랐으며 관심조차 없었다는 사실이다.

[123] 노이만이 자기 나라로 귀국했을 때는 종교와 정치의 극단적인 분리

헤르만 바빙크의 현대 사상 해석

에 찬성하는 사람이 되었다. 예수는 더 이상 자기 활동에 어울리는 이상적인 인물이 아니었다. 비록 노이만이 내적 삶을 위해 기독교에 특정한 가치를 남겨둔 것과 마찬가지로, 도덕에 대한 중요성을 다소 유지하기는 했지만 말이다. 그러나 그리스도와 기독교는 나머지 삶에, 오늘날의 문화에 아무 말도 하지 않는다. 국가와 사회, 사업과 상업, 과학과 예술은 오늘날 완전히 다른 성격을 취해왔다. 그래서 이런 것들은 더 이상 성경에서 배울 수 있는 것이 아무것도 없다. 예를 들어, 정치학은 도덕적 원리와 아무 상관이 없다. 정치학은 국가와 시민의 관심에 관심을 가질 뿐이다. 그래서 오늘날 정치학은 순수한 "현실정치[Realpolitik, 실용적이고 물질적인 요소에 기초한 정치학]"다. 다른 사람들은 더 심하다. 이들의 의견에 따르면, 기독교는 문화에 완전히 무관심하며, 심지어는 적대적이기 때문에, 현대에 더 이상 적절하지 않다. 기독교는 인간을 폄하한다. 오늘날 우리는 다른 종교를 필요로 한다. 오늘날 우리는 또 다른 도덕을 필요로 한다. 그래서 지금까지 우리가 가진 모든 가치는 진화의 교리와 문화적 발전에 의해 주어진 가치로 반드시 교환되고 대체되어야 한다.

이런 다양한 의견에 반대해, 우리가 낼 수 있는 최상의 의견은 성경이 생각하고 뜻하는 바를 말하게 하는 것이다. 성경이 사회와 사회적 관계에 대해 말하는 모든 것을 간단하게 설명하기란 당연히 불가능하다. 그러나 주요 논점에 확고하고 실용적인 결론을 주기에는 충분히 명확할 것이다.

모든 과학 연구에도 불구하고, 오늘날까지 과학이 사물의 기원을 확실히 알 수 없다는 사실은 매우 놀랍다. 과학은 항상 존재하는 것이 무엇인지에 기초해 입장을 취하기 때문에, 사물의 근원에 파고들 수 없다. 과학이 역사 너머에 있는 근원에 가려고 하자마자, 추측의 영역에 들어가며 반드시 가정으로 만족해야 한다. 과학의 관점으로는 어떤 기원도 확실히 알 수 없다. 하늘과 땅, 식물과 동물과 인간, 남편과 아내, 결혼과 가족, 사회와 국가, 종교와 도덕과 정의, 언어와 예술과 과학에 대한 기원을 말이다. 이 모든 제도와 현상은 이미 모든 곳에 존재한다. 과학적 연구의 도움으로 이런 제도와 현상을 확인한다. 비록 연구가 여전히 원시적 단계에 있지만 말이다. 그러나 절대로 그리고 어떤 곳에서도 이 현상의 기원을 증명하지 못한다.

[124] 그러나 과학이 주지 않는 것은 성경이 우리에게 주는 특별 계시다. 특별 계시는 피조물의 근원에 대한 이야기를 제시한다. 이 이야기는 존재와 목적에 대해 근본적인 중요성을 가지고 있다. 피조물의 기원에 대해 다르게 생각하기 때문에, 피조물에 대한 우리의 지식과 또한 피조물의 본성과 목적에 대한 발전은 다른 목표를 취한다. 영혼과 육체로 구성된 인간이 더딘 진화를 통해 동물로부터 기원한다면, 인간은 본질적으로 동물로 남을 뿐이다. 그래서 만일 근본적으로 사회가 한 동물적 무리에 지나지 않는다면, 사회는 더 나은 발전에서도 이런 동물적 성격을 유지할 것이다.

그러나 성경은 완전히 다른 어떤 사실을 가르친다. 그래서 피조물의 기원에 대해 성경이 가르치는 사실은 세계관 전체를 결정한다. 더 정교한 설명이 없어도 반드시 다음과 같은 사실을 생각해야 한다. (1) 하늘과 땅, 보이지 않는 사물과 보이는 사물이 하나님에 의해 창조된다. 더욱이 영에 못지않게 물질도 신적 기원을 가진다. (2) 육체와 영혼에 따라 인류는 하나님의 능력의 특별한 행위로 창조되었다. 인간은 하나님의 형상의 담지자로 모든 피조물과 구별된다. (3) 인간은 즉시 남성과 여성으로 창조된다. 하나님은 성별의 차이를 원했다. 하나님은 바로 결혼을 제정했다. (4) 이 결혼은 하나님의 특별한 복을 받는다. 결혼은 인류의 번성을 위한 제도다. 결혼에서 함의된 것은 가족이다. 가족에서 [함의된 것은] 사회다. 사회에서 [함의된 것은] 단일체와 공동체와 인류의 협동이다. (5) 같은 하나님의 형상을 공유하지만, 남성과 여성

헤르만 바빙크의 현대 사상 해석

은 조직체를 받고, 고유한 직무를 위임받는다. 차별과 불평등은 죄가 일으킨 것이 아니며, 하나님이 뜻한 것으로, 첫 번째 결혼에서 낳은 자녀에 의해 곧바로 입증되고 확장되었다. 결혼과 가족은 이후 사회에서 발전할 모든 종류의 관계에 대한 출발점과 원리를 포함한다. (6) 남편과 아내는 인류에게 부여된 소명에서 서로를 도와야 하는 과업을 받는다. 그 과업은 번성해서 땅을 정복하는 것이다. 인간은 게으름에 부름받은 것이 아니라 일하도록 부름받았다. 문화적 과업은 신적 기원을 가진다. (7) 그러나 하나님이 6일 동안 하늘과 땅을 창조한 것과 7일째에 안식한 것과 마찬가지로, 인간의 삶에서도 노동과 여가가 교대로 일어난다. 노동은 수단이 아니라 목표다. 궁극적인 목표는 인간이 노동으로 하나님의 성전에서 일곱째 날에 안식에 들어가 하나님을 섬기는 것이다. 인간의 기원은 목적을 결정한다. 하나님으로부터 나타난 [존재]인 인간은 하나님에게 돌아가야 한다. 하나님은 인간과 인류를 위한 최고선(最高善)이다.

[125] 이 모든 일은 건전하고 정상적인 발전을 위한 수단으로 준비되었다. 그러나 모두 알 듯 이 발전은 비정상적으로 변했다. 죄로 인한 타락을 거부하는 사람조차 이 사실을 반대할 수 없다. 타락을 거부하는 사람은 불교가 가르치듯 타락이 존재와 일치한다고 받아들이면서, 반드시 인간의 근본적인 본성에서 죄를 설명해야 한다. 그래서 타락이 사라지지 않고는 정복할 수 없는 것이라고 반드시 선언해야 한다. 그럼에도 성경은 죄가 창조의 일부가 아니며, 죄는 인간의 의지로 세계에 들어왔으며, 따라서 죄는 본성상 도덕적이며 이 때문에 없앨 수 없다는 사실을 주장한다. 따라서 인류의 역사는 하나님의 은혜와 인간의 죄책 사이에 있는 하나의 큰 투쟁이다. 타락 이후 하나님의 은혜가 곧바로 일하기 시작한다. 하나님은 인간과 사탄이 맺은 언약에 반대해, 인간과 자신이 맺은 언약을 둔다. 그래서 죄가 증가할수록 은혜도 더욱

풍성해진다. 심지어 여자에게 선고된 심판도 저주를 복으로 바꾼다. 여자는 해산의 고통을 겪을 것이다. 그러나 여자는 출산으로 구원을 받을 것이다. 그래서 이마에 땀을 흘리는 남자의 수고는 땅을 정복하는 데 쓰일 것이다. 죄에도 불구하고 하나님은 인류를 위한 원래 의도를 유지한다.

이런 은혜는 이교주의에서도 나타난다. 비록 하나님이 이교도가 자기의 길을 가도록 허락하지만 증인 없이 내버려두지 않는다. 하나님은 이교도에게 하나님의 손이 하는 사역에서 자신을 알려왔다. 살아갈 장소를 할당하고, 비와 풍년을 주었고, 음식과 웃음으로 마음을 채우면서 말이다. 또한 하나님은 자신의 삶을 사는 일이 가능하도록 했다. 양심의 증언으로, 결혼과 가족을 유지하면서, 사회와 국가의 제도로, 종교적이고 도덕적인 믿음을 유지하면서, 문화의 활동으로, 모든 종류의 복과 유익으로 말이다. 그러나 그리스도가 오기 전 수 세기 동안, 어느 곳에서도 하나님의 은혜와 능력을 이런 사람들보다 더 거세게 반대하지 않았다. 그들은 셋과 셈의 거룩한 계보에 있었으며, 그 이후에는 하나님이 특별한 영광으로 자유롭게 선택한 이스라엘 백성이 된 사람들이었다. 하나님은 야곱에게 말씀으로 그리고 이스라엘에게는 율례와 법도로 자신을 알렸다. 그래서 하나님은 다른 민족을 대우하지 않았다. 그래서 다른 민족은 하나님의 법도를 몰랐다.

가장 먼저 이 모든 요구 중에, 어떤 민족에서도 모든 사회의 토대로서 가족의 중요성이 이스라엘에서처럼 그렇게 눈에 띄는 특징을 가지지 않았다는 사실을 반드시 고려해야 한다. 이스라엘 민족은 요셉의 두 아들인 에브라임과 므낫세가 족장의 지위에 포함되는지에 따라, 또는 레위가 계수되는지에 따라, 열두 혹은 [126] 열세 지파로 족장과 족보에 따라 나누어졌다. 이 지파 가운데 유다 지파는 명예로운 지위를 얻었다(창 49:8-11). 모든 족속은 야곱의 손자 혹은 증손자 혹은 다른 후손의 후손인(민 26:21; 29-38, 40) 종족[씨족]

(민 26:50; 삼상 10:19-21)으로 세분화되었다. 한 종족은 차례로 가족의 수 혹은 가족의 집단[조상의 가문](민 1:2, 18; 대상 7:7)으로 나뉘어졌다. 각 가족은 결국 한 족속의 수로 다시 구성되었다(수 7:14-18). 각 지파와 종족과 가족과 족속은 고유한 지도자를 가졌고, 이런 장로가 함께 "장로회"를 구성했다. 이들은 회중의 부름을 받은(민 1:26; 26:9) 지도자(출 5:6; 16:17, 22; 19:7; 대상 29:6)였다. 이미 애굽에서(출 3:16; 4:29) 그리고 이후에 반복적으로(출 19:3-8; 등) 모세에게 제출된 제안에 대해(신 1:9-14) 혹은 스스로 제안을 가지고 와서(신 1:22, 23) 결정하고자 회의에서 모였다.

물론 이 모든 장로는 (민 11:16; 16:2; 27:21; 신 31:28에서처럼) 항상 모이지 않았다. 회의는 가끔 수 천 명의 지도자를 소집하기도 했고, 한 족장의 지도자에 제한되기도 했다. 그래서 이들은 어떤 의미에서 더 큰 회의로부터 구별된 제한된 회의를 형성했다(민 1:16; 10:4). 그러나 이런 모든 회의는 모든 일을 돌볼 수 없었다. 항존 직분이 당면 과제를 처리하기 위해 필요했다. 이 항존 직분은 두 종류로 나뉘었다. 먼저 애굽에서 벽돌을 만드는 일을 감독하는 데 책임을 졌던 소위 쇼테림(šōṭĕrîm)이라 불리는 감독 혹은 기록원(출 5:6, 10, 14)이 있었다. 일반적으로 기록원의 직무는 이스라엘의 족보 기록을 최신화하고 전쟁에 나가야 했던 사람을 표시하는 것이었다(신 20:5; 수 1:10-11; 3:2-4). 게다가 모세를 보조하는 민족의 장로로부터 모세에 의해 선택된 쇼페팀 (šōpĕṭîm) 혹은 사사라고 불렸던 직분을 가진 또 다른 집단이 있었다. 이 직분자는 출애굽기 18:13-23에서 나타나듯 차이를 해결하고자 민족의 더 작고 더 큰 집단 위에 배치되었다. 이후에 쇼테림과 쇼페팀과 같은 직분자는 모든 도시에 세워졌다(신 16:18; 25:1). 예루살렘에 세워졌던 최고 법원에 그 지도자가 있었다(신 17:8-13; 19:17-18). 어떤 제사장 혹은 레위인도 이 회의와 직분자와 관련 있는 것으로 언급되지 않았다는 점은 주목할 만하다. 제사장이 가끔 지방 법원의 구성원이 되는 것은 가능하다(신 21:5; 참고. 대상 23:4; 26:29-32). 그러나 이 경우는 규정되지 않았다. 오직 최고 법원에서 제사장이 [127] 그런 지위를 가지기도 했다. 이 경우는 가끔 어려운 소송이 율법에 대한 충분한 설명을 요구했고, 제사장은 이런 소송에 확실히 적절한 사람이었기 때문이었다.

나머지 문제에서, 이스라엘은 신정정치를 따랐기 때문에, 특히 위계질서에 반대했다. 하나님이 이스라엘의 제정자이자 사사이자 왕이었다. 그래서 이스라엘은 하나님의 백성이자 하나님의 상속자이자 하나님의 나라였다(출 15:18; 민 23:21; 신 33:5; 삿 8:22; 삼상 8:7; 사 33:22; 등). 이스라엘에게 요구된 유일한 것은 종교적일뿐만 아니라 도덕적으로, 또한 시민적일뿐만 아니라 사회적으로 하나님이 준 율법에 따라 사는 것이었다. 그래서 이스라엘에서 모든 권력은 섬기는 성격을 가졌다. 이스라엘의 모든 권력은 모든 측면에서 하나님의 율법에 매여 있었다. 이스라엘은 바벨론 포로기 이후에만 "종교적 공동체"가 된 것이 아니었다. 이스라엘은 이미 사울의 왕권 이전부터 오랫동안 종교적 공동체였다. 이스라엘은 종교를 통해, 모세의 제도를 통해 결합되었다.

일반적인 직분자에 의해 교육받는 것을 제외하고, 이스라엘은 하나님을 대신해 또한 제사장과 선지자에 의해 하나님의 율법에 따라 가르침을 받았다. 그래서 이스라엘은 어려운 시대에 사사에 의해 구원받았다. 따라서 다른 민족이 가졌던 왕의 자리가 없었다. 독재적이고 전제적인 왕권은 사실상 하나님의 왕권을 거부하는 것이었다(삼상 8:5, 20). 이스라엘의 첫 번째 왕은 하나님의 율법에 모든 것이 제도적으로 결합된(신 17:14-20; 삼상 10:25) 메시아의 모형을 예표할 수만 있었다(삼하 7:12-16; 대상 17:14). 따라서 물론 이스라엘에서 이런 왕권은 공적 생활에서 유일하고 참된 하나님을 섬기는 일을 유지하도록 부름받기도 했다. 왕들은 시민법뿐만 아니라 종교적이고 도덕적인 법도

헤르만 바빙크의 현대 사상 해석

존중하고 유지해야 했다. 왕들은 십계명의 두 번째 돌판뿐만 아니라 첫 번째 돌판에 쓰인 계명까지도 존중하고 유지해야 했다. 우상숭배, 예언, 마술, 형상 예배, 신성모독, 안식일을 더럽히는 것 모두가 율법에서 금지되고, 추방 혹은 사형으로 처벌할 수 있는 것이었다(출 18:20; 20:23; 레 20:6, 27; 24:11-16; 신 13:1-5; 17:2-7). [율법을 범하는 자는] 통치 당국에 의해 반드시 추방되고 진멸되어야 했으며, 하나님의 사사와 왕은 그렇게 행했다(민 25:5, 7; 삼상 15:33; 왕상 15:12; 18:40; 왕하 9-10; 12:2-3; 18:4; 23:20).

그러나 어떤 오해를 방지하기 위해, 여기서 교회와 국가를 더해야 한다. 얼마나 긴밀하게 교회와 국가가 협력하더라도, 교회와 국가는 다르다. 교회와 국가는 구성원을 고려할 때뿐만 아니라 직분과 행정, 제도와 법을 고려할 때도 다르다. 외국인은 이스라엘의 영적 특권에 참여할 수 있었다. 그래서 말하자면 시민이 되지 않고 교회의 구성원이 될 수 있었다. 문둥병자와 부정한 사람과 추방된 사람은 시민으로 남았다. 그러나 그럼에도 이들은 공동체 밖으로 격리되어 추방당했다.

[128] 제사장과 공권력은 거의 결합하지 않는 구별된 직분을 부여받았다. 그래서 하나의 법이 특별한 시민법과 종교적인 율법을 포함했다. 따라서 성전에서 봉사함에도 제사장과 레위인은 반드시 율법을 설명하고 백성을 가르쳐야 했다. 제사장과 레위인은 이스라엘에서 상속물을 받지 않았지만, 백성의 기부로 구별된 도시에서 살았다. 그래서 제사장과 레위인은 매우 의존적이었다. 제사장과 레위인은 어떤 비밀스러운 신조나 예술을 가지지 않았다. 제사장과 레위인은 분명히 어떤 위계적이고 양심을 억압하는 권력을 가지지 않았다. 여기서 설명하려는 바에 따르면, 이스라엘은 종교적으로도 상당한 자유를 누렸다는 사실을 깨닫는다. 즉, 가나안 족속과 아각 사람, 갈멜산의 바알의 제사장, 아합의 집을 죽이는 일이 대부분 하나님의 특별한 명령

에 의해 규정된 것으로 제한적인 사건이라는 사실을 설명할 때 말이다. 또한 경건한 왕의 사역이 일반적으로 우상을 없애는 일과 공적인 예배의 회복에 제한되었다는 사실을 설명할 때 말이다. 여기에 심문은 없었다. 양심을 제한하는 일은 일어난 적이 없었다. 그래서 선지자는 절대 폭력에 호소한 적이 없다. 선지자가 하나님에게서 돌아선 일에 반대해서 선포하고 왕과 제사장을 저항할 때, 율법에 돌아갈 것을 호소하면서 말씀을 사용했지만 말이다.

이스라엘의 제도가 가지고 있는 또 하나의 특성은 백성뿐만 아니라 땅도 주님의 재산으로 생각했다는 사실이었다. 하나님의 주권적인 뜻에 따라, 하나님은 가나안 땅을 아브라함과 그의 후손에게 상속물로 주었다. 이후에 가나안 땅은 지파와 종족과 가족과 족속 가운데 나누어졌다(수 13 이하). 그래서 이스라엘 민족은 사실상 거류민과 동거하는 자로서 하나님과 함께 살았고, 하나님으로부터 땅을 빌렸다(레 25:23). 한편으로, 율법은 자녀에 대한 약속(신 28:4)과 [결혼의] 형사취수 제도(신 25:5-10)를 통해, 재산을 위해 가족을 보호해 이런 국정을 영구화하도록 의도되었다. 다른 한편으로, 율법은 희년 제도(레 25:23)를 통해 가족을 위해 재산을 보호하도록 의도되었다. 유사한 이런 규정은 가난과 구걸, 자본과 토지 소유권의 축적을 상쇄했다. 그러나 규정은 모든 사회적 차별을 없애지 못했다. 남편과 아내 사이뿐만 아니라 부모와 자녀 사이에서도 차별은 남아있었다. 뿐만 아니라 부유한 자와 가난한 자, 자유민과 노예의 차별은 남아있었다. 번영과 부는 복처럼 보였다(창 13:2; 14:23; 신 28:1-4; 왕상 3:13; 욥 1:1-3; 42:10-17).

여기에 더해 거의 모든 민족에게서 일어나는 현상인 노예 제도는 이스라엘에서도 허용되었다. 아브라함은 이미 상당한 수의 노예를 가지고 있었다. 일부 노예는 자기 집에서 태어났고(창 14:14), [129] 다른 일부 노예는 돈으로 산 것이었다(17:23). 애굽을 떠나면서 이스라엘은 하인으로 쓸(신 29:11) 많은

헤르만 바빙크의 현대 사상 해석

이방인을 데려왔다(출 12:38; 민 11:4). 가나안 땅에 원래 거주하던 족속은 악함 때문에 진멸되기에 합당했다(신 20:16-18). 그러나 이 족속들도 가능하다면 살아서 종으로 혹은 강제 노동에 종사되기도 했고 또한 징집되기도 했다(신 20:10-11; 수 9:21; 16:10; 17:13; 삿 9:28, 38; 왕상 9:20-21). 그러나 실제로 노예의 교환은 이스라엘에는 존재하지 않았다. 최소한 인접 국가에서는 노예 교환이 대규모로 이루어졌지만, 구약의 어떤 곳에서도 이런 노예 교환이 일어났다는 사례를 찾을 수 없다(창 37:28). 따라서 대다수의 노예는 상대적으로 적었다. 역대하 2:17에서 153,600명의 "이방 사람"이 기록되어 있다. 에스라 2:65와 느헤미야 7:67에 따르면 바벨론에서 돌아온 42,360명의 유대인 중 7,337명이 노예였다. 달리 말해 대략 [전체 중] 6분의 1이 노예였다. 다른 나라에서 비율은 훨씬 더 나빴다. 또한 이 사실은 이스라엘 역사에서 노예가 어떤 역할도 결코 맡지 않았던 이유를 설명한다. 노예 반란은 결코 언급되지 않는다.

자비의 요구는 이런 사실과 관계있었다. 즉, 자비의 요구가 율법에 따라 노예와 모든 비천한 자에게도 반드시 이루어져야 했다는 사실이다. 그래서 여기서 세 번째 특징을 반드시 주목해야 한다. [프란츠 클레멘스] 브렌타노([Franz Clemens] Brentano, 1838-1917)는 구약 도덕이 억압받는 자의 관점에서 쓰였음을 관찰했을 때 매우 정확했다. 공의에 더해 자비가 폭넓게 행해졌다. 백성은 가난한 자에게 반드시 무료로 빌려주어야 했다(신 15:7). [이스라엘 백성의] 형제에게 이자를 받는 것은 허락되지 않았다(레 25:36; 신 23:19). 전당 잡은 것을 가난한 자에게서 강제로 빼앗으면 안 되었으며, 일몰까지는 반드시 돌려받아야 했다(출 22:26; 레 25:35-37; 신 23:19; 24:6, 10). 빚은 칠 년째 해에는 반드시 면제되어야 했다(신 15:1). [게다가] 피고용인과 이방인은 압제 받아서는 안 되었다(신 24:14). 품삯은 반드시 제때에 지불되어야 했다(신 24:15). 이방 나그네와 고아와 과부는 공정하게 대우받아야 했다(출 22:21-22; 신 10:18;

24:17; 사 1:17, 23; 10:2; 렘 7:6; 22:3; 미 2:9; 슥 7:10). [이 때문에] 가난한 자와 이방 나그네와 과부와 고아는 이삭을 주울 자격이 있었다(레 19:9; 신 24:19). 안식년에 이들은 전체 소산을 얻을 자격이 있었다(출 23:10-11; 레 25:5). [궁핍한 자인] 이들은 희생 제사와 소산의 십분의 일로 거두어진 식사에 참여했다(신 14:28-29; 16:10; 26:12). [더해서] 신체적 장애를 가진 백성은 조롱받거나 저주받아서는 안 되었다(레 19:14; 신 27:18). 또한 노인은 반드시 존경을 받아야 했다(레 19:32). 동물도 반드시 공정하게 취급받아야 했다(출 22:10; 레 22:18-28; 신 22:6-7; 25:4). [130] 의로운 사람은 동물의 필요를 돌본다(잠 12:10).

이 모든 자비의 윤리는 이스라엘의 하나님이 자비로우며 그 자비로 애굽의 압제로부터 자기 백성을 자유롭게 했다는 생각에서 이스라엘에게 요구된 것이었다(출 22:21; 23:9; 레 19:33-34; 25:38, 42; 신 5:14; 시 94:6; 146:9). 특히 종이 여기서 이익을 보았다. 먼저 이스라엘 백성은 결국 주님의 종이었고, 주님에 의해 자유롭게 되었기 때문에, 서로를 노예로 삼아서는 안 되었다(출 13:3; 19:4-6; 20:2; 레 23:43; 26:13). 이 때문에 이스라엘 백성은 종으로 팔려서는 안 되었다. 따라서 한 사람을 섬기는 것과 똑같이 하나님을 섬기는 것은 원리상 노예 제도의 폐지를 뜻했다. 그러나 이스라엘 백성은 품삯을 받고 일하도록 했다(신 24:14-15). 그래서 특정한 상황에서 이스라엘 백성도 농노가 되기도 했다. 가난해진 이스라엘 백성은 자신을 다른 사람에게 팔 수 있었다(레 25:39-47). 어떤 사람이 다른 것을 훔쳤고, 보상을 할 수 없을 때, 법정은 분개한 당사자에게 자신을 종으로 지정할 수 있게 했다(출 22:1-4). 특정한 상황에서 아버지는 자기 딸을 다른 사람에게 팔 수 있었다. 그러나 [아버지는] 자기 아들을 [팔] 수 없었다(출 21:7-11). 그래서 아마도 채권자도 파산한 채무자 혹은 채무자의 자녀를 팔 자격이 있었을 것이다(레 25:39, 47). 그럼에도 그런 경우에 농노는 품위를 떨어뜨리는 일에 사용될 수는 없었다(레 25:39-40, 42; 왕

헤르만 바빙크의 현대 사상 해석

상 9:22). 이들은 무자비하게 대우받거나 학대받지 않았고, 오히려 일용 노동자로 사용되었다(레 25:43; 신 24:14-15). 그래서 이들은 언제든지 풀려날 수 있었다(출 21:2; 레 25:25, 47; 신 15:12-15). 만일 그런 하인이 자기 종을 계속해서 섬기기 원하면, 주인은 반드시 문설주에 데려가 송곳으로 귀를 뚫어야 했다. 그래야 종신토록 하인이 될 수 있었다[출 21:6; 신 15:17].

그러나 실제 남종과 여종은 반드시 자비롭게 대우받아야 했다. 이스라엘 백성은 자신이 애굽에서 종이었다는 사실을 기억해야 했다(신 5:14-15; 15:15; 16:11-12; 24:18; 등). 종은 가족의 구성원으로 생각되었다. 종은 할례받고 이스라엘에 받아져야 했다(창 17:12; 신 5:14-15). 종 역시 안식일에는 쉬어야 했다(출 20:10; 22:21; 신 5:14-15). 종은 유월절에 식사할 수 있었고(출 12:44), 희생 제사를 먹는 일에 참여할 수 있었다(신 12:12, 18; 16:11, 14). 그래서 종은 종종 좋은 대우를 받았다. 종은 자기 재산도 가실 수 있었다(레 25:49). 만일 아브라함이 자식을 가지지 않은 채였다면, 엘리에셀이 아브라함의 후사가 되었을 것이다(창 15:3). 그래서 남자 후계자가 없을 때, 가끔 종이 양자로 입양되었다(대상 2:34-35). 매우 자주 주인은 자신을 위한 혹은 자기 아들을 위한 첩으로 여종을 취했다(창 30:3; 출 21:9). 종에 대한 신체적 형벌은 허용되었지만(잠 29:19, 21; [131] 욥 7:2; 시 123:2), 그런 형벌은 자녀를 위해서도 필요한 것으로 생각되었다. 게다가 [형벌은] 법에 의해서도 제한되었다. 종을 때려서 죽인 자는 반드시 자기가 벌을 받아야 했다(출 21:20). 종의 이를 쳐서 빠뜨리게 하거나 눈을 쳐서 상하게 했을 때, 반드시 종을 놓아주어야 했다(출 21:26-27). 자기 집을 해롭게 하는 자는 폭풍을 소득으로 얻을 것이다(잠 11:29). 종 또한 하나님에게 창조된 인간이다(욥 31:13-15).

따라서 이론과 실천은 종종 분리되지만, 이것도 이스라엘 백성에게 유효했다. 이스라엘이 가나안 땅에 들어갔을 때 큰 변화를 겪었다. 이스라엘은 유목 생활에서 정착한 농경 국가로 천천히 바뀌어 갔다. 그러나 최근에 제기된 것처럼, 주님에 대한 봉사는 유목 생활과 밀접하게 연결되어 있었고, 모든 문화에 적대적이었다는 주장은 정확하지 않다. 왜냐하면 예레미야가 레갑 족속이 선조의 명령에 순종해서 집을 짓지 않고, 씨도 뿌리지 않고, 포도원에 종자를 두지 않았을 때 칭찬했지만(렘 35), 그럼에도 예레미야는 그런 절제하는 삶을 어떤 선지자에게도 권하지 않기 때문이다. 반대로 예레미야가 아나돗의 밭을 산 것과 마찬가지로(32:8-9), 모든 선지자가 가진 이상은 자신의 포도밭과 무화과나무 아래에 앉는 것이었다(신 8:7-9). 게으름은 업신여김을 받았다(잠 19:24; 22:13; 26:15). 근면은 칭찬받았다(10:4; 12:24). 돈은 피난처가 되었다(전 7:12). 그리고 지혜와 예술과 부와 노래와 음악과 춤 또한 적법한 것으로 생각되었다(출 15:1; 25:17-40; 31:2; 왕상 4:29-34). 그러나 농업 민족으로서 이스라엘은 우상숭배와 형상 숭배와 마술과 부덕함을 답습할 위험이 남아 있는 가나안 족속과 접촉했다. 이스라엘 백성은 불신의 결과로 다른 민족의 압제를 겪기 시작했다. 이스라엘은 몇 번이나 구원받고 독립을 회복했다. 그러나 모든 사람이 자기 소견에 옳은 대로 행했을 때, 크고 작은 많은 전쟁이 지파의 연합을 깨뜨렸고 무법한 상황을 초래했다.

왕정은 이 상황을 호전시켰다. 그러나 솔로몬 왕의 통치기와 그 이후 금이 이스라엘에 넘쳐나고 부가 들어오자, 우상숭배와 불평등이 현저히 증가했다. 정치적인 이유 역시 예배의 단일성을 깨뜨렸고, 분리된 성전과 제사장직과 예배의 제정으로 일어난 이스라엘 왕국의 분열은 결국 이스라엘 백성의 변절을 초래했다. 아합 왕의 통치 아래 이런 형상 숭배는 사실상 우상숭배의 형태를 취했고, 바알 숭배가 여호와를 섬기는 것을 대체했다. 보다 치명적인 것은 바벨론과 앗수르의 영향이었다. 이 영향은 히스기야 왕의 시대 이후로 더욱더 강력해졌다. 우상숭배와 미신, 시기와 무자비함, [132] 신전에 바쳐진 처녀

　　　　　　　　　헤르만 바빙크의 현대 사상 해석

와 유아 희생제사, 독재와 고리대금, 부정과 억압과 같은 모든 일이 유다 왕국에 들어왔다. 이런 일이 더욱더 지배적인 것으로 되었다. 종교적이고 도덕적으로 나타난 상황은 시민생활과 사회생활에 영향을 미치면서 하나님의 율법과 정반대가 되었고, 이스라엘과 유다 모두 요구된 형벌로서 유배를 받았다.

그러나 여호수아 시대 이래 하나님의 말씀에 바르게 머물렀고, 바알과 하늘의 여왕 앞에 아직 무릎 꿇지 않은 칠천 명의 남은 자가 남아있었다. 이 경건한 집단은 선지자, 시편 기자, 잠언 저자를 배출했다. 하나의 오래되고 살아 있는 계보를 따라, 이들은 이스라엘 백성의 종교적이고 도덕적인 배교에 대항해 목소리를 높인다. 이들은 정당의 지도자로 혹은 새로운 종교와 도덕의 설교자로 일하는 정치적 대리인도 사회적 개혁가도 아니었다. 그러나 이들은 모든 사회적 학대에 주목했으며, 이스라엘 백성이 아는 율법에 따라, 자신의 모든 삶에 복인 하나님의 율법에 따라 이 폭력을 판단한다. 그다음에 이들은 이스라엘 백성이 굴복한 죄에 대해 애통한다. 이들은 품삯을 통제하고, 의인을 팔고, 과부와 고아를 압제하고, 경건한 자를 증오하면서, 강도와 폭음, 고리대금과 인색함, 돈과 쾌락에 대한 갈망, 재화와 치수와 무게를 속이는 일을 고발했다.

모든 선지자의 책과 모든 시편 기자의 노래와 모든 지혜 있는 자의 잠언으로 이루어진 성경은 이러한 일을 끝없이 언급하는 비판으로 가득 차있다. 성경은 하나님의 율법의 첫 번째 또는 두 번째 돌판에 대해서도 단 하나의 죄조차 변명하거나 무시하지 않았다. 성경은 이스라엘의 위반과 예루살렘의 참담한 행위를 폭로한다. 그래서 그 과정에서 성경은 누구에게도 인정을 베풀지 않는다. 성경은 모든 나라, 즉 계급이 낮은 자뿐만 아니라 특히 부자와 권력 있는 자, 왕과 사사, 제사장과 거짓 선지자도 마찬가지로 고발한다. 성경은 의식과 율법에서, 제도와 규정에서, 국가와 사회의 조악한 조직에서, 부자

와 빈자 사이의 불평등에서 슬픔의 이유를 찾지 않았다. 그러나 성경은 항상
언약을 배반하고 깨뜨린 것에서, 우상숭배와 세상에 대한 순종에서, 하나님
과 그의 말씀을 버린 것에서 이스라엘 백성의 마음을 살핀다. 따라서 성경은
정치적 혁명이나 사회적 제도로부터 회복을 기대하지 않는다. 그러나 성경은
하나님과 하나님을 섬기는 일로 바르게 돌아갈 것만 기대한다. 성경은 이스
라엘 나라 전체가 율법과 증언에, 정의와 공의에 돌아갈 것을 호소했고 백성
이 겸손해져서 회개하도록 설득했다. 그리고 만일 현재가 이 일에 대해 드문
소망도, 어떤 소망도 주지 않는다면, [133] 이들은 하나님이 모든 백성의 마
음에 율법을 쓰실 미래를 동경하면서 고대한다. 이제 다윗의 집의 기름 부음
받은 이가 의와 평강에서 번영할 것이며, 거룩한 땅이 빼앗을 수 없는 상속
을 받을 것이며(겔 46:18; 47:14), 자신의 포도밭과 무화과나무 아래에서 안전
히 앉을 것이다. 더 이상 종은 없을 것이다. 왜냐하면 남종이나 여종도 주님
의 영을 받을 것이며 심지어 이방인조차 이스라엘이 누린 특권을 누릴 것이
기 때문이다.

이런 선지자의 기대는 즉시 성취되지 않았고, 원리상 그리스도의 인격과
사역에서 완전히 처음으로 성취되었다. 그리고 이런 기대는 종말까지 신약
의 모든 체제에서 계속 성취될 것이다. 이 그리스도가 교회가 고백하는 내용
이다. 교회가 이 그리스도를 고백하지 않는다면, 그리스도의 중요성은 철학
자와 예술가, 정치인과 사회 개혁가보다 훨씬 열등할 것이다. 그리스도에 관
해서 새롭고 독특한 점은 솔로몬과 요나와 다른 어떤 선지자보다 위대하다
는 점이다(마 12:41-42). 그래서 그리스도는 메시아이며(막 8:29), 하나님의 아
들이며(마 11:27), 하나님에 의해 보냄을 받아(마 10:40) 잃어버린 자를 찾아 구
원하고(마 18:11; 눅 4:18; 19:10), 아버지의 면전에서 그리스도인으로 이들을 인
정할 것이다(마 10:32; 막 8:38; 12:10). 그리스도는 하나님과 인간 사이의 중보

헤르만 바빙크의 현대 사상 해석

자다. 그리스도는 [하나님으로서] 우리에게 하나님을 아는 지식, 곧 하나님 자신만이 줄 수 있는 지식을 준다(마 16:17). 그리스도만이 성부 하나님을 우리에게 계시한다(마 11:27). 따라서 그리스도가 땅에 가져온 것은 말로 다 할 수 없는 가치가 있다. 그 가치는 인간이 만든 도덕적 공동체로서가 아닌, 하늘에 있고 빼앗길 수 없는 보물로서(마 6:20; 눅 12:33) 존재하는 하나님의 나라다. 하나님의 나라의 내용은 의(마 6:33), 멸망으로부터의 구원(마 7:13; 막 8:35; 9:48), 영생(마 5:3-9; 7:14; 13:43)이다. 그래서 하나님의 나라는 절대적이고 세계를 초월하는 가치가 있다(마 6:33; 13:44; 막 8:36; 눅 10:42). 하나님의 나라의 시민권은 중생(요 3:3)과 믿음과 회개(막 1:15)의 방식으로만 가능하다.

이 입장에서 예수는 모든 자연적인 일을 평가한다. 예수는 모든 자연적인 일을 멸시하지 않는다. 예수는 금욕적이지 않다. 예수는 금식을 하라고 하지 않는다(마 9:14). 예수는 대식가와 술고래로 멸시를 받았다(마 11:18). 예수는 결혼식을 축하한다(요 2). 예수는 많은 식사에 손님으로 참석한다(눅 7:36). 예수는 음식과 술을, 의복과 의류를 하늘에 계신 아버지의 선한 선물로 여긴다(마 6:25-33; 눅 11:3). 예수는 또한 결혼을 존중한다(마 5:28; 막 10:2-12). 예수는 어린이를 사랑한다(마 18:2; 19:14). 예수는 한 사람의 집을 소중히 여긴다(눅 9:58). [134] 예수는 모든 환경과 관계에 대해, 자연과 자연적 생활의 모든 일에 대해 비유로 드러내놓고 말한다. 삶에 대한 금욕적인 관점은 원리상 예수에게 낯설다. 다른 측면에서 예수는 에피쿠로스의 철학에서도 훨씬 멀리 떨어져 있다. 이 철학은 자기만을 돌본다. 이 철학은 일반인을 거들먹거리면서 깔본다. 이 철학은 병든 자와 아픈 자의 운명에 전혀 관심을 가지지 않는다(마 15:14; 3:4, 15; 요 7:49). 대조적으로 예수는 끊임없이 자기 주변에 있는 대중의 무리에게 동정심을 표했다.

이러한 동정심은 영적 병과 고통을 포괄할 뿐만 아니라, 육체적 슬픔과 물질적 결핍에서도 마찬가지로 일어났다. 예수는 병든 자를 치유하고, 문둥병자를 깨끗하게 하며, 귀신 들린 자를 구원한다. 예수는 눈먼 자를 보게 하며, 앉은뱅이를 걷게 하며, 죽은 자를 일으키고, 가난한 자를 위한 복음을 선포한다(마 11:5). 예수는 가난한 자와 어려운 자를 이끌어내며, 수고하고 무거운 짐진 자를 자기에게로 부른다(마 11:28). 그래서 예수는 세리와 죄인의 친구로 알려졌다(마 9:10; 11:19). 예수를 참된 인문주의자로서 묘사하는 사람은 예수를 모든 문화에 악한 뜻을 가진 금욕주의자로 보는 사람과 마찬가지로 진리에서 동떨어져 있다. 피상적인 낙관주의도, 우울한 비관주의도 예수와 같은 편이 아니다. 예수는 양극단의 바깥에 초월해 서 있다. 예수는 항상 주권적인 영역에서 자신의 위치를 차지한다. 그리고 예수는 그 극단의 구성원으로 바꾸려는 우리의 노력에 맞선다.

따라서 다른 측면에서 예수는 확실히 자연적 선을 거부하거나 멸시하지 않는다. 다만 예수는 자연적 선 안에서 가치를 판단하거나, 그 가치를 결정하는 것과는 거리를 둔다. 예수는 그런 이유로 땅에 오지 않았다. 그런 이유는 하나님이 예수에게 주었던 과업도 소명도 과제도 아니었다. 그래서 예수는 가난한 자와 억압받는 자를, 과부와 고아를, 노예와 일용 노동자 **자체**를 절대 직접 옹호하지 않았다. 예수는 품삯이나 급여 인상, 생명 보험 혹은 연금 제도의 개선을 결코 촉구하지 않는다. 예수는 과학 혹은 예술에 종사하는 인물도 아니며, 정치인이나 경제학자도 아니다. 예수는 사회적 개혁가도 선동가도 아니며, 정당 지지자도 계급 투쟁가도 아니다. 예수는 사회적 상태를 발견한 그대로 받아들이고, 결코 이 상태를 변하게 하거나 개선하려고 하지 않는다. 예수는 황제의 권리와 조공을 지불하는 일을 인정한다(마 22:17-22). 예수는 두 드라크마를 [성전] 세금으로 지불한다(마 17:24-27). 예수는 모세의 자리에 앉은 사람들을 존중한다(마 23:2-3). 예수는 상속에 대한 문제로 형제 사

헤르만 바빙크의 현대 사상 해석

이에 일어난 송사에서 재판장으로 행하기를 거부한다(눅 12:14). 그리고 [135] 예수는 이런 측면에서 율법의 의를 성취한다(마 3:15). 예수는 가난한 자와 부유한 자 사이의 재산의 차이를 인정하고, 집 혹은 포도밭, 땅 혹은 재물을 가진 소유자에 대해서 말한다(마 21:40; 22:2; 24:43; 막 12:1; 눅 12:16; 13:25; 16:1; 등). 그리고 예수는 가난한 자가 항상 있을 것을 말한다(막 14:7). 예수는 재산의 차이가 존재함을 비판 없이 받아들인다. 비슷하게 예수는 또한 사는 것과 파는 것, 대여하는 것과 임대하는 것, 소득과 임금을 지배하는 기존의 규정을 평가하지 않은 채로 전제한다(마 13:44; 19:21; 20:11; 21:33). 그래서 예수는 종이 주인을 섬기는 데 복종하고 순종해야 한다는 개념에서 시작한다(마 10:24; 눅 17:7-10). 예수는 모든 정치적이고 사회적인 환경과 관계가 무엇이 되어야 하는지에 대한 문제를 내버려 둔다. 예수는 말로나 행동으로 이런 어떤 일에도 개입하지 않는다.

그러나 예수가 이런 모든 문제를 건드리지 않은 채로 남겨 두었기에, 예수는 자기 인격과 사역의 새로움으로 세상에 온다. 모든 지위와 계급에, 예수는 하나님의 나라의 똑같은 복음을 선포한다. 이 복음은 예수가 땅에 가져온 보물이며, 없앨 수 없는 유익이다. 그래서 이제 예수는 음식과 술, 의복과 의류, 결혼과 가족, 소명과 사회적 지위, 부와 명예와 같은 모든 것이 하늘나라의 보물에 비교하면 아무 가치도 없기에, 주저 없이, 반드시 기꺼이 포기해야 함을 알린다. 예수는 천국의 관점에서 지상의 환경과 관계를 판단했다. 천국의 관점은 예수가 판단한 기준에 따랐다. 천국의 관점이 예수가 사물을 봤던 방식이었다. 음식과 술, 의복과 의류가 관계되는 한, 이러한 것들은 하나님의 나라와 하나님의 의를 쫓는 모든 자를 위해 스스로를 돌볼 것이다(마 6:15-34). 남편과 아내, 부모와 자녀, 형제와 자매, 집과 밭은 복음의 요구에 일치하지 않을 때 즉시 버려져야 한다(마 10:37; 눅 9:59-62; 14:26). 영혼과 삶은 그리스도를 위해, 복음을 위해 반드시 거부되어야 한다(마 10:39; 16:25).

무엇보다도 **부**는 천국에 들어가는 방해물이 된다. 예수는 부 자체를 반대하지 않는다. 예수는 자본가가 큰 자본을 소유했다고 해서 이의를 제기하지 않는다. 어쨌든 예수는 부유한 사람과도 교제하고 식사에 참여하며 항상 이런 부유한 사람들을 악으로 말하지 않는다. 그러나 때로는 이런 부자들조차도 선하고 진실된 사람으로 말한다(마 20:1-15; 22:2; 눅 15:11-12; 19:12-13). 예수는 결코 경제적 관점에서 부자와 가난한 자의 대조를 생각하지 않는다. 예수는 가난한 자가 그 자체로 더 나은 위치나, 더 높은 품삯이나, 더 많은 소유를 가지도록 도우려 하지 않는다. [136] 그래서 예수는 부자 자신이 소유를 버리고 가난한 자에게 나누어 주기를 원하지 않는다. 대신에 예수는 도덕적 관점에서 부를 본다. 예수는 부를 하늘나라의 보화와 비교한다. 그래서 예수는 하늘나라의 부와 비교할 때, 모든 지상의 보화는 그 일시성 때문에 가치가 없다고 말한다(마 6:19-20). 사실 지상의 부는 하늘나라에 들어가는 일에 종종 매우 큰 **방해물**이 된다(마 19:21, 23-24). 왜냐하면 지상의 부는 많은 걱정을 하게 하고(눅 14:18-20), 잘못된 의미에서 편안함을 만들고(눅 12:16-20), 사치로운 생활로 이끌기 때문이다(눅 16:19). 보수주의 혹은 맘몬주의도, 사회주의 혹은 공산주의도 예수에게 호소하지 않는다. 왜냐하면 예수는 땅에 와서 가난한 자와 프롤레타리아를 위한 괜찮은 [물질적인] 실체를 제공하지 않았기 때문이다. 오히려 예수는 땅에 와서 하나님의 백성을 죄로부터 구하고 섬겨서 자신을 많은 사람을 위한 대속물로 주고자 했다.

제자를 가르치면서 예수는 판단의 기준을 이 수준으로 높이고자 한다. 이 가르침을 이해하려면 우리는 가장 먼저 예수가 정치적 과제 혹은 사회적 과제를 절대로 발전하지 않았다는 점을 반드시 말해야 한다. 물론 국가와 사회의 조직에 대한 예수의 가르침에서 어떤 것을 배울 수 있는지는 어려운 질문이다. 그러나 그 자체로 예수의 가르침은 정치학 혹은 경제학 강의도 아니고, 원리 혹은 행동의 과제도 아니다. 그리스도의 가르침은 완전히 종교적이고 도덕적인 본성을 가진다. 그리스도의 가르침은 국가와 사회를 위해 의도되지 않고, 예수의 제자들에게 전달된 것이다. 그리스도의 가르침은 제자들이 사적인 생활에서 어떻게 행동해야 하는지를 드러낸다. 예수의 가르침에 대한 이런 관점이 옳다는 것은 예수가 자신의 사역을 시작했을 때, 국가와 사회에 만연한 슬픈 상황에 의해 이미 그 이전부터 설득력이 있다. 이스라엘 백성은 목자가 없는 양처럼 유리했다(마 9:36; 10:6). 지도자는 이스라엘 백성을 부추겨 악화되도록 이끌었다(마 15:14; 23:15). 사두개인은 이스라엘 백성에게 신경 쓰지 않았고, 바리새인은 자기가 일하지 않음으로 생기는 부담을 이스라엘 백성에게 지웠다(마 23:4). 이스라엘은 종교적이고 도덕적으로 그런 상황에 처해 있었다. 정치적이고 사회적 상태는 훨씬 나빴다. 공의도 법적 확실성도 없었다. 만연한 정의는 폭력과 같았다. 통치자는 공의를 드러내지 않았다. 이스라엘 백성은 통치자의 변덕과 하급 관리와 세리와 군인의 착취에 무참히 넘겨졌다(마 20:25; 눅 3:12-14; 19:8).

그런 상황에서 예수의 제자들은 제멋대로 하도록 방치되었다. [137] 예수의 제자들은 세계와 당국과 사법부에서 아무 것도 기대할 수 없었다. 그리고 예수는 제자들에게 위대한 미래에 대한 전망을 주지도 않았다. 대신에 예수는 십자가와 핍박과 박해만 약속한다(마 10:16-42). 이 약속이 예수와 사도의 가르침에서 소위 자기 부인과 오래 참음, 겸손과 사랑이 그렇게 두드러진 반면에, 사회적 혹은 정치적으로 참여하라는 직접적인 명령이 없는 이유다.

산상수훈은 이 점을 더 명확하게 한다. 하나님이 요구하는 의와 예수 시대의 바리새인이 요구한 의 사이에 있는 대조가 산상수훈을 완전히 지배한다. 이 대조에 주의를 기울이면서, 예수는 가장 먼저 우리가 예수의 심판과 성부 하나님의 심판에서 복을 받은 자로 말한다. 십계명을 피상적으로 본 사람이 자기 의를 확립하려고 추구한 것과 다르다. 시편과 선지서는 비참한 자, 궁핍한 자, 가난한 자를 언급한다. 이제 예수는 영적으로 가난한 자를 부른다. 의에 주리고 목마른 자와 마음이 청결한 자와 같은 사람이다. 따라서 예수가 이런 복받은 자를 말할 때, 이런 사실은 구약을 어기지 않고 완전히 지지한다. 예수는 오경과 선지서를 보충하고 개선해서 없애는 새로운 율법 제정자가 아니다. 그러나 예수는 완전히 율법을 성취하고, 따라서 바리새인과 서기관의 의와 다르고 보다 나은 의를 요구한다(마 5:17-20).

예수와 바리새인의 날카로운 구분과 예수의 가르침과 구약의 가르침의 완전한 일치와 같은 모든 것은 산상수훈에서 나타나는 일반적인 복뿐만 아니라 각 계명에 대한 설명에서도 표현된다. 분노와 심지어 이웃과의 불화를 금하는 일은 살인에 대한 계명에서 나타난다(마 5:21-26). 마음에서 간음을 행한 일은 이혼에 대한 계명에서 드러난다(마 5:27-32). 악한 자에게서 [오는] 모든 상황에서 위증을 고려하는 일은 맹세에 대한 계명에서 나타난다(마 5:33-37). 사랑과 용서에 대한 성품으로 대체된 일은 시민의 생활에 유효하지만, 구약에 따라 남은 빚을 변제하는 계명에서 나타난다(레 19:18; 잠 24:29; 3:37-30). 이런 새로운 성품은 이제 우리를 불공정하게 대하는 사람이 더 그렇게 행해 자기 머리에 숯을 쌓는 결과를 초래한다(마 5:38-42 [참고. 롬 12:17-21]). 이런 새로운 성품은 친구와 은인에게뿐 아니라 우리를 싫어하는 자와 적에게도 적용되는 이웃을 사랑하라는 명령에서[도 표현된다](마 5:43-48).

예수는 바리새인에 반대해 각 계명을 설명할 때, [138] 마음의 성품, 율법에 대한 내적인 일치, 내적이고 **영적** 의를 강조한다. 이 강조는 예수가 특히 구제할 때(마 6:1-4), 기도할 때(6:5-15), 금식할 때(6:16-18), 그 시대에 행해진 위선을 반대한 이유다. 따라서 예수는 외적인 것, 곧 이 땅의 보물을 사랑하라고 제자들을 권면하지 않는다(6:25-34). 달리 말해 마음의 성품이 주된 것이기 때문에, 형제를 판단할 때 주의해야 하며(7:1-6), 기도할 때 하나님에게 모든 일을 맡겨야 한다(7:7-12). 이 길을 가는 자는 좁고 힘든 길을 걷는다. 확실히 이 길에서는 모든 곳에서 유혹과 속임이 위협하지만(7:13-23), 예수는 미래를 확신한다. 왜냐하면 예수는 반석 위에 지은 집이기 때문이다(7:24-29).

이런 방식으로 산상수훈을 이해하고, 그 정신을 파악하는 자는 누구든지, 문자 그대로 산상수훈 자체를 나타내는 사람 이상으로 산상수훈을 어기는 설명은 없음을 알게 된다. 산상수훈을 문자 그대로 지키는 사람은 모든 시대에서 금욕주의자로 살았다. 수도사, 재세례파, 퀘이커 교도와 최근에는 요주아 다비즈(Jozua Davids), 톨스토이, [찰스 M.] 쉘던([Charles M.] Sheldon), 마리 코렐리(Marie Corelli)와 같은 사람들이다. 이런 사람들은 진지하게 그리고 큰 소망을 품고 산상수훈을 문자 그대로 해석하는 주해를 찬성한다. 그러나 이들은 정말 쉽게 캐리커쳐로 변질된 예수의 삶과 가르침을 복사하는 일에서 성공했을 뿐이다. 하인리히 그래츠([Heinrich] Grätz), 르낭(Renan), 쇼펜하우어(Schopenhauer), [D. F.] 슈트라우스([D. F.] Strauss), 프리드리히 파울젠([Friedrich] Paulsen), 테오발트 지글러(Theobald Ziegler), 니체와 같은 다른 인물들은 예수의 가르침을 따르는 것이 불가능한 것을 보여주거나, 그리스도인이 비참한 모순에 있음을 지적하는 것을 선호한다. 그러나 이런 설명은 예수 자신이 산상수훈에서 모세오경과 선지서에 대해 제시한 설명과 정반대를 이룬다. 예수는 바리새인과 다르게 구약을 문자적으로 보지 않는다. 예수는 구약의 정신을 파악한다. 그래서 예수는 제자들이 영적이고 내적으로 자기 존재의 근원에서부터 자신을 따르기를 원한다.

따라서 그리스도를 바르게 따르는 일은 예수를 모사하거나, 복제하거나, 예수의 삶과 가르침을 흉내 내는 것으로 구성되지 않는다. 그러나 그리스도를 바르게 따르는 일은 마음의 내적 회심에서 발견된다. 이 마음의 내적 회심은 영과 진리로 하나님의 계명을 그저 일부 계명만 아니라 모든 계명에 따라 행하도록 참된 열망과 선택을 준다. 따라서 그리스도의 말씀은 정치적이거나 사회적 과업을 포함하지 않는다. 그리스도의 말씀은 권력자의 수단으로 부과될 수 없고, 정부의 수단으로 강제로 집행할 수 없으며, 폭력과 형벌에 대한 위협으로 부과될 수 없다. 여기서 이런 일을 하는 순간 예수의 말씀이 영적 본질과 그 핵심을 빼앗긴다. 예수의 말씀은 자유로운 방식으로만, 동시에 중생한 마음의 내적 충동으로만 일어날 수 있는 종교적이고 도덕적인 [139] 계명이다. 선한 나무만 선한 열매를 맺는다.

이 예수의 말씀이 그리스도의 복음의 내용이다. 그리스도의 복음은 그 자체로 사도가 선포한 것이자 교회가 고백한 것이다. 그러나 복음이 주는 영적 자유가 많은 사람에 의해 곧바로 오용되었고, 육신을 위한 기회가 되었다는 사실은 놀랍지 않다. 그리스도인이 되는 것을 간통한 자와 우상 숭배자와의 교제를 금하는 것으로 생각한 사람들은 이교도와의 모든 교제를 끊고자 했다. 회심한 여자는 가끔 자기 남편과 같이 사는 것이 허락되지 않았다고 믿었다. 할례의 무가치함을 알게 된 유대인은 할례받지 않기를 원했다. 신자가 그리스도 외에 다른 주인을 가지지 않는다는 말씀을 들었던 백성은 정부에 복종하는 것을 이 말씀을 범하는 것으로 생각했다. 그리스도 안에는 종도 자유인도 없다는 말씀을 알게 된 남종과 여종은 합법적인 주인을 순종하기를 거부했다. 천국에서 충만했던 도덕적 질서는 곧바로 국가와 사회에 존재하는 법의 규칙과 충돌했다.

그 반응으로 그 시대의 모든 사도는 자연적 질서와 제도와 관계를 지지하면서, 그리스도인의 자유를 오용하는 일을 만장일치로 반대하기 시작했다. 모든 사도는 그리스도처럼, 그리스도인 동역자가 오래 참음과 인내심을 가질

헤르만 바빙크의 현대 사상 해석

것을, 친절하고 참을 것을, 겸손하고 사랑할 것을, 박해와 학대를 조용히 순종적으로 견딜 것을 권면한다. 그래서 악이 선에 의해 정복될 수 있다고 권면한다. 이 권면은 예루살렘에 있는 최초의 교회에서 이미 자명한 사실이 된다. 사도행전 2:44-45, 4:32, 34에 기초해 많은 사람은 이 회중 가운데 모든 재화가 공유되었다고 생각했다. 그러나 주의 깊게 읽으면 이 가정을 지지할 수 없음을 알게 된다. 결국 이 말씀의 문맥은 이 최초의 교회에서 조화, 상호적인 사랑, 다른 사람을 위해 희생하고자 하는 의지를 표현하고자 의도한 사실을 분명히 나타낸다.

　　이런 상호적 사랑이 사도행전 4:32에서 그토록 완벽하게 나타난다. 아무도 자신의 소유로 어떤 재화도 주장하지 않았다. 자기에게 속한 재화를 가지고 소유하기는 했다. 그러나 재화를 그렇게 보지 않았다. 필요하다면 궁핍한 다른 지체를 돕고자 했다. 따라서 사도행전 2:44와 4:32에서 "믿는 사람이 모든 물건을 다 통용하고"라는 말씀은 개인 소유권이 폐지되었고, 모든 소유가 교회에 주어졌다는 사실을 말하지 않는다. 이 말씀은 회중의 모든 지체가 [140] 자기 재산이 모든 사람에게 속한 것으로 생각했다고 말하기를 의도한다. 이 말씀은 얼마나 자기 재화를 공유할 준비가 되었는지, 그래서 어떻게 다른 지체를 도왔는지 보여준다. 이 말씀은 조금 지나친 어떤 사람이 보인 사실로 강력하게 증명된다. 어떤 사람은 자기 재산을 팔아 사도에게 돈으로 주었다. 가장 먼저 이 일은 완전히 자유롭고 자발적인 행동이었다(행 5:4). 둘째로, 아나니아와 삽비라가 자신을 구별하려 했다는 점을 통해 예외가 있음을 보여준다. 셋째로, 그런 행동은 [많은] 다른 사람이 확실히 본받지 못했던 드문 일로서 이후에 언급되었다(행 4:36-37). 사도행전 12:12에 따르면 마리아는 자기 집을 가지고 있었다. 따라서 최초의 교회에서 행해진 일반적인 나눔의 목적은 재화의 공동체를 확립하고자 의도한 것이 절대 아니었고, 가난한 자를 돌보기 위해서만 의도된 일이었다. 물건을 팔아 모은 돈은 회중의 지체 사이에서 공평하게 나누어지지 않았다. 그러나 이 돈은 각 사람의 필요를 따라서만 사용되었다(행 2:45; 4:35; 6:1-6).

사유재산이 유지된 사실과 마찬가지로, 모든 자연적 규정과 제도는 교회에서 유지되었다. 부자는 어디서도 자기 재산을 빼앗기도록 요구받지 않았다. 비록 부자가 세상의 재물을 신뢰하지 않도록, 인색함에서 스스로를 지키도록, 동정심을 가지고 나누도록 권면을 받았지만 말이다(롬 15:26; 갈 2:10; 딤전 6:9, 17-19; 약 1:10-11; 5:1-6). 가난한 자가 세상의 재물을 나누도록 요구하는 일은 결코 권장되지 않았고, 오히려 자기 직업에서 신실하게 종사하여 자족하도록 권해졌다(엡 4:28; 살전 4:11; 살후 3:7-12; 딤전 6:6, 8; 히 13:5). 회중의 지체가 아닌 공동체에서 다른 사람과 교제하는 일은 허락되었다. 왜냐하면 달리말해 그렇게 하려면 반드시 세계를 떠나야 하기 때문이다(고전 5:10). 믿는 배우자는 불신 배우자를 떠날 수 없었다(고전 7:12-13). 할례받은 사람은 할례받지 않으면 안 되었다. 그리고 할례받지 않은 자는 할례받지 않은 채로 남아야 했다(고전 7:18). 아무 것도 그 자체로 부정한 것은 아니다(롬 14:14). 하나님이 창조한 모든 것이 선하고, 어떤 것도 감사로 받으면 거부될 수 없었다(딤전 4:4). 모든 선하고 완전한 선물이 위로부터 빛들의 아버지로부터 내려온다(약 1:17). 결혼은 명예로우며 침대는 순결하다(히 13:4). 남자는 자기 아내를 사랑하고 아내는 자기 남편에게 복종한다(엡 5:22, 25). 자녀는 자기 부모에게 순종하고, 부모는 자기 자녀를 노하게 할 수 없다(엡 6:1-4). 정부 당국은 주님을 위해 복종해야 하고 두려워해야 한다. 왜냐하면 하나님이 세우지 않고는 어떤 권위도 없기 때문이다(롬 13:1; 딛 3:1; 벧전 2:13).

비슷하게 각 사람은 하나님이 부른 상황에 머물러야 한다(고전 7:24). [141] 또한 이 소명은 특히 주인과 종 사이에, 자유인과 노예 사이에 있는 관

헤르만 바빙크의 현대 사상 해석

계에 적용된다. 레위기 19:13; 22:10; 25:50; 신명기 15:18; 24:14-15; 이사야 16:14에 따르면, 이스라엘 초기와 예수와 사도의 시대에도 노예가 있었다. 그러나 그들은 짧은 기간 혹은 오랜 기간 고용되거나, 월급을 받는 고용인이거나, 일용 노동자였다(마 20:1; 21:28; 막 1:20; 눅 15:17, 19; 요 10:12 등). 이 사실은 이스라엘 밖의 경우에서도 마찬가지였다. 그리스와 로마에서, 또한 더 이른 이집트와 바벨론에서, 고대 세계는 상당한 수의 자유노동자를 고용했다. 덧붙이면, 일부다처와 노예제는 더 높은 계급에 한정되었다. 가난한 백성은 한 명의 부인과 한 명의 노예 이상을 부양할 수 없었다. 따라서 산업이 발전하자마자, 충분한 노예는 사라지고, 일반적으로는 반드시 자유노동자에 의지해야 한다.

그러나 서신서에서 사도들이 종들(douloi)에 대해 말할 때, 사도들은 분명히 노예에 대해 말한다. 결국 초기 사도 시대에, 복음서는 특히 큰 도시이자 문명화의 중심지인 안디옥, 에베소, 데살로니가, 고린도, 아테네, 로마에서 전파되었다. 그런 도시에서 복음서는 변방까지 더 멀리 전파되었다. 큰 도시에서 복음이 대부분 받아들여졌다. 비록 배타적으로 한정되지 않았지만, 세계의 낮은 계급의 사람에 의해, 특히 종들에 의해 받아들여졌다(고전 1:26-28). 서신서에서 사도에 의해 표현된 종들은 일반적으로 말해 가정에서 일했던 노예들이었다. 이런 가정 노예는 대개 생활 상태가 야외 시골 영지에서 일했던 토지 [농업] 노예보다 훨씬 더 좋았다. 이런 토지 노예는 자주 잔인한 감독관의 손에서 변덕스레 넘겨져 큰 고통을 받았다. 그러나 도시에서 주인의 집을 섬겼던 많은 노예는 견딜 만했을 뿐만 아니라, 가끔 상당한 대우를 받기도 했다. 오늘날과 마찬가지로 이 시대에도 힘들고 엄격한 주인이 있었다. 그러나 점잖고 친절한 주인도 있었다. 주인과 매우 친밀한 관계를 가졌던 노예도 있었다. 이런 노예는 고등교육을 받았고, 예술과 학문에 종사하는 것이 허락되었으며, 요직을 차지했다. 그러나 물론 이런 노예의 환경이 어떻든 간에, 법적으로 자유롭지 않았다. 노예는 주인에게 종속된 재산의 일부인 물건이었다.

이런 법적 지위는 사도에 의해 완전히 인정된다. 직접적으로든 간접적으로든 노예 제도가 잘못된 것이고, 태초에는 존재하지 않았으며, 오늘날 존재할 권리가 없다는 사실을 사도는 어디서도 주장하지 않는다. 사도는 정부와 국민 사이의, 남편과 아내 사이의, 부모와 자녀 [사이의], 주인과 종 [사이의] 관계를 구분하지 않는다. [142] 물론 그런 구분은 존재한다. 하나님이 어떤 곳에서도 노예 제도를 명령하거나 확립하지 않지만, 결혼과 가족과 국가는 직접적으로 하나님에 의해 제정되었기 때문이다. 그러나 사도들은 이런 구분에 관심을 기울이지도 않고, 이런 제도가 같은 종류이기라도 한 것처럼, 이 모든 제도를 똑같이 다룬다. 에베소서 5:22-6:9에서(참고. 골 3:18-4:1), 바울은 차례대로 아내, 남편, 자녀, 아버지, 종[노예], 주인의 의무를 다룬다. 베드로의 경우, 주인에게 종속된 종에 대한 권면은 정부 당국에 순종하고 존중을 표하는 국민에 대한 권면 바로 다음에 따라온다(벧전 2:13-18). 주인에게 종속된 종에 대한 권면은 주인이 의로워야 하고, 종을 불쌍히 여겨야 한다는 권면보다 훨씬 더 많다.

이런 권면은 종에 대한 주인의 의무가 중요하지 않다는 의미가 아니다. 그러나 먼저 종의 주인이 회중에 가입한 일이 대체로 거의 일어나지 않았다. 종의 주인이 회중에 속한 일부 경우, 주인이 자기 종을 이전보다 훨씬 더 가혹하게 대우하도록 기독교의 가르침을 오용할 위험이 확실히 어느 정도 있었다. 다른 측면에서, 종의 대다수는 회중의 지체였다. 그리고 종들은 이런 행동을 할 위험이 확실히 있었다. 그런 위험은 그리스도인의 자유라는 이름으로 자기 주인에게 불순종하는 일, 만일 자기 주인 역시 그리스도인이라면 종이 스

헤르만 바빙크의 현대 사상 해석

스로를 평등이라는 발판 위에 올려두는 일, 만일 자기 주인이 이교도로 남는다면 이런 주인을 업신여기려는 일을 수반했다. 따라서 사도들은 종들에게 반복적이고도 강조적으로 권면한다. 가장 먼저 종들은 자기 주인에게 복종해야 한다. 또한 종들은 하나님의 뜻을 인정하면서, 그리스도에게 하듯이 자기 주인에게 순종해야 한다. 하나님은 종의 주인의 권위 속에서 종과 만난다. 이런 방식으로 종은 인간을 섬기지 않고 하나님을 섬긴다(엡 6:5-7; 골 3:22-23; 딤전 6:1; 딛 2:9; 벧전 2:18).

둘째로, 이 복종을 말하면서, [종이 섬기는 일이] 주인의 눈에 들 때 단지 호의를 얻기 위해서가 아니라, 사람을 기쁘게 하는 자로서 또한 주저하는 일과 반항하는 일 없이 그리스도의 종으로서 봉사하라고 말한다. 마음을 다하고, 단순한 마음으로, 헌신적으로, 두려움과 떨림으로, 형벌을 피할 뿐만 아니라 불복종[의 행위]를 피하기 위해서도 봉사하라고 말한다(엡 6:5-6; 골 3:22; 딛 2:9; 벧전 2:18). 셋째로, [종들은] 이 순종이 명령된 모든 일을 포함하도록 해야 한다. 이 명령된 모든 일은 "주님 안에서" 섬기는 일과 반드시 일치해야 하고, 따라서 이런 추가 때문에 특성과 정도에 제한된 것이다. 말하자면 선한 주인뿐만 아니라 엄격한 주인에 대해서도 이렇게 해야 하고, 믿는 주인뿐만 아니라 믿지 않는 주인에게도 이렇게 해야 한다. 믿는 주인을 업신여기지 않고, 믿지 않는 주인을 덜 [열심히] 섬기지도 않으며, 평소보다 더욱더 신실한 태도로 섬겨야 한다(골 3:22; 딤전 6:2; 딛 2:9-10; 벧전 2:18). [143] 이 모든 사례는 진지하게 종에게 지적되었다. 그래서 종은 주 예수 그리스도를 섬김으로 유산을 상으로 받을 것이다. 그래서 특히 하나님의 이름과 기독교는 모욕 받지 않고, 종의 신실한 행위로 칭찬받을 것이다(엡 6:8; 골 3:24; 딤전 6:1; 딛 2:10).

따라서 이 모든 권면은 분명히 노예를 노예가 아닌 자로 바꾸지 않는다.

다만 하나님의 뜻으로서 자기 상황을 겸손하게 받아들이고, 그런 방식으로 선한 종이 되게 한다. 종이 자유를 얻기를 노력하라고 직접적으로든 간접적으로든 언급하는 부분은 어디에도 없다. 주인이 자기 종을 자유롭게 할 교육을 받게 하라는 언급은 어디에도 없다. 사실 고린도전서 7장에서 바울은 하나님이 불렀을 때 처한 상황에서 모든 사람이 머물러야 한다고 권한다. 오늘날 많은 사람은 "그러나 자유할 수 있거든 차라리 사용하라"라는 고린도전서 7:21 후반부에 대한 번역과 이해가 정확한지조차 의심한다. 사도 바울은 외적 환경이 그리스도인이 되는 일에 어떤 도움도 주지 않고, 어떤 일도 박탈하지 않는다는 사실을 여기서 보여주고자 하는 것처럼 보인다. 할례는 아무것도 아니다. 포피는 아무것도 아니다. 중요한 것은 하나님의 계명을 지키는 일이다. 그래서 모든 사람이 하나님의 나라에 부름을 받았을 때 처한 상황에서 반드시 머물러야 하고, 계속해야 일해야 하고, 생각해야 한다. 따라서 어떤 사람이 종이었을 때 부름을 받았고 회심했다면, 그 일로 인해 반드시 괴로워하지 않아야 했다. 그러나 바울은 계속해서 말한다. "자유할 수 있거든 차라리 사용하라." 이 말은 다음과 같은 의미일 수 없다. "자유할 수 있거든 자유할 방법을 찾으라. 기회를 붙잡으라."

첫째로, 바울은 그리스도인이 되는 일에 외적 환경이 중요하지 않다는 사실을 보여주기를 원한다. 중요한 일은 하나님의 계명을 지키는 일이다. 하나님의 계명을 지키는 일은 어떤 상황에서도 이루어질 수 있다. 둘째로, 만일 바울이 이런 [자유할 기회를 붙잡으라는] 의미를 의도했다면, 이 말은 22절과 비교해서 볼 때 이상할 수 있다. "주 안에서 부르심을 받은 자는 종이라도 주께 속한 자유자요." 이 설명은 그리스도인이 된 종 또한 종으로서의 상황에서 내적으로든 영적으로든 그리스도 안에서 자유자라는 사실을 드러내기 때문이다. 오늘날 다수에 의해 선호되는 다른 주해는 바울이 여기서 이런 말

　　　　　　　　　　　헤르만 바빙크의 현대 사상 해석

을 의도한다는 것이다. "자유할 수 있거든 종으로 남는 것이 더 나으니라. 그러면 그리스도의 부름을 보일 수 있으리라." 이 말은 설득력이 없다. "자유할 수 있거든"이라는 문장은 "그러나"라는 단어로 시작하기 때문이다. 그래서 이 문장은 선행 문장을 반대한다. 바울이 다음과 같이 말하려 했다면 접속사 "그러나"는 완전히 불필요하고 문장을 모호하게 만든다. "자유할 수 있더라도 반드시 종으로 남기를 원해야 한다."

바울의 생각은 다른 생각처럼 보이고, 결국 이런 생각에 이른다. [144] 외적 환경은 그리스도인이 되는 일을 깎아내리지 않는다. 어떤 사회적 지위에서도 그리스도인이 될 수 있다. 따라서 모든 사람은 그리스도 안에 있다는 사실이 무엇인지 종이나 자유인이라는 지위에서 보지 않고 자기 소명에서 본다. 그래서 만일 어떤 사람이 종이라면, 이 사실은 그 종을 괴롭게 하지 않는다. 어떤 의미에서 이 사실은 ("염려하지 말라"는 말에서 표현된 것처럼) 바라는 상태가 아니라 슬픈 상태일 수 있다. 그러나 이 사실은 그리스도인이 되는 일을 방해하지 않는다. 그러나 바울은 계속해서 말한다. "그러나 자유할 수 있거든 차라리 사용하라. 주 안에서 부르심을 받은 자는 종이라도 주께 속한 자유자요. 또 이와 같이 자유자로 있을 때에 부르심을 받은 자는 그리스도의 종이니라." 따라서 바울은 자유할 기회를 가진 종이 반드시 자유 자체에 사로잡혀야 한다고 말하지 않는다. 오히려 바울은 자유할 기회를 가진 그리스도인 종은 확실하게 자유를 가질 수 있다고 말한다. 이런 자유를 가지는 일은 단지 자기를 위해서가 아니며, 자유롭게 된 그 자유에 주목하는 소명을 위해서도 아니다. 그러나 자유를 통해서 그리스도의 종됨을 보여줄 수 있기 때문이다. 따라서 주어진 이 자유를 그리스도의 종이라는 사실을 더욱더 보여주는데 쓰라!

그래서 바울은 고린도교회에 대한 편지에서도, 그리스도 자신이 지상의 사건을 심판하는 일에 임명되었다는 높고 이상적인 관점을 견지한다. 따라서 신앙을 통해 우리에게 주어진 위대한 선과 비교해서 모든 지상적인 차별과 관계는 사라지지 않지만, 그 중요성이 줄어들 것이다. 사도에 따르면, 주인과 종의 관계는 남편과 아내, 부모와 자녀, 정부와 시민의 관계와 유사하다. 그럼에도 이런 관계는 구분을 무시하지 않는 것처럼 보인다. 결혼과 가족과 국가는 하나님의 제도다. 그러나 노예 제도는 사회적 계약이다. 그리고 노예 제도는 오늘날 만연한 중요한 제도다. 기독교는 반드시 그런 계약을 다루어야 하고, 계약의 강함을 보여야 한다. 부와 가난처럼 노예 제도는 그리스도인의 방식으로 용인될 수 있고 사용될 수 있다. 기독교는 노예 제도가 사회가 존재하는 유일한 방식이라고 말하지 않는다. 기독교는 노예 제도가 필요하거나, 지속되어야 하거나, 그리스도의 제도라고 말하지 않는다. 기독교는 직접적인 하나님의 명령을 존중해서가 아니라, 국가와 사회에서 역사적으로 성장한 제도를 존중하기 때문에, 노예 제도를 폐지하지 않는다. 바울은 노예 제도를 불신자와의 결혼처럼 멍에라고 부른다(딤전 6:1). 그러나 기독교는 스스로 멍에를 메는 일을 허락하지 않는다.

[145] 그리스도인 노예는 그리스도인이 되기 위해 종이 될 수 없다고 생각해서는 안 될 것이다. 그리스도인 노예가 자유를 얻을 수 있다면, 종으로 남을 의무는 없다. 자유는 노예 제도에서 선호되며, 자기 몫을 높이려 분투하는 일은 허락된다. 그러나 만일 종으로 반드시 남아야 한다면, 그리스도인이 되는 일을 실제로 이 상황에 적용하도록 요구받았을 것이다. 자기 일에 복종하고, 신실하며, 부지런하도록 말이다. 그래서 다른 믿지 않는 이방 노예보다 **더 나은** 노예가 되도록 부름받은 것이다.

이런 생각이 바울의 생각이라는 사실이 바울이 빌레몬에게 보낸 정중한 편지에서 확인된다. 빌레몬과 그의 아내 압비아는 골로새에서 살았을 가능

헤르만 바빙크의 현대 사상 해석

성이 높으며, 자기 집에 모인 지역 기독교 회중에 속했다(2절). 빌레몬은 그리스도의 복음에 열심이 있는 동역자였고(1절), 신자들에게 큰 사랑을 보였다(5-7절). 바울은 이후에 골로새에 갈 때 빌레몬의 집에서 거처를 정할 수 있기를 원했다(22절). 빌레몬에게 속한 오네시모라고 불리는 어떤 종이 도망갔다. 우리는 이 도망에 대한 이유를 모른다. 하지만 자기 주인에게 받은 부당한 대우의 결과가 아닐 가능성이 높다. 왜냐하면 그랬다면 바울은 이 도망에 대해 어떤 일을 언급했을 것이기 때문이다. 혹은 바울이 표면적으로 자기 서신에서 하는 방식으로 최소한 빌레몬을 칭찬하지 않았을 것이기 때문이다. 그러나 오네시모는 자유에서 실망했다. 도망친 노예는 어떤 장소에서도 환영받지 못했으며, 도움도 받을 수 없었고, 체포되고 극심한 벌을 받을 위험에 계속 놓였다. 아마도 이런 상황이 오네시모가 큰 도시인 로마로 도망친 이유일 것이다. 어떤 장소보다도 여기서 오네시모는 도망칠 기회를 찾았고 머물 장소를 찾았다. 하지만 심지어 이런 장소도 오네시모의 상황을 해결하지 못했다. 오네시모는 바울에게 보호를 요청했다. 아마도 오네시모가 자기 주인의 집에서 최소한 이름으로는 알았을 바울에게 말이다.

어쨌든 오네시모는 바울에게 왔다. 그리고 오네시모는 바울의 증언을 통해 하나님에게 복을 받아 그리스도 안에서 믿음을 가졌다. 이제 바울은 오네시모에게 자기 주인에게로 돌아갈 것을 권했고, 추천서를 써주었다. 이 일은 빌레몬과 그의 가족뿐만 아니라, 빌레몬의 집에 모였던 모든 회중을 위해서도 의도되었다. 바울은 완전히 허심탄회하게 오네시모를 추천할 수 있다. 바울은 오네시모를 알게 되었고 오네시모에 대한 신뢰를 보장할 수 있다. 오네시모는 바울에게 갇힌 중에 낳은 소중한 아들이 되었다. 바울은 오네시모가 복음의 사역에 쓰이도록 지키고 싶었을 것이다. 그러나 바울은 이렇게 하고 싶지 않았다. 빌레몬이 마지못해 바울에게 오네시모를 주는 친절을 표하도록 강요하지 않기 위해 말이다. 그래서 바울은 오네시모를 돌려보냈다.

[146] 그러나 오네시모가 자기 주인에게서 도망친 일과 돌아간 일 사이에 어떤 차이가 있는가? 빌레몬은 잠시 노예 없이 지내야 했다. 그러나 이제 빌레몬은 오네시모를 영원히 받아들였다. 빌레몬은 오네시모를 종으로만 받아들이지 않고, 종 이상으로 받아들였다. 종으로서 또한 형제로서 "육신 안에서" 또한 "주 안에서" 오네시모를 섬길 수 있는 소중한 형제로서 말이다. 따라서 바울은 오네시모와 빌레몬 사이의 종의 관계에 대해서 조언하지 않는다. 바울은 오네시모가 이제 더 이상 종이 아니라는 사실을 말하지 않고, 오네시모의 회심이 빌레몬과의 관계를 전혀 다르고 훨씬 더 친밀한 관계로 바꾸었다는 사실을 분명히 한다. 이런 바뀐 관계가 오네시모를 종이 아니라 종보다 훨씬 더 나은 그리스도 안에서 소중한 형제로 받아들이게 한다. 이제 그리스도는 종과 형제라는 이중적 관계에서 빌레몬을 돕는다. "나는 네가 순종함을 확신하므로 네게 썼노니 네가 나의 말보다 더 행할 줄을 아노라(21절)"는 말씀이 그런 특별한 해석을 허락하기에는 너무 일반적이기 때문에, 바울은 빌레몬으로 하여금 자기 종에게 자유를 보장하라고 말하지도 않는다. 만일 바울이 이런 일을 원했다면 확실히 뚜렷하고 직설적으로 말했을 것이다. 그러나 심지어 이런 말씀이 반드시 그런 방식으로 해석되어야 하더라도 바울이 기껏해야 호의로 풀어주라고 말했을 것이지, 분명히 권리로 풀어주라고 하지는 않았을 것이라고 결론 내릴 수 있을 것이다. 심지어 바울은 이런 경우에서 노예 제도에 단 한 마디도 하지 않는다. 바울은 노예 제도를 있는 그대로 사실을 받아들이고 그 존재를 묵인한다.

비록 복음이 자연적 관계에서 모든 일을 바꾸지 않은 채로 내버려 두었지만, 그럼에도 복음은 모든 지상의 환경에 개혁하는 영향을 미칠 수밖에 없는 매우 심오하고 풍부하며 비상할 정도로 강력한 한 원리를 설교했다. 복음을 반드시 분명히 이해해야 한다. 복음은 반드시 정치적 체계 혹은 사회적 체계를 복음으로 바꾸지 않고도 자신을 나타내는 방식으로 받아들여져야 한다. 이 복음은 무엇을 위해 선포하는가? 고대의 모든 사람이 몰랐고, 고대 세계의 토대를 뒤흔든 이 새로운 요소는 무엇이었는가? 하늘과 영적 문제와 하나님의 나라와 그리스도 안에서의 의가 명확하며 완전히 신뢰할 수 있는 실제이자, 그런 가치가 모든 보이고 일시적인 모든 사물을 무한히 초월해 있다는 사실이 복음이다. 복음과 비교할 수 있는 것은 절대로 없다. 인간 사이에서 아무리 크고 놀라운 것일지라도 말이다. 그리스도인이 되기 위해, 하나님의 나라의 시민이 되기 위해, 영생의 상속자가 되기 위해 유대인 혹은 헬라인, 야만인 혹은 스키타이인(Scythian), 남성 혹은 여성, 자유인 혹은 노예, 부자 혹은 가난한 자, 사회적으로 중요한 자 혹은 중요하지 않은 자인지는 전혀 중요하지 않다.

[147] 모든 사람에게 열린 천국에 들어가는 유일한 방법은 중생, 내적 변화, 믿음, 회심의 방식으로 이루어진다. 어떤 국적도, 어떤 성별도, 어떤 사회적 지위도, 어떤 계급도, 어떤 부나 가난도, 어떤 자유자나 종도 여기서 우선권을 가지지 못한다. 옛 것은 지나갔으니 보라 새 것이 되었도다. 분리의 벽은 붕괴되었다. 울타리는 무너졌다. 복음은 모든 사람을 위한 것이고, 모든 사람에게 선포되어야만 한다. 멸시받는 자와 고대에서 권리가 없었던 자들, 곧 야만인, 미개인, 비천한 자, 여자, 노예, 세리, 죄인, 창기, 우상 숭배자는 하나님의 나라를 위해 예정된 하나님의 가족인 모든 백성이다. 그렇다. 만일 어떤 우선권이 있다면, 가난한 자, 멸시받는 자, 교육받지 못한 자, 압제 받는 자가 복음을 위한 일등석에 있는 것으로 여겨진다. 하나님은 가난한 자, 멸시받는 자, 비천한 자를 선택한다. 그래서 아무도 하나님 앞에서 자랑해서는 안 된다.

이 복음이 고대 세계에서 일으킨 혁명은 무엇인가? 복음은 인류에게 개혁하는 능력을 주었다! 모든 민족은 하나님 앞에서 평등하다. 하나님은 아무도 사회적인 지위나 계급에 따라, 단순하거나 중요하지 않기 때문에 열등하다고 차별하지 않는다. 하나님은 모든 민족과 세대와 사회적 계급에서 하나님 자신을 경외하는 모든 사람을 사랑한다. 이 사실이 지위의 상승이다. 이 사실이 새로운 인류의 생일이자, 새로운 사회의 출발이다. 그리스도인은 그들 사이에 있는 출신과 사회적 지위에서 얼마나 다르던지 간에 택하신 족속이요, 거룩한 나라요, 그의 소유된 백성이요, 거룩한 제사장이요, 많은 지체 중에 한 몸이었다. 비록 기독교가 영적이고 거룩한 공동체밖에 되지 않았을지라도, 비록 기독교가 구체적으로 노예 제도의 파괴에는 아무 일도 하지 않았을지라도, 기독교는 영원한 가치를 가진 어떤 것을 간직한 채로 있을 것이다. 복음이 가지고 있는 중요성은 문화의 영향, 오늘날 삶에 유용함에 미치는 영향에도 의존하지 않는다. 복음은 그 자체로 보물이며, 큰 가치를 지닌 진주다. 비록 복음이 누룩이 아닐지라도 말이다.

기독교의 가치는 확실히 오직, 배타적으로, 심지어 문명화에 미치는 영향에 의해 먼저 판단되지 않는다. 그럼에도 기독교가 그런 영향을 미친다는 사실은 부인할 수 없다. 천국은 진주일 뿐만 아니라 누룩이기도 하다. 복음을 찾는 누구든지 다른 모든 종류의 사물을 받는다. 경건함은 미래를 위한 약속을 가진다. 여전히 오늘날 삶을 위해서도 그렇다. 하나님의 계명을 지키는 데에는 큰 상이 있다. 오래되고 풍부한 역사에서, 기독교는 기독교를 고백하는 사람의 경건치 못함에도 불구하고, 모든 관계에서 모든 사회를 위한 훨씬 가치 있는 열매를 맺었다.

[148] 남은 분량이 이 이상으로 넘어가지 못하게 한다. 결론적으로 사회적 관계에 대한 성경의 가르침에 대해 간단히 줄이고자 한다.

성경의 출발점은 창조다. 왜냐하면 본질적으로 모든 관계가 창조에 연결되어 있기 때문이다. 따라서 모든 관계는 오직 창조로부터 알 수 있다. 과학은 사물의 기원에 추측만 할 뿐이다. 성경은 하나님이 전능한 하늘과 땅의 창조주이며, 다른 모든 피조물과 구별된 인간은 하나님의 형상으로 지음을 받았음을 가르친다. 또한 [성경은] 영혼과 육체, 남자와 여자, 부모와 자녀, 권력과 순종, 은사와 권력의 불평등, 재능과 재화, 소명과 과제의 구분을 [가르친다.] 일할 의무와 안식할 특권, 낮과 밤의 변화, 일하는 날과 안식일의 구분도 마찬가지다. 지상의 소명과 인간이 가지고 있는 천상의 목적지와 같은 모든 일이 하나님의 뜻에 의해 부름받은 창조에서 발견된다. 따라서 이 모든 사실은 바뀔 수 없는 규정으로 인정하고 존중해야 한다.

타락 이후 즉시 들어온 은혜의 의도는 항상 그리고 모든 곳에서 이 원래의 관계를 지키고 회복하는 것이다. 이 사실이 일반 은혜와 특별 은혜 모두를 특징 짓는다. 비록 일반 은혜가 오직 외부에서 내부로 작동하며, 특별 은혜가 오직 내부에서 외부로 작동함에도 말이다. 이스라엘의 제도는 은혜 언약에 근거하고 여전히 율법을 준수하기 때문에 이 두 작동을 통합시켰다. 비록 이스라엘이 그리스도 안에서 성취되었지만, [성취된] 예언과 마찬가지로 [이스라엘 제도는] 그럼에도 책임지는 성격을 가진 순수한 도덕적 측면을 지속하는 한 우리에게 여전히 유효하다. 이스라엘 제도는 민족의 삶을 포함한 모든 삶을 위한 규칙으로서 하나님의 뜻을 지킨다. 이스라엘 제도는 의의 원리에 따라 재산을 포함한 모든 관계를 조절하고자 한다. 이스라엘 제도는 사회생활에서 자선 활동에 많은 중요성을 둔다.

그리스도의 인격과 사역에서 그리스도가 가져온 복음은 모세오경과 선지서의 폐지가 아니라, 모세오경과 선지서의 성취다. 따라서 복음은 창조를 전제하고, 성부 하나님의 사역을 존중하며, 하나님의 뜻에 도움이 되도록 존재하는 인간의 삶에 있는 모든 자연적 관계와 일치한다. 복음 자체에서 천국의 선포와 [하나님의] 의는 화해의 복음이며, 십자가의 보혈을 통한 죄로부터의 구속이다. 이 사실이 복음이 반드시 먼저 교회와 선교에서, 그리고 그 너머에 있는 모든 곳에서 있어야 하는 이유다. 복음은 그 내용을 빼앗기거나, 정치적 강령이나 사회적 강령으로 용해될 수 없다. 오직 이 방식으로 복음은 영원히 모든 것을 초월하는 가치로 유지될 수 있다.

[149] 따라서 오직 죄와 싸우는 복음은 모든 인간을 같은 관점에서 본다. 어떤 사회적 지위든 계급이든, 어떤 부자든 가난한 자든 상관없다. 복음은 죄인만 알고 모든 사람에게 차별 없이 같은 은혜를 베푼다. 따라서 복음은 모든 인간 존재가 가지고 있는 영원한 가치를 선포한다. 또한 복음은 가장 낮은 자리에서 타락한 자를 위한 구속의 가능성을 유지한다. 이렇게 복음은 모든 사람에게 중생과 믿음과 회심의 방식으로 구속을 위한 같은 수단을 가리킨다. 그리고 복음은 차례로 그리스도 안에서 뿌리를 내린 모든 신자의 영적 공동체를 창조한다. 이 때문에 복음은 모든 인간의 관계를 영원히 초월한다. 그래서 복음은 훨씬 더 오래 살아있다.

복음이 배타적으로 죄로부터의 구속을 가리키기 때문에, 모든 자연적 관계를 그대로 둔다. 복음은 원리상 모든 사회주의, 공산주의, 무정부주의를 반대한다. 이러한 것은 결국 죄를 반대하는 데서 그치지 않고, 타락을 거부하면서 죄를 자연과 동일시하기 때문이다. 특히 가정과 국가의 제도 그 자체를 불의한 것으로 여기며, 결국은 창조를 타락과 동일시한다.

같은 이유에서 복음은 불신의 원리에서 나타나는 모든 혁명을 피한다. 혁명은 이 모든 것을 전복해, 자연과 죄 사이의 구분을 없애고, 악한 것으로 선한 것을 근절하기 때문이다. 달리말해 복음은 항상 개혁적으로 작동한다. 복음은 죄책으로부터 자유를, 마음의 갱신을, 따라서 원리상 하나님과 인간 사이에서 바른 관계를 회복함으로 가장 위대한 개혁을 창조한다.

헤르만 바빙크의 현대 사상 해석

그래서 이 핵심에서 복음은 개혁하고 갱신하는 방식으로 모든 지상의 관계에 영향을 미친다. 가정, 사회, 국가, 직업, 사업, 농업, 산업, 상업, 학문, 예술과 같은 삶의 다양한 방식은 어느 정도 독립성을 가진다. 이들은 자기 본성에서 스스로를 드러내면서 하나님의 뜻에 빚진다. 하나님의 섭리로 존재하는 시간에서 이들은 자기 본성과 일치해서 발전하고 변화를 겪는다. 정부 당국이 시민에게, 남편이 아내에게, 아버지가 자녀에게, 주인이 종에게 갖는 이 모든 권위는 바울의 시대에 있었던 권위와 완전히 다르다. 복음은 이 발전을 완전히 존중한다. 오늘날뿐만 아니라 사도의 시대에서도 마찬가지다. 복음은 발전을 방해하지도 않고, 단 하나의 장애물도 두지 않는다. 복음은 모든 피조물을 위한 좋은 소식이기 때문에 복음이다. 이 복음은 파괴와 죽음의 선포가 아니라, 부활과 생명의 선포다.

[150] 그래서 모든 것이 마땅히 존재해야만 하고 그럴 수 있는 모습으로 회복되어 다시 변할 것이다. 그렇게 하기 위해 복음은 하나님의 뜻에 반대하는 모든 것, 즉 모든 환경과 모든 관계를 시험한다. 모세와 선지자의 시대에서, 그리스도와 사도의 시대에서 그랬던 것처럼 말이다. 복음은 모든 것을 도덕적 관점에서 고려한다. 복음은 모든 환경과 관계가 하나님이 모든 생명을 위해 제정한 도덕적 원리와 관계가 있다는 관점에서 고려한다. 특히 복음만 죄를 반대하기 때문에, 마음과 머리, 눈과 손, 가족과 사회, 학문과 예술, 정부와 시민, 부자와 가난한 자에 존재하는, 항상 그리고 모든 곳에 존재하는 죄를 반대한다. 왜냐하면 **모든** 죄는 불의이며, 하나님의 법을 위반하는 것이자, 본성의 부패이기 때문이다. 그러나 모든 사회 환경과 관계를 죄에서 자유롭게 함으로, 복음은 하나님의 뜻에 따라 모든 것을 회복하려 하고 자기 본성을 성취하게 한다.

보수주의가 사회의 변화에 눈을 감고 극단주의가 사건의 흐름에서 확고한 입장을 가지는 데 실패했지만, 개혁은 양자를 결합한 기독교의 원리에서 나아간다. 존재와 변화, 절대성과 상대성, 하나님의 뜻의 통일성과 하나님의 섭리의 놀라운 인도를 결합하면서 말이다. "기독교적이고 역사적인"이라는 이름은 양 요소를 결합하고, "반혁명적인"이라는 용어는 개혁주의라는 용어에 역사 기독교적 원리가 일상생활의 실현에 적용될 수 있다는 사실을 덧붙인다. 극단적인 개혁의 방식이 아니라, 모든 것이 선하다는 관점을 유지하는 개혁주의의 방식으로 말이다.[1]

---

1) 편집자 주: "기독교이고 역사적"이라는 용어는 네덜란드에서 분명히 기독교 정치사상과 정치운동의 아버지였던 하윌라우머 흐룬 판 프린스터러(Guillaume Groen van Prinsterer, 1801-76)을 상기시킨다. 그는 반혁명당의 설립자인 아브라함 카이퍼에게 주로 영향을 미쳤다. (5장 각주 1, 2를 보라).

헤르만 바빙크의 현대 사상 해석

8. 불평등에 대하여

Essays on Religion
Science and
Society

8. 불평등에 대하여

[151] 사고가 깊은 사람들은 항상 통일성과 다양성, 단일성과 다수성의 문제를 고민해 왔다. 우리는 항상 내부와 외부에서 끊임없이 변하는 현상의 세계를 인식한다. 그러나 어디서도 불변하는 것과 영구적인 것을 찾을 수 없다. 모든 것이 유동적이다. 불안정성을 제외하면 어떤 것도 안정적이지 않다. 만일 우리가 바쁘고 스트레스를 주는 이런 시대에서 세계 사건에 처한 우리 자신에게서 거리를 두고 그 너머에서 바라본다면, 우리는 분류할 수도, 이해할 수도 없는 압도적인 수의 사건과 사고에 끊임없이 휩쓸릴 것이다. 그래서 우리가 내면을 볼 때, 우리가 받은 인상과 감정과 분위기 때문에 끊임없이 움직이는 바다를 본다. 그래서 우리는 앞뒤로 요동치는 배에 탄 것처럼 느낀다. 우리는 가끔 존재하는 실제의 광활한 요동침 속에서 일정한 단조로움 때문에 우리를 지치게 하는 사물을 본다. 또한 우리는 불가해한 신비로 우리를 움직이고 심지어 당황하게 하는 사물도 접한다. 두 예시에서 질문이 제기된다.

---

* 본 논문은 원래 다음 출처에서 출판되었다. "Over de ongelijkheid," in *Stemmen des tijds* 2 (1913): 17–43.

헤르만 바빙크의 현대 사상 해석

이 하나의 광대한 우주에서 그런 무한한 변화성과 끝없는 다양성을 어떻게 설명할 것인가? 이 무수한 다양성을 우리의 영혼을 잠잠케 할 수 있는 단 하나의 근원으로 환원하거나 도출할 수 있는가?

다양성 안에 아름다움이 있기 때문에, 미적 기쁨을 이해하지 않고도, 우리 주위에 있는 변화성과 다양성에서 어떤 미적 기쁨을 취할 수 있다는 말은 맞다. 그러나 이 변화성도 많은 모순을 숨기고 있다. 왜냐하면 다양성은 종종 충돌하는 힘 사이에서 일어나는 신비로운 투쟁의 다른 명칭이기도 하기 때문이다. 자연이 낮과 밤을, 여름과 겨울을 가지고 있는 것과 마찬가지로, 인류는 선과 악, 진실과 거짓, 아름다움과 수치에 직면한다. 창세기에 따르면, 적개심은 여자의 후손과 뱀의 [후손] 사이에 두어져 왔다. 우리는 이 사실을 모든 곳에서 인식한다. 평화 혹은 조화는 어디에도 없다. 그 대신 [152] 모든 곳에 불일치와 투쟁이 있다. 민족, 사회 계급, 나라, 정치정당, 원리, 이해관계가 나라 사이에서 충돌했다. 반면에 개인의 내면에는 머리와 마음, 육체와 정신, 의무와 욕구, 양심과 정욕이 끊임없이 서로 전쟁을 하고 있다. 이 모든 비참한 대조가 화해될 수 있는 일이 가능하기라도 한가? 우리 시대에서 우리를 만족시켜서 결국 이런 대조를 정복하고 파괴하는 더 고상한 통합에서 이 모든 비참한 대조가 화해되는 일이 가능하기라도 한가?

시간이 지나면서 많은 다양한 노력이 그런 거대하고 모든 것을 포괄하는 문제를 해결하고자 하는 데에 투입되었음은 말할 필요도 없다. 그럼에도 이런 노력을 분류할 수 있다. 특히 두 집단이 두드러진다. 한 측면은 실제의 외관에 대한 다양성을 "다양성이 기본적으로 한 실제다"라는 표어로 축소하려 했던 범신론적인 혹은 일원론적인 체계다. 그래서 이들은 단 하나의 실제의 변경으로서 다양성을 취급하거나, 어떤 객관적 실제에 일치하지 않는 단지 인간의 상상으로서 다양성을 이해한다. 이런 이해는 영지주의와 신플라톤주의를 간과하면서, 더 최근에 스피노자(Spinoza), 헤겔(Hegel), 스펜서(Spencer)의 철학의 일부가 된 그리스의 엘레아 학파와[1] 스토아 학파 사상의 관점이다. 이들은 불교 철학에서 더 일관적인 견해를 발견했다. 불교 철학은 전체 세계를 마야(maya), 알 수 없고 말할 수도 없는 **이상**으로 이해한다.

다른 측면은 단 하나의 실제를 찾는 일에 대한 절망과, 근본적이고 영원한 많은 신이나 정신 혹은 힘이나 물질을 받아들이는 일 너머로 나아가지 못한 다원주의적 체계가 있다. 이런 철학도 고대로 거슬러 올라간다. 이런 철학은 초기와 그 이후의 유물론 학파에 의해 수용되었을 뿐만 아니라, 다신교적이고 다마신교적 이교주의의 기초를 형성하기도 했다. 똑같은 일이 신의 어둡고 밝은 측면에 대한 신지학적 구분을 위해서 만들어진 페르시아인과 마니교도의 이원론에서도 유효했다. 그래서 이런 철학이 더 최근에 일원론에 대한 반작용으로서 이런 형태로 다시 나타난 사실은 주목할 만하다. 이 사실에 대한 증명은 윌리엄 제임스(William James)의 다원주의다. 또한 이 사실에 대한 증명은 이원론적 표상이다. 즉, 신비로운 자연의 힘과 나란히 존재하는 도덕적인 신이 존재한다는 사실과 우리 문화의 중심에 상당히 퍼진 더 뚜렷한 미신과 마술이 존재한다는 사실이다.

이 사실이 지금까지 종교적이고 철학적인 체계가 단일성과 다양성에 대한 매혹적인 문제에 접근한 방법이다. 우리 시대에 이전보다 훨씬 더 주목할 만한 사실은 다양성에 대한 이런 개념이 **실천적** 문제가 되어왔다는 사실이다. 우리 세계에서 나타나는 많은 다양성은 오늘날 많은 사람에 의해서 보인

---

[1] 편집자 주: 소크라테스 이전의 그리스 철학의 엘레아 학파(엘레아는 이탈리아의 루카니아에 있는 그리스의 식민지다)는 모든 것이 근본적으로 "하나"임을 가르쳤던 "존재"에 대한 위대한 철학자인 파르메니데스(Parmenides, 기원전 5-6세기경)에게서 시작되었다.

헤르만 바빙크의 현대 사상 해석

다. 특히 사회적 영역에서 불평등으로서 말이다.

[153] 다양성에 대한 세계적 문제가 하나의 유일한 예시라면, 이 불평등은 사람들에게 매우 중요한 일임이 틀림없다. 여기에 대한 근거가 이론적 문제를 드러낼 뿐만 아니라, 현실 생활에서 존재하는 매우 심각하고 비참한 격차에 대해 관심을 끌기 때문에 더 그렇기도 하다. 일부는 사치 속에서 살고 다수는 거의 걱정이 없는 삶을 살지만, 대다수는 반드시 힘든 노동을 통해 삶을 영위해야 한다는 사실에 대한 이유는 무엇이며, 이런 이유가 왜 필요한가? 사치스럽고 편하게 꾸며진 집에 사는 사람과 빛과 신선한 공기가 부족한 답답한 방, 좁은 골목, 암울한 빈민가에서 반드시 삶을 견뎌내야 하는 사람 사이의 차이를 누가 혹은 무엇이 설명할 것인가?

더 최근에 진지하게 이 질문을 던진 첫 번째 사람은 특히 제네바와 파리에서 올해 [1912년] 6월 28일에 경사스럽게도 200번째 생일을 맞이했던 사람이다. 이 유명인은 다시 한번 자신의 중요성에 주목하게 했다. 그 사람의 이름은 다시 정당의 표어가 되었다. 그 사람의 지지자와 반대자는 집요하게 싸웠다. 파리에서 축제는 왕당파의 지지자가 제기한 강한 반대에도 이루어졌다. 제네바에서는 자연이 시위대의 편을 들기라도 하듯 폭풍과 비가 쏟아졌다. 어떤 사람은 생일 축하를 받은 이 사람을 혐오스러운 생물로, 민중을 중독시키는 사람으로, 사회의 파괴자로, 크로폿킨(Kropotkin)의 조상으로,[2] 심지어는 가르니에(Garnier)와 보노(Bonnot)와 같은 무법자로[3] 불렀다. 그러나

---

2) 편집자 주: 표트르 알렉세예비치 크로폿킨 공작("무정부주의 공작," 1842-1921)은 무정부주의자이며 중앙 정부로부터 자유로운 공산주의 사회에 대한 지지자였다.

3) 편집자 주: 옥타브 가르니에(Octave Garnier, 1889-1912)와 쥘 보노(Jules Bonnot, 1876-1912)는 1911년부터 1912년까지 프랑스와 벨기에에서 활동했던 프랑스의 범죄적인 무정부주의 갱인 보노의 갱(la bande à Bonnot)의 두 두목이었다.

다른 사람들은 이 사람을 프랑스 혁명 이후의 삶을 형성한 모든 위대한 사상의 아버지로 생각해서, 진정한 최초의 개신교도로 불렀다. 예전과 마찬가지로 그 사람의 이름은 사랑과 증오, 존경과 경멸, 열정과 괴로움의 감정을 다시 불러 일으켰다. 그 사람의 이름이 장 자크 루소(Jean-Jacques Rousseau)일 수밖에 없다는 사실은 놀랍지 않다.

1712년에 제네바에서 태어난 루소는 37세가 된 1748년에 자기 인생의 전환점을 맞이했다. 그 이전에 루소는 영적으로 그리고 육체적으로, 방황하고 유리하는 방랑자였다. 루소는 자기가 원하는 것을 몰랐고, 모르는 것을 알기 싫어했던 사람이었다. 루소는 사다리와 나침반이 없는 배와 같았다. 1741년에 파리로 이사한 후에 루소는 음악을 작곡하는 새로운 방식으로 최소한 어느 정도는 자기 이름을 알렸다. 또한 루소는 디드로(Diderot), 돌바흐(d'Holbach), 엘베시우스(Helvétius), 그림(Grimm)과 같은 그 시대의 비평가들과 친분을 쌓을 수 있었던 응접실에서 받아들여지기도 했다. 그러나 그때 루소는 아직 자기 자신을 발견하지 않았다. 이후 말했듯이, 루소는 이러한 사교계에서 편안함을 느끼지 못했다.

[154] 그러나 이상할 정도로 더웠던 1749년의 여름날, 루소는 자기 친구 디드로를 방문하려고 파리에서 빈센느까지 두 리그[4-5마일]를 걸었다(*역자 주: 리그는 약 4.8km 정도 되는 거리의 단위다. 2리그는 약 9.6km이다.). 디드로는 문학적으로 무례를 저질렀다는 이유로 큰 정원으로 둘러싸인 성에 수감되었다. (디드로는 자신의 『맹인에 대한 서한』[Lettres sur les aveugles]에서 왕실의 공주에 대해 무례한 표현을 썼다. 그 왕실의 공주는 디드로가 자신을 모욕했다고 느꼈다.) 이때는 오후 2시였다. 그 시대의 관습에 따라 나무가 짧게 다듬어져 있었기 때문에, 걷기에 적당한 그늘이 없었다. 루소는 가끔 휴식을 취했고, 다시 걸을 때는 독서를 하면서 천천히 가려 했다. 루소는 『메르퀴르 드 프랑스』(Mercure

de France)라는 문학잡지의 사본을 가져갔다. 갑자기 디종 학과의 에세이 경진대회에 대한 공고가 루소의 눈에 띄었다. "과학과 예술의 진보가 도덕을 부패하게 해야 하는가 혹은 순수하게 해야 하는가"라는 주제였다.[4]

바로 그 순간 루소에게 엄청난 변화가 일어났다. 갑자기 루소의 마음에 한 빛이 떠올랐다. 루소는 자신의 『고백록』(*Confessions*)에서 이렇게 쓴다. "독서를 했던 순간에 나는 다른 우주를 깨달았고 다른 사람이 되었다."[5] 말제르브(Malesherbes)에게 보낸 네 편의 편지 중 두 번째 편지에서 루소는 이 점을 명확히 한다. 루소는 인생에서 절대 잊지 못할 그런 유일한 충격을 주었던 순간을 경험했다. 만일 번쩍이는 영감과 닮은 것이 있기라도 한다면, 그것은 그 순간에 루소를 압도했던 감정이었을 것이다. "갑자기 내 마음이 수천 개의 빛에 압도됨을 느꼈다. 생생한 개념의 다발이 강력하고 혼란스럽게 자신을 제시했고, 나를 형용할 수 없는 혼란으로 던졌다. 내 머리는 술에 취하기라도 한 듯 현기증을 느꼈다."[6] 루소의 심장은 숨을 쉴 수 없을 정도로 너무 빨리 뛰었다. 루소는 다시 걷기까지 나무 아래에 앉아 30분을 보냈다. 루소가 일어났을 때 조끼 앞부분이 눈물로 젖어있었음을 깨달았다. 루소가 디드로의 [감옥]에 도착했을 때, 거의 무아지경에 도달한 마음의 상태를 유지하고 있었다. 루소는 디드로에게 자신이 무엇을 해야 하는지 물었다. 그리고 디드로는 경진대회에 참여해야 할 뿐만 아니라 그렇게 해서 아무도 가지 않았던 길

---

4) "Si le progrès des sciences et des artes a contribué à corrompre ou à épurer les moeurs."

5) Jean-Jacques Rousseau, *The Collected Writings of Rousseau*, vol. V, *The Confessions: and, Correspondence, Including the Letters to Malesherbes*, ed. Christopher Kelly, Roger D. Masters, and Peter G. Stillman, trans. Christopher Kelly (Hanover and London: University Press of New England, 1995), book VIII of Confessions, 294.

6) Ibid., 575.

을 가야 한다고 말했다. "당신은 반드시 어느 누구와도 다르게 전체적으로 접근해야 합니다." 그리고 루소는 답했다. "맞습니다." 디드로는 자기 친구인 루소를 잘 안다고 생각했던 것처럼 보였다. 디드로는 부정적인 대답이 루소의 사고방식과 완전히 일치할 것이라고 이해했다.

[155] 비네(Vinet)는 루소의 삶에서 일어난 이 변화를 종교적 회심이라고 불렀다. 그러나 일반적으로 이 변화는 회심과 다를 것이다.[7] 그러나 이 변화는 확실히 주목할 만하고 매우 중요한 변화였다. 일반적으로 말해 거의 새로운 세계에 들어갔다고도 할 수 있을 것이다. 그래서 이 변화는 일반적으로 루소와 같은 사람에게 기대해 왔던 것보다 훨씬 더 깊고 극단적일 수도 있을 것이다. 이 변화는 루소의 머리에서 시작되었지만, 그의 마음에 침투했고 그의 삶 전체에 변화를 일으켰다. 그때부터 루소는 세상의 평가, 세상의 허식, 세상의 영광으로 가득 찬 세상을 버렸다. 그래서 루소는 이전보다 훨씬 더 개인주의자이자 고독을 사랑하는 사람으로 바뀌었다. 루소는 사회, 친구, 열렬한 무신론의 선교자였던 당대의 철학자들과의 관계를 끊었다. 루소는 욕심으로 가득 찬 마음을 깨끗하게 했고, 그런 일과는 다른 도덕적인 세계를 창조했다. 그때까지 루소는 좋은 사람이었다. 이제 루소는 고결한 사람이 되었으며, 적어도 덕에 도취한 사람이 되었다. 루소는 [후원자] 프랑퀘이(Francueil)와 함께 일했던, 보수가 매우 좋은 은행 직위를 그만두었다. 그리고 루소는 한 페이지 분량의 음악을 복사해서 생계를 유지하고자 결정했다.[8] 루소가

---

7) Cf. *Alexandre Vinet, "Rousseau," *Foi et vie* 1 (1912): 399. E. 두메르그(E. Doumergue)는 나머지 부분에 있어서 루소의 영성을 격찬했다. 그러나 두메르그는 루소에게 복음은 단지 한 법에 불과했고, 인간의 약함에 대해서만 죄를 생각했던 루소가 구원자로서 그리스도에 대한 필요를 몰랐으며, 따라서 루소의 기독교는 정확히 ... 회심을 결여한다는 점을 정확히 본다 ("Jean-Jacques Rousseau et la Déclaration des droits de l'homme et du citoyen," *Foi et vie* 1 [1912]: 419).

8) Rousseau, *Confessions*, book VIII, in Writings, V:303-5; cf. idem, *The Reveries of the Solitary Walker*, trans.

헤르만 바빙크의 현대 사상 해석

1754년에 제네바에서 몇 달간 살았을 때, 4월 1일에 개혁교회에 다시 가입했다. 그는 1728년 8월 23일에 와렌 부인 (Mrs. Warens)의 영향으로 개혁교회를 떠나 로마 가톨릭 교회로 갔었다.[9] 1756년에 루소는 데피네 부인(Mrs. D'Epinay)이 그에게 친절히 베푼 파리 외곽의 주거지인 레르미타주에서 은둔자로서의 삶을 시작하려고 파리를 떠났다. 그러나 루소는 이 집을 몽모랑의 몽루이 공원에 있는 작은 집으로 교환했다. 이 일은 콩드(Condé)의 공작의 재정 전권위원회에 의해 제공된 것이었다.[10] 여기서 루소는 1778년에 죽기까지 박해라도 받는 것처럼, 한 장소에서 또 다른 장소로 쉬지 않고 움직이기 위해 몇 년간만 머물렀다. 그러나 파리는 다시는 루소의 일정한 집이 되지 않았다.

루소의 삶에서 일어난 변화는 그가 옷을 입는 방식에도 영향을 주었다. 그때까지 루소는 관습을 따라 가루를 뿌린 가발을 썼다. 또한 루소는 좁은 반바지를 입고 하얀색 양말을 신었다. 그러나 루소는 이 모든 복식을 포기하고 소박한 시민처럼 단단하고 튼튼한 옷을 입기 시작했다. 루소는 자기 시계를 팔고 매우 만족하면서 이제부터는 [156] 시간을 알 필요가 없다고 말했다.[11] 심지어 루소의 리넨도 이 변화의 일부가 되었다. 일찍이 루소가 18개월 동안 베니스에서 프랑스 대사의 비서였을 때 상당한 양의 최고급 리넨을 구입했었다. 그러나 루소는 1751년 크리스마스 밤에 최상급 직물로 짜여진 42장의 셔츠를 포함해 모든 리넨을 도난당해 잃어버렸다. 아마도 루소의 여지

Charles Butterworth (New York: New York University Press, 1979), 31.

9)   Rousseau, *Confessions*, book VIII, in Writings, V:327ff.

10)   Ibid., 331ff., 408.

11)   Ibid., 305; cf. *Reveries*, 31.

주인 테레스 르 바서(Thérèse Le Vasseur)의 형제가 그랬을 가능성이 크다. 그래서 루소는 정교한 리넨에 대한 욕심에서도 해방되었다.[12]

어떤 점에서 전에 살던 방식과 다소 관계있지만, 그 시기에 루소가 겪었던 큰 변화는 자기 시대의 부패한 문화에 대한 갑작스러운 단념과 자연의 단순성과 진리로 돌아간 사실로 구성된다. 양자 모두 18세기와 정반대였다. 아무도 자연에 대해 몰랐고, 자연에 관심을 가지지 않았다. 국가의 거주지는 사각형의 건물, 직선적인 거리, 기하학적으로 심겨진 관목, 피라미드 모양이나 원형 모양으로 가지치기된 나무들로 특징 지어졌다. 중세의 예술은 "고딕"풍으로 멸시를 받았다. 볼테르(Voltaire)는 파리에 있는 노트르담을 건축학적 기형으로 생각했다.[13] 18세기 초에 르네상스는 모호한 것으로 퇴화했다. 곧 뻣뻣하고 아는체하는 변발과 같이 시대와 결합된 스타일로, 많은 경우 부자연스러운 바로크 스타일로 퇴화한 것이다. 과학은 인간 이성의 열매이지만, 실제와 아무 관계가 없는 추상적인 개념으로 구성되었다. 사회는 모든 종류의 특권을 누린 판사와 귀족과 사제로 나누어졌다. 민중은 세금에 대한 부담이 점점 무거워져 가난에 빠졌다. 이 모든 현저한 차이가 루소의 영혼을 관통했다. 루소는 이 사실을 그저 알기만 했을 뿐 아니라 풍자의 대상으로 만들지도 않았다. 예를 들어 몽테스키외(Montesquieu)가 『페르시아인의 편지』(Lettres persanes)에서 자기 시대의 프랑스를 풍자의 대상으로 만들었던 것처럼 말이다. 대신에 루소는 이 사실을 전심으로 따뜻하게 느꼈고, 바로 자기의 영혼 안에서 이 사실을 경험한 것처럼 보였다.

---

12) Rousseau, *Confessions*, book VIII, in *Writings*, V:305 – 6.

13) Felix Bungener, *Voltaire et son temps: Études sur le dix-huitième siècle*, 2 vols. (Paris: J. Cherbuliez, 1851), II:93.

헤르만 바빙크의 현대 사상 해석

루소는 레만 호숫가와 알프스 산기슭에 위치한 제네바에서 출생했고 유년기를 보냈다. 이 시기는 확실히 이 일을 위해 준비된 것이었다. 그래서 루소는 부모에게서 받았고, 위대한 자연에서 자라면서 형성된 감정적인 성정을 가졌다. 루소가 언급했듯이 여기에 더해 시골과 숲에서 꽃피웠지만, 집 혹은 도시에서는 죽어버린 풍부한 상상력이 있었다.[14] [157] 또한 자신을 명상의 대상으로 바꾸는 강하고 심지어 열정적인 성향도 있었다. 그러나 자연과 문화 사이의 날카로운 대조를 처음으로 명백히 알게 했던 것은 디종 경진대회였다. 디종 경진대회는 루소의 여생을 결정된 비극으로 이끌었다. 처음으로 루소는 명백하게 현인의 가르침이 잘못되고 어리석었으며, 사회적 질서에 있는 압제와 슬픔을 일으킬 뿐이라는 사실을 알았다.[15] 그 순간에 겪었던 감정은 루소가 의지력과 행동력이 강한 사람이 아니지만, 자기 과거에서 파산해 완전히 한 생각으로 영감을 받고 지배받는 새로운 삶에 너무 깊게 들어가게 했다. 우리는 반드시 자연으로 돌아가야 한다!

그때까지 루소는 자신과 그 주변 환경과 갈등을 겪는 삶을 살았다. 그러나 이제 루소는 자신을 재발견하며, 동시에 자연을 재발견한다. 그래서 루소는 깊은 조화 속에 있어야 하는 두 요소를 발견했다. 자기 영혼의 언어와 본성의 언어는 하나였다. 그때까지 양자는 합리화된 이성과 부패한 문화의 결과의 영향 아래에 있던 루소의 사고 속에 파묻혀 있었다. 그러나 이제 루소는 기원과 진리에서, 또한 단순성과 아름다움에서 이 두 요소를 발견했다. 그래서 이 양자는 루소에게 어떤 다른 것이 되었고 훨씬 더 의미 있는 것이 되었다. 이제 외부의 자연과 내부의 영혼은 하나이고 같은 하나님의 계시로 변하

---

14) Rousseau, *Confessions*, book VIII, in *Writings*, V:360.

15) Ibid., 349.

는 이성과 문화에 의해 강요된 부자연스러운 덫에서 순식간에 자유롭게 된다. 순수한 선인 하나님의 손에서 악이 나올 수 없다. 우리 세계의 수많은 잘못과 모든 슬픔은 창조된 사회와 문화에서만 그 기원을 찾을 수 있다. 그래서 영혼과 자연, 인간과 세계, 주체와 객체, 자아와 비아(非我) 사이의 원래 관계를 이해하면서, 루소는 자연됨의 권리를 위해 싸우는 강력하고 영향력 있는 전사가 되었다.

1750년 루소의 『첫 번째 담론』(Discourse[First Discourse])에서,[16] 루소는 예술과 과학이 인간의 악의 결과이며, 결국 종교적이고 도덕적인 쇠퇴에 이르게 된다는 사실을 보여주고자 했다. 폴란드 왕 앞에서 이 논문을 발표하고 변론할 때, 이미 루소는 악의 주요한 근거를 불평등으로, 또한 악이 점차적으로 부, 사치, 나태와 결국 예술과 과학을 낳는다는 사실을 암시했다. 루소는 『불평등의 기원에 대한 담론』(Discourse on the Origins of Inequality)이라는 두 번째 책에서[17] 이 사상을 더 발전시켰다. 이 담론은 "자연적 상태"에 대한 소설을 자기 시대의 사회의 현실적이고 슬픈 상태를 반대하면서 상정한다. 여기서 사람들은 홉스(Hobbes)와 마찬가지로 호전적이고 투쟁적인 방식에서 서로를 마주하지 않았다. 오히려 사람들은 자유롭고, 건전하며, 선하고, [158] 행복한 사람으로서 같이 사는 방식으로 마주한다. 『사회 계약론』

---

16) 편집자 주: Jean-Jacques Rousseau, *Discourse on the Sciences and Arts (First Discourse); and, Polemics*, vol. II of *The Collected Writings of Rousseau*, ed. Roger D. Masters and Christopher Kelly, trans. Judith R. Bush, Roger D. Masters, and Christopher Kelly (Hanover and London: University Press of New England, 1992).

17) 편집자 주: Jean-Jacques Rousseau, *Discourse on the Origins of Inequality (Second Discourse); Polemics; and, Political Economy*, vol. III of *The Collected Writings of Rousseau*, ed. Roger D. Masters and Christopher Kelly, trans. Judith R. Bush, Roger D. Masters, Christopher Kelly, and Terence Marshal (Hanover and London: University Press of New England, 1992).

(*Social Contract*)에서[18], 루소는 국가는 가설적인 계약에서 나온다고 한다. 그 계약에서 개별 시민은 자기 자유와 권리를 양도하지 않는다. 오히려 그 계약에서 개별 시민은 사람의 자유를 제한하지 않는 하나의 자율적이며 주권적인 실제로 합쳐진다. 또한 그 계약에서 아무도 범죄를 저지를 수도 없고, 다만 모든 시민이 동등하게 모든 시민의 복지를 위해 분투한다.

『에밀』(*Émile*)에서[19], 루소는 창조주의 손에서 나온 모든 것이 선하지만, 인간이 차지할 때 모든 것이 퇴보한다는 사상에서 나아간다. 그래서 시민을 교육하는 문제는 자연적 인간이 사회를 개선시킴으로 선한 채로 남을 수 있다는 문제를 아는 것으로 구성된다. 『사부아르 신부의 신앙고백』(*Profession of Faith of a Savoyard Vicar*)에서[20] 루소는 그리스도의 원래 복음과 동일시하는 종교성의 자연적 감정에 대해 인정한다. 한마디로 루소는 꾸준히 인간의 과제를 원래 존재했던 것으로 환원하려 했다. 따라서 루소는 근본적으로 존재했던 것을 갑자기 자유와 권리로, 종교와 덕으로 동일시한다. 그래서 구속은 문화에서 자연으로, 복잡하고 부패한 사회에서 순수한 원래 자연적 상태로, 정신의 속임수에서 감정의 순수한 지시로 전환하는 것으로 구성된다.

루소가 글에서 보급한 개념은 절대 새롭거나 독창적인 개념이 아니다. 왜냐하면 이 개념 중 다수는 루소보다 이전의 사상가에게서 발견되기 때문이다. 특히 영국 이신론자에게서 말이다. 그래서 이런 개념 중 다수는 다소 의

---

18) 편집자 주: Jean-Jacques Rousseau, *The Social Contract; and, Discourses*, trans. G. D. H. Cole, rev. and augmented by J. H. Brumfitt and John C. Hall, Everyman's Library 162 (New York and Toronto: Alfred A. Knopf, 1973).

19) 편집자 주: Jean-Jacques Rousseau, *Émile: or, On Education*, trans., introduction, and notes by Allan Bloom (New York: Basic Books, 1978).

20) 편집자 주: 이 책은 『에밀』(*Émile*)의 일부이며 또한 별책으로도 출판되었다. *The Profession of Faith of a Savoyard Vicar* (New York: P. Eckler, 1889).

식적으로 생각된 루소 동시대의 사상의 일부였다. 드 스탈 남작부인(Madam
de Staël)은 이렇게 말했을 때 그런 사상을 잘 표현한다. "루소는 어떤 새로운
개념도 고안하지 않았지만, 전 세계에 불을 질렀습니다."[21] 이 진술의 뒷부분
은 첫 번째 부분보다 더 맞는 말이다. 18세기의 어떤 사상가의 영향도 루소
의 영향에 견줄 수 없었다. 루소는 다른 사람들이 말해왔던 것과 같은 것을
말했을 것이다. 그러나 루소는 자기 방식으로 말했다. 아무도 이전에 그렇게
말하지 않았고 말할 수도 없었던 방식으로 말이다. 루소는 모든 사람을 매혹
하는 그토록 간단하고 명확한 방식으로, 그토록 심오한 감정과 확신을 가지
고 자기 생각을 표현할 능력을 가지고 있었다. 루소는 자기 책과 장을 시작하
면서 자기 독자를 간단하고, 힘 있으며, 아름다운 문장으로 사로잡았다. 그래
서 루소가 처음 논제를 이후에 발전했을 때, 그 논제는 독자가 그 논제를 생
각할 시간을 가지기 전에, 독자의 넋을 잃게 만드는 그런 유창한 언어와 열정
에서 이미 이루어졌다.

사실상 루소는 자기 시대의 사상을 대표했다. 루소는 자기 시대의 언어로
말했다. 루소는 사람들이 잠재의식으로 생각했던 개념에 목소리를 주었다.
그래서 루소는 한 사람에게 마음을 주었기 때문에 그렇게 할 수 있었다. 이런
능력이 계몽주의의 수많은 사상가로부터 루소를 구별했다. [159] 루소는 전
통에 대한 혐오감을 나누었다. 그 혐오는 역사적으로 발전해 왔었고 기독교
교의에서 특히 그랬다. 그러나 백과사전파가 하나님과 종교를 꾸짖으며 이성
과 과학을 우상화하던 동안, 루소의 마음에는 자연의 순수함에 되돌아가고

---

21)   편집자 주: 안 루이즈 제르멘 드 스탈(Anne Louise Germaine de Staël, 1766-1817)은 프랑스어를 사용하는
      스위스 문학가이자 루소의 애호가였다. 드 스탈은 19세기 낭만주의에 영향을 미쳤다. 드 스탈의 가장 유명
      한 문학 작품은 『독일론』(De l'Allemagne)이다.

자 하는 향수병이 있었다. 계몽주의의 오만함이 있었던 예술과 과학의 이면에서, 부와 풍요의 이면에서, 루소는 대중의 슬픔과 영적 빈곤과 텅 빈 마음을 알았다. [계몽주의의] 무신론과 유신론은 루소를 만족시키지 못했다. 비록 루소가 계몽주의의 아들이었지만 계몽주의의 가장 강력한 반대자가 되었다. 그럼에도 루소는 [계몽주의] 때문에 비난받았지만 그런 학대받은 사실을 언급하지 않았다. 이 사실이 실제보다 상상에 더 가까울지라도 루소는 계몽주의 운동을 떠났다. 루소는 감히 자기 자신의 인격을 갖고자 했고, 자신의 두 발로 서고자 했으며, 전 세계가 "네"라고 할 때 "아니오"라고 말하고자 했다. 이 태도가 이렇게 홀로 걷는 사람이 많은 사람의 지도자이자 책임자가 된 이유를 설명한다.

루소가 동시대에 끼친 영향과 루소를 따랐던 사람들에게 미친 영향은 강력했다. 루소가 무대에 오르자 볼테르의 영광은 지나갔다. 그리고 루소는 대중뿐만 아니라 더 나은 상황에 있던 사람을 위한 그 시대의 사람이 되었다. 비록 루소가 세계와 자신에게서 물러나고자 했지만, 사람들은 루소를 홀로 내버려 두지 않았다. 루소는 칭송받고 축하받았다. 루소로부터 배운 사람들은 자연적 상태에 있는 자연뿐만 아니라 인류도, 수렵인뿐만 아니라 호텐토트인도 우상화했다. 자연이라는 이름으로 사람들은 산업뿐만 아니라 농업도 멸시하기 시작했다. 왜냐하면 농업이 부와 불평등의 근본적인 원인으로 보였기 때문이다. 이제 음식을 제공하는 옥수수는 더 숙고한 결과 인간의 파멸의 원인도 되었다. 따라서 옥수수가 당근과 양배추보다 더 낮은 가치를 가졌다.[22] 신사는 거친 옷을 입고, 딱딱한 밑창을 가진 신발을 신고, 울퉁불퉁한

---

22) Bungener, *Voltaire*, II:136-38.

지팡이를 자랑하기 시작했다. 마찬가지로 숙녀는 또 다른 장 자크 루소로 보이고자 병약한 외관처럼 꾸미려고 감성적인 끈 달린 모자를 쓰고, 피 뽑기를 연습하고, 탈지유를 마심으로 스스로를 치장했다.[23)]

비록 루소가 혁명적으로 태어나지 않았지만, 루소의 가르침은 철저히 혁명적이었다. 나폴레옹(Napoleon)이 말했듯 루소 없이 프랑스는 혁명을 일으키지 않았을 것이다. 텐(Taine)에 따르면[24)], 1789년은 『사회 계약론』에 대한 주석과도 같은 해이자 [막시밀리앵] 로베스피에르([Maximilian] Robespierre)가 『사회 계약론』을 성육신시켰던 해이다. 당연히 루소의 『사회 계약론』과 1789년 [160] [로베스피에르(Robespierre)가 초안을 작성한] [프랑스] 『인간과 시민의 권리선언』(Declaration of the Rights of Man and the Citizen) 사이에 많은 차이가 있다.[25)] 그럼에도 이 두 작품 사이에 있는 기본 사상은 인간이 역사적으로 차별과 불평등으로 발전한 사회를 반드시 버려야 하고, 자연과 자연의 근본적인 권리에 반드시 되돌아가야 한다는 사실이다. 일반적으로 말해 루소는 결코 절대적 의미에서 자연 상태를 도입하고자 하지 않았다는 사실 또한 반드시 기억해야 한다. 루소는 이 사실이 불가능할 것이라는 사실을 매우 잘 이해했다. 또한 루소는 실제로 옛날부터 존재해왔던 상황으로서 자연 상태를 표현하지도 않았다. 루소는 모든 사람이 가지고 있는 공통된 관

---

23) D. P. D. Fabius, *De Fransche revolutie* (Amsterdam: J. H. Kruyt, 1881), 63.

24) 편집자 주: 이폴리트 텐(Hippolyte Taine, 1828-93)은 문학과 인문학에 과학적 방법을 적용하고자 추구했던 프랑스 역사가이자 실증주의 문학 비평가였다.

25) 편집자 주: 에밀 두메르그(Émile Doumergue)는 자기 논문에서 그 차이점을 지적하고 다음과 같이 결론 내린다. "Jean-Jacques Rousseau et la Déclaration des droits de l'homme et du citoyen," *Foi et vie* 1 (1912): 424-30, 447-51. 『인간의 권리선언』은 『사회 계약론』에서 인용된 것이 아니라 미국의 권리장전에서 인용된 것이다. 따라서 『인간의 권리선언』은 18세기의 철학에서 도출된 것이 아니라 개신교와 복음에서 나온 것이다. 역사적으로 더 흥미로운 이 의견을 조사할 시간과 목적이 있는 사람이 누구인가?

심과, 모든 일이 모든 사람을 위해, 모든 사람에 의해 이루어지는 과정에서, 자신이 사회와 국가가 해야 할 바람직한 계약으로 생각하는 바를 표현한 수단으로 자연이라는 개념을 썼을 뿐이었다.

　루소의 시대에 있었던 현존하는 정세와 대조적으로, 루소는 어떤 지위나 사람도 불법적으로 혹은 강압적으로 얻어진 특권을 누리지 않음으로, 모든 사람의 자유에 기초한 상태를 원했다. 그래서 그러한 상태를 만들고자 루소는 역사적으로 발전된 환경에 대해 관심을 가지거나 역사적으로 얻어지거나, 정당, 혹은 파벌로 얻어진 특권에 대해 관심을 가지지도 않았다. 대신에 루소는 자기감정에 의존함으로 무한한 상상을 사용했다. 그래서 루소는 결과적으로 자신을 끊임없이 반대했다. 동시에 루소는 사회주의자도 공산주의자도 결코 아니었다. 그러나 루소가 표현했던 사상은 루소 이후 사회주의와 공산주의 체계를 세울 재료가 되었다. 그 사상은 불평등과 그 근원, 부자와 빈자, 주인과 종, 특히 부유하고 권력 있는 자가 자기 관심을 채우고자 사회적이고 정치적인 제도를 썼던 방식으로 표현되었다. 그리고 루소의 영향은 이런 영향을 훨씬 넘어섰다. 칸트(Kant)와 피히테(Fichte)와 야코비(Jacobi)의 철학적 체계, 헤르더(Herder), 실러(Schiller), 괴테(Goethe)의 문학, 슐레겔(Schlegel)과 틱(Tieck)의 낭만주의, 슐라이어마허(Schleiermacher)의 감정의 신학, 일반적인 새로운 가사, 자연시와 민중시, 현대 종교, 현대 윤리, 현대 교육학과 같은 영향을 넘어선 것이다. 이 모든 사상이 어느 정도 루소의 정신에 의해 세례를 받았다.[26]

　결국 루소의 사회적이고 철학적 이론에 대한 비판이 무자비함에도 불구

---

26) Cf. P. J. Molenaar, "De Invloed van Jean-Jacques Rousseau," *Stemmen des tijds* 1 (July/August, 1912): 17-43.

하고, [161] 사회의 슬픔을 혹평한 루소의 설교와, 사람 사이에 있는 정치적이고 사회적인 불평등에 대한 루소의 강력한 싸움은 세계를 관통해 전율을 일으켰고, 많은 사람이 생각하는 방식을 역전케 했다. 루소가 『불평등에 대한 담론』을 결론 지으면서 썼던 강력한 언어는 여전히 많은 곳에서 울려 퍼진다.

> 아이가 노인에게 명령하고, 우자가 현자를 이끌며, 굶주린 다수가 생필품이 부족한 와중에 소수는 사치품으로 풍족한 방식은 어떤 식으로든 자연법에 명백히 위배된다.[27]

특히 사회적 불평등의 부당성에 대한 개념은 사람들의 마음 속 깊숙이 뿌리내렸고, 폭넓게 받아들여졌다. 우리 시대의 기본적인 사고방식은 그런 불평등을 반대하고, 완전히 없애고자 하는 것이라고 말할 수 있다. 루소는 자연적 불평등 혹은 신체적 불평등에서 또 다른 구분을 지었다. 마치 그런 구분이 성별 혹은 연령, 재능과 능력, 도덕적 혹은 정치적 불평등에서 표현되기라도 하듯 말이다. 이런 불평등은 부와 권력, 명예와 사회적 지위로 구성된다. 그러나 루소는 가장 먼저 신체적 혹은 정신적 강함에서 오는 자연스러운 차이가 종종 생활방식과 양육방식에 따른 결과임을 인식하면서, 신체적 불평등을 상당히 덜 강조하거나 제한했다. 더 나아가 그런 차별은 순수한 상태에서 그렇게 큰 중요성을 가지지 않았다. 왜냐하면 아직 예술이나 과학도 존재하지 않았고, 재산과 노예도 존재하지 않았기 때문이다. 만일 불평등이 있었고 이 불평등을 알아채기 어려웠다면, 모든 사람이 자신의 필요를 쫓을 수

---

27) Rousseau, *Discourse on Inequality, in Writings*, III:67.

헤르만 바빙크의 현대 사상 해석

있었다. 그래서 불평등의 중요성은 거의 무시되었다.[28] 다른 사람들이 더 나아가 인간 정신 능력에서 나타나는 모든 차이를 후천적 차이라고 불렀던 사실은 놀랍지 않다.[29] 또한 19세기와 20세기에 프랑스 혁명의 원리가 참된 것으로 남아 있기 때문에, 사람들은 불평등을 18세기에 처음으로 이루어졌던 일보다 훨씬 폭넓은 범위에서 더 강압적으로 반대하기 시작했다는 점도 놀랍지 않다.

이런 불평등은 우리 시대에서 두 측면에서 오는 반대로 강한 압박을 받는다. 한쪽 측면에서 불평등은 범신론적이고 유물론적인 색채를 띠는 진화론자의 사고방식에 의해 마치 위에서 오는듯한 공격을 받았다. 이 사고방식은 의식적이든 무의식적이든 과학적 사고를 지배하며, 모든 기본적 차별을 없애기 위해 매우 노력한다. 첫째로, 파괴는 하나님과 세상 사이에 있는 차이에 관심을 가진다. 또한 인간과 동물, 영혼과 육체, 진리와 거짓, 선과 악, 기독교와 이교주의 사이에 있는 차이에도 관심을 가진다. [162] 다른 측면에서 차이는 이 모든 현대적 운동이 남편과 아내, 부모와 자녀, 정부와 피지배자, 고용인과 피고용인, 부자와 가난한 자 사이에 있는 차이를 없애고자 한다는 점에서, 마치 아래에서 오는듯한 공격을 받았다. 두 운동은 확실히 관계있다. 그래서 무역의 영역에서 사회적 해방 혹은 공산주의적 해방을 지지하면서, 사상의 영역에서는 범신론과 유물론에 대해 싸우는 것은 말도 안 된다.

루소가 두 번째 담론 이후 스스로 그렇게 부르기를 선호했던 "제네바의

---

28)   Ibid., 41‒42.

29)   또한 예를 들어, Claude Adrien Helvétius in *De l'esprit; or, Essays on the Mind and Its Several Faculties* (Paris, 1759; New York: B. Franklin, 1970).

시민"이라는 명칭은[30] 두 세기 전에 제네바에서 살았고 일했던 또 다른 인물을 생각나게 한다. 바로 강력한 종교개혁자 장 칼뱅이다. 그러나 이 두 이름이 같이 언급되는 순간 엄청난 대조가 드러난다. 고전으로 양성된 인문주의자 칼뱅은 날카로운 정신과 강철 같은 의지를 가진 태도와 외모에서 구별된 인물이다. 그 맞은편에 있는 루소는 쉬지 않고 유리하는 자였고, 자주 시무룩했으며, 논리를 결여한 채 사고했으며, 지도자가 없는 삶을 살았으며, 몽상가이자 광신자였으며, 18세기 최초의 위대한 낭만주의자였다! 두 인물 모두 자신의 삶에서 변화를 경험했다. 그러나 칼뱅에게 변화는 로마 가톨릭 교회의 오류에서 벗어나, 복음의 진리와 자유를 받아들이는 일로 이루어졌다. 반면에 루소에게 변화는 모든 문화를 파괴하는 일에 지나지 않았고, 자연의 본능으로 돌아가는 일이었다. 칼뱅은 성경에 따라 인간 본성이 죄를 가져 오염된 방식으로 보는 법을 배웠다. 반면에 루소는 문화가 오염시키기 전에 본성은 어떤 부패도 없는 선하고 아름다운 것이라고 가르쳤다. 칼뱅은 하나님의 율법을 불순종하는 것으로 이루어진 개인적인 행위였던 죄 안에서 모든 슬픔의 원인을 찾았다. 루소는 사회와 문명을 비판했고, 자기 자신의 선을 생각할 때 눈물을 흘렸다. 루소처럼 선하고 동정심이 많았던 사람은 결코 없었다! 칼뱅은 자연에서 어떤 일도 기대하지 않았지만, 그리스도 안에 있는 하나님의 은혜로부터 모든 일을 기대했다. 한 마디로 칼뱅은 인간과 모든 피조물을 하나님의 압도적인 위엄 앞에 있는 흙 속으로 던졌다. 다른 측면에서 루소

---

30) 루소의 『에밀』이 1762년에 정부로부터 비난받고 루소는 제네바에서 추방 당했다. 루소는 "제네바의 시민" 이라는 직함을 잃었고, 제네바와의 관계는 상당히 차가워졌다. 편집자 주: 여기서 바빙크는 이 자료를 언급 한다. *The Collection complète des oeuvres J.-J. Rousseau*, 24 vols. (Geneva, 1782 – 89), I:206. 이 자료는 루소의 『고백록』의 9권의 도입부에 있다. 그런데 루소가 제네바에서 추방 당한 것에 대한 논의는 12권에서 나타난 다(*Writings*, III:493ff.).

헤르만 바빙크의 현대 사상 해석

는 하나님의 공의와 거룩을 희생시키며, 가장 먼저 자신을 왕좌에 앉혔고 인간을 왕좌에 앉혔다.

[163] 그러나 18세기의 파괴자는 한없는 불평등의 문제를 생각한 유일한 인물은 아니었다. 16세기의 개혁자도 똑같았다. 그러나 그[칼뱅]는 불평등의 문제를 다른 각도에서 접근했다. 가장 먼저 칼뱅을 사로잡은 문제는 정치적이고 사회적 불평등이 아니라 종교적 불평등이었다. 모든 인간에게 있는 인간 본성이 동등하게 오염되었다면, 복음을 받아들이는 자와 거부하는 자 사이에, 구원받은 자와 유기된 자 사이에 있는 심오하고도 영원히 지속될 차이를 어떻게 설명할 것인가? 칼뱅과 모든 종교개혁자에게 이 문제는 영원하기 때문에 다른 모든 차별을 없앴던 핵심적이고 가장 중요한 차이였다. 이 심각하고 심오한 질문에 답하면서, 칼뱅은 모든 문화와 자연 이면에 있는 가장 궁극적이고 심오한 원인으로서 하나님의 선한 기쁨, 하나님의 주권, 하나님의 전능한 자유 의지가 있음을 보았다. 칼뱅은 이 문제를 아우구스티누스의 발자국을 따라 바울의 인도를 받으며 문화와 자연을 외면하면서, 루터(Luther)와 츠빙글리(Zwingli)와 함께 했다.

하나님의 선한 기쁨에 대한 신앙고백은 **종교** 의식으로 성경에서 취해졌고, 가장 먼저 믿음의 확신을 확립하는데 사용되었다. 그런데, 처음부터 이 신앙고백은 계속해서 특히 칼뱅에게 훨씬 더 깊은 의미가 있었다. 하나님의 예정은 피조물 사이의 모든 차이의 최종적이고 가장 심오한 원인이었다. 이 차이는 종류, 성별, 은사처럼 현존재(zijn)와 단지 존재함(zóó-zijn)으로 있는 모든 존재에서 발견된다. 그 원인은 인간의 자유의지도, 공로나 가치도, 문화도, 창조 안에 있는 모든 다양성의 근원인 본성조차도 아니다. 그 원인은 헤아릴 수 없고 설명할 수 없지만 동시에 지혜롭고 거룩한 하나님의 전능한 의지다. 문화 혹은 양육 혹은 자유 의지는 그 원인이 아니다. 왜냐하면 근본적인 차이는 이러한 원인보다 선행하며, 이미 자연에서 나타나기 때문이다. 또한 자연도 그 원인이 아니다. 왜냐하면 자연은 스스로 발생하거나, 존재할 수 없기 때문이다. 오직 자연의 시작과 계속됨은 하나님의 능력의 말씀으로 지속된다. 하나님의 의지로 만물이 창조되었고 창조되어 왔다.

오직 강한 세대가 받아들일 수 있는 이런 신앙고백을 통해, 칼뱅은 투쟁과 압제의 시대에 가장 먼저 모든 수용과 복종과 만족을 자신을 따르는 사람들에게 가르쳤다. 그러나 오늘날 일부만 이 사실에 대해 칼뱅에게 감사할 것이다.

불만의 씨를 뿌리고 체계적으로 만연한 모든 조건과 계약에서 사람들을 적대적으로 자극하는 일이 많은 사람에게 훨씬 더 높은 평가를 받는다. 루소가 그 위대한 예시다. 왜냐하면 루소는 사회와 문화에 있는 모든 것을 비난하면서, 사람들을 오만하고 반항적으로 만든 인물이기 때문이다. 그러나 루소는 이런 사람들에게 끝없는 실망의 순환을 주기도 했다. 왜냐하면 자연에 반하는 혁명은 [164] 항상 혁명을 휘두르는 사람을 배신하는 칼이기 때문이다. "당신은 쇠스랑으로 자연을 몰아낼 수 있다. 그러나 자연은 항상 되돌아온다."[31]

그럼에도 묵인은 칼뱅이 자신을 따르는 신실한 사람들에게 영향을 주었던 유일하고 가장 중요한 것이 아니다. 칼뱅의 신앙고백에 따르면 하나님의 뜻은 절대적인 주권이며, 전적으로 전능하며 헤아릴 수 없으며, 따라서 거룩

---

31) "Naturam expellas furca, tamen usque recurret." 편집자 주: 바빙크는 프랑스 반국군주의자이자 무정부주의자 귀스타브 에르베(Gustave Hervé, 1871-1944)를 포함하는 논문을 썼을 때 있었던 사건을 언급한다. "몇 주 전에 혁명적이고 무정부주의적 연설이 삶에서 그런 사상을 행했던 많은 사람을 빈곤과 슬픔으로 던져버린 귀스타브 에르베의 좌절을 보게 된 것은 교훈적이었다." 에르베의 혁명적 사상에 대한 폭넓은 문맥은 다음 책에서 다룬다. Paul B. Miller, *From Revolutionaries to Citizens: Antimilitarism in France, 1870 – 1914* (Durham, NC: Duke University Press, 2002).

헤르만 바빙크의 현대 사상 해석

한 경외와 깊은 경의로 인정될 수 있었다. 그러나 모든 사람이 영원한 사랑을 가지고 모든 자녀를 사랑하는 자비롭고 은혜로운 성부 하나님의 뜻을 믿는다. 하나님의 뜻은 감추어질 수 있다. 그러나 하나님이 항상 모든 사람을 인도하는 어두운 방식에서도 지혜롭고 거룩한 이유가 있다. 그런 뜻은 한 사람이 제멋대로인 운명에 묵묵히 따르는 것이 아니라, 아이처럼 신뢰하는 대상이며, 고갈될 수 없는 위로의 근원이며, 확고하고 굳건한 소망인 강력한 닻이다.

예정에 대한 가르침을 따르는 것이 아니라 그 가르침에도 불구하고, 그리스도 안에 있는 하나님의 풍부한 은혜가 칼뱅의 『기독교강요』의 마음과 영혼을 구성한다는 사실을 기억하라. 칼뱅에게 이 사실은 하나님이 우리를 얼마나 사랑하는지 말함으로 주어진 기독교의 본질이었다. 칼뱅은 만물에서, 심지어 인류의 악함에서조차도 계시된 하나님의 뜻을 발견했다. 그러나 기본적으로 또한 본질상 이 뜻은 세계와 인류를 어둠에서 빛으로 또한 죽음에서 영생으로 이끄는 구원하는 은혜다.

루소는 이런 위로를 몰랐다. 그러나 칼뱅은 자기 시대의 그리스도인에게 이런 위로와 확신을 알렸다. 하나님의 거룩하고 은혜로운 뜻을 설교하면서, 칼뱅은 가장 하찮고 비천한 자들에게, 즉 복음을 위해 박해받는 자들에게, 감옥에 있는 자들에게, 교수대와 장작대에 선 순교자들에게, 모든 고난을 꾸짖고 환란 중에 영광을 보도록 믿음과 용기와 영감을 주었다. 이런 종류의 위로가 우리 시대에도 똑같이 필요하다. 인간의 마음에 불만이라는 씨앗을 뿌려 자기 운명과 사회 전반에 반란을 일으키는 루소에게 가담하는 일처럼 쉬운 일은 없기 때문이다. 위험은 우리 각자에게도 크다. 버스컨 휴에트(Busken Huet)가 말했듯이, 작은 사람에 대한 두려움 때문에 그 작은 사람과 평범한 일에 아첨꾼이 된다.[32] 그러나 근본적으로 그런 아첨은 [165] 빵 혹은 물고기 한 조각을 위해 기도하는 어떤 이에게 돌과 뱀을 주는 일처럼 잔인하다. 한 사람이 더 고상하고, 세계에서 자기 믿음을 더 많이 잃을 때, 이곳 지상에서의 삶은 더 무의미하게 자기 머리를 벽에 박게 하는 감옥과도 같이 보이기 시작한다.[33] 심지어 니체(Nietzsche)도 말했다. "어쩌면 기독교에서 가장 훌륭한 점은 가장 하찮은 사람조차 경건을 통해 사물의 더 높은 수준의 질서로 나아가며, 결국 충분히 힘들고, 힘들 수밖에 없는 현실에서 화평을 누리도록 하는 점이다."[34]

그러나 이런 비교는 칼뱅이 루소와 다른 세 번째 영역을 지적하지 않는다면, 미완인 채로 남을 것이다. 실제로 루소는 사회를 욕했고, 사람들이 그 시대의 관습에 따라 똑같이 할 것을 가르쳤다. 루소는 군주를 희생양으로 바꾸었고, 군주를 그들이 처한 슬픈 상황에 책임을 지게 했다. 그러나 결국 루소는 사회를 개혁하도록 손가락을 움직이지 않은 채 외딴 장소로 물러갔다. 반면에 칼뱅은 그리스도 안에서 은혜의 의지와 강한 동기와 활동적이고 광범위한 행동으로 알게 된 동일한 하나님의 의지를 도출했다. 나는 이런 사실을 알고 있다. 종교개혁이 번성하던 시기는 지나갔고, 예전에 사람들에게 위로를 주었던 믿음은 많은 사람을 두렵게 하는 교리로 바뀌어갔으며, 예정의 교리가 종종 육을 위한 변명으로 남용되었을 때, 한 남용이 최근에 헤드라인이

32) Conrad Busken Huet, *Het land van Rembrandt: Studien over de Noordnederlandsche beschaving in de zeventiende eeuw*, 2 vols. (Haarlem: H. D. Tjeenk Willink, 1886), II:2, 139.

33) Benjamin Constant, in B. H. C. K. van der Wijck, *Gestalten en gedachten: Verspreide opstellen* (Haarlem: De Erven F. Bohn, 1911), 274.

34) Nietzsche, in B. H. C. K. van der Wijck, *Gestalten en gedachten: Verspreide opstellen* (Haarlem: De Erven F. Bohn, 1911), 218.

된 로테르담에 있는 사람처럼 여전히 특정한 영적 변두리에서 남아 있다는 사실을 말이다. 그러나 이 사실은 개혁파 신앙고백을 풍자화한 것일 뿐이다. 우리가 하나님의 **뜻**이 만물의 원인임을 꾸준히 믿는다면, 우리의 삶의 규칙으로서 성경에서 계시되어 온 동일한 하나님의 의지에 대한 존경은 모든 곳을 하나님의 뜻의 영역으로 만들어 우리의 영향력이 닿도록 해야 한다. 만약 당신이 사회가 모든 악의 근원이라는 루소의 말을 믿는다면, 사회에 사형을 선고한 것이다. 당신은 사람에게 사형할 권리를 주었고, 혁명을 정당화했다. 그러나 만일 당신이 하나님의 뜻, 즉 하나님의 선한 기쁨의 뜻이 만유의 원인이라고 말하는 칼뱅을 믿는다면, 동일한 하나님의 뜻은 하나님의 계시된 뜻이며 우리 삶을 움직이는 힘이자 규칙이 된다. "하나님의 뜻이 이루어지이다"라는 말씀은 묵인에 대한 강함뿐만 아니라 행동할 강함도 같이 준다.

　더 나아가 칼뱅을 이름으로 언급하지 않았지만, 루소는 칼뱅과 그가 노력한 결과에 경의를 표했다. 칼뱅과 루소는 큰 차이가 있다. [166] 그러나 그 차이는 칼뱅과 루소의 친밀감을 완전히 없애지 않는다. 루소의 방황에서 "제네바의 시민"이라는 직함은 루소의 기원에 있는 모든 특징을 잃지 않았다. 볼테르는 불신자임에도 로마 가톨릭에 남아 있었다. 루소는 로마 가톨릭에 참여하고 이신론을 포용했을 때조차 개신교도로 남아 있었다. 루소는 볼테르가 사실상 하나님을 믿는 모양을 보이긴 했지만 악마를 믿었을 뿐이라고 말했다.[35] 실제로 볼테르는 허탈하게 비웃는 사람이었다. 볼테르의 비웃음은 냉소였다. 루소는 절대 비웃지 않았다. 루소는 자기 방식으로 진지한 탐구자였다. 자연의 무한한 선에 사로잡힌 후에, 루소는 심지어 "눈물의 선물"을 발

---

35)　*Confessions*, book IX, in *Writings*, V:360.

견했고 그 선물을 미약한 감성으로 기뻐했다.[36] 루소는 가끔 하나님과 하나님의 섭리에 대해, 영혼과 불멸에 대해, 덕과 양심에 대해, 성경과 복음에 대해 매혹적인 언어로 말하기도 했다. 게다가 칼뱅과 루소 모두 자신의 가장 내적 자의식에서 나아갔다. 칼뱅은 믿음의 자의식에서 출발해 성령의 증언으로 인침을 받았다. 루소는 자연에서 도출된 자기 감정의 자의식에서 출발해 슬프게도 자연을 부패하지 않은 것으로 생각했다. 칼뱅과 루소 모두 직접적으로 하나님의 세계에서 근본적인 것에 대한 내적 삶으로 나아갔다. 칼뱅에게 이 사실은 그리스도의 원 복음이었다. 그리고 루소에게 이 사실은 미적으로 경험했던 자연이 발하는 원 연설이었다. 칼뱅과 루소 모두 마음을 가진 인간이었다. 그리고 칼뱅과 루소 모두 프랑스 산문의 대가였다.

그럼에도 루소는 무심결에 칼뱅의 위대함과 우월성을 인정했다.[37] "훌륭하고 진심으로 존경하는 제네바의 통치자에게" 제안한 『불평등에 대한 담론』의 헌정사에서, 루소는 평등과 불평등이 너무나 잘 조화된 제네바에서 태어난 사실이 행복하다고 말한다. 만일 루소가 태어났던 장소에 말할 수 있

---

36) 달랑베르(D'Alembert)는 정확히 주장했다. 루소의 격정은 감정보다 지성에서 더 나타난다. Bungener, *Voltaire*, II:168. 같은 의미로 붕게너(Bungener)도 말했다. "루소는 덕에 대한 감정을 가졌다. 그러나 루소는 어디서 그 감정이 오는지 몰랐다(Ibid., 164)." "루소가 덕 자체를 위한 덕의 감정을 오해했다는 사실은 매우 명백하다(ibid., 165)."

37) 『산에서 쓴 편지』(*Lettres écrites de la montagne*)에서 루소는 칼뱅에 대해 이렇게 평가한다. "칼뱅은 확실히 위대한 사람이었다. 그러나 칼뱅은 결국 한 인간이었고 설상가상으로 한 신학자였다. 나머지 부분에서 칼뱅은 자기가 우월하다는 사실을 알았고 그 사실에 동의하지 않으면 분노했던 천재의 오만함을 가졌다." 편집자 주: 불어 원문은 이 책에서 볼 수 있다. *Rousseau: Religious Writings*, ed. Ronald Grimsley (Oxford: Clarendon, 1970), chap. 17. 칼뱅에 대한 정확한 언급은 335쪽에서 찾을 수 있다. 칼뱅에 대한 루소의 평가는 『사회 계약론』에서 나오는 더 초기의 격찬과 비교해서 볼 때 여기서는 다소 침묵하고 있다.

"칼뱅을 신학자로서만 아는 사람은 칼뱅의 천재성을 매우 과소평가한다. 칼뱅이 큰 역할을 했던 우리의 현명한 칙령의 성문화는 『기독교 강요』와 똑같은 존경을 표하게 한다. 혁명의 시대가 우리 종교에 가져다줄 수 있는 것이 무엇이든 애국심과 자유의 정신이 여전히 우리 안에 살아 있는 한 이 위대한 인물에 대한 기억은 영원히 복을 받을 것이다(Rousseau, *Social Contract*, book II, chap. 7, note)."

헤르만 바빙크의 현대 사상 해석

었다면, 시민이 서로를 잘 알고, 국민과 정부 모두 같은 목적을 위해 일하고 함께 하는, 달리 말해 민주 정부가 온화한 지혜로 특징 지어지는 그리 크지 않은 도시를 선택했을 것이다. 루소는 수 세기 동안 이미 존재했었던 행복하고 조용한 공화국을 선택했다. 그 공화국은 시민이 마땅히 자유롭고 독립적인 곳이었다. 그 공화국은 [167] 확장에 열중하지 않았고 인접한 나라에 의해 정복당하는 일로부터 안전한 곳이었다. 그 공화국은 정부가 시민에 의해 선택되고 입법부가 그 선택을 허락하는 일이 일어나는 곳이었다. 그리고 만일 하나님의 섭리가 정확한 지역과 온화한 기후와 비옥한 땅과 아름다운 경치를 더했다면, 루소는 그런 공화국에서 모든 여생을 평화롭고 조용히 보내도록 허락받는 일만을 바랐을 것이다. 그런데 그 모든 특권은 자기가 태어난 도시의 일부였다. 일반적으로 그곳 이상으로 더 나은 정치적인 상황과 시민의 상황을 상상할 수 없을 것이다. 행복은 완성이다. 남겨진 모든 것은 행복을 누리는 것이다. 칼로 얻고 두 세기 동안 지켜진 제네바의 독립은 일반적으로 잘 알려져 있다.

그렇게 정부를 구성하는 일은 예외적인 경우이며, 탁월한 이성의 산물이다. 시민이 가지는 유일한 주인은 현명한 법이다. 그 현명한 법은 시민이 선출한 정부 공무원이 제정하고 유지한다. 그 정부 공무원은 스스로가 부에 의해 부덕해지지 않을 정도로 충분히 부유하지도 않고, 다른 사람의 도움을 요구할 정도로 그렇게 가난하지도 않다. 단 하나의 욕구만 남아 있다. 그토록 현명하며 행복한 공화국은 계속해서 번영할 테지만 단 하나의 관심을 가진다. 모든 시민이 상호 단일성, 법에 복종함, 정부를 존중함을 통해 이 목표를 향해 일할 것이다. 그래서 정부는 그런 존경을 받아 마땅하다. 세계의 어떤 곳에서도 제네바의 사법제도처럼 일반적으로 정직함으로, 계몽됨으로, 존경받아 마땅한 한 조직체를 발견하지 못한다. 제네바의 사법제도는 중용과 분명한 도덕과 법을 존중함과 진정으로 융화하려는 정신을 보여주는 모든 모범이 존재한다. 그래서 제네바 시민은 자신의 덕으로 이 정부에 더욱 새로운 영광을 더한다.

루소의 아버지가 손수 일해 생계를 꾸렸지만 타키투스(Tacitus)와 플루타르크(Plutarch)와 그로티우스(Grotius)를 읽은 것과 마찬가지로, 제네바의 모든 시민과 심지어 그들 중 가장 평범한 시민도 부지런히 일하고 동시에 잘 교육받았다. 최고의 시민 중에 이름을 꼽자면 목회자들이 있었다. 목회자들의 설득력 있는 말씀은 잘 받아들여졌다. 목회자들이 자신의 삶에 복음의 원리를 잘 적용했기 때문이다. 목회자들의 중심에는 그리스도의 정신이 참되게 통치할 뿐만 아니라 도덕적인 거룩과 자기 절제와 엄격함과 다른 사람을 향한 친절함도 있었다. 국가가 미래에 잘 되기를 바라는 소망은 목회자들이 국가를 대신해 지혜와 절제와 근면을 인정했던 일에 상당 부분 의존한다. 그리고 마지막으로 공화국의 다른 절반도 반드시 잊지 말아야 한다. 이 다른 절반에 속한 사람들은 다른 사람의 복지를 돌보고, 온화함과 지혜로 평화롭고 선한 방식을 유지한다. 이 사람들은 사랑스럽고 덕이 많은 여성 시민이다. 여성 시민의 운명은 우리의 소유를 항상 돌보는 것이다.

[168] 이들[제네바의 여성 시민]은 국가에서 법에 대한 사랑을 유지한다. 이들은 시민 사이의 화합을 유지한다. 이들은 도덕에 대한 고상한 보호자이며, 평화에 대한 온화한 규제다. 기회가 있을 때마다 이들은 의무와 덕에 대한 관심에서 마음과 자연에 대한 의무를 주장한다. 다른 도시에서 소위 세련된 사람들은 궁전의 크기, 마차의 웅장함, 극장의 광채,[38] 부함과 약함에 대

---

38) 『백과사전(*Encyclopédie*)』[ed. Denis Diderot and Jean d'Alembert]의 제7권에서 달랑베르는 머지않아 극장이 세워지고, 엄격한 법에 따라 작동하며, 모든 부도덕을 금지하며, 흠 잡을 데 없는 행동을 하는 배우를 끌

　　　　　　　　　　　　헤르만 바빙크의 현대 사상 해석

한 모든 사치품을 흠모한다. 그러나 제네바에서는 오직 인간을 찾을 수 있다. 그러나 이 광경은 그만한 가치가 있다. 보잘것없는 것을 흠모하는 사람들만큼 가치를 쫓는 자들이 있기 때문이다.[39] 루소의 말은 확실히 제네바의 개혁가를 향한 찬사로 가득 차 있다. 어떤 사람이 루소가 태어난 도시의 공화정이 루소의 정치적이고 사회적 이상에 얼마나 큰 영향을 미쳤는지를 의식한 연구를 한다면 훨씬 더 가치가 있을 것이다.[40]

더욱이 제네바의 모범은 삶에 대한 칼뱅의 종교적 철학이 적용되었을 때, 오늘날의 사회를 위한 약속도 포함한다는 사실을 증명한다. 개신교가 문명과 민족의 번영에 상당히 유익을 주었다는 사실이 자주 드러나지 않았는가?

어들이기를 원하는 제네바에 대한 논문을 썼다. 그러나 루소는 달랑베르에게 보낸 편지에서 이 논문에 반대했다. *Lettre à M. d'Alembert*, dated March 20, 1757. 이 편지는 여전히 읽을 가치가 있다. 편집자 주: 프랑스어 원문은 여기에 포함되어 있다. *Grimsley, Rousseau: Religious Writings*, chap. 9, pp. 72‒78. 달랑베르의 논문은 1757년에 나왔지만 그림슬리는 루소의 편지를 1758년에 쓰인 것으로 추정한다.

39) Rousseau, *Oeuvres*, I:526‒31. 이후에 루소는 제네바의 정부 형태를 그렇게 더 선호할만한 것이 아니라는 의견을 가졌다. 루소의 두 책인 『에밀』과 『사회 계약론』은 제네바 시 의회에서 저자에게 듣지 않고 비난받았다. 그래서 이 두 책은 공적으로 불태워졌고 루소의 시민권은 폐지되었다. 그러자 루소는 『산에서 쓴 편지』에서 변론을 강화했다. [편집자 주: 39번 각주를 보라. 루소의 편지에 대한 괜찮은 논증은 다음 책에서 나타난다. *The Political Writings of Jean-Jacques Rousseau*, introduction and notes by C. E. Vaughan, 2 vols. (Oxford: Blackwell, 1962), II:173‒96. 그러나 이 책은 6편부터 9편까지의 편지만 포함한다.] 여기서 루소는 더 이른 선호할만한 의견을 철회하지 않았다. 그러나 루소는 적법한 국가와 실제 국가 사이를 구분했다. "어떤 국가도 당신의 적법한 국가보다 자유롭지 않으며 어떤 국가도 당신의 실제 국가보다 비굴하지 않습니다(*Lettres écrites de la montagne, in Oeuvres*, III:67)." 루소의 시대에 제네바는 24,000명의 거주민에서 빈틈없이 파악된 다섯 개의 뚜렷한 사회적 계급으로 정해졌다. (제네바의 시민으로 태어난) 시민, (시민권을 받은) 부르주아, (도시에서 살 수 있는 특권을 샀던) 거주민, (도시에서 태어난 이 거주민의 자녀인) 현지인, (도시의 외곽지역에 거주하는) 피지배인이다. 시민과 부르주아는 많아야 1,600명이었다. 시민과 부르주아만이 (25명의 구성원으로 된) 행정 의회의 제안을 수용하거나 거부할 권리를 가졌던 일반 의회의 구성원이었다. 일반 의회의 구성원에서 행정 의회와 60인 의회와 200인 의회의 모든 구성원이 선출되었다. 모든 구성원은 중요한 지위와 직무를 맡았다. 사실상 세습된 귀족 정치가 다소 민주적 형태로 통치했다. 루소의 『산에서 쓴 편지』가 출판되었을 당시의 제네바의 구성에 대한 사진을 참고하라. 이 사진은 루소의 전집에서 편지 전에 나온다. *Lettres* in the *Oeuvres*, III:1‒4.

40) 루소의 『산에서 쓴 편지』에서 (*Grimsley, Rousseau: Religious Writings*, 325ff.), 루소는 『사회 계약론』의 주된 사상을 요약한다. 루소 자신은 자신의 저작에 대한 간단하고 정확한 분석이 제네바 정부의 역사에 불과하다고 말한다. 그래서 루소는 자신의 책의 모든 주요 사상이 "당신의 공화국"을 대표하는 특징을 반영하며, 정치적 제도에 대한 모범으로서 제네바 정부를 취했다고 말한다.

개신교가 많은 편견에도 불구하고 우리 [169] 시대의 자본주의가 칼뱅주의와 연결되어 있다는 사실을 지난 수년간 영향력 있는 사람이 주장하지 않았는가? 따라서 그리스도인으로서, 개신교인으로서, 개혁된 그리스도인으로서, 현대를 정반대로 직면할 필요가 전혀 없다. 왜냐하면 현대는 우리를 삶과 일에 지정한 하늘의 아버지의 동일한 뜻에 의해 통치되기 때문이다. 만일 우리가 루소와 같은 자연주의자라면, 실제보다 훨씬 위에 있고 그 너머에 있는 기준을 가지지 않는다면 극단적인 보수주의로 쉽게 되돌아갈 수 있다. 또한 상상의 영역에서 그런 기준을 빌려온다면, 비역사적인 극단주의에서 우리의 행복을 쉽게 추구할 수 있다. 그러나 우리가 사물의 더 고귀한 질서를 믿을 때, 역사에서 밝혀진 사실뿐만 아니라 말씀의 증언을 통해서도 하나님의 거룩하고 은혜로운 뜻이 우리에게 나타난다. 그런 식으로 이제 우리는 현재를 평가하고 바꾸는 기준을 발견해왔다. 그래서 우리는 최소한 원리상 실제를 무조건 비난하거나 정당화하려는 위험을 극복한다.

한 측면에서 이제 우리는 루소와 피상적인 추종자가 자신에게 죄책감을 느끼도록 했던 방식으로 사회를 비난하는 일을 삼간다. 그래서 우리는 곧바로 하나님의 인도 아래에 발전하고 또한 수 세기 동안 수많은 사람에게 복이 되어 온 놀라운 인공적인 유기체로서 사회를 존중하는 법을 배울 것이다. 판 하우턴(van Houten)이 말했듯, 비록 우리가 자연에 반하는 인류의 투쟁과 수많은 무력하고 약하고 부패한 개인을 더해 생각할 때, 사람들이 견디는 빈곤과 슬픔을 탄식한다. 그럼에도 불구하고 그보다 더한 고난은 없고 양식의 부족으로 굶는 일이 거의 없는 심지어 인구가 수천 명인 나라가 있다는 사실에서 놀라게 된다. 그런 나라에서 굶는 일이 일어난다면 세계의 모든 신문이 그 일을 떠들썩하게 보도할 것이다. 많은 사람이 주기적으로 일용할 양식을 얻지 못하고 빈곤으로 고통받는 일 이상으로 실제로 이런 인구의 대다수는 일

혜르만 바빙크의 현대 사상 해석

용할 양식을 얻는다는 사실은 훨씬 더 위대한 기적이다.[41]

그러나 동시에 확실히 단지 그런 일이 일어나기 때문에 일어난 모든 일에 반드시 감사해야 한다. 그리고 새로운 환경과 새로운 관계가 모든 영역에서 끊임없이 어떻게 진보하는지 보여주는 시대의 징후를 이해하려고 반드시 노력해야 한다. 소위 말하는 사회적 문제는 확실히 영적 배경을 가지고 있다. 사회적 문제는 루소의 잘못된 평등에 대한 이론에서 나왔으며, 이 때문에 [170] 사회적 제도로 해결되기 어렵다. 국가와 사회와 개인이 상황을 개선하고자 했던 일이 무엇이든지, 이런 노력이 필요하고 찬사를 받아 마땅하지만, 감사나 요구를 없애는 일에 조금도 도움을 주지 않는다. 그러나 우리 중 누가 이런 시대로 되돌아가기를 바랄 것인가? 누가 사회적 계급이 거의 카스트 제도처럼 서로를 분리시켰던 시대로, 사람들이 자기의 주인이 결정한 일이 무엇이든 칭찬할 것을 기대했던 시대로, 과학의 연구자가 반드시 육체노동으로 생계를 유지해야 해서 모든 사람에게 무시당했던 시대로 되돌아가기 바랄 것인가? 우리가 17세기 중반에 접근하면 할수록, 교수들이 동료 시민을 더욱 피하려는 경향이 있고, 분리된 카스트 제도를 구성하기 시작했던 방식에 주목한다. 교수들은 사회생활에 전혀 참여하지 않거나 매우 드물게 참여했다. 교수들은 교육을 받지 못한 사람의 영역에서 매우 드물게 보인다. 교수들은 모든 사람을 놀라게 했던 격식과 예절을 보여주었다. 그러나 이런 격식과 예절은 자기 복장과 특히 자기 머리에서 허리까지 내려오는 끔찍한 가발과 잘 어울렸다. 많은 사람이 신으로 존경받고자 했다. 교수들의 오만함과 자부심은 자주 무한했다. 그래서 심지어 교수들과 연관된 배운 사람들조차 자부심

---

41) Samuel van Houten, "Paus Leo XIII over het arbeidersvraagstuk [편집자 주: 노동에 대한 질문은 여기서 나온다. In *Rerum novarum*]," taken from the *Vragen des tijds*, p. 2.

에 대해 불평했다.[42]

이런 사례와 대조적으로 그 사례가 더욱더 실제가 되어가는 상황을 본다. 사회의 무게 중심이 이동하고, 육체노동과 전문적인 기술의 가치가 훨씬 더 높게 평가되는 일이 일어났다. 또한 사회 정세의 또 다른 상황이 이 시대의 물질적이고 영적인 재화가 모든 사회 계층 사이에서 더욱 평등하게 나누어지는 [상황으로] 일어나고 있다. 어쨌든 우리는 재화, 사실상 모든 재화가 있는 미래와 많은 세속적 재화와 많은 재산을 얻은 모든 사람이 이전 세기 이상으로 많은 자기 부인과 헌신을 보이도록 요구받게 될 미래에 직면한다. 영적이고 물질적인 부는 전적으로 자기 기쁨을 위해 그리고 자기만을 위해 누리는 특권을 훨씬 더 적게 누릴 것이다. 부는 바울의 말처럼 더욱더 의무의 성격을 가질 것이다. 왜냐하면 몸의 모든 지체가 서로를 똑같은 관심으로 돌보기 때문이다. 혹은 하이델베르크 교리문답을 인용하면, 각 지체는 다른 구성원을 섬기고 풍요롭게 하려고 기꺼이 그리고 즐겁게 자기 은사를 사용할 의무가 있다는 점에서 반드시 부를 생각해야 한다.

따라서 사회의 불평등을 생각할 때, 우리는 이 장의 처음에 제기했던 같은 문제에 직면한다. 단일성과 [171] 다수성에 대한, 절대성과 상대성에 대한 관계는 무엇인가? 끊임없이 변화하는 일이 영원한 일에 미치는 관계는 무엇인가? 영원한 원리와 바뀌는 환경에서의 적용에 있는 관계는 무엇인가? 허풍과 메아리치는 표어에 의존하지 않는 사람은 누구도 그 질문에 준비할 준비가 되어 있지 않다. 그 답을 찾기 위해, 진지한 연구가 두 원리를 요구한다. 우리를 안내자로 돕는 원리와 우리가 살아가는 매우 복잡한 환경에 있는 원리

---

42)   [Gilles D. J.] Schotel, *De Academie te Leiden* (Haarlem: Kruseman & Tjeenk Willink, 1875), 232.

헤르만 바빙크의 현대 사상 해석

라는 두 원리다. 그러나 아마도 우리는 하나님의 나라가 비유에서 나타났던 것과 같은 방식으로 시간이 지남에 따라 점차 그 답을 찾을 것이다. "하나님의 나라는 사람이 씨를 땅에 뿌림과 같으니 그가 밤낮 자고 깨고 하는 중에 씨가 나서 자라되 어떻게 그리되는지 알지 못하느니라."

9. 심리학의 경향

Essays on Religion
Science and
Society

9. 심리학의 경향

[172] 다른 과학과 마찬가지로 심리학도 온갖 종류의 이유 때문에 이전 세기에 큰 변화를 겪었다. 이런 변화는 심리학의 방법론인 본질과 목적을 포함했다. 구심리학과 신심리학 사이의 구분은 그렇게 정확히 명시되지 않았다. 훨씬 덜 적절히 말하자면 구심리학은 추측에 근거했고, 신심리학은 순수한 관찰에 근거했다. 이 구분은 확실히 관찰과 경험을 모든 지식에 대한 근원으로 보는 최근에 만들어진 개념에 따른 것은 아니다. 이런 구분은 이미 수세기동안 알려졌다. 구심리학은 오늘날처럼 매우 정확하고 광범위하지는 않았지만, 구심리학도 경험주의 위에 세워졌다. 역으로 신심리학은 관찰만 기초로 해서 확실히 확립되지 않는다. 왜냐하면 참된 관찰은 사고를 전제하며,

---

* 본 논문은 원래 다음 출처에서 출판되었다. "Richtingen in de psychologie," in the journal *Paedagogisch tijdschrift* 1 (1909): 4‒15. 본 논문의 가장 첫 번째 페이지(in *Verzamelde opstellen*. 편집자 서문의 2번 각주를 보라)는 원문에서 일치하는 머리말이 없는 1번 각주를 포함한다. 아마도 (내용으로 볼 때) 제목 자체에 대한 각주를 의도한 것으로 보인다. "Cf. Professor C[arl] Stumpf of Berlin, 'Richtungen und Gegensätze in der heutigen Psychologie,' *Internationale Wochenschrift für Wissenschaft, Kunst und Technik* 1, no. 29 [(October 19, 1907): 904‒13]; and Doctor C[onstantin] Gutberlet, 'Der gegenwärtige Stand der psychologischen Forschung,' *Philosophische Jahrbuch* 21 (1908): 1‒32."

헤르만 바빙크의 현대 사상 해석

사고 없이 불가능하기 때문이다. 사고는 실제 환경에서 관찰되어야 하고, 관찰될 수 있는 모호한 현상에 대한 필수불가결한 수단이었다. 더욱이 사고는 공통적 규범을 깨닫고 설명하도록, 이런 현상을 분류하고 묘사하기 위해서도 필수 불가결하다.

그러나 위에서 언급된 구분에 진리의 씨앗이 있다. 그래서 이전 세기에 영혼의 본질에 대한 더 공통적으로 수용된 이론은 이미 존재했다. 이 이론은 몸과 친밀한 방식으로 연합된 영적 본질이 있다고 생각했다. 동시에 영혼은 죽음으로 몸에서 분리 될 때, 육체와 육체의 신진대사로부터 어느 정도 그런 독립성을 가지고 있는 것으로 생각되었다. 영혼은 독립적인 존재를 지속할 수 있다. 기독교가 알려지기 전에 [173] 영혼에 대한 영적이고 불멸하는 본성에 대한 이 개념은 모든 민족과 모든 종교에서 이미 어느 정도 알려져 있었다. 그러나 이 개념은 복음의 설교를 통해 상당히 강화되었고, 모든 의심을 넘어서는 것처럼 보였다. 이 확신의 결과는 사람들이 영혼에 대한 현상을 관찰하고 연구했을 때 나타났다. 이런 현상은 순수하게 경험적으로 진행될 뿐만 아니라, 이런 현상이 제시하는 것과 관계된 영혼의 본질에 대한 지식을 향상하는 데에 사용되기도 했다. 영혼의 본질에 대한 지식이 거꾸로 현상을 관찰하는 일에서 얻어졌던 것에 의해 보충되고 향상되었던 일과 마찬가지로 말이다. 따라서 심리학에서 사용했던 방법론은 단편적인 추측도 단편적인 경험도 아니었다. 오히려 이 둘 다였다. 심리학은 연역적이며 동시에 귀납적이었다. 영혼의 본성은 삶과 영혼의 현상을 명확하게 했다. 그래서 이런 현상은 영혼의 본성에 빛을 비추었다.

그러나 점차 큰 변화가 여기서 일어났다. 16세기 이후 모든 과학은 차례로 신학에서, 또한 계시와 기독교 신앙에서 분리되기 시작했다. 모든 과학은 완전히 독립되고자 노력했다. 심리학과 관계된 영역에서, 가장 먼저 심리학은 자연 계시로부터 충분히 오는 영혼의 본성에 대한 지식을 연역할 수 있고, 따라서 이 지식을 순전하고 손상되지 않은 형태로 주장했다. 그러나 이런 연역은 오래 가기 어렵다는 사실이 증명되었다. 데카르트(Descartes)는 이미 순수한 사고로 구성된 합리적 영혼과, 육체로부터 나오고 자연에서 순수하게 기계적인 동식물의 삶의 분리를 가정했었다. 이후에 합리적이고 경험적인 심리학 사이의 구분은 이 구분에 추가되었다. 그 구분은 이미 경험적인 우월성을 주기 쉬운 경향을 띄었다. 그래서 영국과 프랑스와 독일에서 이루어진 모든 종류의 연구에 의해 준비된 경험적 심리학이 19세기 자연 과학의 상당한 지지로 강화되었을 때, 이 경험적 심리학은 독립할 만큼, 과학의 영역에서 형이상학적이고 합리적인 심리학을 없애기에 충분할 만큼 강력하게 느껴졌다.

이런 방식으로 점차 우월성을 얻은 이런 **경험적** 심리학은 물론 그 자체로 잘못된 것은 아니다. 영혼에 대해 더 정확한 현상이 연구될수록 더 좋았다. 그러나 이 심리학[경험적 심리학]은 종종 **형이상학적** 심리학에 대해 다소 적대적인 태도를 취한다. 이 경우에 경험적 심리학은 영혼의 현상에 대한 연구가 이미 영혼의 존재에 대한 개념을 가정한다는 사실에 반대한다. 그래서 공정하고 편견 없는 과학을 대표해 경험적 심리학은 그런 모든 [174] 전제를 버리고, 백지장과 같은 상태로 연구를 시작하면서, 조용히 기다리고 그 결과에 대한 사적인 관심이 없어야 함을 요구한다. 이런 사실은 영혼이 단지 신진대사의 결과라는 사실을 드러낼 때, 사람들은 진리가 거짓된 위로보다 더 가치가 있기에, 그 사실이 얼마나 고통스러울지라도 이 진리를 반드시 받아들여야 할 것이다.

이 경험적 심리학은 관찰에만 그치지 않았다. 그러나 자연 과학의 선례를 따라 경험적 심리학은 점차 실험을 이용하기 시작했고, 그런 방식으로 어쨌든 많은 영역과 이 방법이 가능한 한, 경험적 심리학을 **실험적** 심리학으로 발전했다. 예를 들어 자연주의자는 자신에게서 독립적으로 자연 안에서 일어나는 현상을 관찰하는 데 자신을 제한하지 않는다. 또한 자연주의자는 이런 현상의 발전에 개입한다. 자연주의자는 자연의 힘을 특정한 방향으로 가게 해서, 자연이 자기의 비밀을 알리도록 강제하는 것처럼 보인다. 실험에서 자연주의자는 자연에 특정한 질문을 제기하며, 그 답을 기다린다. 같은 방식으로 심리학에서의 실험은 의식의 특정한 상태를 만들어낼 기회를 [연구자에게] 준다. 따라서 심리학에서의 실험은 그 상태의 관계와 성격에 대한 더 나은 이해를 위해 그 상태를 훨씬 더 정확히 관찰할 수 있다.

이런 경험적이고 실험적인 연구는 또한 두 방식에서 정신 현상에 접근하고자 할 수 있다. 경험적이고 실험적인 연구는 이런 현상에 직접 집중할 수 있다. 그러나 이런 연구는 또한 우회적으로 그 현상에 가까이 접근할 수 있다. 결국 영혼과 육체는 긴밀하게 연관된다. 정신 현상은 종종 생명체에서 더 크거나 더 작은 변화를 수반했다. 그래서 예를 들어 정신 감각은 감각 자극의 강함에 의존한다. 감각 자극은 마음대로 바뀔 수 있고, 양적으로 계산되지만, 그에 따라 감각의 크기와 정도는 결정될 수 있다. 과학은 이런 연구를 차지했다. 일반적으로 정신 현상과 육체 현상 사이에 있는 관계와 상호작용을 추적하는 일을 **생리학적 심리학**으로 부른다.

이런 실험적이고 생리학적 연구에서, 실험적 심리학이 취하는 방향은 심리학의 주관적인 성격에서 가능한 한 많이 심리학을 빼앗고자 하며, 심리학을 정확한 과학으로 바꾸고자 하는 욕망에 의해 지배되는 것처럼 보인다. 이전 시대에 사람들은 주로 자아성찰을 통해 정신 현상을 연구했다. 반면에 오늘날 강조점은 가능한 한 많이 다른 사람 안에 있는 영혼의 삶을 연구하는 데에 놓인다. 주관적 심리학은 [175] 이제 **객관적** 심리학이 되어, 이 객관적 심리학은 차례로 **비교유전** 심리학으로 이끈다. 연구의 영역은 다른 사람 안에 있는 영혼의 삶을 연구하려 할 때 무한히 확장된다. 그래서 일반적으로 이런 영혼의 삶에 대한 연구를 할 수 있다. 아동과 유아, 소년과 소녀, 남자와 여자, 사회적 계급과 사회와 국가, 문명화된 사람과 문명화되지 않은 사람, 정신 이상자와 천재, 병든 사람과 건강한 사람, 범죄자와 정직한 시민, 신을 믿지 않는 사람과 경건한 사람과 심지어 동물과 식물의 관계를 대상으로 삼는 연구 말이다.

이렇게 폭넓고 다면적인 연구의 결과는 비교를 요구한다. 많은 사실이 통일성과 질서를 요구한다. 물론 한 문제에 대해 많은 질문이 제기된다. 영혼의 삶에 대한 이 모든 드러난 사실에 있는 차이점과 유사성은 무엇인가? 삶의 모든 표현에서 모든 삶을 지배하는 법칙이 가능한가? 혹은 삶의 모든 표현에서 모든 삶을 지배하는 궁극적으로 한 법칙만 있는가? 진화에 대한 교육이 여기서도 적용가능한가? 그래서 지평은 확장된다. 심지어 지평은 영혼의 생명이 기원한 근원을 찾아서, 또한 영혼의 생명이 발전한 길을 발견하고자 과거로도 돌아간다. 객관적 심리학은 비교 심리학이 된다. 그래서 이 비교 심리학은 차례로 유전 심리학이 된다. 예를 들어 [에른스트] 헤켈([Ernst] Haeckel)은 자신의 『우주의 수수께끼』(*Welträthsel*)에서 수학적이고 생리학적 심리학을 중요하게 생각하지 않았고 그 한계를 인식한다. 오히려 헤켈은 비교 심리학과 유전 심리학을 훨씬 더 가치 있게 여긴다. 헤켈이 믿는 이런 심리학은 가장 하등한 단세포 생물이 포유류로 변화했던 방식에서 수 세기 동안 따랐던 꾸준한 진보를 우리에게 보여준다. 이제 헤켈은 인간이 이런 포유류에서 얼마나 점진적으로 진화해왔는지를 지적한다. 또한 헤켈은 인간이 어떻게 수 세기에 걸쳐 현재의 문명화된 인간이 되었는지를 드높인다. 여전히 과거에서 인간으로 변화하는 더딘 과정은 인간이 배아에서 유아로, 소년에서 젊은 남성으로 나아감으로서 모든 개인이 겪는 경험에서 일치된 발달을 발견한다.

모든 개인의 역사는 인류의 역사의 간단한 반복이다. 한 사람은 다른 사람에 대해 설명하고 확인하는 역할을 한다. 유전 심리학은 참된 심리학이다. 왜냐하면 유전 심리학은 인류에게서 나타난 영혼의 생명에 대한 역사뿐만 아니라, 모든 민족과 모든 인간 존재의 내적인 삶의 역사 모두를 지배하는 법칙을 보여주기 때문이다.

그러나 심리학의 이런 발전은 모든 사람을 기쁘게 하지 않았다. 이전 세기 [19세기] 후반부처럼, 일반적인 반응이 지성의 탁월함보다 감정과 의지를 선호하며, 과학보다 철학을 선호하며, 유물론보다 관념론을 선호하며, 강압보다 자유를 선호하며, 공동체보다 개인을 선호하는 사람 중 일부에게서 [176] 나타났다. 그래서 또한 많은 심리학자도 그런 행동의 결과를 보면서 되돌아갔다.

곰곰이 생각해보면 심리학은 유물론이 세계와 인간에 대한 설명을 할 수 없던 것처럼, 심리학이 삶과 의식에 대한 설명을 할 수 없는 것은 명백했다. 헤켈은 세계의 모든 수수께끼를 풀었다고 생각했을 것이다. 혹은 최소한 세계를 단 하나의 본질로 환원시켰다. 그러나 다른 사람들은 문제가 정신의 기원에 있을 수도 없고, 생명이 없는 것이 생명의 기원일 수도 없고, 무의식이 의식의 기원일 수도 없다는 사실을 계속 인식하기 시작했다. 사람들은 일곱 개와 그 이상으로 많은 불가사의가 자연 과학으로 설명되지도 않았고, 특히 유물론으로 설명되지 않았음을 말했다.

이 한 가지 사실은 그 자체로 이미 유물론을 정면으로 반대한다. 자연, 물질, 원자에 대한 지식 혹은 가능한 감각 세계를 차지하는 원소의 이름이 무엇이든 정신의 방식으로 또한 정신적인 묘사의 형태로 나타났다는 사실이다. 우리는 우리의 의식을 통하지 않으면, 우리의 육체를 포함해서 모든 외부적인 세계에서 아무것도 알 수 없다. 자연에 존재하는 물질과 힘에 대한 모든 사실을 우리가 알기 전에, 우리는 의식과 정신이 무엇인지, 그리고 인식과 관넘이 무엇인지 반드시 조사해야 한다. 영혼은 자연 앞에서 등장하며, 심리학은 물리학 앞에 등장한다.

영혼은 자연으로 환원될 수 없다. 왜냐하면 영혼은 항상 심지어 외부 세계에 대한 가장 간단한 인식에 의해 동반되고 전제되기 때문이다.

또한 정신 현상에 대한 연구에 대해서도 똑같이 말할 수 있다. 자아와 타자에게서 정신 현상은 한 사람의 고유한 의식의 수단으로만 관찰된다. 따라서 만일 심리학이 순수하게 **객관적인** 심리학이 되고자 했다면, 심리학은 잘못된 실마리를 잡았고, 완전히 도달할 수 없는 이상에 자신을 두었다. 자연적 현상을 관찰할 때보다 영혼에 대한 현상을 관찰할 때, 주관적인 요소를 금하는 것은 더 이상 불가능하다. 만일 어떤 사람이 주관적 요소를 없애고자 한다면, 모든 과학은 불가능해진다. 그러나 이런 인식에서 영혼에 대한 지식의 근원으로서 자아성찰에 대한 유효성과 가치가 회복되었다. 프랑스 철학자 오[귀스트] 콩트(A[uguste] Comte)는 자아성찰이 의지할 수 없고, 심리학의 근원들 사이에서 분류될 수 없다는 점을 보여주고자 했다. 그러나 오늘날 자아성찰은 주관적 심리학뿐만 아니라 객관적 심리학에서도 일반적으로 필수불가결한 것으로 매우 올바르게 받아들여진다. 우리 모두는 우리의 내적 상태를 의식한다. 우리는 우리의 인식과 개념, 우리의 [177] 감정과 열정, 우리의 사고와 의도를 알고 있다. 우리가 정확히 우리 자신을 의식하고, 우리의 영적 삶에 대한 지식의 일부를 가지고 있기 때문에, 타자에게서 일어나는 영적 생활을 관찰하고 연구할 수 있다. 심지어 **실험적** 심리학은 이런 지식에 기초해 세워지며 이런 지식 없이 불가능해진다. 우리는 타자가 우리와 관계있어서 또한 관계있는 한, 타자를 이해할 수 있다. 따라서 일반적으로 말해 인간의 영혼이 유아의 영혼에서 설명될 수 있고, 또한 인간의 영혼이 동물의 영혼에서 설명될 수 있다는 점은 사실이 아니다. 그러나 [빌헬름] 분트

([Wilhelm] Wundt)가 정확히 말했듯, 비교 심리학이 가능한 유일한 길은 인간에게서 동물의 영혼으로 가는 것이지 그 역은 아니다.

유물론에 반대해 심리학에서 일어난 반작용은 이 방식으로 갈 수 있다. 최근에 영혼은 심리학에 돌아왔다. 오랫동안 영혼이 전혀 중요하지 않고, 뇌와 영혼의 관계는 간과 담즙의 관계와 같고, 소변과 신장에 대한 관계와 같으며, 따라서 심리학은 자연 과학의 일부가 되어야 한다는 개념이 팽배했다. 그러나 이런 일은 그렇게 작동하지 않는 것처럼 보였다. 따라서 영혼의 생명은 고유한 현상으로, 심리학은 독립적인 과학으로 되돌아갔다.

그러나 여기에 그 이상의 일치는 없다. 사람들이 이전 시대보다 영혼과 영혼의 생명에 대해 더 터놓고 말한다는 사실은 옳다. 그러나 심리학자들은 즉시 구별된 방식으로 나아간다. 그리고 심리학자들은 영혼이 결국 무엇이 될 수 있는지에 대한 질문이, 그리고 영혼의 생명이 어떻게 기능하는지에 대한 질문이 나올 때 서로 상당히 다르다.

정신 현상을 관찰하고 묘사할 때, 의견에 큰 차이가 즉시 나타난다. 영혼의 생명은 감각, 생각, 개념, 판단, 감정, 기질, 성향, 열정, 욕구와 같은 많은 현상을 보여준다. 그러나 이 모든 현상이 무엇인가? 당연히 겉으로 보기에 여기에는 상호적이고 다면적인 관계가 있다. 그러나 하나로 합쳐서 볼 때, 예를 들어 하늘에 떠 있는 구름과 같이 이러한 현상이 독립적으로 존재하는가? 혹은 이런 현상이 나타나는 어떤 현상으로 되돌아가는가? 이런 현상은 그에 선행하거나 그에 기초하는 힘, 장기, (혹은 이 현상이 불릴 수 있는) 능력에서 오는가? 한 마디로 이 현상은 순수한 현상인가 혹은 어떤 힘의 결과인가? **현상** 심리학을 찬성하는 사람은 전자를 주장한다. **기능** 심리학을 찬성하는 사람은 후자를 주장한다.

그러나 영혼의 생명에 대한 현상이 하늘로 떠오르지 않고, 장기(힘과 에너지)의 기능이라고 가정해보라. 이런 장기는 어디서 오는가? 장기는 인간 본성 자체의 일부인가? 그래서 언제 어디서나 모든 인간 존재의 일부였거나 지금도 그러한가? 아니면 [178] 모든 개별 인간 존재 혹은 전체로서 어떤 인류가 장기를 획득했거나, 점진적으로 삶의 투쟁에서 장기를 획득했는가? 일반적인 용어로 말해 그 질문은 모든 종류의 특별한 적용에 열려있다. 예를 들어 모든 인간 존재가 시간과 존재의 형태를 인식한다는 현상을 가정해 보라. 혹은 모든 인간 존재가 항상 근거 혹은 목적을 묻는다는 사실에 주목하라. 혹은 어쨌든 자신을 기쁘게 하는 생각과 판단과 행동을 할 수 있는 개별 인간 존재는 없고, 다만 사고와 도덕과 아름다움의 법칙에 헌신할 감정을 느끼는 개별 인간 존재가 있음을 상기해 보라. 이 모든 현상은 어디서 오는가? 비록 정도와 형태는 다르지만, 모든 인간 존재가 타고나는 것처럼 보이는 모든 지적이고, 도덕적이고, 종교적이고, 미학적인 정신의 경향, 즉 이 모든 없앨 수 없는 습관은 어디서 오는가? 순수하게 **실험적** 심리학 혹은 이와 관련된 **진화론적** 심리학은 이 모든 습관 혹은 능력이 자연 선택을 통해 삶에 대한 투쟁에서 점진적으로 얻어진 것이라고 주장한다. 다른 측면에서 **생득적 심리학**은 인간의 본성의 존재가 모든 사람에게 공통된 것이고, 이 모든 능력과 힘이 제일 처음부터 인간의 본성에 속해 있다고 주장한다.

만일 후자가 옳다면 또 다른 문제가 즉시 나타난다. 그러한 선천적인 능력 혹은 힘이 존재한다는 점을 가정한다면, 이런 것들은 무엇이며, 얼마나 많이 있는가? [요한 프리드리히] 헤르바르트([Johann Friedrich] Herbart) 이후, 영혼의 능력에 대한 이론은 그 신뢰성을 잃어버렸고, 모든 사람이 종종 생각 없이 앵무새처럼 헤르바르트를 흉내 냈다. 그러나 사람들은 이제 선택을 해야 할 것이다. 영혼의 생명에 대한 현상이 현상 밖에 되지 않는지(이 경우 그 명칭도 잘못된 것이다. 왜냐하면 현상은 보이는 것으로 존재하고, 변화하는 어떤 것에 되돌아

278   헤르만 바빙크의 현대 사상 해석

가기 때문이다. 만일 영혼의 현상이 보이는 것으로 변하는 것에 지나지 않는다면, 이 현상은 단순한 외관에 불과하다.)

혹은 영혼의 생명에 대한 현상이 하나 혹은 그 이상의 힘에 대한 징후이자 표현인지 선택해야 한다. 이 경우 옛 능력은 이 이름 혹은 또 다른 이름으로 다시 도입된다. 모든 심리학은 영혼의 생명에 대한 현상을 외관으로 용해하지 않고, 다만 이런 현상을 기능이 되도록 고려해 그 생각을 역전한다. 이제 모든 심리학은 능력의 이론에 대한 한 방식 혹은 또 다른 방식으로 되돌아가게 한다. 거의 모든 심리학자와 또한 모든 심리병리학자는 지성과 감정과 의지를 영혼의 특별한 능력으로 계속 말해왔다. 비록 이들이 능력의 이름을 거부하지만 말이다.

더욱이 헤르바르트 자신은 능력의 개념을 강하게 반대했지만, 한 능력은 인정했다. 그 능력은 개념을 형성하는 영혼의 능력이다. 게다가 헤르바르트는 자신이 영혼의 생명 전체를 이 한 개념으로 설명했다고 믿었다. 개념이 있는 한, 여러 능력은 법칙을 세우기 위해 서로 소통할 것이다. 자연에 있는 물질적 원소처럼 말이다. 그래서 그런 소통은 이 모든 현상을 산출한다. [179] 그래서 이제 헤르바르트는 이 모든 현상을 감정과 기질과 욕구와 열정과 정서 아래에 요약하려 했다. 그러나 기능 심리학에 찬성하는 다른 사람들은 헤르바르트의 지성주의에서 돌아섰고, 가장 먼저 영혼의 생명을 감정 혹은 의지에 할당했다.

이런 이유가 반드시 영혼의 일부로 취해져야 하는 능력의 숫자뿐만 아니라, 각 능력이 있어야 마땅한 위치에 대해서도 차이가 있는 이유다. **주지주의** 심리학은 지성에 우선성을 두거나, 일반적으로 의식에 더 우선성을 둔다. **주정주의** 심리학은 영혼 혹은 지성 혹은 의지의 다른 모든 현상에 선행하는 감정에 대한 견해를 가지고 있다. 그리고 **주의주의** 심리학은 인간 영혼의 기본적인 힘으로서 의지를 주장하며, 종종 모든 생명과 존재의 원리와 근원으로서 또한 [의지를] 주장한다. 이 지향 각자는 지성 혹은 감정 혹은 의지에 대한 이해에서 또 다르다. **의식**에서 질문은 영혼의 생명이 의식의 현상과 일치하는지, 혹은 의식의 배후에 있는지, 혹은 의식이 불꽃의 빛이 어두운 핵심에서 진화하는 것과 마찬가지로 의식이 싹트는 데서 또 다른 숨겨진 어두운 생명이 있는지. 아주 적은 수의 심리학자만이 무의식적인 영혼의 생명에서 인간의 본질을 추구한다. 이런 심리학자들은 모든 심리학적 과정이 무의식에서 일어난다고 믿는다. 의식으로 나타나는 것이 무엇이든 의식의 한계 아래에서 창조된 것의 결과라는 일뿐이라는 말이다. 이 무의식적 생명에서 인간은 심지어 멀리 떨어진 타인들과, 영혼과 정신과, 총체에 대해 신비로운 방식으로 연결되어 있다. 그래서 **오컬트주의**는 확실하고 의존할 만한 지식에 대한 특정한 정도를 얻으려고 이 어두운 지역에 힘겹게 침투하고자 한다.

감정의 위치와 내용과 중요성에 대해서는 혼란이 덜하다. 감각과 감정, 감정과 욕정(욕구, 성향 등)에 있는 경계는 오늘날 여기서 도출되고 그 다음날에는 다른 곳에서 도출된다. 감정은 차례로 상당히 높여지거나 완전히 멸시받는다. **의지**에 대한 큰 차이는 가장 먼저 의지가 독립된 힘으로 생각되는지 혹은 의지가 의식과 감정의 요소로 구성되는지다. 이 질문과 연결된 다른 질문은 이제 의지가 개념을 형성하는 과정에 간섭하거나 또 다른 방향으로 가는 과정을 인도할 능력이 있는지 혹은 의지가 과정 자체의 일부인지 아니면 의지가 완전히 그 과정으로 지배받는지에 대한 질문이다. **연상** 심리학은 후자를 말한다. **통각** 심리학은 의지에서 나타나고, 의식에 의지의 영향을 미친다고 주장하면서, 통각에서 영혼의 힘이 나타난다고 주장한다. [180] 그래서 결국 의지에 대해 말할 때, 또 다른 심각한 문제가 나타난다. 그 문제는 먼저 심리학적으로 그리고 윤리적이고 종교적으로 의지가 자유로운지 아닌지에 대한 문제다. **결정론적** 심리학은 의지의 자유가 전혀 없다고 설파한다. **비결정론적** 심리학은 더 크거나 더 작은 수준의 자유를 가지고 진행한다. 두 경향은 오늘날 심리학뿐만 아니라 윤리학과 법학에서도 서로를 반대한다.

이 모든 문제를 가지고 씨름한 후에도, 우리는 여전히 결승선에 이르지 못했다. 왜냐하면 사람들이 현상 심리학 혹은 기능 심리학을 선호하든 그러지 않든 간에, 질문이 항상 근원이 영혼의 생명에 있는 현상 혹은 기능(장기)으로 나타나기 때문이다. 이런 것들이 에테르적이라는 생각은 만족스럽지 못하다. 왜냐하면 이렇게 말하기 쉽지만, 이 말과 연관된 명확한 개념이 없기 때문이다. 이 문제에 대한 의견은 다시 매우 다양해졌다. 논쟁되고 약화되었지만 사멸되는 일과는 거리가 먼 **유물론적** 심리학은 여전히 단어의 가장 참된 의미에서 영혼은 존재하지 않는다고 주장한다. 대신에 영혼은 특정한 환경 아래에서 그리고 매우 복잡하고 정교한 연결체인 물질이 사고를 산출한다고 주장한다. **유심론적** 심리학은 이 사실에 완전히 반대한다. 영혼은 물질의 실제를 완전히 거부한다. 그래서 개념의 실제만 믿는다. **범신일원론적** 심리학은 이 두 학파 사이에 입장을 취하고, 물질과 능력, 육체와 영혼 모두가 존재하는 모든 것의 근본이 되는 하나이고 같은 물질의 현시라고 생각한다. 보통 이런 일원론적 학파는 소위 **정신물리학적 유사성**을 선호한다. 정신물리학적 유사성은 영혼과 육체가 서로 영향을 주지 않지만, 심리적이고 육체적인 현상은 서로에게 유사하게 진행되는 파괴될 수 없는 일련의 원인적 순환을 만들어 서로 영향을 준다는 개념이다.

물질의 실제를 거부하고 영혼 혹은 정신의 존재를 주장한 이런 유심론적 심리학이 배제되었을 때, 이전에 명명된 모든 지향이 영혼의 존재에 대해 공통된 이런 개념을 가지고 있다고 말할 수 있다. 이런 심리학자들은 영혼의 독립된 존재를 거부한다. 이런 심리학자들에게 영혼은 사고가 의식적인 현상이든 무의식적인 현상이든 영적 현상의 복합체이며, 영혼은 영적 현상으로 흡수된다. 영혼은 신적 존재 혹은 물질에서 본질적으로 구별될 수 있는 독립된 존재를 가지지 않는다. 영혼은 **존재**를 가지지 않는다. 영혼은 **오직** 과정과 행동과 현상일 뿐이다. 이런 개념은 [181] **현실태** 심리학으로 불릴 수 있고, 인간 영혼에서 하나님의 존재뿐 아니라 물질의 존재로부터 구별되는 영적 물질을 보는 소위 **실재성** 심리학과 정반대를 이룬다. "물질"이라는 이름은 결점이 있다. 왜냐하면 물질이라는 이름은 어떤 것을 물질적이고 확장적인 것으로 너무 쉽게 연상하게 하기 때문이다. 그러나 그 의도는 명확하다. 영혼은 하나님에 의해 창조된 영적 존재다. 영혼은 본질적으로 물질 세계와 다르다.

마지막으로 심리학과 다른 과학에 대한 관계와 심리학이 다른 과학에 가지는 중요성에 대한 태도에서 몇 가지 차이점이 있다는 사실을 반드시 덧붙여야 한다. 일반적으로 오늘날 심리학과 모든 과학에 있는 밀접한 관계를 확립하려는 시도와 심리학적 관점에서 다양한 과학의 모든 대상을 생각하려는 강한 시도를 관찰할 수 있다. 물론 우리 지식에 대한 모든 대상이 의식만으로 우리에게 전달될 수 있기 때문에 이런 시도는 가능하다. 의식은 렌즈처럼 보인다. 이 렌즈를 통해 렌즈는 우리 영혼에 상(像)을 맺게 한다. 그래서 렌즈는 그 상(像)의 형성에 매우 강한 영향을 미친다. 그래서 심리학은 또한 교육학, 정신의학, 법학, 윤리학, 예술과 언어에 대한 연구, 역사학, 종교학, 사람들이 실험을 시작하려고 서두르는 모든 분야와도 연관된다. 유아, 남성, 여성, 범죄자, 광인, 경건한 사람, 신을 믿지 않는 사람 모두 전문가와 초보자의 실험 대상이다. 실험에 대한 갈망은 분트와 다른 학자들이 여기저기서 외쳤듯이 진지한 경고가 매우 적절한, 그런 위험한 단계에 도달했다.

그러나 심리학을 다른 과학에 적용하면서, 한 구분이 반드시 온건한 지향과 급진적 지향 사이에 형성되어야 한다. 온전한 지향은 양육, 교육, 과적, 피

헤르만 바빙크의 현대 사상 해석

로, 결점, 범죄와 같은 다양한 과학의 대상에 대한 심리학적 고찰이 이런 사물에 놀라운 도움을 줄 수 있는 유용한 수단이라는 사실을 인정한다. 그러나 급진적 지향은 여기서 더 나아가 심리학이 모든 정신 과학의 기초이며, 이 모든 과학은 심리학으로 환원될 수 있고, 또한 심리학의 일부라는 사실을 생각한다. 이들은 극단적인 **심리주의**에 찬성하는 사람들이다. 이런 사람들은 심리학이 개념과 규범, 생각과 의미가 그 사이에서 심리학에서 떠올라 어떻게 나타났는지 묘사할 때, 종교학, 논리학과 미학, 형이상학과 철학에서 충분히 다루어졌다고 믿는다. 이런 지향의 가정과 결과는 정신적 과학에서 논의되는 모든 개념이 객관적인 [182] 타당성을 잃고, 단지 인간 정신의 바뀔 수 있고 변할 수 있는 산물이 된다는 말이다. 이 말은 인간 존재가 만물의 척도라는 피타고라스(Pythagoras)의 고전적 가르침을 부활시킨다.

이런 회의적 심리주의와 반대로 다른 심리학자는 정당히 **연역적 추론**을 변호하고 규범의 객관성을 주장한다. **심리주의**는 항상 매우 불완전하고 **부적절함에도** 기껏해야 이런 모든 규범과 개념이 인간에 의해 어떻게 형성되었는지 묘사할 수 있다. 그러나 이런 심리주의는 그런 규범과 개념이 가지는 내적이고, 독립적이며, 객관적인 가치가 무엇인지에 대한 질문에는 절대 도달하지 못한다. 순수한 심리적 관점에서 실수, 거짓말, 범죄적 계획, 끔찍한 의도가 인간 영혼에서 어떻게 형성되는지 추적하는 것과 마찬가지로 중요한 것은 정신의 변화, 회심, 자기희생적 행동이 인간 존재에게서 어떻게 일어나는지 조사하는 것이다.

그러나 이런 조사는 그렇게 많이 설명하지 않았지만, 이런 일련의 환경 사이의 내적 구분이 사라져 왔다는 것을 뜻하지 않는다. 심리학이 아무리 중요하고 유용한 기여를 하더라도, 심리학은 한계를 가지고 있다. 또한 심리학은 논리학과 윤리학, 종교학과 미학을 결코 대체할 수 없을 것이다. 심리학의 인도에 고마워하지만 교육학 역시도 그 본성에 따라 교육학에 속하는 독립성을 주장하지만 말이다.

10. 무의식

Essays on Religion
Science and
Society

10. 무의식

정의

[183] 의식은 신비로우며 놀라운 현상이다. 뒤 부아 레이몽(Du Bois-Reymond)이 의식을 세계 7대 불가사의 중 하나라고 정확하게 표현했듯 말이다.[1] 그리고 에른스트 헤켈(Ernst Haeckel)은 하나를 제외한 모든 신비에 해답을 제시했다고 생각했다. 헤켈은 의식을 거의 이해하지 못했다. 그래서 헤켈이 가지고 있었던 유일한 설명은 의식을 한없이 뒤로 미루어서, 의식은 의식의 가장 단순한 형태 속에서, 영원으로부터 원자에까지 이르는 원인을 가진

---

1) Emil [Heinrich] Du Bois-Reymond, *Über die Grenzen des Naturerkennens: Die Sieben W räthsel; Zwei Vorträge*, 5th ed. (Leipzig: Veit, 1882), 78.

---

* 본 논문은 1915년 6월 6일에 암스테르담 자유대학에서 학술회에서 발표되었다. 그 후에 본 논문은 W. 키르히너(Kirchener)에 의해 암스테르담에서 학술 논문으로 출판되었다.

헤르만 바빙크의 현대 사상 해석

다고 생각한다.[2] 의식은 사물의 상태에 대한 즉각적인 인식을 수반한다. 이런 사물의 상태에 대한 즉각적 인식은 직접적이고 정신적인 경험을 동반한다. 우리가 의식을 완전히 이해하려 한다면, 우리는 이런 경험을 반드시 스스로 만들어내야 한다. 의식은 고유한 현상이다. 이 현상은 더 이상 환원될 수 없고, 부분들로 용해될 수 없다. 따라서 의식은 정의를 내리는 방식으로는 더 이상 설명할 수 없다. 마치 색 혹은 빛을 시각장애인에게 어떤 방식 이상으로 더 이상 설명할 수 없는 것과 마찬가지다. 의식적 존재에 의해서만 의식의 어떤 것을 이해할 수 있다. 의식 자체가 저절로 알려진다. 의식은 자신의 빛으로 빛난다. 의식은 그 자체를 통해 알려지는 한 법칙이다[principium per se notum].

그러나 의식 그 자체의 빛으로 이해한다면, 의식은 명확히 두 요소를 포함한다. 첫째, 의식은 내면에서 일어나는 현상에 대한 주체의 일부에 대한 인식이다. 우리는 내면에서 일어나는 현상으로 의식의 일부인 모든 종류의 사물을 알게 된다. 이 현상은 관찰하는 것, 기억하는 것, 판단하는 것, 아는 것을 포함할 뿐만 아니라 또한 감각적인 느낌과 영적인 느낌 모두를 포함한다. 그래서 소망하는 것, 갈망하는 것, 분투하는 것, 원하는 것, 행동하는 것은 다음과 같은 일을 경험한다. 이 사람 혹은 저 사람을 알고 있다는 사실, 내가 고통을 느끼거나 슬프다는 사실, 내가 여행을 가고자 계획하고 결정하는 사실 등을 나는 의식한다. 의식은 지식이자, 지각이자, 나의 내면에서 일어나는 일을 "아는 것"이다. 둘째로, 의식은 즉각적인 인식이다. 의식은 외부 [184] 감각 기관을 통해 혹은 신중한 연구와 진지한 연구를 통해 얻어지는 지식이 아

---

2)   Ernst Haeckel, *The Riddle of the Universe at the Close of the Nineteenth Century*, trans. Joseph McCabe (New York: Harper & Brothers, 1900), 225; cf. Du Bois-Reymond, *Über die Grenzen*, 71.

10. 무의식   287

니다. 그러나 의식은 아우구스티누스(Augustine)와 다른 스콜라주의 학자들이 말한 내적 감각(sensus interior)을 모방한 칸트(Kant)가 말했듯, "선천적 감각"[inneren Sinn]을 통해, 즉각적인 경험을 통해 직접 얻는 지식이다. 이 "내적 감각"은 의식 자체일 뿐이다. (일부 내적 현상인) 우리 영혼의 생명에서 일부 현상은 내적 현상이 의식되고, 내적 현상이 어떤 다른 방식으로도 존재하지 않는다는 특수성이 있다. 만일 우리가 어떤 것을 안다면, 내가 그것을 안다는 사실을 나도 안다. 내가 어떤 것을 알지 못하면, 내가 아는 일은 일어나지 않는다.

특정한 정신 현상의 일부이자 이 현상에 의해 산출된 이런 즉각적 인식은 부수적인 성격을 가진다. 이 인식은 직접적이고 동반적인 의식[conscientia directa et concomitans]이다. 그래서 오늘날 많은 심리학자는 의식이 이 인식에 흡수되고, 이 인식에 다른 것은 말할 수 없다고 믿는다. 이 경우에 의식은 독립적이지 않으며, 힘 혹은 행위가 아니며, 그 내용을 제외하면 존재하지 않는다. 의식은 인간의 삶의 일부 현상을 반영하는 거울일 뿐이다. 그러나 명료하게 말해, 이 의견에 제기될 수 있는 반대를 내버려 두고, 공통된 용어를 다르게 생각한다는 사실에 주의를 돌리고자 한다. 왜냐하면 우리는 "의식"이라는 단어를 방금 언급된 단어와 다른 의미로 쓰기 때문이다. 우리는 "나는 이 문제를 안다[능동태]"고 혹은 "그 사람의 문제를 내가 알게 되었다[수동태]"고 말한다. 또한 우리는 더 일반적으로 말한다. 이것 혹은 저것이 내 의식의 내용이고, 우리는 의식적인 존재이며, 의식이 우리의 머리에 있다고 말이다. 그래서 이제 "의식"에서, 우리는 영혼의 어떤 현상에 수반되는 것을 말하지 않고, 우리의 입장에서 영적인 어떤 것을 취하는[in zich opnemen] 자질 혹은 능력으로 말하며, 또한 정신적인 소유물로서 영적인 어떤 것을 내 방식으로 취하는 자질 혹은 능력으로 말한다.

이 공통된 용어에 대한 교정은 이런 사실에 의해 입증된다. 먼저 그 사실은 의식의 현상 혹은 의식의 내용이 연상 심리학자들이 알려주듯 한 단일한 단위로 상호적으로 연결되어 있다는 것이다. 그뿐만 아니라 다른 사실은 의식의 현상 혹은 의식의 내용은 분명한 주체와 관계있다는 것이다. 그래서 의식의 현상 혹은 의식의 내용은 주체와의 관계 때문에 정신 현상이 존재하며, 존재할 수 있다. 감각, 관찰, 기억, 사고, 판단 등은 스스로 존재할 수 없고, 공기 중에 부유하지도 않는다. 이런 것들은 먼저 나의 혹은 당신의 혹은 그의 혹은 그녀의 감각 때문에 존재하는 것들이다. 주체에 대한, "자기"에 대한 관계는 항상 의식 속에서 함의된다.

그 "자기"의 본질은 뚜렷하다. 우리는 유비의 방식으로 어느 정도 판단 할 수 있다. 한 동물에게 감각적 생명의 담지자는 동물적 본성으로 존재한다. 동물이 "나"를 말할 수 없어서 자의식을 결여하기 때문에, [185] 따라서 일부 심리학자들은 동물이 의식을 가진다는 사실도 거부했다. 그러나 이 거부는 사실과 거리가 멀고, 사실에 의해 반박된다.[3] 동물이 즉각적인 감각을 가지고 있을 뿐만 아니라, 동물도 인상을 형성하고, 그 인상을 수집하고, 그 인상을 상기하기 때문이다. 그래서 동물은 그 인상을 자아와 연관 짓는다. 이 문제에서 유아도 의식이 자아가 되기 훨씬 전부터 의식을 가지고 있다. 프레이어(Preyer)[4]와 슈테른(Stern)[5]은 유아가 "나"라고 말하기 전에는, 자의식이 유아에게서 일깨워지지 않는다는 사실을 관찰했다. 왜냐하면 유아가 자신을

---

3) Doctor Kohlhofer, "Was ist Bewusstheit? Gibt es unbewusste psychische Akte?" *Philosophische Jahrbuch* 24 (1911): 382 – 92.

4) William Preyer, *The Mind of the Child*, 2 vols., trans. H. W. Brown (New York: D. Appleton, 1905), II:189ff.

5) William Stern, *Psychologie des frühen Kindheit, bis zum sechsten Lebensjahre* (Leipzig: Quelle & Meyer, 1914), 321 [ET: *Psychology of Early Childhood up to the Sixth Year of Age* (New York: H. Holt, 1924), 471].

인식하게 된 이후 오랫동안, 유아는 자신을 계속 3인칭으로 말하기 때문이다. 이 사실은 유아가 부모가 보여준 모범을 따르는 방식으로 자신에 대해 말하는 법을 배우기 때문이다. 그러나 이 사실은 유아가 처음부터 감각적인 삶을 이끌어, 세계와, 자신의 신체와, 객체로서의 자신의 의식의 내용과 주체로서의 자신의 자아의 내용을 점차 구별하기 시작한다는 사실을 바꾸지 않는다.

합리적이고 도덕적인 존재로서 우리의 모든 행위에 깔려있고, 우리의 정신적 생활[Geistesleben] 전체에서 표현되는 이런 자의식을 통해 볼 때, 우리는 동물보다 훨씬 뛰어나다. 그리고 자의식은 소위 말하는 동반양심[conscientia concomitans]만으로도 자주 구성된다. 일반적으로 의식이 그렇게 구성된 것과 마찬가지다. 그러나 자의식은 원리를 함의한다. 그 원리는 인간 "자아"는 어느 정도 자신을 의식한다는 것이다. 그 원리는 인간 "자아"는 영혼과 육체를 자신의 소유물로 생각한다는 것이다. 그 원리는 삶의 모든 변화 한 가운데에 있는 인간 "자아"는 스스로 존재할 수 있고, 스스로 남아 있다는 것이다. 심지어 최근에 많은 심리학자가 우리가 같은 사람으로 남아 있는 사실이 인도 철학자들에 의해 이미 이해된 것처럼[6] 망상과 자기기만에 불과하다는 개념을 말하기 시작했다. 그럼에도 이 사실은 자의식의 지속성이 과학이 지금까지 설명할 수 없었던 신비를 우리에게 보여준다는 사실을 반대하지 않는다.

그럼에도 불구하고 제한된 의미에서 사람들이 날마다 바뀌고 있다고, 그리고 매 순간 바뀌고 있다고 말하는 것은 전적으로 정확하다. 윌리엄 제임스

---

6)   Cf. C. J. Wijnaendts Francken, *Over het bewustzijn* (Baarn: Hollandia, 1911), 29 – 31.

헤르만 바빙크의 현대 사상 해석

(W[illiam] James)는 감각이 멈추지 않고 정지하지 않은 채, 감각이 서로를 밀어내는 방식으로 존재하는 흐름으로서 의식을 바르게 표현했다. 삶 그 자체와 마찬가지로 의식도 성장과 발달에, 출생과 죽음에 종속된다. 그래서 의식은 처음부터 끝까지 신비로운 것으로 남아있다. 우리는 의식이 시작되는 곳을 모른다. 어떤 사람들은 식물이 미약한 의식을 가지고 있었고, 이 식물이 모든 피조물의 원인이 된다는 사실을 가정하고, 심지어 이 식물이 의식의 어두운 개념인 원소와 단자에 기원한다고 가정한다. [186] 그러나 심지어 우리가 의식이 무엇인지에 대한 이런 형이상학적 문제를 제쳐놓을 때도, 의식은 출생 전후 혹은 심지어 출생 전부터 유아에게서 의식이 일깨워질 때 신비로 남는다. 이후 우리가 그 첫 번째 날에 대해 어떤 일도 기억하지 못한다는 사실은 결정적인 증거가 되지 않는 것처럼 보인다. 이후 삶에서 일어나는 일 중에 얼마나 많은 일이 완전히 기억에서 사라지는지 생각한다면 말이다. 의식은 존재할 수 있다. 그리고 의식은 의심할 바 없이 자의식에서 분리되어 존재한다.[7]

더욱이 의식이 한 번 일깨워지면, 의식은 매우 다양한 상황을 통해 활동한다. 의식은 수면할 때 사라진다. 의식은 꿈속의 안개에 있는 지평에서 어렴풋이 나타난다. 의식은 실제로 생각하는 동안 밝게 빛난다. 인상과 사고는 가끔 우리 의식의 중심부를 차지한다. 그리고 인상과 사고는 다시 외곽으로 밀려가거나, 완전히 사라져 건망증에 버려지기도 한다. 그래서 심지어 의식이 점차 일깨워지고 정오에 그 절정에 도달한 후에, 의식은 점진적으로 결국 죽음의 밤에 사라지기 위해 줄어드는 것처럼 보이기도 한다. 그리고 여전히 이

---

7) Eduard von Hartmann, *Philosophy of the Unconscious: Speculative Results according to the Inductive Method of Physical Science*, 3 vols. in 1 (London: Routledge & Kegan Paul, 1931), II:109ff.

모든 변화 속에서 또한 그 배후에서 오래 지속되는 무언가가 숨어있는 것처럼 보인다. "자아"는 이 모든 일을 겪는다. "자아"는 육체적이고 정신적인 존재다. 우리는 이 존재를 인간이라고 부른다. 인간의 의식과 인간의 자의식("나", 자아)은 핵심으로 보이지 않고, 오히려 특성 혹은 결정처럼 보인다.[8]

그래서 당연히 질문이 제기된다. 우리의 존재와 (자)의식 사이의 관계는 무엇인가? 인간 속에 어떤 것이 있는가? 혹은 자기의식 외부에 혹은 그 아래에 떨어진 인간의 내부에서 어떤 일이 일어나는가? 이 질문은 많은 사람이 자기 의견으로 말하듯 피할 수 없다. 그런 무의식적 현상이 인간 안에서 일어날 때, 이 현상이 그저 무의식적이라는 이유로 그 현상에 대해 아무것도 모르고 말할 수 없다는 의견으로 말이다. 왜냐하면 우리가 인간 의식에서 발견하는 그런 현상이 무의식의 요소를 묵묵히 받아들이도록 강요하는, 아마도 그러한 성격을 가졌는지에 대한 질문에 관심을 두기 때문이다. 왜냐하면 이런 요소가 없는 설명은 없기 때문이다. 이 설명은 공통적인 과학의 수행이다. 아무도 원소(동자*[*역자 주: 초기 원자 모델 중 하나를 말했던 필립 레너드[Philipp Lenard]는 원소 안에 있는 전자와 양전자가 결합된 입자를 동자[dynamids]로봤다.], 전자) 혹은 에테르를 본 적이 없다. 그러나 오늘날 자연 과학은 원소와 에테르의 존재를 가정해서 세워진다. 영혼의 존재에서 믿음이 이원론적 초자연주의로 되돌아간다고 제시했던 헤켈과는 반대로[9], 에두[아르트] 폰 하르트만(Ed[uard] von Hartmann)은 이 사실을 정확히 주장했다. 예를 들어, 형식적으로 관찰된 현상에서 세워진 생명력에 대한 가설을 받아들일 것을 강요했던 철학자는 [187] 경험적 자료의 기초에서 원소가 존재한다는 점을 결론짓

---

8)   Cf. Johannes Rehmke, *Die Seele des Menschen* (Leipzig: Teubner, 1902), 3ff.

9)   Haeckel, *Riddle of the Universe*, 89‒90.

는 자연주의자와 마찬가지로 과학적으로 똑같은 점을 계속 강요한다는 것이다.[10]

그럼에도 이전에 제기된 질문을 더 일반적으로 명확히 하기 위해 더 정확히 진술할 필요가 있다. 특정한 의미에서 모든 사람이 무의식의 존재를 가정한다. 왜냐하면 모든 사람은 인간 신체에서 일어나는 모든 종류의 과정을 인정하기 때문이다. 이런 과정은 완전히 의식의 외부에서 일어나며, 특히 뇌에서 일어난다. 과학은 이런 과정에 대해 어떤 정보를 우리에게 줄 수 있을지도 모른다. 그러나 그 순간에 이런 과정이 일어나는데, 이런 과정은 완전히 우리 의식의 외부에서 일어난다. 따라서 소위 생리학적 무의식에 대한 질문은 이 질문이 일반적인 질문으로 남아 있는 한 다소 어려움을 드러낸다. 먼저 이런 어려움은 두 번째 질문이 제기될 때 나타난다. 그 질문은 무의식적이고 동시에 본성상 정신적인 (이런 생리학적인 과정, 특히 뇌의 과정 배후에) 다른 현상, 발생, 행위가 있는지에 대한 질문이다. 여기서 즉각적인 반대가 육체와 영혼의 긴밀한 관계 때문에 인간의 신체적인 삶과 정신적인 삶 사이에 있는 경계를 지적하기가 매우 어렵다는 사실에서 나타난다. 그러나 이 반대는 또 다른 반대에 바로 잇따라 일어난다. 이런 무의식적이고 정신적인 현상은 무엇으로 구성되는가? 영혼의 능력과 성향, 영혼의 습관 혹은 행위에 대해 영혼 그 자체에 대한 기준이 있는가? 혹은 또한 그 사실이 무의식적인 인상과 감정과 의지의 행위를 말하도록 하는가? 그래서 심지어 마지막 질문에 반드시 부정으로 답해야 할지라도 무의식에 대한 문제 전체는 그것으로는 여전히 풀리지 않은 채로 있다. 무의식을 제쳐놓더라도 많은 사람 또한 잠재의식과 동반 의

---

10) Cf. Herman Bavinck, *Christelijke wereldbeschouwing*, 2nd ed. (Kampen: Kok, 1913), 50–51.

식 혹은 약한 의식을 받아들이기 때문이다. 물론 이 사실은 종종 무의식과 어렵게 구분할 수 있다. 하지만 이 사실은 그럼에도 영혼의 생명 전체에 중요하기 때문에 논의될 필요가 있다.

역사

이런 질문의 역사에 대한 간단한 요약은 이런 질문을 논의하는데 선행되어야 한다.

비록 "무의식"이라는 용어가 더 최근에 나온 용어임에도, 문제 자체는 어느 정도 예전부터 알려졌었다. 인류가 생명이 있고 생명이 없는 것 사이의 차이를 직관적으로 이해했던 것과 마찬가지로[11], 차이는 [188] 또한 영혼과 의식 사이를 구분한 모든 시대에서 인식되었다. 이런 인식은 사람들이 모든 곳에서 더 높은 영혼을 인간 존재에게 속한 것으로 가정한다는 사실에서 나타났다. 우리가 식물과 동물에게서 공통적으로 가지고 있는 하나 이상의 영혼에 더해 더 높은 영혼을 가정한다는 사실에서 말이다. 영혼은 종종 육체에 들어오기 전부터 이미 존재했으며, 죽음 이후 또 다른 형태를 가지고 살아가며, 심지어 종종 다른 육체에 이동하기도 하는 것이다. 분트의 언어에서, "육체에 거주하는 영혼"이라는 말은 "숨" 혹은 "그림자 영혼"과는 구분되는 말이다.[12] 철학은 대중 종교에서 이 모든 사상을 빌렸다. 그래서 이 모든 사상은 사실상 오르페우스주의자들(Orphists) 중에서, 피타고라스(Pythagoras)에

---

11) 특히 정령을 숭배했던 사람에 의해 양자 사이에서 이끌어진 경계는 우리와는 매우 다르며 훨씬 넓다. 그러나 소위 원시인이 전혀 그 경계를 몰랐을 것이라고 가정하는 것은 정확하지 않다. cf. Jan ten Hove, "Animisme," *Theologisch tijdschrift* 48 (1914): 499 – 513.

12) Wilhelm Wundt, *Völkerpsychologie*, vol. II, *Mythus und Religion* (Leipzig: Engelmann, 1900 – 1920), 1ff.

헤르만 바빙크의 현대 사상 해석

게서, 플라톤(Plato)에게서 발견되었다. 플라톤은 이 사상을 관념에 대한 지식으로서 모든 참된 학문이 영혼이 한때 선재했던 상태에서 목격했던 것에 대한 기억이라는 이론과 결합했다.

알려진 것을 배우고 혹은 알려지지 않은 것을 추구하는 일이 불가능하다고 말했던 궤변론자에 대한 반대를 반박하고, 학습의 가능성을 이해하는 일은 그 외에 어떻게 가능한가? 게다가 경험 또한 이 사실에 실증적인 증명을 준다. 왜냐하면 수학은 정신 자체가 경험하는 사상에 의해 산출될 수 있으며, 일반적인 관념은 만일 한 방식 혹은 또 다른 방식으로 이미 정신에 알려지지 않았다면, 감각적인 사물로부터 도출될 수 없기 때문이다.[13]

아리스토텔레스(Aristotle)가 선재하는 관념을 포함하는 선재하는 영혼을 거부했지만, 나머지 부분에서 플라톤에 대한 아리스토텔레스의 동의는 종종 생각하는 것 이상으로 훨씬 많다는 사실은 인정된다. 결국, 플라톤처럼 아리스토텔레스도 인간 존재에 하나 이상의 영혼이 속한다고 생각했다. 플라톤처럼 아리스토텔레스가 이 세 영혼을 하나의 유기적 단일체로 결합하면서 따른 것은 아니었다. 게다가 아리스토텔레스는 관찰과 사고, 또한 의견과 학문의 본질적인 구분에서 결단코 플라톤을 따르지 않는다고 가르쳤다. 그래서 아리스토텔레스는 학문이 그 자체로 증명될 수 없고 고정될 수 없는 공리에 기초한 최종적 분석에 있는 것으로, 일반적이고 필연적인 진리에 대한 원인을 뜻하는, 원인에 대한 지식에서 발견될 수 있다고 생각했다. 그리고 셋째로 아리스토텔레스 역시 이런 기본적인 공리를 즉시 이해하는 능력과 일

---

13) E. Zeller, *Die Philosophie der Griechen in ihrer geschichtlichen Entwicklung*, 4th ed., 3 vols. in 5 (Leipzig: Fues's Verlag, 1875 – 81), II:823ff. [ET by Sarah Frances Alleyne, *A History of Greek Philosophy from the Earliest Period to the Time of Socrates*, 2 vols. (London: Longmans, Green, 1881)]; C. B. Spruyt, *Proeve van eene geschiedenis van de leer der aangeboren begrippen* (Leiden: Brill, 1879), 6ff.

반적으로 감각 인식을 통해 사물의 본질과 원인에 침투하는 방식을 아는 기능인 지성, 즉 누스(nous)를 생각했다.[14] 이 때문에 이후의 철학자들이 (비록 플라톤과 아리스토텔레스가 "선천적인 관념"을 가르치지 않았지만) 그럼에도 플라톤과 아리스토텔레스의 발자국을 따랐고, 선천적인 전제[ἔμφυτοι προλήψείς], 공통적 혹은 자연적 관념[κοιναί ορ φυσικαὶ ἔννοια], [189] 위대한 사물의 작은 관념[notitiae parvae rerum maximarum], 선천적인 덕의 씨앗 [semina innata virtutum]을 말하기 시작했다.

기독교는 이런 심리학적 구조에 작은 변화를 일으켰다. 기독교는 인격의 가치를 높였다. 기독교는 인격의 불멸성에 대한 문제를 의심 너머에 두었고, 영혼의 생명을 확장했으며, 영혼에 대한 종교-윤리적 지식을 풍부하게 했다. 그러나 심리학은 아리스토텔레스의 체계에서 참된 것으로 남았다. 개신교와 로마 가톨릭 스콜라주의 모두 선천적 관념에 대한 이론을 거부했고, 아리스토텔레스와 함께 지성이 먼저 경험되지 않으면 아무것도 가지지 않는다고 가르쳤다. 그러나 이 가르침은 이후 경험주의의 의미에서 말한 것이 전혀 아니었다. 왜냐하면 동시에 이 가르침은 지성이 보이는 것에서 보이지 않는 것으로 상승할 수 있는 기능이며, 일반적 원리와 사물의 본질에 대한 진리를 직관적으로 알 수 있는 기능이라는 사실을 주장했기 때문이다.

스콜라주의는 영혼을 하나님이 창조한 영적 독립체로 생각했다. 이런 영적 독립체는 처음부터 모든 종류의 능력을, (선천적인) 습관을, 은사를 영혼에 가져왔고, 또한 교육과 양육을 통해 모든 종류의 후천적 습관을 얻을 수 있었다. 일반적으로 이런 사실을 고려한다면, 이 사실은 옛 심리학이 무의식을

---

14)   Zeller, *Philosophie der Griechen*, III:189ff.; Spruyt, *Aangeboren begrippen*, 18ff.

절대 말할 수 없었음에도 최소한 원리상으로 그 문제를 철저하게 이해했음을 보여주는 충분한 증명을 제시한다.

그러나 데카르트(Descartes)는 이 문제에 큰 변화를 일으켰다. 왜냐하면 데카르트는 영혼을 의식과 동일시한 첫 번째 인물이기 때문이었다. 인문학에서 자연 과학을 날카롭게 구분할 수 있게 하기 위해, 데카르트는 큼[extensio, spatium] 속에 육체의 본질을 두었고, 정신[mens, cognitatio] 속에 영혼의 본질을 두었다. 따라서 영혼은 삶의 원리로 존재하기를 그만두었다. 영혼은 육체에 반대해 이원론적으로 서 있다. 또한 육체는 자연 과학의 대상이 되었다. 자연 과학의 과제는 물리적인 모든 것을 기계적으로 설명하는 것이었다. 이제 데카르트를 따르는 모든 철학자는 이 이원론을 조화시키고자 노력하는 데 집중했다. 이들 사이에서 라이프니츠(Leibniz)는 정신적이거나 수학적 원소로서가 아니라, 형이상학적으로 영혼과 같은 구성단위로서, 본질이 비활동적인 힘이 아니라 활동적인 힘[vis activa]이 되도록 함으로 그 대조를 극복했다고 믿었다. 물질은 행동할 능력이 있는 어떤 존재다[la substance est un être capable d'action]. 이런 방식으로 라이프니츠는 인식에 대한 특성이 단자에 속한다고 생각했다. 단자는 인식 능력이다.[15]

물론 일반적으로 이런 인상에서 [190] 정도에 있어서 무한한 차이를 반드시 가정해야 했다. 잠자는 것, 꿈꾸는 것, 단자를 일깨우는 것과 같은 것은 인식과 통각, 영혼과 정신이었다. 이런 것은 모호한 개념과 명백한 개념과 구별된 개념이었다. 바다가 외치는 소리를 듣는 일이 떨어지는 물 한 방울이 매우 약한 의식으로만 인식될 수 있는 소리를 만든다는 사실을 가정하는 것

---

15) Cf. Kuno Fischer, *Geschichte der neueren Philosophie*, 3rd. ed., vol. 2, *Gottfried Wilhelm Leibniz* (Heidelberg: Winter, 1889), 328ff., 464ff.

과 마찬가지로, 우리는 무한히 작고 거의 알아채기 힘든 인식을 상호적 증가와 증대만으로 명백한 통각으로 끊임없이 바꾼다. 엄격하게 말해 모든 감각적 인식, 모든 감각, 또한 특히 미적 정서는 더 낮고 거의 알아채기 힘든 약화시키는 인식에 속한다. 정신과 이성만으로 인간은 완전히 의식적이며 명백한 개념을 형성할 수 있다.[16] 따라서 라이프니츠가 인식의 정도를 깨달았기 때문에, 무의식적 개념의 아버지로 불려왔다. 그러나 이 사실은 그렇게 정당하지 않다. 왜냐하면 라이프니츠는 무의식이라는 단어의 가장 엄격한 의미에서 무의식적 인식을 가정하지 않고, 더 약하고 더 강한 인식의 무한한 연쇄를 주장했기 때문이다.[17] 특정한 의미에서 인식하는 것은 모든 단자에, 사실상 모든 피조물에 속한다. 관찰은 특정한 시기와 같은 정도로 지식에 대한 근원이 아니다. 이 특정한 시기를 통해, 인상의 힘은 본성으로 인해 인상에 속한 것을 발전하고 산출한다. "감각에서 더 일찍 [경험된] 내용은 정신[intellect] 안에는 없다." [이 말은 존 로크(John Locke)가 말했다. 그리고 라이프니츠는 덧붙였다.] "정신 그 자체를 제외하고는[nihil est in intellectu quod non prius fuerit in sensu, nisi ipse intellectus]."[18]

이런 생각을 통해 라이프니츠는 데카르트에서 칸트로, 합리론에서 관념론으로, 인간 존재가 본질적으로 생각(cogitatio)하는 존재라는 이론에서 인간 존재는 지성적이며 도덕적으로 자율적이라는 개념으로 전환을 이루어냈다. 이런 관념론은 칸트에게 주로 비판적이며 인식론적 성격이 있다. 그러

---

16) Ibid., 414 – 15; Hartmann, *Philosophy of the Unconscious*, I:17ff.

17) Hartmann, *Philosophy of the Unconscious*, I:18 – 19.

18) Richard Falckenberg, *Geschichte der neueren Philosophie* (Leipzig: Veit, 1886), 218 [ET by A. C. Armstrong Jr., *History of Modern Philosophy from Nicolas of Cusa to the Present Time* (New York: H. Holt, 1893)].

헤르만 바빙크의 현대 사상 해석

나 자주 말해지듯 관념론은 피히테(Fichte)에게 윤리적 관념론으로 발전되었고, 셸링(Schelling)에게 물리적 관념론으로, 헤겔(Hegel)에게 논리적 관념론으로 발전되었다. 이 발전의 정상에서 관념론은 사고에서 모든 존재를 도출하려 했을 때, 관념론은 셸링이 두 번째 단계에 있었을 때 강한 반응을 이끌어 냈다. 아마도 사고는 사물의 본질을 여전히 설명할 수 있었지만, 그럼에도 사물의 존재를 절대 이해할 수는 없었을 것이다. 사고에서 존재로의 전환은 없다. 실제는 논리로부터 도출된 자신을 허락하지 않는다. 그래서 이 사실은 실제가 결코 항상 합리적이 아니기 때문이라는 사실은 말할 필요도 없다. 오히려 실제는 항상 비합리적 요소를 포함한다. 따라서 헤겔의 합리적 낙관주의에 반대해, 셸링은 의지의 비합리주의의 입장에 섰다. 이성 배후에서 셸링은 의지로, [191] 맹목적이며 비논리적인 의지로 되돌아갔다. 최종 분석에서 의지 외에 다른 존재는 없다. 의지하는 존재는 근본적인 존재다[Wollen ist Ursein(to will is original being)].[19]

무의식에 대한 새로운 이론은 셸링의 의지의 철학에서 기원을 찾는다. 왜냐하면 만일 세계와 인간과 하나님의 의지가 정신에서 분리되어 순서상 정신에 선행한다면, 그 방식은 모든 종류의 숨어있고 신비로운 힘을 없애 스스로에게 작용하게 할 것이기 때문이다. 셸링은 자신의 『선험적 관념론의 체계』(*System of Transcendental Idealism*)에서 이 사실을 지적했다. 자유와 필연성의 협동으로부터, 의식과 무의식에 대한 역사와 예술을 설명하면서 말이다.[20] 이 이론은 장 폴 리히터(Jean Paul Richter), 테[어도어] 비셔

---

19) Cf. Herman Bavinck, *Reformed Dogmatics* (Grand Rapids: Baker Academic, 2003-4), I:167, 259; II:230; Wilhelm Windelband, *A History of Philosophy*, 2 vols., trans. James H. Tufts (New York: Macmillan, 1901; repr., New York: Harper & Row, 1958), II:573ff.

20) F. W. J. Schelling, in *Ausgewählte Werke: Schriften von 1799–1801*, 4 vols. (Darmstadt: Wissenschaftliche

(Th[eodor] Vischer), [카를 필리프] 모리츠([Karl Philipp] Moritz), [장] 캐리스 ([Jean] Carriès)의 미학에서, 최면술의 옹호자인 [조셉] 에네모서([Joseph] Ennemoser)의 심리학에서, 드레스덴의 유명한 의사인 카루스(Carus)와 영 혼의 생명에 대한 비정상적이고 신비한 현상에 관여하고자 했던 폰 슈베르 트(von Schubert)에게서 훨씬 폭넓게 적용되었다.[21] 그러나 이 이론은 1819 년에 이미 주된 저작을 출판했던 쇼펜하우어(Schopenhauer)의 철학에서 가 장 높은 위치를 얻었다.[22] 또한 1869년에 『무의식의 철학』(Philosophy of the Unconscious)을 출판했던 폰 하르트만에게서도 마찬가지다. 따라서 폰 하르 트만은 무의식의 창안자는 아니었다. 폰 하르트만이 인정하듯이 많은 전임 자가 있었다.[23] 그리고 폰 하르트만은 라이프치히[에 있는 분트]가 더 긴밀하 게 의식의 영역을 연구하도록 무의식의 개념을 주었다고 덧붙인다. 여기서 실 제 자료에서 폰 하르트만은 카루스와 [한스] 라이헨바흐([Hans] Reichenbach) 에게 많은 빛을 지고 있으며, 지적 성향에서 폰 하르트만은 셸링의 실증 철학 에 가장 가깝다고 느꼈다.[24] 폰 하르트만은 자신의 기여가 자연과 역사에서,

---

Buchgesellschaft, 1968), II:587ff., 162ff. ["System des transcendentalen Idealismus," in *Werke* I/3:587ff.; and "Erster Entwurf eines System der Naturphilosophie," in *Werke* I/3:162ff.]

21) [카를 구스타프] 카루스([Carl Gustav] Carus)는 (이 사람들 중에서도) 이 책을 출판했다. *Vorlesungen über Psychologie* (Leipzig: F scher, 1831); *Psyche: Zur Entwicklungsgeschichte der Seele* (Pforzheim: Flammer & Hoffmann, 1846) [ET: *Psyche: On the Development of the Soul* (New York: Spring Publications, 1970)]; and *Physis: Zur Geschichte des leiblichen Lebens* (Stuttgart: Scheitlin, 1851). 특히 유명한 책은 다음 책이다. [Gotthilf Heinrich von] Schubert's *Die Geschichte der Seele*, 3rd ed. (Stuttgart: Cotta, 1839)

22) 편집자 주: A. Schopenhauer, *The World as Will and Idea*, trans. R. B. Haldane and J. Kemp, 2nd ed., 3 vols. (London: Kegan Paul, Trench, Trübner, 1891).

23) Hartmann, *Philosophy of the Unconscious*, I:16–42; idem, *Die moderne Psychologie* (Leipzig: Haacke, 1901), 32ff.

24) E[duard] von Hartmann, *Philosophie des Unbewussten* (Berlin: Duncker, 1869–), I:preface; VIIff.; III:494–99. [편집자 주: 여기서 폰 하르트만의 『무의식의 철학』(Philosophy of the Unconscious)에 대해 바빙크가 참 고한 문헌은 영어판에는 이용할 수 없다].

헤르만 바빙크의 현대 사상 해석

인류에서 무의식에 대한 증명으로 모을 수 있는 모든 것을 매우 주의 깊게 수집된 것으로 구성된 것으로 생각했다. 폰 하르트만은 일치성을 "이해하고"자 했으며, 그 일치성을 "절대자의 다수적 일치성을 철학적 체계의 중심에 두는 것[Vieleinigkeit des Absoluten zu begreifen, und in den Mittelpunkt eines philosophischen Systems zu rucken]"으로서 발견했다. 생리학적 무의식과 심리학적 무의식을 형이상학적 무의식과 연결하고, 경험적 자료를 추측에 종속된 것으로 만들면서, 폰 하르트만은 추상적 단일론을 구체적 단일론으로 발전하게 했다.[25]

[192] 그러나 심리학에서 무의식의 개념에 대한 발전은 수년간 지체되었다. 그러나 한쪽 측면에서는 [요한 프리드리히] 헤르바르트([Johann Friedrich] Herbart)와 그의 학파의 주지주의가 있었고, 다른 측면에서는 유물론과 실증주의(불가지론, 신칸트주의)가 있었다. 이 두 학파는 영혼의 존재 혹은 인식가능성을 논했고, "영혼 없는 심리학"에 만족했다.[26] 그러나 이 개념은 점차 바뀌었다. 유물론은 신진대사에서 정신 현상을 설명하기에는 무력한 것처럼 보였다. 뒤 부아 레이몽은 의식을 세계의 7대 불가사의 중 하나라고 말했다. [구스타프 테어도어] 페히너([Gustav Theodore] Fechner)는 물질 세계 전체가 정신으로 움직이며 정신을 통해 통합되기 때문에, 현대 과학의 우울한 야경[Nachtansicht]을 자기 형이상학의 주경[Tagesansicht]에 두었다. 분트는 자신의 주의주의를 통해 심리학을 다른 방향으로 옮겼다. 자연 과학은 원소를 단자와 동자와 에너지로 바꾸었다. 마지막이지만 결코 경시되어서는 안 될,

---

25) Hartmann, *Philosophie des Unbewussten*, I:443-44 [편집자 주: 영어판은 이용할 수 없다].

26) Frederick A. Lange, *The History of Materialism*, trans. Ernest Chester Thomas, 3 vols. in 1 (New York: Harcourt, Brace & Co., 1925), II.3.3:168.

소위 말하는 오컬트 현상은 훨씬 증가했다. 신비적 현상은 과학이 깔보듯 그런 신비적 현상을 무시할 수 있는 여력이 더 이상 없으며, 다만 진지한 과학적 연구에 그런 신비적 현상을 반드시 종속시켜야 한다는 사실에 신비적 현상은 많은 관심을 끌었다.

이 모든 요소는 심리학에서 무의식이 훨씬 더 친근한 관심과 더 폭넓은 숙고를 향유하기 시작한 이유였다. 오늘날 무의식에 관심을 갖지 않으려는 심리학은 상상할 수 없다.

현상

비록 오늘날 모든 심리학자가 많든 적든 무의식에 열중하지만[27], 이 사실은 모든 심리학자가 똑같이 생각한다는 사실을 전혀 뜻하지 않는다. 심지어 무의식이라는 단어도 많은 다양한 방식으로 쓰인다. 어떤 심리학자는 기억되지 않는, 의도되지 않은, 눈에 띄지 않는, 자동화된, 복제된, 생산된, 육체적 실제, 절대자와 같이 무의식이라는 단어를 8개의 의미 이상을 가진 것으로 본다.[28] 이 사실은 [193] 무의식으로 생각되는 현상을 논할 때 반드시 염두

---

27) 폰 하르트만의 『무의식의 철학』(Philosophy of the Unconscious)과 『현대 심리학』(Die moderne Psychologie), 32ff에서 논의되는 심리학자를 제외하고 놀라울 정도로 풍부한 문헌을 여기서 언급할 것이다. [Leopold] Loewenfeld, Bewusstsein und psychisches Geschehen (Wiesbaden: Bergmann, 1913); Georg Weingärtner, Das Unterbewusstsein (Mainz: Kirchheim, 1911); [Wilhelm] Windelband, Die Hypothese des Unbewussten (Heidelberg: Winter, 1914); Frederic W. H. Myers, Human Personality and Its Survival of Bodily Death, edited and abridged by his son L. H. Myers (London: Longmans, Green, 1907); Joseph Jastrow, The Subconscious (London: A. Constable, 1906); [Gerbrandus] Jelgersma, Ongeweten geestesleven (Leiden: van Doesburgh, 1914); Wijnaendts Francken, Over het bewustzijn (Baarn: Hollandia); [Israel] Zeehandelaar, Over de mogelijkheid van telepathie (Baarn: Hollandia, 1911); [J. P. F. A.] Noorduyn, Het onder-bewustzijn (Baarn: Hollandia, 1912); etc.

28) *F[riedrich] A[lbert] Lange, Geschichte des Materialismus, 2nd ed. (Iserlohn: Baedeker, 1875), 381.

헤르만 바빙크의 현대 사상 해석

에 두어야 한다.

생리학적 무의식은 가장 먼저 스스로를 드러낸다. 영혼과 의식이 동일한 것으로 믿는 모든 심리학자에게, 정신적인 무의식은 명백히 불가능한 모순이다. 그럼에도 의식을 그저 허공에 매달려 있는 것으로 보는 것도 불가능하지만, 이런 심리학자는 무의식이 뇌에서 나타나고 혹은 적어도 뇌에 있음을, 그래서 뇌의 처리를 수반하고 반영하는 것을 가정한다. 그래서 이런 심리학자들은 "무의식적 대뇌기능"에 대해 말한다. 이 기능은 생리학과 심리학 사이에 있는 영역에서 도출되는 확실히 매우 어려운 문제다. 한때 정신적인 것으로 생각된 많은 현상은 이후에 생리학적으로 매우 쉽게 설명되었다. 누구도 의식이 뇌와 매우 긴밀하게 연결되어 있다는 사실을 거부하지 않을 것이다. 그러나 생리학적 설명이 여전히 기계적 설명에서 멀리 떨어져 있다는 사실도 염두해야 한다. 그리고 비록 오늘날의 과학이 기계적 설명을 이상적인 것으로 생각하지만, 이런 사실은 제한된 영역에서만 이루어진다는 사실을 남겨두며, 오늘날까지 의식과 마찬가지로 생명 그 자체에 대한 풀리지 않은 수수께끼도 남겨둔다. 이 사실이 많은 심리학자들이 [에두아르트] 페히트너 ([Eduard] Fechtner)를 따라 신진대사와 다른 방향으로의 전환에 대한 설명에서 절망하는 이유다. 삶을 죽음에서 설명하는 것 대신에, 이런 심리학자들은 죽음을 삶에서, 어둠을 빛에서 설명하고자 한다.

그럼에도 생리학적 무의식을 여기서 고려해야 한다. 무의식이 자신의 육체 안에 있는 인간이 놀라운 장기를 얻었다는 사실을 지적하더라도 말이다. 비록 삶의 원리로서 무의식과 영혼 사이에 긴밀한 연결이 있다 하더라도, 그런 놀라운 장기는 대부분 영혼 자체의 생명을 이끌며, 의식과 의지에 의존적이다. 소위 생리학적 자율운동은 장기의 기능에 대한 증명이다. 그런 장기는 심장, 폐, 위, 장 등이다. 이런 장기는 우리가 그 장기를 모르고 있어도 계속 운동한다. 또한 이런 장기는 감각 혹은 고통을 통해 그 장기의 존재를 우리에게 상기시키지 않는 동안에 더 잘 작동한다. 우리가 균형을 잃고 위험이 위협할 때 팔을 들어 올리는 것, 동공이 밝은 빛에서 수축하는 것, 코가 간지러울 때 재채기하는 것, 목이 자극받을 때 기침하는 것과 같이, 우리의 평형 상태를 유지하고자 하는 외부적 자극에 대한 우리의 신체의 비자율적 반응인 반사 신경도 있다. 이 모든 반사 신경은 우리의 의지가 전혀 말할 수 없고, 우리의 의식이 반응한 후에야 알 수 있는 우리의 신체에서 자주 일어날 수 있는 일을 나타낸다. 어쨌든 인간의 정신물리학적 삶이 인간의 의식보다 훨씬 깊고 더 광범위하게 일어나는 것은 사실이다.

[194] 부차적으로 우리가 정신적 무의식을 지적하는 그런 현상을 연구할 때, 이 논제는 입증된다. 본능은 가장 처음부터 무의식적으로 적절한 행동을 할 능력에 속한다. 이런 본능은 오직 감각적 인식과 감정의 영역에서 일어난다. 그래서 한 측면에서 이런 본능은 합리적 숙고로부터 구별되며, 다른 측면에서 반사 운동과 구별된다. 반사 운동에서 본능적 행동은 감각적 자극의 결과로 즉시 일어난다는 점에서, 삶을 유지하는 수단으로서 필요하다는 점에서, 선천적이고 무의식적이라는 점에서 공통점이 있다. 그러나 본능은 더 이상 순수하게 기계적인 것으로 보이지 않는다. 본능은 특정한 경계 내에서 변이를 허락하며, 모든 운동을 배제하지 않고, 수단에 대한 인식을 포함하지만, 이런 수단을 통해 결국 도달하는 그 목적은 포함하지 않는 한 의식에 연결되어 있다.[29] 보통 동물이 사람보다 더 많은 선천적인 본능을 가지고 있다고 한다. 그러나 슈테른은 이 사실은 오직 특정한 의미에서 참이라고 평가한다.[30]

---

29) Hartmann, *Philosophie des Unbewussten*, I:79ff.

30) Stern, *Psychologie der frühen Kindheit*, 34 (ET: *Psychology of Early Childhood*, 70–71); Hartmann, *Philosophie*

헤르만 바빙크의 현대 사상 해석

출생 시에 동물은 즉시 인간보다 훨씬 많은 본능적인 능력을 가질 수 있다. 그러나 그 선천적인 능력은 거의 항상 같은 방식으로 발달되거나 준비되지 않는다. 사람에게 본능은 이후에 나타날 뿐이고, 그래서 더 높은 질서의 행동과 연결된 시간이 지난 후에야 나타난다. 유아는 선천적인 능력으로 즉시 빠는 본능을 가진다. 그러나 그 이후 즉시 본능을 방어한다. 특정한 운동에 대한 본능, 즉 놀이, 공포, 수치, 정서, 혐오와 같은 본능이 나타난다.

훨씬 더 중요한 것은 사람들이 육체적으로도 정신적으로도 불평등하게 태어난다는 사실이다. 이 사실은 오리게네스(Origen)과 아우구스티누스, 칼뱅(Calvin)과 루소(Rousseau)를 포함해 동방과 서방에서 종교와 철학에서 씨름한 난제다. 로크는 인간의 영혼이 출생 시에 백지상태에 있다고 믿었다. 이런 백지상태는 이후 사람들이 자기가 원하는 것이 무엇이든 쓸 수 있는 상태다. 같은 방식으로 [클로드 아드리앵] 엘베시우스([Claude Adrien] Helvétius)와 [에티엔 보노 드] 콩디야크([Étienne Bonnot de] Condillac)는 환경과 양육에서 인간 사이에 있는 모든 정신적 차이를 추론했다[afleiden uit]. 사회주의는 같은 방향에서 그 문제에 대한 해답을 찾고자 했다. 그러나 후천적 결과가 아니라 선천적 불평등에 대한 사실은 사람들이 오래 거부할 수 없을 정도로 너무 강했다. 진화론과 유전이론의 영향력에서, 이런 사실은 오늘날 일반적으로 받아들여졌다. 사실 과학과 문학과 예술에서 사람들은 종종 또 다른 극단에 쏠렸다. 그래서 인격의 독립성을 원하는 반응이 진정한 필수요소가 되었다. 그러나 여기서 우리는 반드시 유전에 대한 질문에 더 들어가지 않아야 한다. [195] 유전과 변이가 항상 같이 결합되어 있다고 말하는 것만으로 충

---

des Unbewussten, I:205ff.

분하다. 그리고 이 질문에 대해 이루어진 모든 연구에도 불구하고, 지금까지 아무도 한 사람이 끝내고 다른 사람이 시작한 장소가 어디인지를 말할 수 없었다. 심지어 후천적 자질을 물려받는 것에 대한 견해도 뚜렷이 다르다. 한 가지는 확실하다. 모든 인간 존재는 자기 부모, 가족, 국가, 인류와 많은 공통점이 있다. 그러나 동시에 특정한 측면에서 서로 다르다. 모든 인간 존재는 에머슨(Emerson)이 말했듯 자기 조상의 인용이다. 그러나 에머슨 또한 독립적인 사고와 용어를 말한다.

인간 존재에서 나타나는 차이는 모든 것 속에서 나타난다. 이런 차이는 감각, 관찰, 기억, 상상, 느낌, 감정, 욕구, 의지, 성격, 기질과 같은 육체적이고 영적인 차이에서 나타난다. 이런 적성 자체뿐만 아니라 그 상호적 관계에서도 마찬가지다. 우리가 이런 것을 부르고자 하는 것은 무엇이든 간에, 우리는 그와 같은 선천적인 능력, 자질, 습관, 성향, 의향, 상태, 행위를 가진다. 우리의 의식과 의지 이전에 우리가 어떤 존재가 되고자 하는지를 형성하고 우리 자신이 사고하고 행동하는 것에 기초를 둔다. 우리의 의지 혹은 지식 없이 무의식적 [차원]에 있는 모든 것이 우리의 의식적 삶에 영향을 미치고 방향을 지시하고 안내한다. 그리고 이런 일은 예외적인 방식으로 가끔씩 일어나지 않고 규칙이 된다. 우리의 의식적 삶은 계속해서 무의식에 의해 태어나고 활동한다. 우리의 변화하는 인식과 우리의 관찰, 우리의 느낌과 우리의 필요, 우리의 사고와 우리의 언어, 종교, 도덕, 과학, 예술에서 느끼는 우리의 확신, 우리의 통찰과 편견, 우리의 동정과 혐오와 같은 이 모든 것은 우리 영혼에 있는 의식 배후에 매우 깊게 뿌리내린다. 종종 이러한 것은 모든 추론과 증명에 우리를 둔감하게 하기도 하지만, 종종 우리의 모든 의지력으로도 이런 것에 저항하기에는 무력할 정도로 너무 강하게 되기도 한다. 오늘날 전쟁을 하는 나라 중 한 편 혹은 다른 편에 동정심을 표하는 이유를 누가 적절하게 설

헤르만 바빙크의 현대 사상 해석

명할 것인가? 그런 동정심을 가지고 편을 든 후에 우리는 이성으로 이런 동정을 정당화하려고 하지만, 그런 증명은 추론에서 나온 결과가 아니라 우리의 확신에서 나온 결과다. 인간 존재의 인격의 근원이 잠재의식 안에 놓이며, 영혼 속에 놓이며, 선천적인 모든 것을 가지고 있는 영혼 그 자체에 놓인다. 영혼과 의식은 확실히 일치하지 않는다. 자아는 "나"라는 존재보다 훨씬 더 풍부하다.[31]

[196] 이런 사실을 확실히 이제 모든 인간 존재에게 말할 수 있다. 인간 영혼은 최소한 이생에서는 완숙한 결실이 되지 않을 많은 잠든 은사를 갖고 있다. 그러나 이 사실은 우리가 천재라고 부르고 다른 사람보다 더 많은 능력으로 살아갈 특권을 가진 사람에게 특별히 적용된다. 확실히 천재가 되는 것은 공부와 노력을 배제한다. "행운은 뽑기다"라는 격언과 "땀을 흘리지 않고는 영감도 없다"라는 격언은 참이다. 그렇지만 천재 자신이 먼저 "한 은사"를 산출하고 이 은사를 영감에 속한 것으로 말한다는 사실은 최고로 또한 가장 아름다운 사실이라는 점에서 놀랍다. 따라서 시를 생각하고 쓰는 것, 즉 시와 철학은 긴밀하게 연관되어있다. 의식과 무의식은 모든 인간 존재에게서, 또한 누구보다도 모든 예술가에게서도 불가해하게 협동한다.[32]

이런 사실에 더해, 성장할 때 모든 인간 존재가 모든 종류의 방식에서 제

---

31) Cf. [Abraham] Kuyper, *Ons instinctieve leven* (Amsterdam: Kirchner, [1910]). 이 책은 1908년 3월 18일에 『표준(De Standaard)』에 실린 논문 모음집이며 논문으로 출판된 이후 별도의 책으로 출판되었다. [ET: "Our Instinctive Life," in *Abraham Kuyper: A Centennial Reader*, ed. J. Bratt (Grand Rapids: Eerdmans, 1998), 255-78]; Hartmann, *Philosophie des Unbewussten*, I:220ff.; G. le Bon, *Les opinions et les croyances* (Paris: Flammarion, 1913); Camille Bos, *Psychologie de la croyance* (Paris: Alcan, 1905).

32) 천재에 대해 다음 책을 보라. F. W. Myers, *Human Personality*, 55ff.; Hartmann, *Philosophie des Unbewussten*, I:278; J[ürgen] Bona Meyer, *Probleme der Lebensweisheit*, 2nd ed. (Berlin: Allgemeiner Verein für Deutsche Literatur, 1887), 85-121; [Anthony] Brummelkamp Jr., *Het genie eene scheppingsgave* (Leiden, 1901). 천재는 롬브로소(Lombroso)가 특히 천재와 광인을 연결시켰던 이래 연구의 대상이 되었다.

한됨을 느낀다는 점을 반드시 언급해야 한다.[33] 이 제한은 자기 주변에서 외부뿐만 아니라, 자신의 본성과 모든 행위에 적용되는 법으로 내부에서도 존재한다. 짐작하건대 인간은 자기가 하고자 하는 방식으로는 관찰하고, 느끼고, 생각하고, 의지할 수 없다. 인간의 모든 행위를 얽매는 관찰과 범주, 규범과 규칙에 대한 사례가 있다. 논리적이고 윤리학적이며 미학적인 법칙이 있다. 이런 법칙은 스스로 자유롭게 할 수 없다. 이런 법칙은 선험적으로 고정되어 있고, 점차 삶에서 자신을 드러내기 때문이다. 진화론에 따르면 이런 형식과 규범은 삶을 위한 투쟁의 일부로 점차 존재하게 되었고, 이후에 유전되었고, 그러자 부차적인 본성이 되었다고 말한다. 그러나 이 설명은 그렇게 만족스럽지 않다. 특히 종교의 기원을 생각할 때, 오늘날 많은 사람이 종교적으로 선험적 관점을 택하려고 되돌아간다는 점을 생각한다면 말이다.[34]

잠깐 우리는 두 번째로 [정신적 무의식을 가리키는] 현상과 사실이 무의식의 범주에 속하는지에 대한 질문이나, 현실과 사실을 반드시 그런 범주에 할당해야 하는지를 묻는 질문을 떠나야 한다. 그러나 그 질문 그 자체는 완강하게 버티고 있다. 이 때문에 우리는 세 번째로 현상의 또 다른 분류에 대한 논의로 나아간다. 먼저 의식에 있었지만, 이후에 의식에서 사라진 논의다. 대개 의식은 기억 속에 유지되고, 회상을 통해 생산될 수 있다고 한다.

[197] 그러나 인상뿐만 아니라 의무와 행위도 우리의 특성을 만들 수 있다는 사실을 말할 필요가 있다. 이 때문에 최근에 일부 학자는 기억의 개념

---

33) [Gustave] le Bon in *Psychologie des foules* (Paris: Alcan, 1895) [ET: *The Crowd: A Study of the Popular Mind* (London: T. Fisher Unwin, 1922)]. 이 책은 군중이 각 개인에게 미치는 영향을 다뤘다. 또한 다음 책을 보라. [Scipio] Sighele, [*La foule criminelle: Essai de psychologie collective*, 2nd ed. (Paris: Alcan, 1901); idem,] *De menigte als misdadigster*, trans. Anna Polak (Amsterdam: Maatschappij voor goede en goedkoope lectuur[, 1906]).

34) Karl Dunkmann, *Das religiöse Apriori und die Geschichte* (Gütersloh: C. Bertelsmann, 1910).

헤르만 바빙크의 현대 사상 해석

을 자극에서 비롯된 모든 변화를 보존하는 것을 포함할 정도로, 또한 심지어 기억이 세계를 설명하는 원리가 되도록 높일 수 있는 수준으로 확장했다.[35] 알려지고 고정된 개념에 대한 확장은 확실히 권장되지 말아야 한다. 그러나 이 확장은 그럼에도 한 사실을 남겨둔다. 우리가 실행과 습관으로 많은 의무를 우리 자신의 것으로 만들 수 있기 때문에, 이 의무가 기계적으로든 자율적으로든 마치 스스로 발생하는 것처럼 발생한다는 것이다. 걷고, 말하고, 쓰고, 피아노를 치고, 자전거를 타며, 외국어를 사용하는 것과 같은 모든 일상 생활이 그런 사례다. 이 모든 행동은 먼저 많은 노력과 활동을 해야 하지만, 점차 우리 정신이 심지어 더 이상 주의를 기울이지 않고도 마치 습관적인 일로 변한다. 우리의 정신은 다르고 더 중요한 일에 자유롭다.[36] 선천적인 습관뿐 아니라 습관에 의해 획득된 부차적 본질처럼 후천적 습관도 있다.

그러나 이제 질문은 그런 행동이 완전히 무의식적으로 일어나는지 혹은 그런 행동이 매우 약한 의식의 정도로도 일어나는지에 대한 것이다. 그리고 우리 기억에 보존된다고 말하는 인상 혹은 사고에 대해서도 같은 질문이 제기된다. 만일 그런 인상 혹은 사고가 사실상 기억에서 완전히 사라진다면, 이제 그런 인상 혹은 사고가 정당하게 그런 단어로 불릴 수 있는가에 대한 질문이 제기된다. 스스로 드러나지 않는 인상과 사고가 아닌 사고를 말하는 것은 어렵다. 그러나 다른 측면에서 이런 것은 완전히 사라졌다. 왜냐하면 우리 기억에서 처음에 빚졌던 경험을 다시 거치지 않고도, 어느 정도 노력으로 이런 인상 혹은 사고를 의식으로 다시 떠오르게 할 수 있는 능력을 가지고 있

35) 특히, R[ichard] Semon, *Die Mneme als erhaltendes Prinzip im Wechsel des organischen Geschehens*, 3rd ed. (Leipzig: Engelmann, 1911).

36) J. V. de Groot, "Lapsing Intelligence," *Verslagen en mededeelingen der Koninklijke Akademie van Wetenschappen, afdeeling letterkunde*, series 4, vol. XV (Amsterdam: Joh. Muller, 1912), 388 – 416.

기 때문이다. 가끔 쓸데없이 어떤 이름이나 날짜를 기억하려고 애쓰다가 이후에 애쓰기를 포기할 때, 갑자기 그런 이름이 떠오를 때가 있다. 이런 일은 우리의 정신이 여전히 활동하고 있고, 우리가 노력으로 얻을 수 없는 것이 간단히 굴러들어 왔다는 사실을 나타내지 않는가?

많은 사람이 생리학적 무의식으로 되돌아가 이 난제를 해결하고, 인상에 의해 뇌에 남겨진 자취와 자리와 흔적에 대해 말하고자 한다. 이 경우에 기억은 신경계의 기능이거나 [198] 유기적 물질에 속한다. 그러나 뇌와 기억 사이에 존재하는 매우 긴밀한 관계는 분명하다. 그런데 그렇다고 하더라도 이 관계는 한 문제에서 완전히 신비로 남아있다. 그 문제는 어떻게 신경 물질이 더 초기에 받은 인상을 유지해, 이후 뇌가 이런 인상을 재생산할 수 있고, 더욱이 이런 인상을 인식하고, 판단하고, 비교할 수 있는가에 대한 문제다.[37] 다른 사람들은 정신적 무의식에 만족하고, 무의식적 인상을 반대하지 않는다. 여전히 이 문제 역시 그 문제가 가지고 있는 어려움을 없애지 않는다. "무의식"이라는 용어가 오직 무지를 숨기기 위해 쓰인다면 말이다.[38] 기억과 관련된 한 우리는 풀리지 않는 신비에 직면한다. 그래서 우리는 오직 잠재적으로 혹은 습관적으로 우리의 정신이 스스로 인상을, 또는 인상과 마찬가지로 다소 현실적인 사물도 재생산할 능력과 민첩성을 가지고 있는 범위 내에서, 기억이 어떻게 인상을 유지하는가를 모른다. 어쨌든 기억과 연상은 엄격한 의미에서 무의식적 인상을 받아들이게 하는 적절한 명분을 주지 않는다.

네 번째로, 우리의 주의를 끄는 것은 "하부의식(잠재의식)" 혹은 "의식"이라는 이름으로 일어나는 현상에 대한 것이다. 그러나 첫 번째 용어인 "잠재

---

37) G. Lamers, *De psychologie van het geheugen* (Nijmegen: Malmberg, 1914), 90.

38) Wilhelm Windelband, *Einleitung in die Philosophie* (Tübingen: Mohr, 1914), 168.

헤르만 바빙크의 현대 사상 해석

의식"은 더 넓은 혹은 더 좁은 의미 모두에서 다시 이해된다. 더 좁은 의미에서 잠재의식은 절대적인 무의식과 일치하고, 지금 논의될 현상과 맞지 않는다. 다른 사람들은 경계에 대한 심상을 사용한다. 이 심상은 의식을 또 다른 의식에서 구분해 첫 번째 층과 두 번째 층을 구별한다. 그러나 이런 심상은 우리의 인상의 실제에 대한 관점에서 썩 좋은 선택은 아니다. 왜냐하면 우리가 현재를 바라보는 경우에, 무의식에서 의식을 분리하는 날카로운 경계 혹은 깊은 틈에 대해 말하기보다, 완만하고 점진적인 전환에 대해 말하기 때문이다.

따라서 라이프니츠의 용어는 다른 심리학자들보다 더 나았다. 인식과 통각에 대해 말했을 때, 페히너가 의식의 더 낮고 더 높은 파도를 말했을 때, 분트가 시각과 초점의 영역을 말했을 때, 다른 심리학자들이 다시 멀리 혹은 가까이서, 혹은 황혼 혹은 새벽 혹은 대낮의 바스락거리는 소리를 말했을 때보다도 말이다.[39] 폰 하르트만이 의식의 이런 정도를 날카롭게 반대했던 것은 사실이다. 그러나 이 사실은 폰 하르트만의 고유한 의견에서만 설명할 수 있다. 의지에 반대해서 나타나는 의식이 순수하게 부정적인 성격을 가지기 때문이다. 또한 이 사실은 (잠재의식으로) 의식과 관심 사이에 있는 가능한 가장 날카로운 경계를 만들고자 했던 폰 하르트만의 욕망 때문이다.[40]

[199] 우리 모두는 사실 의식에 현실적인 수준이 있음을 경험으로 알고 있다. 우리가 어떤 일에 열심히 몰두할 때, 우리는 주변에서 일어나는 사물을 어느 정도 인식하고 있다. 그 순간에 그 일은 우리에게 전혀 어떤 인상도 주지 않는다. 그 일은 우리가 말하듯 우리를 공격하지 않는다. 그러나 만일 우

---

39) Cf. Weingärtner, *Das Unterbewusstsein*, 30, 34, 36.

40) Hartmann, *Philosophie des Unbewussten*, I:59ff.; idem, *Die moderne Psychologie*, 39, 40.

10. 무의식   311

리가 이후 이 일에 대해 질문을 받았을 때, 우리는 종종 어떤 것을 보았거나 들었다고 기억한다. 예를 들어 우리가 생각에 깊이 빠진 상태로 밖에서 걸을 때, 이후 우리가 전혀 눈치채지 못했다고 생각했던 어떤 사람을 만났다는 사실을 기억한다. 우리가 어떤 일에 대한 생각으로 완전히 잠식되더라도, 시계가 가는 소리를 듣는다. 독서의 심리학에 대한 흥미로운 강의에서 슈트라우프(Straub) 교수는 최근 우리의 눈은 초점 안에 놓인 글자뿐만 아니라, 옆과 앞쪽에 있는 여러 글자도 다소 구분하기에, 실제로 독서가 가능하다는 사실을 지적했다.[41] 또한 빈에서 프로이트(Freud)는 혀나 펜을 쓸 때 우리의 실수가 우연적이지 않으며, 이런 사실이 반드시 설명되어야 한다는 사실로 관심을 끌었다. 그 사실은 우리가 특정한 단어를 말하고자 할 때, 또는 쓰고자 할 때, 우리가 쓰고 말하고자 하는 것과 다소 관계가 있는 어떤 다른 것을 생각한다는 사실이다.[42] 이런 경우, 또한 그와 비슷한 경우에서 우리는 사고의 중심에서 다소 벗어나 있는 것을 인식했다. 이런 사실은 기계의 굉음이 너무 익숙해서 이 소음을 더 이상 신경 쓰지 않으며, 이 소음이 갑자기 멈추는 것도 바로 인식하지 못하는 공장 근로자에게서 증명될 수 있다.

이런 사실은 우리 의식에서 나타나는 인상에는 동시에 두 부류가 있다는 점을 증명한다. 중심에 있는 인상과 주변에 있는 인상, 위층에 있는 인상과 아래층에 있는 인상처럼 말이다. 여기서 엄격한 의미에서 무의식 혹은 잠재의식을 말하는 것이 아니다. 혹은 인상이 의식에서 완전히 사라질 수 있고 의식 아래에 완전히 침잠할 수 있다고 말하는 것도 아니다. 폰 하르트만과 다른

---

41)   Cf. report in *Algemeen handelsblad* of March 23, 1915, morning edition.

42)   [Sigmund] Freud, *Zur Psychopathologie des Alltaglebens: Über Vergessen, Versprechen, Vergreifen, Aberglaube und Irrtum*, 3rd ed. (Berlin: Karger, 1910) [ET: *The Psychopathology of Everyday Life*, ed. James Strachey, trans. Alan Tyson (New York: Norton, 1965)].

헤르만 바빙크의 현대 사상 해석

심리학자가 주장하듯, 이런 인상의 두 부류가 뇌의 분리된 부분에 서로 연결되어 있다고 가정하는 것도 어렵다. 그러나 언급한 현상은 확실히 의식에 있는 구분을 말하는 데 정당성을 부여한다. 어두운 의식과 밝은 의식, 의식이나, 인식이나, 주의나, 관심에는 확실히 구분이 있다.[43]

[200] 이 사실은 그 자체로 중요할 뿐만 아니라, 영혼의 생명에 대한 다른 현상을 밝히기 때문에 주목할 만하다. 예를 들어 꿈에 대해 생각해 보라. 우리가 잘 때 "나"라는 존재의 우위성을 상실한다. 지성, 이성, 자의식, 관심, 인식 모두가 숨겨진 것으로 물러난다. 그리고 우리가 잠자리에 들면서 가능한 한 많이 방에서 빛과 소리를 차단함으로 감각 활동을 방해할 때, "나"라는 존재의 상실을 촉진한다. 그러나 "나"라는 통제에서 자유롭게 될 때, 더 낮은 인상적 삶은 자유롭게 뛰놀고, 외부의 자극(감각적 인식, 대상의 추락, 벌레의 윙윙거리는 소리 등)과 내적 자극(유기적 인식, 일부 장기의 질병 혹은 고통, 성적 자극 등)으로 동요된다. 심지어 자는 동안 어떤 다른 것에도 방해받지 않을 때, 우리는 다른 때보다 훨씬 더 이런 자극에 민감해지기도 한다. 그런 자극의 결과 인상적 삶이 우리 내부에서 활동하기 시작한다. 인상적 삶은 환상화되기 시작한다. 인상과 상상의 내용은 실제 세계에서, 우리가 그날 겪었던 일에서, 혹은 심지어 종종 이틀 혹은 사흘 전에 겪었던 일에서, 그리고 또한 종종 오래전에 이미 일어난 어떤 일에서, 우리가 가장 어렸을 때 겪은 경험에서 도출된다. 그리고 우리는 매우 빨리 지나가는 꿈에서 이 모든 일을 너무 사실처럼 또한 강렬하게 경험한다. 그 순간에 우리는 꿈을 현실처럼 생각하며 깨어나고 깨어난 후에도 자주 실제와 꿈 사이를 구분하기 어렵다는 점을 깨닫는다. 유아

---

43) Cf. [Joseph] Geyser, *Die Seele* (Leipzig: F. Meiner, 1914), 74ff.

와 소위 원시인은 실제와 꿈 모두를 실제라고 믿는다. 그리고 최면술을 받는 사람은 놀라운 자신감과 안정감을 가지고 행동한다.[44]

최면 상태에서 같은 현상이 일어난다. 암시는 더 높은 인식을 둔감하게 한다. 그리고 최면술을 받는 사람에게서 어떤 일을 추적하는 [최면술사의] 능력은 사고와 의지를 마비시켜 그 사람을 다른 사람의 의도에 저항할 수 없는 도구로 바꾼다. 최면술을 받는 사람의 더 낮은 인상적 삶은 최면술사의 하인으로 바뀐다. 최면술에 걸린 기간뿐만 아니라 최면술이 끝난 이후에도 상당히 오랫동안 자주, 최면술사가 결정한 특정한 날에도 그렇다. 최면술에 걸린 사람은 다른 사람에 의해 주어진 일을 계속한다. 이런 현상은 우리의 유기적인 육체와 어느 정도 비슷하다. 우리의 육체는 밤에 잠들기 전에 특정한 시간에 일어나도록 마음을 진정으로 정할 때, 무의식적으로 또한 저항 없이 복종한다.[45]

정신 이상의 많은 형태도 이런 꿈과 최면 현상에 관계있다. 조증과 우울증과 편집증에서, 히스테리와 [201] 신경쇠약에서, 의식의 구분과 불일치와 분열은 대개 큰 역할을 한다. 일반적인 삶에서 이미 기분은 우리를 상당히 지배할 수 있다. 불안은 우리를 너무나 우울하게 한다. 모든 종류의 인상과 개념은 다른 것에 어떤 관심을 갖지 못하도록 우리를 완전히 사로잡는다. 가장 좋아하는 개념과 좋아하는 화제를 갖지 못한 사람은 누구인가? 강박관념으로 통제되는 특정한 생각을 놓을 수 없기 때문에, 얼마나 자주 밤에 잠 못 이루는 시간을 보내는가? 대개 건강한 사람은 자기 인상에 대한 통제를 회복하

---

44) D. Schermers, "Het droomleven van den mensch," in the *Orgaan van de christelijke vereeniging van natuur— en geneeskundigen in Nederland*, 1915.

45) Myers, *Human Personality*, 116ff.

헤르만 바빙크의 현대 사상 해석

고 지배력을 되찾는다. 그러나 정신 이상의 경우 그 사람은 자신에 대한 통제를 잃는다. 계획하고 의지할 능력은 약해지고 가끔 완전히 파괴된다. 이런 사람의 의식은 저항할 수 없고, 이끌 수 없는 또 다른 힘에 지배를 받는다. 몽상, 집착, 충동, 불안, 과대망상, 무기력, 학대 등이 의식을 정복하고, 추론 혹은 명령으로 쫓겨나기를 거부한다. 이런 인상의 내용은 꿈에서 마찬가지로 실제에서 빌려온 것이다. 따라서 이런 인생의 내용은 환자의 발달, 문화, 종교적 확신 등에 연결되어 있다.[46]

이는 광인이 정말로 자기 영혼의 일부를 상실했다는 사실을, 예를 들면 지성 혹은 이성 혹은 의지와 같은 영혼의 능력 일부를 상실했다는 사실을 뜻하지 않는다. 그러나 질병이 비본질적이고 생물로부터 어떤 물질을 취하지 않고, 생물 그 자체나 특정한 지체를 다른 방향으로 작동하게 하는 것과 마찬가지로, 광기도 영혼의 조직 혹은 기능을 파괴하지 않고, 영혼을 변형시켜 비정상적인 방식으로 작동하게 한다는 것이다. 정신 질환자는 자기를 강압하며 사고와 의지를 얽매는 상상의 세계에 산다. 따라서 치료는 점진적으로 혹은 갑작스럽게 인상과 사고의 또 다른 세계가 지배력을 얻을 때에만 시작된다.[47] 그래서 최근에 많은 노력이 정신적 치료, 기독교 과학, 마음 치료, 신사상 운동, 믿음 치료, 신적 치료, 정신과학과 같은 것을 통해 낙심한 의식을 회복하려고 이루어진다.[48]

결론적으로 이중인격 혹은 인격 상실 혹은 인격 개조라는 명칭이 주어진 주목할 만한 현상을 간략하게 언급해야 한다. 일부 병리학적 돌봄은 [202]

---

46)   P[ieter] Wieringa, *Godsdienstwaanzin* (Groningen: Jan Haan, 1907).

47)   Bernard Hart, *The Psychology of Insanity* (Cambridge: Cambridge University Press, 1912).

48)   William James, *The Varieties of Religious Experience* (London: Longmans, Green, 1906), 94ff.

더 짧은 혹은 더 오랜 기간 동안 어떤 사람이 자기 인격을 상실하고, 자아에 대해 완전히 다른 인상을 경험했다는 사실에서 알려졌다.[49]

이런 병리학적 현상에서 더 최근의 심리학자들은 인격이 다양한 인상의 집단이며 단일체가 아니라는 증명을 도출하고자 시도해왔다. 이런 심리학자들이 다르게 생각하는 것은 어려웠다. 왜냐하면 이런 심리학자들은 먼저 영혼, 인격의 본질적 단일체를 일련의 의식적 내용과 자기 인상으로 분해했기 때문이다. (뇌에서 일어나는 생리학적 무의식을 제외하고) 의식의 배후에 어떤 존재도 없을 때, 의식의 다양한 내용과 다양한 자기 형상을 찾는 과정에서, (그러나 이제 같은 인격으로 남아 있지 않은) 같은 인격의 경우가 "나의 것"과 인격들을 말하는 것 외에는 같은 인격에 아무것도 남지 않는다. 그러나 이 사실은 사실 실제적이고 경험적인 나에 대한, 나와 나의 인상에 대한, 나와 자아에 대한 혼란이다. 자신에 대한 어떤 사람의 개념은 세계에 대한 개념만큼이나 오류, 기억상실에 종속된다. 일상생활에서 이미 우리는 종종 우리가 실제로 누구인가 하는 생각과 완전히 다른 사람인 척 가장한다. 인간의 자기 기만은 얼마나 큰가! 자신에 대한 참된 지식은 얼마나 적은가! 이 때문에 비정상적이고 병리학적 경우에 한 사람은 더 짧거나 더 오랜 기간 동안 자신과 완전히 다른 어떤 사람이 되도록 자신을 생각할 수도 있고 가장할 수 있다. 그러나 이 망상은 확실히 한 인격이 이런 모든 사례에서 본질적으로 똑같이 남아있다는 사실을 전혀 배제하지 않는다.

다섯 번째로 무의식은 오늘날 많은 사람에게 소위 말하는 오컬트 현상을

---

49) 본 목사(Bourne), 한나 목사(Hanna), 펠리다 X(Felida X), 헬렌 스미스(Heléne Smith) 등이 제시한 가장 잘 알려진 예시는 특히 다음 책에서 공유되고 논의된 것이다. Jastrow, *The Subconscious*, 323ff. 또한 다음을 보라. Myers, *Human Personality*; and [Alfred] Binet, *Les altérations de la personnalité*, 2nd ed. (Paris: Alcan, 1902).

헤르만 바빙크의 현대 사상 해석

설명하는 수단을 제공한다. 인류의 역사는 이런 것들로 가득하다. 모든 장소에서 종교의 조악한 형태로 미신을 만나고, 점성술을 주장하고, 마술을 접한다. 사람들은 자기 운명을 다른 것들에서 듣고 믿는다. 별(점성술), 동물의 내장에게서, 새의 비행, 징조와 카드, 얼굴의 주름(관상학) 혹은 손의 주름(수상학, 손금 보기), 필기(필적학)에서 말이다. 종종 특별한 은사 혹은 능력이 한 사람 혹은 다른 사람으로 숨겨진 일을 드러내거나 놀라운 일을 하게 할 수 있다고 여겨진다. 그런 일은 천리안, 두 번째 시각(상사시), 예감, 텔레파시, 원격 투시, 원격 형성, 기억과잉, 독심술, 예언, 몽유적 상태에 있는 동안 병을 지적하고 치유하는 등의 일이다.[50] 또한 더욱 대중적인 것은 계시를 믿거나, [203] 꿈을 통해 유도하거나, 죽은 사람 혹은 선하고 악한 정령의 출현과 구현을 시도하거나, 천상의 존재가 나타나고 천상의 것이 보일 수 있는 황홀경과 환상을 보거나 하는 일이 있다. 인간은 초자연적인 것을 아는 일에 근본적인 필요를 느끼고, 모든 종류의 방식에서 그 필요를 채우고자 한다.

계몽주의 시대에서 이 모든 현상은 인간 정신의 탈선으로 간주되었다. 그리고 이런 현상은 자기기만 혹은 사제의 속임수 혹은 나쁜 인식과 환각으로 적절히 설명할 수 있다고 생각했다. 그러나 이런 생각은 18세기 말에 이르러 바뀌었다. 그리고 사람들은 한 설명으로 자연의 숨겨진 힘에 의존했다. 예를 들어 프란츠 안톤 메스머([Franz Anton] Mesmer)는 동물의 자성을 믿었고, 그것을 병든 자를 치료하는 데 사용했다. 키제르(Kieser)는 동물 자성에 대해 말했다. 라이헨바흐(Reichenbach)는 오드(Od)에 대해 말했다. 이전[19] 세기 중엽의 유물론은 오컬트 현상에 대한 연구를 잠시 동안 뒤로 밀어냈지만, 강

---

50) Professor G. Van Rijnberk, *Hedendaags mirakelgeloof* (Amsterdam: F. van Rossen, 1914).

신술과 신지학의 출현 이후 이를 더 강력하게 부활시켰다. 이런 일은 특히 페히너, M. 페르티(Perty), 칼 뒤 프렐(Carl du Prel)과 함께 독일에서 시작되었다. 1882년 런던 심령 연구회의 설립으로 영국과 미국에서 있는 이 학회의 구성원은 시드윅(Sidgwick), 바렛(Barrett), 베넷(Bennett), F. W. H. 마이어스(Myers), W. 제임스(James), G. J. 로마네스(Romanes), W. 크룩스(Crookes), A. J. 발푸어(Balfour), 올[리버] 라지(Ol[iver] Lodge)였다.[51] 비록 이 모든 학자가 서로 두드러진 차이가 있지만, 그럼에도 인간 안에 있는 내적인 힘에서 일어나는, 특히 정신적 무의식에서 일어나는 모든 오컬트 현상을 설명하려 한다는 점에서는 서로 일치한다.

이제 이 사실이 어떤 새로운 사실로 보일 수 있다. 그러나 사실상 이 사실은 이미 매우 오래된 문제다. 이미 19세기 중반 이전에 에네모서(Ennemoser)는 말했다. "진정한 마법은 우리 영혼의 가장 비밀스럽고 내적인 힘 속에 있다. 우리 영혼의 본질은 아직 드러나지 않았다. 영혼의 모든 신비는 결국 우리 자신의 영혼의 신비로 분해되어 사라진다."[52] 에네모서보다 훨씬 전에 아그리파 폰 네테스하임(Agrippa von Nettesheim)은 이미 주장했다. "기적적인 모든 사물의 원인은 우리 자신 안에 있다."[53]

훨씬 더 눈에 띄는 점은 모든 종교에서 일반적인 현상인 신비주의가 같은 사상에 기초해 있고 [204] 실천적으로 같은 방식을 따른다는 점이다. 신비적

51) 이 학회의 절차에 대한 요점은 이 책에서 요약되어 있다. Sir W. F. Barrett, *Psychical Research*, Home University Library of Modern Knowledge (London: Williams & Norgate, 1911). 또한 이 책을 보라. Edward T. Bennett, *La société anglo-américaine pour les recherché psychiques*, trans. and introduced by M. Sage (Paris: Boding, 1904).

52) Julius Becker, *Aberglaube und Mystik im 19. Jahrhundert* (Berlin: Aufklärung, 1902), 44.

53) Ibid., 23.

헤르만 바빙크의 현대 사상 해석

삶에서 항상 구별되는 세 단계가 있다. 금욕과 명상과 관상이다. 영혼은 물질의 속박에서, 육체와 세계 바깥에 있는 전체에서 스스로를 분리한다. 그리고 영혼은 모든 종류의 육체적이고 영적인 수행으로 구성되는 금욕을 통해 내부로 돌아선다. 이런 수행은 기도, 참회하는 것, 금욕, 자기 학대, 암시, 최면술과 같은 것이다. 영혼은 이성과 의지에 침묵을 부여하고, 무의식에 가라앉는 것처럼 보여서, 자신을 수동적으로 만든다. 영혼이 스스로에게 암시를 걸거나 혹은 다른 사람이 영혼에 암시를 걸어서(집중, 명상), 무의식에서 떠오르는 인상과 사고로 완전히 잠식되게 한다.

그리고 결국 이런 방식으로 영혼은 황홀감의 상태 혹은 황홀경(무아의 상태)에 도달한다. 영혼은 공간과 시간 위로, 고통과 고난 위로 떠오른다. 그리고 영혼은 완전히 다른 세계로 들어간다. 영혼은 놀라운 사물들을 듣고 본다(환상, 투시, 관상, 천리안, 텔레파시 등). 그리고 영혼은 종종 다른 이해할 수 없는 소리와 형상에서 나타나는 경험을 재생산한다(영감적 언어, 무의식적 필기, 방언, 외국어).[54]

그래서 많은 측면에서 오컬트는 옛 신비주의의 갱신이자, 심지어 더 오래된 정령숭배(선재, 화신 등)의 갱신이다. 그러나 신비는 이런 오래된 개념을 진화에 대한 현대 이론과 연결시키고, 이런 개념을 내세로 확장시킨다. 이런 방식에서 신비는 신앙과 지식의 이원론을 탈출하고자 한다. 신비는 모든 신앙이 존재할 권리가 있다는 사실을 거부하는 유물론에 반대한다. 그래서 신비는 영적 세계를 유지하고자 한다. 그러나 지식의 영역에서 신앙의 영역을 엄격하게 구분하는 자들과는 반대로, 신비는 경험과 연구를 통해 얻을 수 있는

---

54) 다음을 보라. Bavinck, *Reformed Dogmatics*, III:528ff.; IV:69-75.

정확한 과학의 경계 내에서 영적 세계에 대한 지식을 도출하고자 한다. 더 높지만 고정된 법칙에 따라 작동하는 오컬트적 힘이 있다는 사실은 화학, X레이, 무선 통신과 같은 것을 통해 간접적으로 증명될 수 있는 것으로 여겨진다. 만일 그들이 말하듯 공식적인 과학이 자기 편견을 버리고 자연 현상에서 하는 것과 마찬가지로 열린 마음으로 정신 현상을 연구한다면, 실제를 확신할 것이고 자연 현상에 대한 지식을 정신 현상에 연결시켜 하나의 큰 단위로 만들 수 있을 것이다. 인류의 안녕은 서방의 문호를 동방의 지혜와 융합하는 데서 발견될 것이다. 서방에서 양육된 합리적 정신과 동방에서 길러진 따뜻한 마음을 융합함으로 말이다. 따라서 (영혼의 비밀스러운 힘에 대한 형성인) "심령주의"의 흐름은 문명화된 세계 전체에 범람하고 있다. 모든 종류의 수단으로 [205] 사람들은 비밀에 침투하고자 한다. 자연, 영혼, 현재와 미래, 영적 세계, 무덤에 있는 다른 측면의 세계에 대한 비밀로 말이다. 그래서 사람들이 종종 극단으로 간다는 소문이 있었다. 신비주의와 [다른] 병약하고 퇴화한 종교에서 오래전에 일어났던 것과 마찬가지로 말이다.[55]

그 경우가 무엇이든지 오컬트주의가 새로운 종교로 나타나며[56], 무의식을 세계를 설명할 원리로 높인다는 사실은 명백하다. 특히 폰 하르트만은 인간과 자연과 역사 속에서 무의식에 호소하는 이 모든 현상에 참여했다. 그리고 이로부터 폰 하르트만은 한 행위자(Agent)가 있다는 사실을 결론 내렸다. 이 행위자는 폰 하르트만이 절대적 무의식이라고 불렀고, 모든 사물의 원인이며, 개인의 모든 외관을 산출하고 품는 단일한 개체(Individuum)다. 부정의 방식으로 무의식이라 부를 수 있고 혹은 긍정(eminentiae)의 방식으로 초의

---

55) *Cf. Het *Theosophisch* Pad, April 15.

56) Becker, *Aberglaube und Mystik*, 50.

헤르만 바빙크의 현대 사상 해석

식이라고 부를 수 있는 이런 무의식은 두 가지 속성을 가지고 있다. 의지와 인상이다. 이 무의식은 이런 두 의지와 인상을 통해, 사물의 의지를 아버지로서의 의지를 통해, 사물의 인상을 어머니로서의 인상을 통해 세계 전체를 산출한다. 따라서 존재는 그 존재를 맹목적인 의지에 빚지고 있으며 모든 슬픔의 원인이다. 그러나 인간에게서 인식되는 인상을 통해 세계 역사는 의지로부터 자신을 해방하고, 존재의 슬픔을 없애는 역할을 한다.[57]

우리는 다른 많은 철학자에게서 동일한 혹은 연관된 사상을 발견한다. 이 발견은 물리적 세계를 환영(maya)으로 분해하는 현재 지배적인 관념철학이 인상에 소위 무의식 안에서 혹은 모든 것을 포함하는 세계영혼 안에서 객관적인 기초를 제공할 때, 유아론과 허무주의에서 겨우 도망칠 수 있기 때문이라는 사실은 놀랍지 않다. 오히려 다른 철학자는 "분리된 심리적 개인은 서로 곁에 서 있는 독립적인 존재로 볼 수 없고, 서로 영원히 분리되어 있다고 말한다. 그러나 분리된 정신적 개인은 오히려 고정된 법칙에 따라 발전된 끝없는 의식의 가장 높은 곳에서 모든 것을 포괄하는 의식에 대한 최종 분석에서, 더 높은 존재에 대해 일시적으로 분리된 내용으로 존재한다."[58] 그러나 본질적으로 작은 차이를 만들 뿐이다. 두 사례에서 이신론은 [206] 범신론으로 대체되었다. 그리고 폰 하르트만은 특히 이 범신론이 오컬트주의에 얼마나 관계가 있는지를 보여준다. 의식은 무의식에서 나와, 무의식으로 되돌

---

57) Hartmann, *Philosophie des Unbewussten*, II:222ff. Cf. Bavinck, *Reformed Dogmatics*, II:193ff., 231ff.; III:544ff.

58) [Gerardus] Heymans, *De toekomstige eeuw der psychologie* (Groningen: J. B. Wolters, 1909), 25 – 26. Cf. 또한 Fr. van Earned, "In het light der oorlogsvlam," *De Amsterdammer* (March 21)과 올해[1915년]에 뒤이어 출판된 논문도 있다. 하나님에 대한 현대의 개념을 이런 학자들과 추적하는 것도 흥미로울 것이다. 로체(Lotze), 페히너, 파울젠(Paulsen), 오이켄(Eucken), 빈델반트(Windelband), (*Einleitung in die Philosophie*, 414 ff.), 에머슨, 제임스, 마이어스, 부트루(Boutroux), 푸앵카레(Poincaré), 베르그송(Bergson)과 같은 학자들이다. 그러나 이 에세이에는 적절하지 않다.

아간다. 의식은 어두운 두 영원한 존재 사이에 있는 덧없는 빛이다.

결론

이후 심리학에서 그토록 중요성을 얻은 무의식에 대한 이론은 "영혼 없는 심리학"을 지지할 수 없다는 사실에 대한 증명이다. 또한 이 무의식에 대한 이론은 영혼과 의식이 구별되고 의식은 영혼의 본질이 아니라 속성이라는 사실에 따라 영혼에 대한 옛 이론의 회복이다. 더 나아가 한 측면에서 무의식에 대한 이론은 백지 이론을 거부하지만, 다른 측면에서 영혼의 능력[potentiae]과 습관[habitus]에 대한 이론으로 되돌아간다. 이 이론은 다른 이론 가운데 유아의 양육에서 아주 중요하다.

게다가 이 이론은 영혼이 순수한 본질[ens]이 아니며, 반드시 행위자(agent)로서 이해되어야 함을 보여주기 때문에, 영혼이 가능태의 범주뿐만 아니라 실체성에 충분히 적용될 수 있는 범주에도 속한다는 사실을 보여준다.

그러나 영혼의 생명에 있는 모든 종류의 조건과 행위가 무의식적임에도 불구하고, 동시에 영혼에 대한 무의식의 특별한 이론을 고안하는 것은 바람직하지 않다. 왜냐하면 영혼의 능력과 습관으로 영혼을 설명하는 것은 사실상 같은 일을 더 간단하게 가르치며, "무의식"이라는 용어는 어떤 것도 설명하지 않은 채 무의식 자체에 대한 설명을 요구하기 때문이다. 또한 (무의식적 대뇌 기능, 생리학적 무의식) 뇌의 사고방식에 대해 무의식의 용어를 적용하는 것은 권할 만한 가치가 없다. 왜냐하면 이런 사고방식은 심리학의 영역이 아니라, 오히려 생리학의 영역이기 때문이다.

같은 이유로 무의식적 인상과 느낌과 의지의 행위에 대해 어떤 언급도 허락하지 않아야 한다. 왜냐하면 이런 현상은 항상 어떤 의식을 함의하기 때문

헤르만 바빙크의 현대 사상 해석

이다.

무의식(절반, 약한, 이중 의식)은 (인식과 관심의 외부에 있는) 의식의 핵심 바깥에 놓일 수 있는, 그럼에도 완전히 의식의 바깥에 있지 않은 영혼의 현상에 대한 중요한 분류에 대한 이름이다. 비록 이 약한 의식과 절대적 무의식 사이에 있는 경계를 종종 결정하기 어렵지만, 방금 언급한 현상의 분류는 그 경계 위에 무의식에 대한 이론을 세우기에 충분한 근거가 되지 않는다.

그러나 잠재의식은 다른 영혼의 현상을 설명할 때 적절한 설명을 하지 않는다. 이런 현상에는 꿈, 최면술, 인격의 변화, 정신 이상의 다양한 형태가 있다. 그러나 잠재의식은 오컬트의 이름 아래 요약할 수 있는 [207] 이 모든 현상에 대한 만족스러운 해결책을 줄 수 없다.

무의식 혹은 잠재의식에 대한 이론도 인간 존재에서 윤리적 충돌을 설명할 능력이 더 이상 없다.[59] 첫째, 무의식 혹은 잠재의식에 대한 이론의 지지자들은 이런 무의식적 혹은 잠재의식적 지적 자질뿐만 아니라 윤리적 자질에 대해 자기들 사이에서도[60] 매우 많이 나뉘기 때문이다. 둘째, 육신과 영혼 사이의 신자 안에 씨름이 있는 것과 마찬가지로(옛사람과 새사람, 롬 7:14-25; 갈 5:17 등), 이성과 정욕(양심과 열정, 의무와 성향) 사이의 씨름은 무의식과 잠재의식 사이에 있는 씨름과 완전히 다르다.

무의식에 대한 이론이 영혼이 의식보다 훨씬 더 풍부하고 깊다는 관점을 취할 때, 성경의 지지를 받는다(시 44:21; 잠 4:23; 렘 17:9-10; 고전 14:25; 벧전 3:4

---

59) Cf., e.g., Noorduyn, *Het onder-bewustzijn*, 37.

60) 사이디스(Sidis)에 따르면(Loewenfeld, *Bewusstsein und psychisches Geschehen*, 47을 보라) 무의식은 어리석고, 비판적 능력이 없으며, 쉽게 설득되며, 종속적이고, 심약하며, 도덕성이 없다. 그리고 프로이트에 따르면 무의식의 내용은 최종 분석에서 항상 성욕이라고 말한다. 반대로 머드슬레이(Maudsley), 칼라일(Carlyle), 제임스, 마이어스 등은 선하고 고귀한 모든 것이 무의식에서 떠오른다고 주장한다.

등). 그리고 무의식에 대한 이론은 기본적인 생각을 상정한다. 죄의 교리(창 8:21; 시 19:12; 51:10; 렘 17:9; 막 7:21), 중생(렘 31:33; 요 3:8), 신비한 연합(롬 8:16; 갈 2:20), 영감(벧후 1:21), 집착에 대한(요 13:2; 행 5:3) 생각이다.

다른 측면에서 성경은 주님에게 속하는 비밀스러운 일과 우리와 우리 자녀를 위해 있는 계시된 일(신 29:29)을 구분한다. 성경은 우리의 모든 지식이 일반적인 방식만으로 얻을 수 있다는 사실을 가르친다. 바로 일반 계시와 특별 계시에 있는 일반적인 방식이다(자연, 역사, 성경: 사 8:19-20; 40:21-26; 롬 1:20; 10:6-8; 고전 2:9). 따라서 이 사실은 모든 점성술과 마술을 금한다(레 20:6; 신 18:10-12; 삼상 28:7; 사 8:19-20; 미 3:7; 계 21:8; 22:15).

성경의 이 모든 선언은 유신론과 긴밀한 연관이 있다. 유신론은 범신론과 오컬트주의뿐만 아니라 불가지론과 영지주의를 완전히 반대한다.

11. 지성 또는 의지의 우선성

Essays on Religion
Science and
Society

11. 지성 또는 의지의 우선성

[208] 지성 또는 의지의 우선성에 대한 견해는 보통 사람들 사이에서, 또한 특히 심리학자들과 철학자들 사이에서 항상 갈린다. 이런 불일치는 본성과 성격, 성별과 나이, 경험과 환경에서 나타나는 차이로 상당 부분 설명할수 있다. 처음부터 어떤 사람은 더 합리적이며, 다른 사람은 더 감정적이며, 또 다른 사람은 더 의지적이다. 지성은 일반적으로 남성에게서 더 발달되고, 감정은 여성에게서 더 발달된다. 또한 어린 시절에 한 사람은 더 낙관적이고, 청년기에는 슬퍼지며, 성인기에는 더 화를 잘 내고, 노년기에는 더 냉담해진다. 그래서 나이와 경험은 지성과 마음과 의지의 이해에서 영향력을 발한다. 인생의 전반전에서 높은 기대가 존재한다. 이때에는 일반적으로 대개 사고의 능력과 의지의 작용을 마음에 품고 있다. 그러나 인생의 후반부에는 종종 실망이나, 의심이나, 단조로운 체념이 있다.

따라서 철학자들도 지성 또는 의지의 우선성에 대한 사상에서 상당히 다

---

* 편집자 주: 본 논문은 원래 다음 출처에서 출판되었다. "Primaat van verstand of wil?" in *Paedogogisch tijdschrift* 13 (1921): 15–21.

헤르만 바빙크의 현대 사상 해석

르다. 처음부터 동방 철학은 그리스의 서방 철학과 다른 성격을 가졌다. 동방 철학은 신비적이고 신지학적이다. 반면 서방 철학은 처음부터 주지주의적인 성격을 가진 것으로 특징지어진다. 심지어 소크라테스(Socrates)는 덕을 지식으로 생각했다. 피타고라스(Pythagoras)와 플라톤(Plato)과 다른 철학자는 감각적 인식 위에 사고에 우선성을 두고, 관념의 세계에서 존재의 세계가 건축되도록 했다. 지성은 세계의 능력을 형성하는 영혼과 창조성의 토대였다.

기독교는 또 다른 관점을 가져왔다. 기독교는 세속적 지혜에 반대해 대립적으로 나타났다. 그리고 기독교는 십자가의 어리석음에 반하는 것으로 세속적 지혜를 두었다. [209] 기독교는 머리라기보다 확실히 마음에서 더 일어나는 영적인 일이 확실한 회복(중생), 믿음과 회심, 선한 행위에 강조점을 두었다. 왜냐하면 우리는 마음으로 믿어 의에 이르고, 입으로 시인하여 구원에 이르기 때문이다(롬 10:10). (달리 말해 아우구스티누스[Augustine]의 철학이 강력한 정도로 플라톤적이었지만) 마음과 의지의 중요성을 특별히 설명했던 인물은 교부 아우구스티누스였다. 때때로 아우구스티누스는 의지를 너무 강하게 강조했다. 그래서 현대에 많은 학자는 아우구스티누스를 주의주의자로 생각하기도 했다.

어쨌든 토마스 아퀴나스(Thomas Aquinas)를 그 원리의 대표자로 삼은 중세 스콜라주의는 주로 지성적이었다. 지성은 인간에게 주어진 가장 귀중한 은사로 생각되었다. 지성은 의지보다 더 높고, 더 고귀했다. 베이컨(Bacon)과 데카르트(Descartes)가 도입한 더 최근의 철학에서도 마찬가지였다. 비록 지성이 감각적 인식과 귀납법에 더 크게 치중했고, 의지가 사고와 연역법에 더 크게 치중했지만, 중세 스콜라주의와 최근의 철학 이 두 가지는 지성에 중점을 두었다. 이 철학은 철저히 합리적이고 우상화된 이성이 존재했던 18세기 계몽주의의 결과였다. 또한 칸트도 이 방향에서 계속 진행했다. 칸트는 믿음에 의한 실제로서 (알 수도 증명될 수도 없는) 초감각을 형성하는 이론 이성보다 실천 이성에 더 우선성을 주었다. 그러나 칸트에 따르면 이 우선성은 이성이었다. 이성은 도덕법을 설파했고, 신학적 가정을 도덕법 위에 세웠다. 그래서 이성에 대한 이런 고양은 더 나아가 관념철학과 헤겔(Hegel)의 범논리주의로 이끌었다.

그러나 주지주의와 합리주의의 발전은 항상 마음과 의지에 대한 반응을 불러일으키지 않았다. 중세 동안 신비주의는 스콜라주의 곁에서 나타났다. 그리고 루소(Rousseau)는 18세기 합리주의에 반대했다. 이 반대 후에 낭만주의가 뒤따랐다. 또한 이후에 셸링(Schelling), 쇼펜하우어(Schopenhauer), 폰 하르트만(von Hartmann)의 주의주의적 철학이 뒤따랐다. 의지와 초인(Übermensch)의 능력에 대한 니체(Nietzsche)의 가르침도 뒤따랐다. 그리고 제임스(James)와 다른 학자의 실용주의도 뒤따랐다. 이 주의주의는 지성이 아니라, 의지에서 영혼의 생명의 가장 두드러지는 요소를 발견한다. 이 주의주의는 어떤 힘으로서 의지를 인식한다. 그리고 이 주의주의는 어떤 의식에 여전히 연결되어 있거나, 맹목적이고 무논리적인 의지로서 의식에 선행하며, 결국 의식을 산출한다.

영혼의 생명이 인식되는 것처럼, 또 다른 형이상학적 건축이 영혼의 생명 위에 세워졌다. 만일 한 사람이 자기 생각에서, 예를 들어 성경에서 객관적인 규범을 결여한다면, 그 사람은 자기 자신의 형상을 따라 세계와 하나님을 건축한다. [210] 만일 지성이 영혼의 실제 본질이라면, 세계는 구체화된 사고와 정신적 과정으로서의 세계사건과 이성으로서 신으로 보일 것이다. 그러나 만일 의지를 영혼의 기본적인 힘으로 생각한다면, 의지는 사람들이 의지로서 세계와 신을 상상할 것이라는 사실에 자연히 뒤따라올 것이다. 그 의지는 이제 근본적인 존재다. 의지는 모든 피조물, 식물, 동물, 사람들 안에서 본질

헤르만 바빙크의 현대 사상 해석

적이며 일차적이다. 상상과 의식은 부차적이다. 하나님 자신은 만물 안에 있는 힘이자 의지이다. 심리학적 주지주의와 주의주의는 형이상학에서 유비적 개념으로 이르렀다. 주지주의가 심리학과 형이상학에서 한 위치를 차지하고, 주의주의가 교육학에서 특정한 위치를 강요받았다. 그래서 일반적으로 예를 들어 [요한 프리드리히] 헤르바르트([Johann Friedrich] Herbart)와 [빌헬름] 분트([Wilhelm] Wundt), 학문적 학파와 상업적 학파 중에서 선택해야 한다.

만일 일반적으로 지성 또는 의지의 우선성에 대해 취하는 중요한 질문에 다소 독립적인 판단을 형성하고자 한다면, 지성과 의지의 의미에 대해, 둘 중에 하나의 우선성에 대한 주의 깊은 설명을 반드시 해야 한다. 이제 지성이 완전한 의식이 분명히 아니며, 심지어 의식의 가장 중요한 일부도 아니지만, 인식의 특정한 기능을 할 뿐이라는 사실을 반드시 말해야 한다. 예를 들어 인식에서 우리는 감각적 인식, 기억, 상상, 양심, 이성, 지성을 구분한다. 우리의 의식에서 우리는 (판단과 결정으로) 개념뿐 아니라 인식, 기억, 형상, 관념, 이상도 접한다. 따라서 만일 일반적으로 의식을 확인하거나 심지어 의식을 지성으로 생각한다면, 이런 생각은 매우 단편적이며, 심지어 실제에 대한 완전한 오해이기도 하다. 더 이른 시대에 어떤 이는 일반적으로 지성[intellectus]에 대한 더 넓은 개념을 가졌고, 어떤 이는 이 사실을 어느 정도 합리화할 수 있었다. 그러나 오늘날 지성이 대개 관념을 위한 능력으로 묘사될 때가 있다. 그러나 그런 동일시는 완벽히 부당하다.

의지에 대해서도 마찬가지다. 소위 욕망하는 능력 혹은 분투하는 능력은 확실히 의지 혹은 의지하는 것과는 동일하지 않다. 오히려 의지는 더 폭넓은 영역을 포함한다. 실제로 의지하는 것 외에 또한 일반적으로 감정, 분위기, 정서, 열정, 경향, 분투, 욕망과 같은 용어를 접한다. 우리가 알고 분투하는 능력에서 주목하는 이 모든 현상 가운데, 지성과 의지는 우리가 일반적으로 생각하는 것보다 훨씬 더 작은 위치를 삶에서 차지할 것이다. 일상생활에서 인간은 개념, 논리적 이성, 의지의 의도적인 결정보다 많은 관념, 형상, 감정, 욕구를 경험한다. [211] 따라서 우리가 지성 또는 의지의 우선성을 논할 때, 우리가 뜻하는 바가 무엇인지 반드시 알아야 한다. 우리는 좁고 제한된 의미에서만 지성 또는 의지를 고려하는가? 아니면 우리는 가장 넓은 의미에서 의식과 분투를 고려하는가? 만약에 후자라면 우리는 하나의 질문만 접하는 것이 아니라, 오히려 수많은 다양한 단계에서 우리에게 제기되는 질문을 접할 것이다. 명확히 말해, 우리는 여기서 세 문제를 구분할 것이다. 직관 또는 분투에 우선성이 있는가? 관념 또는 욕망에 우선성이 있는가? 더 좁게 지성 또는 의지에 우선성이 있는가?

그러나 우리가 이 세 질문 각각에 대해 간단하게 말하기 전에, "우선성"이 뜻하는 바를 알아야만 한다. 일반적으로 지성 또는 의지가 먼저 취해질 상태만을 원하는가? 혹은 일반적으로 지성 또는 의지가 우선성을 가지고 있고, 그 둘 중 하나가 가장 눈에 띄며, 그 둘 중 하나가 다른 능력보다 뛰어나다는 생각에 순수한 시간적 순서를 연결하기 바라는가? 결국 한 질문에 답할 필요가 있다. 지성 또는 의지의 장자권도 어쩌면 특정한 능력을 행하는가? 혹은 한 능력이 다른 능력에 지배권을 행하는가? 지성이 의지를 지배하는가? 혹은 의지가 지성을 지배하는가? (예를 들어 베드로 혹은 교황의 우위성에 대해 말할 때처럼) 만일 "우선성"이라는 단어를 지성적인 의미에서 중요하다고 생각한다면, 아무도 이 질문을 불필요하게 생각하지 않을 것이다.

이 모든 질문은 이전에 제기한 문제에 대한 입장을 결정하려는 시도에 도움이 될 것이다. 먼저 직관 또는 분투를 살펴보자. 직관은 대개 무의식적이지만 의도된 행동으로 나타난다(어머니 젖을 바라는 유아, 둥지 짓는 새, 봄과 가을에 이주하는 새처럼 말이다). 이런 묘사는 완전히 잘못된 것은 아니다. 그렇지만 오

헤르만 바빙크의 현대 사상 해석

해의 여지가 있다. 직관은 감정, 개념, 욕망 혹은 혐오에 대한 인식에 기초한다. 그래서 직관은 완전히 무의식적이지 않다. 그리고 얼마나 약하든 간에 그 의식은 확실히 행동에 선행한다. 행동은 무의식적인 것으로 나타난다. 그렇지만 이 행동은 우리가 실제로 많이 알지 못하기 때문에 대단히 겸손하게 말하는 것처럼 행동한다. 우리는 자신 안에서 유비를 보기 때문에, 신생아의 동물적 영혼을 발견할 수 있다. 그러나 의식이 무의식에 근접하게 나타나고 무의식에서 천천히 떠오르는 것처럼 보일 때, 우리는 사실상 영혼 밖에 있다.

[212] 그러나 이 문제에 더 이상 파고들지 않고, 행위(예를 들어 어머니의 젖에 대한 운동)가 위에서 언급한 욕구 혹은 혐오에 대한 감정을 취하고, 행위가 이 감정에서 떠오르지 않는다는 사실은 확실하다. 욕구는 생물 안에 있는 근본적인 힘에 대한 선천적인 분투에 되돌아간다. 아기가 배고픔을 느낄 때, 어머니의 젖을 추구하고 쥐고자 하며 잡는다. 여기에는 우선성 혹은 지배력이 나타나지 않는다. 그러나 여기에는 두 요소 사이에 있는 조화와 협동이 있다. 조화는 자명하고 완벽히 자연스러운 것처럼 보인다. 그러나 이 조화를 주의 깊이 생각한다면, 여기서 설명할 수 없는 사실인 신적 질서에 직면하게 된다. 동물 심리학자 로이드 모건(Lloyd Morgan)은 생물학적으로 가치 있는 성취와 개인의 성취 사이에 있는 조화는 우리가 생명을 조금이라도 이해하고자 한다면 반드시 받아들여야 하는 사실임을 고려할 때 근본적이라고 표현한다. 영혼과 육체, 정신과 물질, 주체와 객체, 인간과 세계, 이 모든 것은 서로를 위해 만들어지고 서로에게 의미가 있다.

관념과 욕망 사이에 있는 관계에 달리 어떤 것이 수반되는가? 한 측면에서 관념 없는 욕망은 없으며 존재할 수도 없다는 사실은 거부하기 어렵다. 알려지지 않은 것을 욕구할 수 없다. 알려지지 않은 것에 대한 욕구는 없다 [ignoti nulla cupido]. 알려지지 않은 것은 사랑받지 못한다. 욕구 또는 혐오, 사랑 또는 증오, 애정 또는 반감은 우리가 그에 대한 의식을 하지 않고는 있을 수 없다. 그러나 다시 일반적으로 이 사실을 반드시 주의 깊게 이해해야 한다. **행위**로서 욕구 자체가 욕구하는 것에 대한 의식, 인식, 관념을 전제한다. 그러나 인식은 그런 의식에 의해 떠오르지도, 만들어지지도 않는다. 오히려 관념은 영혼의 근본적인 다른 기능 혹은 능력에 되돌아간다. 그리고 **기능**으로서, 잠재적인 것으로서 욕구는 처음부터 영혼 안에서 나타난다. 알고 욕구하고 분투하는 기능은 **기능**과 동등하게 근본적이다. 그래서 우선성 혹은 심지어 우월성에 대해 말할 수 없다. 위에서 언급했듯이 **행위**로서 욕구에 대한 관념은 욕구에 선행하지만, 이 우선성은 탁월성 혹은 우월성 혹은 지배력과 같지 않다. 결국 관념이 없는 실제 욕구가 없지만, 욕구 없는 관념은 있다. 아름다움에 대한 인식은 욕구와 분리되어 일어난다. 많은 관념은 욕구가 역할을 하지 않고도 많은 사람에게 참된 것으로 인식되고 받아들여진다. 우리 이기심이 작동하자마자 흰색을 검은색이라고 부르고, 진리를 거짓이라 부를 수 있다. 그러나 이런 일은 실제로 욕구가 종종 관념을 지배한다는 사실을 증명한다. 관념이 확실히 욕구에 영향을 미치지만, 상대적으로 말해 관념에 대해 욕구하는 능력은 종종 훨씬 더 크다고 말할 수 있다. [213] 관념과 욕구는 서로 반응한다. 관념과 욕구는 계속 서로 행동한다.

　이 사실은 마지막으로 지성 또는 의지의 우선성에 집중할 때 더 명확해질 것이다. 그러나 우리는 여전히 지성과 이성의 구분을 반드시 간단하게 언급해야 한다. 구분은 공식화하기 쉽지 않고, 더 이른 구분은 오늘날의 구분과 매우 다르다. 여기서 이 구분은 지성이 개념을 위한 기능이며, 이성이 관념을 위한 기능이라는 일반적인 구분을 보임으로 보충될 것이다. 18세기는 합리주의적이었다. 19세기는 주지주의적이었다. 이성은 내용을 가진다. 이성은 일련의 규범과 행동 원리와 선험적인 것을 포함한다. 이런 관점에서 이성은 실제와 분투를 논리적이고 로고스로 구성된 세계로 본다. 다른 측면에서 지성은 형식적 기능이다. 지성은 내용을 포함하지 않는다. 지성은 모든 편견과 선입견을 무시하고자 한다. 지성은 전제 없이 사고를 우상화한다[Voraussetzunglosigkeit]. 지성은 완전히 이해할 수 없고, 기계적인 세계에 대한 이상을 상상한다. 위에서 언급했듯이 두 개념은 전체 세계가 논리적으로 구성되었으며, 본질상 이성에 근거한다는 사실은 어쩌면 참일지도 모르지만, 이 **본질**은 **존재**와 다르다는 점을 인정할 때 주의주의에게 공격받는다. 세계의 존재는 순수한 사고로부터가 아니라, 의지의 행위(의지-행위)로부터만 도출된다. 따라서 셸링과 다른 철학자들은 의지가 일차적 본질이라는 사실을 말했다.

그러나 만일 의지가 모든 의식에서 분리되어야 한다면, 참된 의미에서 의지는 더이상 존재하지 않는다. 오히려 의지는 눈먼 충동과 운명과 결합하거나 완전한 임의성과 우연성과 결합한다. 그러나 그 개념은 "의지"라는 단어를 오용한 것이며 모든 종류의 오류로 이끈다. 그 단어의 참된 의미에서 또한 옛 정의에 따라, 의지는 합리적인 자기결정으로 표현할 수 있다. 그래서 의지는 분투와 욕구와 같은 개념에서 명백히 구별할 수 있다. 이제 의지는 당연히 의식과 특히 (관념만이 아니라) 이성도 의지에 선행한다는 사실이 따라온다. 더 정확히 말해 의지는 이론 이성 혹은 실천 이성이다. 참된 규범 혹은 참되지 않은 규범, 선과 악, 아름다움과 추함을 가진 이성이다. 형식적 기능으로서가 아니라 지식으로 채워지고 지식으로 풍부하게 된 이성이다.

그러나 심지어 여기서 우선성은 분명히 우위성, 특권, 지배력과 같지 않다. 확실히 지성과 이성은 의지 관념(사고)을 주고, 선택권을 주며, 조언한다. 그러나 지성과 이성은 의지의 (한 요소인) 자유가 강제성을 배제하기 때문에 합리적이고 도덕적인 설득에 대한 능력 외에 어떤 다른 능력도 갖지 않는다.

다른 측면에서 의지는 확실히 [214] 의식, 지성, 이성을 지배하는 강력한 능력이다. 가장 먼저 관찰과 사고를 작동하게 하고, 계속해서 작동하게 하는 것은 의지다. 따라서 관심은 지성의 작동만큼이나 의지의 작동이며, (욕구하는 것에서 기원하며 종종 욕구 안에 있는) 의지는 종종 관심과 사고를 특정한 방향으로 몰아간다. 만일 그렇지 않다면, 지성의 죄악된 어둠은 없어야 할 것이다. 마음에서 생명의 문제와 지성의 생명이 나온다. 어떤 사람이 어떤 사람이냐에 따라, 철학의 종류는 달라진다. 따라서 지성과 의지는 상호 의존한다. 머리는 마음을 부요하게 한다. 그러나 마음은 머리로 향하고, 머리를 이끈다.

여기서 교육학적 가치도 있는 마지막 논평을 더하고자 한다. 지성은 의지에 선행할 수 있고 반드시 선행해야 한다. 그러나 의지는 종종 따라오지 않는다. 그래서 지성은 의지가 마음대로 하도록 반드시 방임해야 한다. 사람들은 대개 더 잘 알지만 정당하게 행동하려고 원하지 않는다. 모든 사람 안에는 싸움이 있다. 그러나 이 싸움은 로마서 7장에서 바울이 경험했던 싸움과 다르다. 바울은 더 잘 알고자 했을 뿐만 아니라 더 잘 행동하기를 원하기도 했다. 바울은 하나님의 뜻을 행하고자 하는 경건하고 진정 어린 열망을 가졌다. 그러나 바울은 육신의 권세 때문에 더 잘 **행할 수 없었다**. 그러나 자연적인 인간은 더 잘 알지만 더 잘 뜻하고자 하지 않는다. 인간의 인격의 핵심에서, 바울은 하나님의 율법의 측면에 있었다. 그러나 자연적이고 중생하지 않은 인간은 자기의 인격의 중심에서 자기 지성(양심)으로는 율법이 선함에 동의해야 함에도 불구하고, 하나님의 율법의 바깥에 있으며 하나님의 율법에 반대한다. 지식만으로 인격을 회심시킬 수 없다. 지식만으로는 마음과 의지를 돌릴 수 없다. 다른 측면에서 의지는 종종 지성과 이성과 심지어 양심에 큰 힘을 행사한다. 그리고 의지는 옳든 잘못되었든 특정한 방향으로 지성과 이성과 양심을 이끈다.

헤르만 바빙크의 현대 사상 해석

따라서 지성 또는 의지의 우선성에 동의하지 말자. 지성과 의지 모두 인간 본성에서 하나님에 의해 두어진 뛰어난 은사다. 지성과 의지 각자는 고유한 영역을 가지고 지배력을 행사한다. 지성(아는 것에 대한 기능)은 지식을 얻는데 필요하다. 의지(분투하는 기능)는 알려진 세계에 대해서 우리의 입장을 결정하는데 필수 불가결하다. 지성과 의지는 반드시 유아에게서 형성되고 발달되어야 한다. 교육과 양육, 지성의 발달과 성격 형성은 항상 서로에게 속한다. 이들은 매 순간 서로와 연관된다. 의지에 대한 지성의 관계와 지성에 대한 의지의 관계가 있는 것처럼 말이다. 죄는 지성과 의지 사이에 있는 조화로운 단일성을 깨뜨렸고, 이들 둘 사이에 있는 우호성을 적개심으로 대체했다. 그러나 기독교 양육은 다시 일치와 협동을 추구한다. 기독교 양육은 지성과 양육에 속한 존중을 다시 회복한다. 기독교 양육은 전인의 완전성을 위해 분투한다.

12. 교육학의 경향

Essays on Religion
Science and
Society

12. 교육학의 경향

[215] 교육학은 철학적 주제이다. 그리고 교육학은 신학 혹은 철학과 긴밀하게 연결되어 있다. 최근에 이런 연결을 느슨하게 하고, 교육학을 완전히 독립적인 주제로 만들려는 다양한 시도가 있었다는 말은 사실이다. 그러나 이런 시도는 교육이 항상 인간의 기원, 본질, 목적에 대한 질문에 답을 가정하기 때문에 성공하지 못할 것이다. 그리고 (언젠가 가능할지라도) 이 답은 정확한 과학으로 지지될 수 없으며, 종교 혹은 철학만으로 제시할 수 있다.

교육과 교육의 이론에 대한 역사는 모든 민족과 모든 시대에서 이 문제를 입증한다. 교육과 교육 이론에 대한 역사는 모든 곳에서 세계관과, 또한 문화적 상황과 사회적 환경에 의해 지배받는다. 이 표현은 미성숙한 사람과 성숙한 사람에게, 동방인과 서방인에게 사실이다. 따라서 신학자와 철학자는 교육의 문제를 특별하게 다루었다.

그래서 기독교가 교육 이론과 실천에 큰 변화를 일으켰다는 사실을 이해

---

* 편집자 주: 본 논문은 원래 다음 출처에서 출판되었다. "Richtingen in de psychologie," *Paedogogisch tijdschrift* 1 (1909): 172–82.

헤르만 바빙크의 현대 사상 해석

할 수 있다. 기독교는 그 자체로 교육학이 아니다. 교육학은 사회적 체계 혹은 정치적 체계 혹은 어떤 종류의 특별한 학문에 지나지 않는다. 중생을 통해 기독교는 인간을 천국의 시민으로 만들었고, 하나님과 새롭고 어린아이와 같은 관계를 가지도록 했다. 동시에 기독교는 생활 전반에 강력한 영향력을 끼쳤다. 사회와 국가, 학문과 예술 또한 교육과 양육에서 말이다. 또한 이런 영향은 기독교가 시대를 통해 다양한 교회와 고백으로 분리되었을 때, 이런 각 집단이 공통된 교육적 이상에서 특별하고 독특한 변화를 일으켰다는 사실에서도 나타난다.

[216] 또한 특히 르네상스 이래 다양한 다른 교육 이상이 받아들여졌다. 이 모든 교육 이상은 다소 철학적 기원을 가지고, 특히 계몽주의와 더 최근의 철학을 통해 광범위한 주도권을 차지했다. 헤겔의 사색적인 합리주의는 19세기의 학교와 교육에 특히 강력한 영향력을 행사했다. 헤겔의 합리주의는 학교와 교육을 자연 과학의 번영과 [요한 프리드리히] 헤르바르트([Johann Friedrich] Herbart)의 심리학을 통해 증진된 단편적인 주지주의적 방향을 강요했다.

그러나 대략 1870년 이후 다양한 이유로 강력한 반작용이 이 주지주의에 반대해 발전했다. 학교에 드는 비용이 감옥에 드는 비용보다 저렴한 비용으로 제공될 것이라는 약속은 실현되지 않았다. 최하층의 슬픔은 극도로 증가했다. 더 진행된 연구에서 과학은 가장 심오한 문제를 풀 수 없다는 것을 증명했다. 사람들이 더 잘 알수록 영혼과 생명과 심지어 자연은 더욱 큰 신비를 가진다는 사실이 증명되었다. 러시아 소설과 노르웨이 소설은 인류와 세계에 예상치 못한 심오함을 보여주었다. 프랑스-프로이센 전쟁[1870-71]의 결과는 낭만적인 인간이 게르만인과 앵글로색슨족과 거리가 멀다는 사실을 증명했다.

그래서 우리나라에 오랫동안 존재했던 학교와 교육에 대한 찬사와 환호는 점차 비판적인 불평과 무자비한 판단에 굴복했다. 때때로 비판은 어떤 온전한 것도 남기지 않았다. 루소(Rousseau)와 톨스토이(Tolstoy)를 따라 우리 문화의 모든 요소가 모든 슬픔의 원인으로 간주되었고 비판받았다. 우리 현대 교육은 어리석음과 선입견과 실수로 이루어진 돌파할 수 없는 덤불로 생각되었다. 말하자면 교육은 아동에게서 발견되는 선한 모든 요소를 파괴했다. 지식에 대한 열망, 관찰에 대한 능력, 독립심과 인격과 같은 모든 요소를 말이다. 대신에 교육은 아동을 두려움과 공포로 채웠고, 건망증과 신경쇠약을 일으켰으며, 종종 자살도 일으켰다. 만일 홍수가 와서 지구에서 교육을 없앨 수 있다면, 그 정도로 바람직한 일은 없을 것이다. 비판은 다행히 항상 이렇게 날카롭지 않지만, 거의 모든 사람이 수년간 거의 완벽한 것으로 간주된 우리 학교 교육과 교육의 체계에 심각한 결점이 있다는 사실을 확신한다. 그래서 개혁이 어떤 문제에 대해 산발적으로 일어났을 뿐 아니라, 완전히 극단적으로 머리부터 발끝까지 일어났다.

　　그래서 모든 문명화된 나라에서 설계자와 건축가가 이 문제에 착수했다. 이들은 일반적으로 네 집단으로 분류된다. 첫 번째 집단은 기독교가 교회의 신앙고백에서 제시하는 것 이상으로 우리 문화와 학교 체계에 줄 수 있는 굳건한 반석은 없다고 알고 있는 사람들로 구성되었다. [217] 비록 이 집단을 검토하는 노력은 확실히 가치 있지만, 시간이 없으므로 여기서는 생략하고 이 집단에 대해서는 다른 기회가 있으면 말하겠다. 단지 이 비평을 허락하기 바란다. 이 집단은 더 넓은 방어진을 형성하며, 더 견고한 입장을 취하며, 반대자가 상상하는 것 이상으로 강력하게 무장한다. 더 나아가 이 집단은 우리나라의 투쟁에서 용기를 북돋우고, 우리를 인내하도록 격려하며, 우리에게 공격과 방어를 위해 지금까지 가지고 있는 것보다 많은 무기를 제공하고 무장시킬 수 있다.

두 번째 집단은 관념적으로 물든 철학 중 하나로 교육학을 두고자 하는 학자들에게서 형성되었다. 그 영향은 [윌리엄] 솔터([William] Salter)의 (독립된 도덕성인) 도덕주의, [윌리엄] 제임스([William] James)의 실용주의, [빌헬름] 분트([Wilhelm] Wundt)의 주의주의, [루돌프] 오이켄([Rudolf] Eucken)의 철학적 정신, 앙리 베르그송(Henri Bergson)의 창조적 진화론이다. 이런 학자들은 현대 세계로 들어갈 입구를 만들고자 했다. 이런 학자들은 많은 방식에서 서로 달랐지만, 진화의 교리에 대한 연결성과 이 진화론을 목적론이 되게 한다는 점에서 모두 일치한다. 자연에서 모든 일은 기계적으로, 고정된 법칙에 따라 이루어진다. 그리고 결국 인류에게서 자연은 이해, 정신, 직관으로 무장된 한 존재를, 도덕적 의식, 자의식, 의지로 무장된 한 존재를 산출했다. 따라서 이러한 존재는 자연에 반대해 자신을 돌이킬 수 있고, 자연의 기계론과 필연성을 부술 수 있으며, 자연의 의지에 따라 자연을 규정하고 이끌 수 있다. 따라서 인류는 교육에 열려있다. 이런 교육은 특히 육체와 영혼을 강하게 하고, 의지를 행사하며, 성격을 형성하고, 감정을 풍부하게 하며, 인격을 발달시키는데 쓰인다. 이런 진보는 교육과 육체적 훈련뿐만 아니라 예술과 종교와 도덕에서도 쓰일 것이다. 피상적이고 편파적인 주지주의는 이런 교육적 강점을 폄하해왔고 학교에서 이를 몰아냈다. 그러나 이런 교육적 강점은 반드시 되돌아와야 한다. 왜냐하면 이 강점은 인간의 완전성을 위한 필수적인 수단이기 때문이다.

세 번째 집단은 모든 형이상학에서 독립된 교육학을 만들고자 하며, 현대의 사회 또는 현대의 학습 위에 교육학을 세우고자 하는 모든 사람을 포함할 수 있다. 첫 번째 집단은 사회를 개인에게 종속시키고자 하는 교육자들과 개인을 사회에 종속시키고자 하는 다른 교육자들로 다시 나뉠 수 있다. [218]

개인주의적 교육학의 주창자는 막스 슈티르너(Max Stirner)와 프[리드리히] 니체(F[riedrich] Nietzsche)였다. 또한 그 설립자는 H. 퓨더(H. Pudor), A. 보너스 (A. Bonus), L. 걸리트(L. Gurlitt) 등과 함께한 엘런 키(Ellen Key)였다. 이런 학자들이 현대 사회와 문화 전반에 저주를 퍼부었던 반면, 학교에서는 권리와 자유와 독립, 심지어는 아동의 위엄에 대한 대단한 열정으로 분주했다. 그리고 이런 학자 모두 가지고 있는 차분하지만 빛나는 색으로 장식된 가문의 방패에서는 "가장 적게 훈련하는 자가 가장 잘 훈련한다"라는 표어가 새겨져 있었다.

그러나 다른 학자들은 이런 학자들에게 완전히 반대했고, 현재의 사회 생활에 깊이 영향을 받았다. 결국 그들은 반드시 사회의 구성원으로서 개인을 교육해야 한다고 생각했다. 이런 접근은 일반적으로 파울 나토르프([Paul] Natorp)의 사회적 교육학에서 온건하게 잘 작동한다. 현대 민주주의 산업 국가는 직업훈련을 통해 일반 교육을 성취해야 하고, 유용한 인간으로서 이상적 인간을 만들어야 한다고 주장한 뮌헨의 게오르크 케르셴슈타이너 ([George] Kerschensteiner) 박사의 민족적 교육에서는 이미 더욱더 파편적이다.

이런 교육 이상은 여전히 개인의 권리를 완전히 부정하고 사회의 중요성을 지나치게 과장한 파울 베르게만(Paul Bergemann)의 교육학에서 더 극단적으로 되었다. 이런 개념은 [네덜란드에서] 사회민주당의 가장 극단적이고 결정적인 방식에서 찬사를 받는다. 이 교육과정에서 이 정당은 대개 예상된 미래에서 달성할 수 있는 것에 스스로를 제한한다. 그러나 그 제한된 곳에서 모든 교육의 사회주의화를 의도하는 [아우구스트] 베벨([August] Bebel)의 설명에 따라 나아간다. 그래서 얼마나 많은 중요한 차이가 사회적 교육학에 있든 간에, 전체로서 운동은 오직 사회(국가)가 통제할 수 있고, 자신을 유지하면서, 완전함에 이를 수 있는 [장소에 도달할] 수단으로 학교 교육과 교육을

헤르만 바빙크의 현대 사상 해석

이해하는 개념으로 규정된다.

교육학을 독립적으로 만들고자 하는 인물들에서, 현대 과학에서 토대를 찾으려는 교육자들을 언급했다. 일반적으로 이런 교육자들은 서로 다르지만 실증주의자로 불릴 수 있다. 이런 교육자들은 (오귀스트 콩트[Auguste Comte]와 허버트 스펜서[Herbert Spencer]와 같은 더 오래된 실증주의자를 따라) 특정한 과학의 위계에서 교육의 철학을 위한 토대로써 제공될 수 있는 실증적 개념을 찾는다. 또한 이런 교육자들은 경험적 심리학(특히 유아 심리학)에서 이런 토대를 찾고자 하고, (더 최근의 지지자를 따라) 실험적 교육학에서 이런 토대를 찾고자 한다. 그러나 실험적 교육학의 관점은 미세하게 교육학에 대한 가장 현대적이고 생물학적인 해석으로 이끈다. 이런 해석은 스탠리 홀(Stanley Hall)이 미국에서 장려한 해석이었다. 이 해석은 학교 교육과 교육을 인류를 개선하기 위한 많은 수단 중 유일한 수단으로 생각한다.

[219] 언급한 많은 시도는 이론적으로 제안되었을 뿐만 아니라 실천에 옮겨지기도 했다. 시간제한 때문에 이런 사실을 논하지 않을 것이다. 결론적으로 단지 교육학의 경향에 대한 간단한 개요를 요약하고자 한다. (1) 부정적으로 그리고 형식적으로 큰 일치가 있다. 왜냐하면 모든 이런 개혁가가 현 상황을 부적절한 것으로 생각해, 학교 체계 전반을 변하게 하려고 압박하기 때문이다. 그런 개혁은 교사의 훈련과 지위, 학교 사이에 더 나은 구분과 연계, 학생의 선별과 선택, 더 작은 학급, 더 적은 과목 등의 개선을 포함한다. (2) 원리가 논의에 들어오자마자, 온갖 종류의 차이와 분쟁이 생긴다. 그런 차이와 분쟁은 기독교와 문화, 가족과 학교, 개인과 사회, 육체와 영혼, 정신과 의지의 관계에 대한 것이다. (3) 교육의 과제에 대한 완전히 세속적인 개념과 함께 이러한 차이는 조화될 수 없다. 왜냐하면 피조물의 목적은 창조 그 자체에서 결코 발견될 수 없고, 창조주 하나님에게서만 사물의 본질이 발견되기 때문이다.

13. 고전 교육

Essays on Religion
Science and
Society

13. 고전 교육

[220] 고전(Classicus)이라는 단어는 그 자체로 계급에 속한다는 의미밖에 되지 않는다. 그러나 고대 로마에서 이 단어는 가장 부유하고 강한 세금을 부과 받은 계급에 속한 시민의 명칭이었다. 전통에 따르면 세르비우스 툴리우스(Servius Tullius) 왕은 로마 인구 전체를 재산에 따라 다섯 계급으로 나누었다. 첫 번째 계급에 속한 사람들은 가장 높은 세금을 냈던 가장 우수한 계급(classici)이었다. 이들과 별도로 분류되고, 일반적인 소유주로부터 분리된 최하층민(proletarii)이 있었다. 이들은 돈으로 국가를 섬기지 않고, 자식들로 국가를 섬겼다. 세르비우스 툴리우스의 구분에 따르면 최하층민은 여섯 번째이자 가장 가난한 계급을 구성했다.

고전(classicus)이라는 단어가 곧 다른 분야에서 다른 사람보다 탁월한 사람을 뜻하는 말로 바뀌었다는 사실은 이해하기 쉽다. 예를 들어 이 단어는 완전히 의지할 수 있는 증인, 일류 작가, 자기 재능으로 다른 사람보다 뛰어

* 편집자 주: 본 논문은 원래 다음 출처에서 출판되었다. "Klassieke opvoeding, I, II," in *Stemmen des tijds* 7/1 (1918): 46–65, 113–47.

혜르만 바빙크의 현대 사상 해석

난 학생 등에게 쓰였다. 이런 구분은 라틴어가 쓰이는 동안 계속되었다. 그러나 이런 구분은 중세에 이르러 사라졌고, 르네상스 시대에[서야] 다시 부활한다. 이제 이 용어는 우수성과 모범성에 대해 일반적인 의미를 취한다. 그리고 이 단어는 권위적이고 귀감이 되는 누구에게나 지정된다. 그러나 인문주의가 주로 배타적으로 헬라 작가와 라틴 작가에게 권위를 부여했던 반면, 고전(classicus)이라는 단어는 "고전" 고대의 저자에게 제한되었다.

헬라 문학이 번성하던 때 작가의 연구와 모방은 기독교 달력이 생기기 전으로 되돌아간다. 일반적으로 말해 문학과 예술이 특정한 집단으로 구성된 사람들에게서 가장 높은 발전을 이룩하자마자 후계자들 사이에서 다른 방향이 나타난다고 말할 수 있다. 이미 고대에서 "현대인"이라고 불린 일부 사람들은 자기 방식을 밀고 나아가고자 한다. 그러나 다른 사람들은 대가를 모방하는 데서 동경하는 마음으로 과거를 보고 자기 목표를 좇는다. [221] 독창과 모방, 낭만주의와 고전주의, 자유와 권위는 계속해서 바뀌고 특히 예술에서 그랬다. 프톨레마이오스(Ptolemy)의 추종자들이 알렉산드리아의 학문에서 높은 지위를 얻었고, 알렉산드리아 도서관이 많은 문서를 갖추고 있었을 때, 권위는 우월성을 얻었다. 그 시대에 이전 세기의 헬라 작가는 꾸준히 연구되었고 많은 다른 방식으로 해석되고 설명되었다. 문학의 문법, 비평, 역사가 주의 깊게 연구되었다. 문헌학적 학문의 기초는 알렉산드리아에서 세워졌다. 그러나 독창성은 모방으로 계속해서 대체되었다.

이런 모방은 기원전 3세기에 특히 더 그랬다. 인위적이며 교만한 양식에서 즐거움을 누린 소위 아시아적 관점이 소아시아에서 나타났을 때 말이다. 이때 많은 웅변가와 작가는 기원전 4-5세기의 아티카 작가를 모범으로 삼았다. 이들은 아티카 어법의 지지자로 불렸다. 똑같은 운동이 이후 로마에서 일어났다. 술피키우스(Sulpicius)와 특히 호르텐시우스(Hortensius, 114-50 BC)

의 장황한 수사법이 로도스의 몰론(Molon)의 (즉, 몰론 학파의) 학생인 키케로(Cicero)에게서 호응을 받았을 때였다. 더 이상한 반응은 폴리오(Pollio), 카이사르(Caesar) 등과 같은 옛 아티카의 추종자로부터 일어났다.

그러나 헬라어와 헬라 문화는 서방과 동방 모두에서 그 시대 이후로 계속 쇠락했다. 이런 전통은 리바니우스(Libanius)와 같은 수사학자의 텅 빈 웅변술로 약화되었다. 또한 이런 전통은 기독교를 공격하는 수단으로 소모되었다. 켈수스(Celsus)와 포르퓌리우스(Porphyry)가 했던 [공격]처럼 말이다. 또한 이런 전통은 피타고라스(Pythagoras)와 플라톤(Plato)의 체계를 부활시킴으로 자신을 회복하고자 했다. 529년에 유스티니아누스(Justinian) 황제가 아테네에서 철학 교육을 금지했다. 그러자 에데사, 니시비스, 다마스쿠스에 있는 시리아인 기독교 학교와 다른 기독교 학교가 헬라어 학습의 장이 되었다. 그곳에서 아랍인들은 이 학문을 배웠다. 그리고 믿을 수 없을 정도로 단기간에 아랍인은 자기 방식으로 이 학문을 연구할 수 있었고, 이런 학문을 높여 가장 높은 정상에서 꽃피웠다. 수 세기 이후 시리아와 아라비아를 통해 또한 스페인에서 아랍 학자와 유대 학자를 통한 우회로로 헬라 문학이 기독교 유럽에 다시 알려졌다.

기독교가 사도의 설교를 통해 그리스 로마 세계에 들어갔을 때, 곧바로 현존하는 풍부하게 발전된 문화에 대해 자기 입장이 무엇인지 진지하게 질문하는 일에 직면했다. 이 질문은 이론적으로 생각되기 훨씬 전부터 반드시 실천적으로 직면해야 했다. [222] 세계에 반드시 순응하지 말아야 하며, 모든 박해와 폭력을 끈기 있게 견뎌야 한다는 그리스도와 사도의 권면은 매우 진지하게 울려 퍼졌다. 그리스도와 사도의 가르침에서, 비판적이고 수동적인 특성은 너무 명백해서 사실상 문화생활에 능동적으로 참여할 여지가 없었다. 여전히 그리스도인은 세계에 있었고, 세계를 떠날 수 없었다. 그런 일은

헤르만 바빙크의 현대 사상 해석

금욕주의적으로 편향된 소수에게는 가능했을 것이다. 그러나 다수는 그렇게 살 수 없었다. 그리스도인은 결혼했고 결혼에 들어갔다. 그리스도인은 반드시 자녀를 가졌고 어떤 종류의 직업을 갖도록 교육해야 했다. 그리스도인은 반드시 다양한 직업에 참여해 일용할 양식을 위해서 일해야 했다. 그래서 그리스도인은 단순노동과 사업에, 상업과 해운업에, 심지어는 군대와 국가에 복무하는 일에 종사했다. 똑같은 일이 그리스 로마 문화에서 문학과 예술, 과학과 철학과 같은 관념적 요소에 대한 관계에서 일어났다. 여기서 또다시 실천적 질문이 이론적 질문보다 앞서서 나타났다. 왜냐하면 그리스 로마 사람들은 반드시 교육을 받아야 하는 자녀가 있었고 그리스도인은 전문적인 직업을 원했다. 이교도 학교를 제외하고 어디서 그런 훈련을 받을 수 있었겠는가? 결국 처음부터 그리스도인은 세례 예비과정을 제외하고는 자체적인 교육 기관을 갖고 있지 않았고, 오랫동안 많은 장소에서 그런 기관을 결여했다.

이 질문이 이론적으로 제기되자마자 의견의 차이가 있었다. 타티아누스(Tatian)와 테르툴리아누스(Tertullian)는 한쪽 측면에 서서 (적어도 이론상으로) 이교도 철학과 아무런 관계가 없기를 바랐다. "예루살렘이 아테네와 무슨 관계가 있는가? 아카데미아가 교회와 무슨 관계가 있는가? 우리는 예수 이후에 더 이상 철학을 필요로 하지 않는다. 그리고 복음 이후에 어떤 학문적 연구도 필요로 하지 않는다. 로마 제국의 모든 문화는 악마의 축제[pompa diaboli]다. 왜냐하면 하나님에게서 오지 않은 것은 무엇이든 악마에게서 온 것이기 때문이다."[1] 이 관점에 대한 직접적인 반대는 클레멘트(Clement)와 오

---

1) 편집자 주: 인용부호가 더해졌다. 바빙크는 테르툴리아누스(Tertullian)의 실제 본문을 그대로 인용하지 않고 사실상 다른 말로 표현하고 있다. 여기에 완전한 인용문이 있다.

실로 아테네가 예루살렘과 무슨 관계가 있는가? 아카데미아와 교회 사이에 무슨 일치가 있는가? 이교

리게네스(Origen)의 알렉산드리아 학파에 있었다. 알렉산드리아 학파는 문학을 사랑했고 철학과 신학, 문화와 기독교의 연합을 추구했다. 많은 그리스도인은 깊은 애정으로 고대 문화를 고수하기를 계속했다. 그리고 그런 그리스도인은 고대 문화가 붕괴되었을 때 슬퍼했다. 고대 역사가 사실상 중세로 전환된 것처럼 말이다. 동방에서 4세기 말에 이르러, 페니키아의 에메사의 주교 네메시우스(Nemesius)와 프톨레마이스의 주교 시네시우스(Synesius)는 그런 애정의 전형적인 모범이다. 네메시우스와 시네시우스는 신플라톤주의적 체계를 계속해서 유지했다. 서방에서 4세기와 5세기에 아우소니우스(Ausonius)와 시도니우스(Sidonius)는 라틴 문학에 대한 관심이 골(Gaul) 지역에서도 마찬가지로 계속되었다는 사실을 증명했다. [아우소니우스와 시도니우스에게] 라틴 문학에 대한 관심은 기독교에 대한 관심을 넘어서기까지 했다. [223] [위-]디오니시우스 아레오파기타([Pseudo-]Dionysius the Areopagite)라는 이름을 받았던 사실상 "가장 유명한" 인물은 철학과 신플라톤주의의 표현을 이어 받았다. 그리고 이 인물은 6세기 초의 기독교 신비주의에 정당한 자리를 주었다.

교회는 한 극단뿐만 아니라 다른 극단도 피하고자 했다. 그래서 교회는 중도를 취했다. 한 측면에서 교회는 금욕주의를 거부할 수 없었다. 왜냐하면 금욕주의는 이미 경건한 삶에 너무 깊이 뿌리를 내렸기 때문이다. 또한 금욕주의는 그 시대의 이원론 사상에 의해 모든 곳에서 지지를 받았기 때문이다.

도와 기독교도 사이에 무슨 관계가 있는가? 우리의 가르침은 "솔로몬의 행각[행 3:11]"에서 온다. 솔로몬은 "단순한 마음으로 주님을 찾으라[지혜서 1:1]"고 가르쳤다. 스토아 학파와 플라톤 학파와 변증법적 구성으로 오염된 기독교를 만들려는 모든 시도를 없애라! 우리는 그리스도 예수를 가진 후에는 별난 논쟁을 원하지 않는다! 우리는 복음을 향유한 후에 연구를 하지 않는다! 우리 신앙으로 더 나은 믿음을 원하지 않는다. 왜냐하면 이것이 가장 우수한 신앙이기 때문이며, 우리가 그 외에 믿어야만 하는 것은 아무것도 없기 때문이다("On Prescription against Heretics" 7; in *Ante-Nicene Fathers* 3:246).

그리고 2세기부터 금욕주의는 교회 자체에 의해 고무되고 조장되었기 때문이다. 그러나 교회는 금욕주의를 더 좁은 경계로 몰아넣었다. 교회는 금욕주의에 배타적인 지위가 아니라 중요한 지위를 할당했다. 교회는 금욕주의를 받아들일 수 있었고, 저절로 사라지게 할 수 있었다. 그동안 교회는 점차 세계에 더 긍정적인 태도를 취했다. 특히 콘스탄티누스(Constantine) 시대 이후로 말이다. 교회는 교회에 종속되고 인도될 필요가 있는 가능한 한 많은 문화를 흡수했다. 그리고 교회는 문화의 제국이 되도록 스스로를 높였다. 곧 교회는 세속적 삶의 모든 영역을 지배했다. 그리고 한 측면에서 교회는 결혼, 가족, 직업, 학문, 예술을 음미하고 향유할 수 있는 자연적 은사로 인정했다(아우구스티누스가 말했듯이 이 사실은 위대하고 완전히 인간적이다[magna haec et omnino humana]). 다른 측면에서 이런 모든 은사는 더 낮은 계층에 속했다. 더 낮은 계층은 초자연적 질서보다 열등하며, 초자연적 질서를 섬긴다. 이 초자연적 질서는 교회에서 땅으로, 교회의 위계질서, 신비, 성례에서 땅으로 하강했다.

그래서 그리스도인은 그리스 로마 문화가 소유했던 보물을 자유롭게 쓸 수 있었다. 그리스도인은 이스라엘 백성과 같았다. 이스라엘 백성은 애굽을 떠나면서 자기를 압제했던 애굽인에게서 금과 은을 취했고, 이 금과 은으로 성막을 장식했다. 그리스도인은 고대 문화에서 가장 높은 목적이 계시될 수 있는 모든 인간적 은사와 능력에 헌신했을 때, 하나님을 기쁘게 하는 일을 행했다. 그래서 카타콤의 그림은 이미 존재했던 고대 시대의 양식을 닮았다. 또한 교회의 건축은 바실리카의 모형을 따라 배열되었다. 그리고 철학은 기독교 신앙을 변증하는데 쓰였다. 이 모든 사례에서 실천이 이론을 앞선다. 그러나 이론은 곧바로 동방에서는 그레고리우스(Gregory)와 바실리우스(Basil)와 같은 인물에게서, 그리고 서방에서는 락탄티우스(Lactantius), 암브로시우스

(Ambrose), 아우구스티누스(Augustine)와 같은 인물에게서 권장되고 정당화되었다.

[224] 같은 방식으로 교회는 교회 언어로서 라틴어를 수용했다. 3세기 초까지 헬라어는 로마에서 교회 언어가 되었다. 이 헬라어는 아티카 방언이 아니라, 당시 알려진 세계에서 알렉산드로스(Alexander) 이후에 사용된 공용 헬라어[코이네 헬라어]였다. 그러나 이 헬라어는 점차 라틴어로 천천히 대체되었다. 먼저 아프리카 교회에서 그랬고, 이후에는 로마에서 그랬다. 동방 제국과 서방 제국으로 나뉜 로마 제국의 분열이 유럽의 서방 지역에서 헬라어를 사라지게 하는데 손을 빌려주었다. 7세기경 서방 지역에서 헬라어는 사실상 모르는 언어가 되었다. 그러나 헬라어의 자리를 차지한 라틴어는 일반적으로 고전 라틴어가 아니었고, 황제의 시대에 공통적으로 쓰였고 말해졌다. 게다가 모든 종류의 외국적 요소와 새롭게 형성된 단어는 언어의 일부로 받아들여졌다. 히에로니무스(Jerome)는 특히 이 교회 라틴어에 큰 영향을 끼쳤다. 먼저 불가타 성경의 번역을 통해, 그리고 로마 교회의 기도문 편집을 통해서였다. 이후에 이 교회 라틴어는 스콜라주의와 르네상스를 통해 더욱 발전했고 바뀌었으며 풍부해졌다.

여전히 또 다른 방식에서 교회는 고대 문화에 기회를 주었다. 수많은 이민자가 오간 후에 유럽이 경험한 난폭한 시대에서 상당한 양의 고대 예술과 문학이 사라졌다. 그래서 일반적으로 수도원에서 수많은 사본이 수집되었고, 저장되었고, 읽혔고, 복사되었다는 이 혜택에 반드시 더 감사해야 한다. 첫 번째 수도원 도서관은 카시오도루스(Cassiodorus)에 의해 브루티움의 비바리움 수도원에서 540년경에 세워졌다. 카시오도루스가 이 시기에 공적 생활에서 물러났을 때, 문학적 작업에 완전히 헌신했으며, 자기 수도원에 있는 모든 수도사에게 이 일을 강제했다. 이 작업에서 카시오도루스는 그 시대에

헤르만 바빙크의 현대 사상 해석

알려진 가능한 모든 도구를 제공했고, 모범으로서 자기 작업을 제시했다. 카시오도루스의 수도원은 580년에 파괴되었다. 그러나 누르시아의 베네딕투스 수도사들이 카시오도루스의 정신으로 이 작업을 계속했다. 그리고 이 수도사들은 수도원을 문명의 중심지이자 학문의 피난처로 만들었다.

중세의 전환기에 수도원은 배움의 중심지가 되었다. 배움을 향한 분투는 다양한 교육을 받은 인물이 고대 시대에서 얻은 지식과 지혜를 수집하고, 간략한 개요를 제시하는 데 최선을 다했다는 사실에서 알 수 있다. 보에티우스(Boethius)는 이미 이 노력을 시작했다. (보에티우스는 오랫동안 테오도리쿠스 대왕[Theodore the Great]의 법원과 관계가 있었지만 524년에 미움을 사서 실각했다. 실각 2년 후에 보에티우스는 사형당했다.) [225] 보에티우스는 중세 학문의 기초를 놓았다. 보에티우스는 아리스토텔레스(Aristotle)의 많은 저작을 번역과 주석을 통해 서방에서 이용할 수 있게 했다. 보에티우스가 번역한 포르퓌리우스의 『이사고게』(Isagoge)는 논리학의 교과서가 되었다. 보에티우스의 수학과 음악에 대한 저술은 이런 학문의 초석을 놓았다. 보에티우스의 신학적 논문은 아리스토텔레스의 철학을 신학으로 조정했고, 모든 학문의 실천에서 중세의 방식을 예비했다. 다른 사람들이 이 작업을 계속했다. 마르티아누스 카펠라(Martianus Capella, ca. 430)와 카시오도루스(ca. 540)와 세비야의 이시도르(Isidore of Seville, ca. 636)는 소위 7개의 자유학예[artes liberales]에 대한 교과서를 예비했고, 이 자유학예를 3학과 4과로 나누었다. 이렇게 고대의 지식을 중세에 물려주었다.

더욱이 고대의 수사학파는 메로베우스 왕조(481-752)의 통치 아래에 있는 프랑크 왕국에서 계속되었다. 이 학파는 수용된 예술적 형식과 기교를 실행하는데 많은 관심을 기울였다. 이 학파는 단편적 형식주의를 촉진했다. 그러나 이 학파는 또한 교양 있는 교육을 위한 기회를 주었고, 모든 종류의 지식을 전수했다. 일부 프랑크 왕국의 왕은 라틴 산문의 친구였고, 그 시대의 여성은 종종 라틴 교육과 지식으로 칭찬을 받았다. 이후 이런 연구는 샤를마뉴에게서 강력한 보호자를 찾았다. 그리스도인의 삶을 향상시키기 위해 샤를마뉴는 교육된 성직자를 필요로 했다. 따라서 샤를마뉴는 자신의 궁정에 학교를 세웠다. 그리고 학교장에 앨퀸(Alcuin, [782년부터])을 임명했다. 여기서 교육은 신학을 위한 준비 과정으로 7개의 모든 자유학예로 제시되었다. 심지어 더 중요한 점은 남부에서 설립된 대성당 학교와 수도원 학교였다. 그러나 유럽 전역의 사람들이 기독교화되면서, 이 발전의 가장 중요한 전달자는 기독교-게르만 문화에서 왔다.

프랑크 왕조기에 시작되고 샤를마뉴에게서 가장 큰 전성기를 이룩한 이 문화는 9세기에서 11세기에 이르는 동안 약화되었다. 그러나 이 문화는 소위 스콜라주의를 통해 11세기와 12세기에 다시 태어났다. 특정한 의미에서 일반적으로 스콜라주의의 시작을 이미 앨퀸, 라바누스 마우루스(Rabanus Maurus), 파스카시우스 라드베르투스(Paschasius Radbertus), 라트람누스(Ratramnus), [요한] 스코투스 에리우게나([John] Scotus Erigena)와 같은 인물들에게서 학문의 방식을 볼 수 있다. 그러나 일반적으로 예비 시기와 12세기에서야 시작된 개화기 사이를 반드시 구분해야 한다. 약 800년부터 1200년에 이르는 첫 번째 시기는 더 플라톤주의적이고, 신플라톤주의적이고, 아우구스티누스적인 성격으로 더 특징지어진다. 두 번째 시기는 아리스토텔레스와 보에티우스에게 더 큰 영향을 받는다. [226] 이런 영향력이 도입된 것은 아랍인, 유대인, 1453년 이후에는 헬라인을 통해 기독교 유럽이 아리스토텔레스의 많은 저작에 대한 지식을 얻었고, 아랍 학자와 유대 학자의 가장 중요한 작품에 대한 지식을 얻었기 때문이다. 그래서 서방은 두 가지를 얻었다. 첫째, 변증 방식에 대한 더 나은 지식과 더 엄격한 적용이다. 둘째, 자연학과 형

헤르만 바빙크의 현대 사상 해석

이상학, 심리학과 윤리학, 법학과 신학의 영역에서 훨씬 더 풍부한 학문적 자료다. 기독교 학자가 이런 방식을 사용하기 시작하자마자, 스콜라주의는 가장 높은 번영을 이룩했고 대학이라는 존재를 만들었다.

이 시기에 스콜라주의는 샤를마뉴 시대보다 훨씬 더 큰 정도로 고대로 (특히 아리스토텔레스와 그 주석가 보에티우스에게로) 되돌아갔다. 중세에 스콜라주의는 정확히 이 학문적 방향을 가지고 있었다. 아리스토텔레스의 철학의 방법과 개념이 그 시대에 알려진 신학과 철학과 모든 학문에 영향을 미쳤다. 아리스토텔레스는 자연 문제에서 그리스도의 선구자[praecursor Christi in naturalibus]가 되었다. 세례 요한이 은혜의 문제에서 선구자[praecursor in gratuitis]였던 것과 마찬가지로 말이다.

그러나 스콜라주의가 고대 작품과 아랍 학자와 유대 학자의 작품에 몰두했지만, 일반적으로 고전 교육과 고전 연구에 대해 실제로 말할 수 없었다. 결국 헬라어는 완전히 사라졌다. 사람들은 아리스토텔레스를 포함한 헬라 저자의 글을 읽었지만 번역과 주석만 읽었다. 사람들은 정신적으로 또는 도덕적으로 참된 인간으로 양육하고자 이런 작품을 읽지도 않았다. 왜냐하면 고대, 미학적 평가, 혹은 문화 역사적 평가에 대한 어떤 기준도 없었기 때문이다. "인류"라는 단어는 중세에서 나타나지 않고, 우정, 경건, 종교와 같은 다른 덕 중에서 한 덕(예를 들면 토마스 아퀴나스[Thomas Aquinas]에게서)을 나타낼 뿐이다. 그래서 "고전"이라는 단어는 이 시대에 완전히 사라진다. 일반적으로 교회와 학문의 언어였기 때문에 라틴어를 배웠다. 확실히 순수한 키케로 시대의 라틴어를 말하려고 하지도, 쓰려고 하지도 않았다. 사람들은 라틴어를 죽은 언어가 아니라 살아있는 언어로 생각했다. 사람들은 라틴어를 자의적으로 다루고 가장 야만스러운 단어를 형성했다. a(~로부터)와 se(존재)에서 자존성(aseitas)를 형성했다. per(~을 통해)와 se(존재)에서 자기성(perseitas)

를 형성했다. [그들은] 실체(entitas), 총체(ubeitas), 실질(quidditas)과 같은 단어를 [만들었다.] 그래서 사람들은 고전 라틴어를 형성하려고 분투하지 않았다. 오히려 사람들은 고전 라틴어를 현재의 필요에 따라 바꾸었다. 그리고 라틴어를 가급적 실천적 목표에 쓸 수 있는 형태로 만들었다. 단어 구조와 문장 구조의 풍부함에서 이 라틴어는 원래 라틴어에서 더욱더 분리되어갔다.

[227] 문학의 내용에서도 마찬가지였다. 사람들은 여전히 카이사르, 키케로, 오비디우스(Ovid), 베르길리우스(Virgil), 호라티우스(Horace)와 같은 라틴 산문 작가와 시인뿐만 아니라, 특히 아리스토텔레스의 철학 저작도 읽었다. 사람들은 이런 인물에 의해 형성된 문학 저작은 읽지 않았지만, 이들 사이에서 발견되는 지식을 얻고자 읽었다. 스콜라주의는 서적 이외에 다른 배움의 근원이 없었다. 신학에서 스콜라주의는 성경에서 생명을 이끌어 냈으며, 교부의 전통에서도 더 많은 생명을 얻었다. 학문과 철학에서 일반적으로 자연과 역사를 논하지 않고, 고대에 존재했던 분야에 대해 쓰인 저작을 논했다. 그리고 종종 사람들은 심지어 이런 저작을 논하지도 않고 안내서와 교과서에 만족했다. 이런 사람들은 주로 카펠라, 카시오도루스, 도나투스(Donatuas)와 같은 인물에게서 정보를 수집했다. 그래서 고전 문학은 뒤로 밀려났고, 예술, 문법, 수사, 변증과 같은 연구에 대한 방법론을 제시했다. 게다가 변증법은 종종 구분을 짓고, 질문을 제기하고, 논의를 여는 수단이 되었다. 그런 논의는 완전히 일상생활 외부에서 일어나고, [그런 논의]는 기껏해야 겨우 학문적 가치만 있었다.

결국 그런 학문적 체계에 대한 반응이 있었음은 말할 것도 없다.[2] 르네상

---

2) 이어지는 부분을 위해 특히 중요한 저작은 다음과 같다. Fr[iedrich] Paulsen, *Geschichte des gelehrten Unterrichts auf den deutschen Schulen und Universitäten vom Ausgang des Mittelalters bis zur Gegenwart: Mit*

헤르만 바빙크의 현대 사상 해석

스로 알려진 특정한 문화 운동에서 이 반응이 나타났다. 폭넓게 생각한다면 이 운동은 아시시의 프란치스코(Francis of Assisi)와 단테(Dante)에게서 이미 13세기에 시작되었다. 르네상스는 새로운 정신의 탄생에 지나지 않는다. 그 새로운 정신은 중세의 관점에 대한 권위와 객관성에 반해 다시 주체와 개인을 강조했으며, 점차 자유에 대한 갈망으로 되살아났다. 그 시대 이후 일반적으로 자유에 대한 더 강한 갈망을 기독교 유럽에서 발견한다. 교회와 위계와 전통으로부터의 자유, 성직자와 성례로부터의 자유, 스콜라 신학과 철학으로부터의 자유, 독창적인 변증과 야만적인 라틴어로부터의 자유, "고딕"풍과 야만적 예술로부터의 자유, 부자연스럽고 소박한 입맛으로부터의 자유다. 인격은 억압적인 권력에서 탈출한다.

이 르네상스에서 인문주의는 고유한 자리를 차지했다. 왜냐하면 인문주의는 14세기에 페트라르카(Petrarch)에게서 이탈리아에서 시작된 영적 방향을 규정했기 때문이다. [228] 인문주의는 고대 문학인 『인문학』(humaniora)으로 즉시 직접적으로 불이 붙어, 자의식에 일깨워진 인격을 양육하고 형성하고자 했다. 대학의 학과에서 자유학예도 공부했지만, 대개 교과서만으로 얻은 이 지식을 공부했다는 것은 사실이다. 그러나 인문주의자들은 먼저 라틴 저자, 그리고는 이후에 헬라 저자들에 대한 자료 그 자체로 되돌아가고자 했다. 페트라르카는 여전히 헬라어를 몰랐고, 보카치오(Boccaccio)는 호메로스를 이미 원문으로 읽을 수 있었다. 1397년에 마누엘 크리솔로라스(Manuel Chrysoloras, 1415년경 사망, 콘스탄티노폴리스)는 피렌체와 [중세의] 다른 이탈리

---

besonderer Rücksicht auf den klassischen Unterricht (Leipzig: Veit, 1885); idem, 2nd ed., 2 vols. (1896-97). 르네상스에 대해서 다음을 보라. Doctor [N. B.] Tenhaeff, *Handelingen van het achtste Nederlands Philologen Congres*, 26/27 Apr. 1916 (Leiden: Sythoff, 1916), 206ff.

아 도시에서 헬라어를 가르치는 첫 번째 교사가 되었다.

고전학에 대한 이런 연구는 스콜라주의에 의해 의도된 목표로부터 형성된 정신 안에서 완전히 다른 목표를 가졌다. 인문주의는 양육과 교육에 큰 관심을 가졌고, 교육의 목표가 인문학(humanitas)에서 추구될 수 없는 것이라고 생각했다. 원래 인문학이라는 단어는 "사람들의 인간 됨, 친밀함, 사랑"(헬라어에서 온 "인류애")이라는 뜻만을 의미했다. 그러나 이 단어는 점차 민족을 초월하고, 반드시 교육을 통해 획득되어야 하는 인간 문화를 뜻하게 되었다. 인문주의가 특히 이성에서 이런 문화를 추구했다는 사실은 흥미롭다. 이성(ratio)에 대한 증명이자 표현으로서의 웅변(oratio)에서 말이다. 요[하네스] 슈투름(Joh[annes] Sturm)과 다른 학자는 대개 교육의 목적을 지혜와 유창한 경건[sapiens atque eloquens pietas]으로 표현했다. 여기서 강조는 지혜(sapiens)와 마찬가지로 유창함(eloquens)에도 강하게 있다. 인문주의는 수사학(rhetorica)을 우상화했다. 인문주의는 요한복음 1:1을 유창함(eleoquentiai) 혹은 설교(sermo)로 번역하기를 선호했다. 태초에 설교가 있었느니라[in principia erat sermo]. 또한 고대 시대에서 인문학은 교리(doctrina) 혹은 설교와 관계가 있기도 했다. 왜냐하면 지식과 문화, 즉 이성은 웅변에서 가장 중요한 표현을 찾았고, 인문주의자들은 이성-웅변으로 이루어진 언어유희를 매우 선호했기 때문이다.

인문주의라는 단어에 대한 높은 평가는 스콜라주의에 대한 반대와 관계가 있었다. 일반적인 개념의 가치에 대해 스콜라주의자는 실재론자와 유명론자로 나뉘었다. 그러나 인문주의자는 이 질문의 중요성을 이해하지 못했고, 이 질문을 반드시 스콜라주의 전체와 함께 버려야 하는 인위적인 논쟁으로 생각했다. 인문주의자들 또한 자신을 특정한 무의식적 동정심을 통해 유명론자와 가장 가깝게 연결된 것으로 느꼈다. 왜냐하면 이념상 인문주의자들은 실재론자보다 인문주의라는 단어를 더 높게 평가했기 때문이다. 그러나 인문주의자들은 이 두 집단을 허락하지 않았다. 왜냐하면 인문주의자는 스스로, 원문으로 아리스토텔레스 자체를 공부하지 않았고, 번역서와 주석으로 공부했기 때문이다. 또한 인문주의자들은 아리스토텔레스를 완전히 받아들이지 않고서, 인위적이고 부자연스러운 형태로 아리스토텔레스의 사상을 반복했기 때문이다. [229] 그러나 인문주의자들이 아리스토텔레스를 공부하기 시작했을 때, 아리스토텔레스의 철학에 실망했다. 인문주의자들은 스콜라주의가 아리스토텔레스를 배치했던 가장 높은 정상에서 그를 끌어내린 지점에 점차 도달했다. 그리고 인문주의자들 또한 아리스토텔레스의 변증학과 논리학에 되돌아갔다. 아리스토텔레스와 아리스토텔레스의 철학은 중세에 높여졌다. 그러나 인문주의는 이들을 이성에 대한, 건전한 인간의 이해(이성)에 대한, 언어에 대한, 양식에 대한, 사상을 단어로 자연스럽게 표현하는 일(웅변)에 대한 큰 훼방꾼으로 생각했다. 따라서 논리학은 수사학에게, 아리스토텔레스는 키케로에게, 중세의 퀸틸리아누스(Quintilian)적이고 야만적 라틴어는 반드시 순수하고 고전 라틴어에게 굴복해야 했다.

그래서 인문주의자들이 원전으로 되돌아가 고대 작품을 받아들였을 때, 문학과 예술에서 계시된 아름다움이 인문주의자들의 눈앞에 열렸다. 인문주의자들은 콜럼버스(Columbus)처럼 신세계를 발견했던 것과 마찬가지였다. 고대는 이제 반드시 되돌려야 하는 이상적 인문주의의 시기처럼 나타났다. 혹은 이 이상적 인문주의는 일반적으로 최소한 인간과 진정한 문화를 소중히 여기는 모든 자를 반드시 이끌어야 하는 것처럼 보였다. 많은 인문주의자와 더불어 이런 고전학에 대한 존중은 항상 그렇지 않았지만 교회와 기독교와 심지어 모든 종교에 대한 적개심으로 바뀌었다. 많은 인문주의자들이 인문주의와 기독교 사이를 화해시키고자 애썼다. 그리고 요[하네스] 슈투름(Joh[annes] Sturm)은 교육의 목적을 지혜와 유창한 경건[sapiens atque eloquens pietas]으로, 참된 경건은 철저한 지식과 진정한 문화와 유기적으로 연결되어 있다고 표현했다. 이 표현은 그 자체로 정확하지 않은 것은 아니다. 그러나 인문주의자들은 이 표현을 모든 사물에 대한 지식과 고상한 형성이 고전학 연구를 통해서만 얻어질 수 있다는 관점에서 편파적으로 사용했다.

　그럼에도 인문주의는 권할만한 장점이 있다. 일반적으로 많은 문제를 언급할 수 있겠지만 일부만을 간단히 지적해 보자. 첫째, 일반적으로 종교개혁에서 인문주의의 중요성을 반드시 기억해야 한다. 처음부터 두 운동에는 큰 일치와 강한 관계가 있었다. 종교개혁에서 성경으로의 회귀는 고전 고대 시대의 인문주의적 부흥과 유사했다. 루터(Luther)는 아리스토텔레스와 스콜라주의를 꾸짖는 데 있어서 누구에게도 뒤지지 않았다. 멜란히톤(Melanchthon)과 츠빙글리(Zwingli)는 인문주의자였다. 비록 이후 종종 뒤로 물러났지만 에라스무스(Erasmus)와 같은 인문주의자들은 종교개혁을 강하게 고무했다. [230] 둘째, 인문주의는 언어의 연구와 연관된 주제에 주었던 풍부한 발전에 감사를 받아야 한다. 헬라 문헌과 라틴 문헌에 대한 관심은 알려지지 않은 저자부터 유명한 저자까지 반드시 비평적으로 선별되고, 출판되고, 주석으로 주어져야 하는 많은 사본의 발견으로 이끌었다. 그리고 시학, 수사학, 철학, 역사학과 같은 많은 학제가 이런 출판에서 유익을 얻었다. 고전 작품에서 스콜라주의가 고전 작품을 철학적으로 사용한 것과 상당히 다른 문학적이고 미학적 평가가 표현되었다. 대학은 특징적으로 시인(poetae), 연설가(oratores), 수사학자(rhetores), 웅변(eloquentia)의 교수였던 고전 문학의 학자를 임명했다. 고전 문헌학은 특히 J. J. 스칼리제르(Scaliger), [클라우디우스] 살마시우스([Claudius] Salmasius), J. G. 보시우스(Vossius)와 같은 인물을 통해 중요하고 광범위한 학문에 대한 위치를 얻었다. 셋째, 일반적으로 인문주의

　　　　　　　　　　헤르만 바빙크의 현대 사상 해석

에 기원을 빚지는 참된 의미에서 고전 교육을 반드시 주목해야 한다.

이 고전 교육은 점차 라틴어 학교였던 김나지움(gymnasium)에서 제도적 위치를 얻었다. 먼저 여기서 일반적으로 라틴어 학교와 대학 사이에 어떤 날카로운 구분도 없었다는 사실을 반드시 지적해야 한다. 학교는 종종 교육에서 더 높은 과목을 포함했다. 대학은 종종 예비 과목을 포함했다. 그 결과 성인은 때때로 학교 책상에 앉았고, 열다섯 살의 젊은이는 대학에 학생으로서 지원했다. 교육과정(curricula)에는 다양성이 컸다. 거의 모든 학교에 고유한 교육과정이 있었다. 그러나 점차 한 변화가 일어났다. 독일의 교사(praeceptor Germanae) 멜란히톤은 여기서 특히 큰 영향력을 미쳤다. 멜란히톤은 완전한 학교 체계를 조직했고, 다양한 과목에 대한 교과서를 저술했으며, 대학과 전문학교를 위한 계획을 발전시켰다. 또한 멜란히톤은 문학과 철학 연구를 통해 신학을 위한 준비를 매우 강조했다. 왜냐하면 십자가의 세 언어에 대한 지식은 복음의 종에게 필수적이었기 때문이었다.

그래서 많은 학교가 독일과 우리나라와 다른 나라에 세워졌다. 여기서 라틴어를 말할 수 있고 쓸 수 있을 정도로 배웠고, 또한 가끔 헬라어와 히브리어의 기초를 배웠다. 사실상 헬라어 수업은 그렇게 많지 않았다. 인문주의가 이탈리아에서 나타났을 때, 인문주의는 헬라인에게 큰 애정을 보였다. 교회에서 동방과 서방 사이에 연합이 시도되었다(1439년). [231] 헬라 학자는 [1453년에 일어난] 콘스탄티노폴리스 [오스만 무슬림(Ottoman Muslim)의] 정복 이후 이탈리아에서 열정적으로 환영받았다. 헬라 언어와 헬라 문헌은 부지런히 읽혔다. 이탈리아에서 헬라에 대한 사랑은 독일에 이식되었다. 1485년에 아그리콜라(Agricola)의 친구이자 에라스무스의 교사인 알렉산더 헤기우스(Alexander Hegius)는 데벤테르에 있는 학교의 교과과정에서 헬라어를 이미 채택했다. 멜란히톤은 1518년에 비텐베르크에서 헬라어를 도입했다. 요하[네스] 슈투름은 1538년에 스트라스부르의 김나지움에서 헬라어를 위해 방대한 분량을 마련했다. 그러나 헬라어가 이런 초기부터 많은 라틴어 학교의 교과과정에서 나타나지만, 일반적으로 이런 실천을 과도하게 여기지 말아야 한다. 헬라어는 종종 암기의 문제였을 뿐이었다. 라틴어가 주된 과목으로 계속해서 남았다. 그리고 라틴어를 읽고 쓰는 일은 교육의 주된 목표로 계속 남았다.

또한 이런 학교에서 읽어진 작가에 대해 상당한 불일치가 있었다. [제이콥] 윔펠링([Jacob] Wimpheling)과 같은 일부 학자는 오비디우스와 같은 부도덕한 작가를 배제하고, 락탄티우스와 암브로시우스와 같은 기독교 작가로 이들을 대체하기 원했다. 예를 들어 에라스무스와 같은 다른 학자는 고전 작가에 대한 과목을 제한했지만, 플라우투스(Plautus)가 학교에 인정될 수 있는가에 대한 질문에서는 달랐다. 또한 이런 학교에서 사용된 많은 이름도 있었다. 사람들은 옛 지방 학교와 이후에 민중 도시 학교와는 구분되는 "라틴어 학교"를 말했다. 그러나 이런 학교는 또한 "김나지움", "아카데미아"(academia), "라이시움"(lyceum)이라는 이름을 예비적 학교로 바꾸었다. 비록 이런 지정이 대학에서도 사용되었지만 말이다. 그리고 사람들은 철학이나 신학이나 다른 과목의 학습이 이루어지는 학교에 대해서는 "광명학교"(gymnasium illustre)라고 불렀다. 그러나 "김나지움"이라는 이름은 매우 유행했다. 그리스에서 이 단어는 체육을 하는 건물의 이름이었다. 이후에 이 단어는 라틴어에서 수사학을 가르치는 학교의 이름으로 쓰였다. 중세에 이 단어는 교육을 위한 학문 기관으로 일반적으로 지정되었다. 16세기 이후 이 단어는 점차 완전한 인문주의 교과과정을 가르치는 학교에 대한 이름이 되었다. 여기서 세 개의 고대 언어를 교육하거나 최소한 두 개의 고전 언어를 가르쳤다.

헤르만 바빙크의 현대 사상 해석

고전학에 대한 연구는 고전 교육과 연관해서 이미 독일에서 17세기에, 다른 나라에서 18세기에 약화되기 시작했다. 이 약화에는 몇 가지 이유가 있었다. 한 측면에서 문화가 언어주의에서 등을 돌린 현실주의의 방향으로 더욱더 움직였다. 다른 측면에서 합리주의가 우세했다. 합리주의는 자기 이성의 힘을 신뢰해 선입견과 미신으로 가득한 과거에 경멸의 시선을 보냈다. [232] 그 결과 고전 문학에 대한 관심은 상실되었고 [그 문학은] 역사적 가치만 지닐뿐이었다.

다른 학문과 마찬가지로 문헌학은 연구보고서학, 학문적 인용, 백과사전적 서적으로 표현된 학식으로, 범역사학, 범수학, 범지식주의로 약화되었다. 학문의 이런 방향에 대한 영향에서 고전 교육은 상당히 형식적 성격을 가졌다. 고전학에 대해 어떤 미학적이거나, 문학적이거나, 역사적 평가도 더 이상 없었다. 가장 높은 목표는 언어, 양식, 산문, 운문에서 고대의 모방과 복제였다. 라틴어와 헬라어는 인용과 예문을 위한 광산[Fundgrube]일 뿐인 실제로는 사어가 되었다.

18세기 후반에 낭만주의와 신인문주의가 이 발전에 반대하기 시작했다. 두 운동은 무미건조한 지식과 모호한 합리적 개념을 가지고 있는 계몽주의에 반대해 일어났다. 두 운동 또한 이런 차가운 체계를 뛰어넘는 것을 추구했다. 한 사람의 마음에 열정과 풍요를 회복하기 위해, 삶의 직접성과 독창성에서 삶 그 자체를 파악해 그런 체계를 뛰어넘는 것을 추구했다. 그러나 낭만주의는 중세로 돌아갔고, 로마 문화에서 그런 삶의 가장 독창적이고 풍부한 요소를 발견했다. 그동안 신인문주의는 고전 문화를 보고, 거기서 인간 삶의 더 높고 고귀한 표현을 발견해 인간 됨의 개념을 다시 존중하고자 했다. [요한 요아킴] 빙켈만([Johann Joachim] Winckelmann)은 이 시기를 신인문주의로 소개했다. 이미 유년기에 빙켈만은 헬라 작가에게 저항할 수 없을 정도로 이끌렸다. 이후에 빙켈만이 이탈리아에 갔을 때, 자신이 오랫동안 추구했던 자유, 단순성, 진리, 아름다움, 삶을 고대 작품에서 발견했다. 고대의 예술에 대한 빙켈만의 여정에서 자기 당대에 이런 아름다움을 밝혔고, 자기 시대의 유명한 무미건조한 예술과 양식에 반대해 이런 아름다움을 두었다.

빙켈만은 선구자였다. 많은 다른 사람이 빙켈만을 따랐다. 레싱(Lessing)은 라오콘(Laokoon)에 대한 책을 썼다. 괴테(Goethe)는 이피게네이아(Iphigenie)에 대한 시를 썼다. 실러(Schiller)는 헬라 신에 대한 노래를 불렀다. 보스(Voss)는 『오디세이아』(Odyssey)의 번역본을 출판했다. 헤르더(Herder)는 노래와 행동에서 민족의 목소리를 듣고, 거기서 인류에 대한 승전가를 들었다. 예술에서 이 모든 노래와 작품은 인간의 품속에서 살았고, 시간과 장소에 따라 다양한 방식과 형식으로만, 동방과 서방에서, 과거와 현재에 살았던 사람에 의해 이루어진 다양한 방식과 형식에서 포현된 동일한 영혼에 대한 표현이었다. 이 모든 요소가 한 유기적 전체를 형성하고, 한 사상에 의해 영감을 받았으며, 한 신적 힘에 의해 추진되어 한 목표를 향해 분투한다. 바로 진정하고 자유로운 인류로 인류를 형성하는 것이다. [233] 레싱에 따르면 우리 관점에서 교육으로 나타나는 것은 하나님의 관점에서 하나님이 인류에게 계속해서 주는 계시다. 그래서 계시는 인류를 진리와 선함과 아름다움의 영역으로 이끌며, 인간의 나라를 하나님의 나라로 융합시켰다.

인류에 대한 이 새로운 인식은 최초로 역사적 감수성을 일깨웠고, 역사와 종교와 언어에 대한 철학을 태동하게 했다. 그러나 무엇보다 이 인식은 고전 연구와 고전 교육에 중요해졌다. 괴팅겐의 게스너(Gesner)와 하이네(Heyne), 할레의 F. A. 볼프(Wolf), 베를린의 W. 폰 훔볼트(von Humboldt)는 고대 연구에 신인문주의를 도입했다. 이 연구는 스콜라주의적이고 옛 인문주의적 개념에서 매우 뚜렷이 달랐다.

첫째, 고대 연구는 특히 볼프에 의해 독립적이고 유기적인 학문으로 향상되었다. 볼프는 처음으로 이 연구를 고고학(Altertumswissenschaft)으로 불렀다. 고고학은 반드시 언어, 역사, 지식, 예술, 철학, 종교, 도덕, 사회, 정치 관계 등과 같은 고대 생활에서 나타난 모든 표현에서 고대의 인류를 알아가야 하는 학문이 되었다. 고고학은 고대인의 언어뿐만 아니라 행동과 작품도 알고자 했다. 따라서 이런 연구는 반드시 자신을 위해 행해야 했다. 고고학은 그 자체로부터 유도될 수 있는 실천적인 용도를 위해서도, 신학과 법학을 위한 예비 작업을 위한 용도도 아니었다. 그러나 가장 먼저 자기 자신의 관심과 가치 때문에 고전 연구는 자신의 목표를 가진다.

둘째, 헬라인은 반드시 고대 연구의 전면에 드러나야 한다. (비록 다른 의도를 가졌지만) 중세와 옛 인문주의에서 라틴어는 계속 주된 과목이 되었고, 대개 헬라어 연구에서 온 것은 아무것도 없었다. 그러나 신인문주의는 이 역할을 역전시켜, 헬라 언어와 헬라 문학에 우선성을 주었다. W. 폰 훔볼트에 따르면 아무도 그 정도의 단순성과 본성을 그렇게까지 문화와 결합하지 않았다. 특히 사람들은 헬라인에게서 표현이 풍부한 휴식, 아름다운 단순성, 조화로운 형식, 관념적 완전함과 헬라인의 생활에서 나타난 모든 표현에 감탄했다. 진, 선, 미는 독특하고 모범적인 방식으로 연합되었다. 일부 신인문주의자에게 헬라인에 대한 존경은 종교적 성격을 지녔다. 이들에게 가장 높은 이상은 헬라인처럼 사는 것이었다.

[234] 따라서 셋째로, 신인문주의자에 따르면 한 인간을 인류로 교육하고 모든 재능과 능력에 조화로운 발전을 이루는 데, 고대 헬라 시대의 연구보다 더 나은 방법은 없었다. 결국 합리주의는 정신의 발달만 생각하고, 이성에서 모든 유익을 기대한다. 초자연주의는 단지 파편적일 뿐이다. 초자연주의는 영원만 위해 교육한다. 그러나 고대 연구는 영성과 감정, 정신과 마음, 영

혼과 육체를 발전한다. 이 연구는 조화로운 형성과 윤리적인 인간 교육을 제공한다. 더욱이 헬라인과 로마인은 지식과 문명에서 유대인을 훨씬 넘어서지 않았는가? 볼프에 따르면 기독교는 "헬라 사상을 더함으로 개선된 유대교였다. 또는 말하자면 기독교는 유대교를 더함으로 헬라 사상을 개악(改惡)했다." 볼프의 제자 [아우구스트] 뵈크([August] Boeckh)에 따르면 기독교는 보다 순수한 인류에 용해되어 사라질 운명이었다.

넷째, 그 경우에 고전 교육 자체가 반드시 큰 변화를 겪어야 한다. 옛 인문주의에서 모방(imitatio)은 교육의 목표였다. 일반적으로 반드시 키케로처럼 말하고 쓸 수 있는 방식으로, 라틴 화자와 같은 방식으로 스스로 사고하고 표현하는 방식에서 라틴어를 배워야 했다. 그래서 이런 모방은 라틴어에서 "사물과 말(res et verba)"을 수집하는데 특히 중요했다. 말(verba)은 사물(res)보다 훨씬 더 중요했다. 왜냐하면 형식은 내용보다 더 중요하기 때문이었다. 그러나 여기서 또한 신인문주의는 순서를 역전시켰다. 고전 교육에서 주된 의도는 고대인을 따르는 것이 아니라 모방하는 것이었다. 실제로 그런 중요성은 고전 작가 읽기를 통해, 일반적으로 고전 정신에 들어가고자 애쓰며, 고전 작가의 통찰과 사고를 자신의 것으로 만드는 데 있었다. 그래서 이런 방식으로 형성된 후, 일반적으로 이런 환경 속에서 자유롭고 독립적으로 활약하기 시작할 수 있었다. 그래서 본문으로부터 형식적 형성의 주된 목적은 바뀌었다. 문제와 언어를 얻는 것은 스스로가 고대인을 통해 고귀한 인류로 형성되는 것으로 대체되었다. 모든 세부사항을 포함하는 문법이 아니라, 문학 그 자체가 전면에 드러났다. 교육은 더 이상 그저 암기하는 것이 아니라, 반드시 철학적이고 역사적이며, 윤리적이고 인간적인 성격을 가져야 하는 것이 되었다.

19세기에 이런 원리는 오랫동안 고전 문헌학을 지배했다. 우리나라에서 필[립] 빌[름] 판 회스더(Ph[ilip] W[illem] van Heusde) 교수는 이런 관점에 영감을 받은 해석가였다. ("김나지아"로 불렸던) 두 번째 예비 교육의 기관은 그에 따라 바뀌었다. 그러나 이 신인문주의적 방향 역시 끝을 맞이했다. 19세기는 이전 세기에 속했던 사람들 이상으로 고전 연구와 교육에서 심지어 더 큰 변화를 일으켰다.

[235] 19세기가 고전 연구와 교육에 대한 개념에서 일으킨 변화는 인문주의와 신인문주의에 의해 일어난 중요성을 넘어선다. 변화는 두 종류다. 부분적으로 문헌학 자체의 발전에 대한 결과가 있었다. 또한 부분적으로 우리 사회에서 점차 자연 과학에 부여된 우선성을 설명할 수도 있다.

이전 세기 문헌학에서 나타난 발전은 특히 역사의 영역에서 일어난 모든 종류의 발견 때문일 수 있다. 19세기는 특히 이런 발견의 측면에서 풍부했다. 그래서 20세기는 19세기 뒤에 존재하지 않을 것이라는 사실을 드러낸다. 고고학적 발굴은 이미 1578년에 카타콤 구역을 발견한 르네상스 시대에 시작되었다. 그러나 조직적이고 엄격한 방법론을 사용한 발굴은 19세기에 처음으로 시작되었다. 이런 발굴은 이집트에서 1798년에 나폴레옹(Napoleon)의 원정을 통해 준비되었다. 이런 발굴은 앗시리아에서 1842년과 이후 수년간 보타(Botta)와 레이어드(Layard)가 니느웨를 발견함으로 시작되었다. 이런 발굴은 바벨로니아에서 1851년까지 거슬러 올라간다. J. 오페르트(J. Oppert)가 메소포타미아로 프랑스 원정에 동행했을 때였다. 그리고 팔레스타인의 발굴은 1865년에 설립된 팔레스타인 탐사 기금(Palestine Exploration Fund)에 의해 시작되었다. 이 시대 이후 모든 나라에서 고고학적 발견은 부지런히 지속되었다. 1914년에 [1차] 세계 대전이 발발했을 때, 이런 발굴이 제한되거나 심지어 중단되었을 때까지 말이다. 영국과 미국, 독일과 오스트리아, 프랑스, 러시아, 이탈리아는 무덤에서 옛 동방 문명을 다시 일으키려고 서로 경쟁했다. 이러한 탐험은 놀라운 성공으로 이룬 업적이었다. 고대의 도시는 잿더미에서 일으켜졌다. 궁전, 성, 탑, 도서관, 무덤이 드러났다. 상당한 수의 비문, 예술 작품, 벽화, 동전이 빛을 보았다. 동방에서 고대 문명에 대한 지식은 향상되었다. 역사 분과는 상당한 수의 유물과 자료를 얻었다. 이런 자료는 이전보다 훨씬 더 멀리 거슬러 올라갈 수 있었으며, 모세와 아브라함보다 이전의 시대로 돌아갈 수 있었다.

[236] 이런 탐사는 구약성경과 이스라엘의 역사에 대한 지식에도 중요했다. 한때 이스라엘이 사막의 오아시스였고, 민족의 바다에 있는 섬이었으며, 세계에서 완전히 분리되어 있었다는 개념이 지배적이었다. 일부는 분명히 이런 관점에서 사실이다. 왜냐하면 아브라함은 갈대아를 떠나 하나님이 보여준 땅으로 가야 했고, 그의 씨에서 나온 민족은 거룩한 민족이 되어야 하며, 그들 주위에 있는 민족과 섞여서는 안 되었기 [때문이다.] 다른 측면에서 구약 자체는 이런 사실을 말한다. 아브라함은 아람 사람이었다. 아브라함의 후손은 수백 년간 애굽에서 종살이했다. 이스라엘 백성은 가나안에 들어간 이후 온갖 종류의 민족이 계속 거주하는 땅에 살았다. 또한 이스라엘은 한편으로는 앗시리아 제국과 바벨론 제국 사이에 위치했다. 다른 한편으로 이 제국들과 애굽 사이에 위치했다. 시대가 지나면서 이스라엘은 사방을 둘러싼 나라들로부터 계속해서 간섭받고 교류했다. 종종 이스라엘은 자기 성격과 소명을 희생하면서, 이런 나라의 영향력을 견뎌야 했다. 이런 시기는 이후에 이스라엘이 여러 나라로 흩어지고, 디아스포라기에 세계 선교를 성취할 때까지 이어졌다.

이 모든 사실은 이제 발견되었고, 확인되었으며, 확장되었다. 이런 일은 고고학적이고 역사적인 탐사가 되살린 새로운 자료를 통해 이루어졌다. 발굴은 이스라엘이 살았던 환경을 이전보다 훨씬 더 잘 알게 한다. 그리고 이런 발굴은 앗시리아와 바벨론, 메디아와 페르시아, 이집트와 페니키아에 대

헤르만 바빙크의 현대 사상 해석

한 이스라엘의 정치적 관계에 명백한 설명을 제시하는 일을 가능케 한다. 또한 이런 발굴은 고대 국가 사이에서 종교 생활과 도덕 생활, 학습 생활과 예술 생활에 대한 사회적 상황을 밝히며, 우리가 이스라엘에서 접하는 많은 개념을 더 잘 이해할 수 있게 한다. 여러 방식으로 우리는 이스라엘의 옛 나라를 이전에 더 편파적으로 제한된 고립에서 해방했다고 말할 수 있다. 이스라엘에 주어진 특별 계시에도 불구하고, 이스라엘과 연결된 인접된 나라 전체에서 연결성을 발견한다.

이스라엘에게 일어난 일은 지난 50년간 고전 시대에도 일어났다. 그러나 그 정도는 훨씬 더 상당했다.[3] 이 영역에서 나타난 발견은 고전 고대를 고립에서 구출했고, 그 기원과 발전에 완전히 새로운 빛을 비추었다. [237] 여기서 발굴은 하인리히 슐리만(Heinrich Schliemann)에 의해 처음으로 이루어졌다. 슐리만은 사업으로 부자가 되었지만, 고고학 연구에 대한 사랑이 컸다. 슐리만의 많은 여정 중 하나에서, 1868년에 그리스와 트로이로 왔고, 사비를 들여 히사를릭에서 발굴을 시작했다. 슐리만은 고대 일리움 혹은 트로이가 히사를릭에 있었다고 추측했다. 슐리만은 여기서 했던 발굴로 많은 상을 받았다. 그러나 슐리만의 발굴에 대한 이후의 결과는 더 훌륭했다. 슐리만은 아가멤논의 옛 도시 미케네에서, 1876년에는 아르고스 평지에서, 오르코메노스에서, (1880-81년에) 보이오티아의 옛 도시에서, 고대 왕성이 있는 티린스에서, (1884-85년에) 아르고스의 평지에서도 발굴했다. 1890년 슐리만 사후, 이런 발굴은 다른 사람에 의해 계속되었고, 그리스의 다른 부분으로 확장되기

---

3) 다음 논의에 대해서 다음을 보라. Doctor R[obert] H[erman] Woltjer, *De beteekenis van het Oosten voor de klassieke oudheid* (Utrecht: Ruys, 1912); idem, *Het Woord Gods en het woord der menschen* (Utrecht: Ruys, 1913); Paul Wendland, *Die hellenistisch-römische Kultur in ihren Beziehungen zu Judentum und Christentum* (Tübingen: Mohr, 1907).

도 했다. 즉, 에게 해에 있는 섬들, 특히 크레타 섬에 확장되었다. 이 모든 발굴은 그리스의 가장 오래된 고대 역사를 더 나은 통찰로 이끌었다.

한때 헬라 문화는 대략 호메로스의 시대에 시작되었을 것이며, 고유한 문화였을 것이라고 일반적으로 가정되었다. 그러나 발굴은 이제 또 다른 문명이 호메로스의 시대의 문화 이전에 있었다는 사실을 보여줬다. 이 시대는 대개 미케네 혹은 시조 크레타로 불렸다. 이 미케네 문화는 기원전 1500년부터 1000년에 이르는 시기에 특히 번성했다. 그리고 크레타 문화에는 또한 기원전 2500년부터 1500년에 이르는 소위 선(pre)미케네 문화라는 앞선 문화가 있었다. 그리고 이는 실제 그리스 문화로 이어졌다. 실제 그리스 문화는 도리아인이 기원전 1000년경 그리스에 정착해 점차 현존하는 문화를 점령했을 때 시작되었다. 이 발견으로 헬라 문화의 기원에 대한 교의가 무너졌다. 이뿐만이 아니라 미케네, 티린스, 오르코메노스, 크레타에 있는 상당한 궁전과 성 유적으로 알려진 미케네 문화도 소아시아에서 발견된 유적과 놀라운 관계가 있음을 보여주었다. 따라서 이 관계는 미케네 문화가 동방에서 기원함을 가리켰다. 더욱이 모든 종류의 사실은 이미 고대에 이집트, 팔레스타인, 페니키아, 소아시아, 크레타, 그리스 일대의 지중해 연안에 위치한 민족과 나라 사이에 번잡한 왕래가 있었음을 증명했다. 이런 접촉은 기원전 1500년 이후, 특히 수 세기 동안 계속 증가되었다. 따라서 그리스도 고립되지 않았다. 고대에는 모든 종류의 관계가 동방과 서방 사이에 존재했다. 서방 문화는 동방의 영향에서 기원했다.

[238] 많은 학자는 헬라 문화의 독창성을 반드시 유지해야 한다고 생각했고, 동방의 영향을 허구라고 불렀다. 저명한 『헬라 철학』(*Die Philosophie der Griechen*)의 저자인 베를린의 에두[아르트] 젤러(Ed[uard] Zeller) 교수는 그런 영향과 아무 관계도 맺고 싶지 않았다. 젤러는 헬라 철학의 독립성에 대

헤르만 바빙크의 현대 사상 해석

한 끈질긴 변증가였다. 이런 소위 고전주의자는 확실히 상당히 옳았다. 고전주의자들이 극단적 동방학자에 대해 헬라의 정신의 독창성과 독특성을 강조했을 때 말이다. 결국 동방주의자는 헬라인이 자신의 전임자에게서 모든 것을 점령했으며 어떤 새로운 것도 더하지 않았다는 사실을 주장하며 더 멀리 나아갔다. 이런 동방주의자는 예를 들어 플라톤에 대해 말할 때 플라톤에게서 발견되는 모든 참되고 선한 것이 구약성경에서 나온 것이라고 가르쳤던 1세기의 교회 작가의 발자취를 따라갔다. 그러나 학자들은 일반적으로 하나는 다른 것을 배제하지 않는다는 사실을 더욱더 이해하기 시작한다. 헬라인이 다른 사람에 의해 두어진 기초 위에 세웠다는 사실을 받아들일 때, 헬라 문화를 분명히 축소하지 않는다. 이 사실은 물질적 문화뿐만 아니라 영적 문화에서 옳다. 농업, 산업, 상업뿐만 아니라 예술, 학습, 종교에서도 마찬가지다.

헬라인은 독자적이고 독창적인 방식으로 물려받은 형식과 규범을 사용했고 채용했다. 헬라인은 자기 문화에 고유한 정신을 새겼고, 훌륭한 능력을 통해 동방에서 존재했던 것보다 그 능력을 훨씬 더 높였다. 예를 들어 동방 철학은 모든 종류의 신지학적인 요소와 신화적 요소와 함께 더욱더 결합되었다. 동방 철학은 그리스에서 이런 요소들을 점차 없앴으며, 점차 유용함 혹은 장점을 위함이 아닌, 그 고유한 가치 때문에 행해야 하는 학습으로 인식되었다. 동방은 그리스의 철학 사상에 큰 영향을 미칠 수 있었다. 그러나 여기서 철학 체계는 우리가 이집트와 바벨론, 페르시아와 인도에서 접하는 것과는 완전히 다른 성격을 보여준다. 또한 똑같은 요소가 문화, 종교, 도덕, 예술, 문학 등에서 나타나는 모든 특징에서도 마찬가지다.

이 발전을 인정하는 것은 헬라 문화에 대한 동방의 영향을 수용하는 것에 제기된 반대를 줄인다. 오래되고 고전적인 관점을 계속 고수하는 학자의 수는 천천히 줄어들고 있다. 헬라 문명을 연구하는 젊은 학자의 대다수는 적든 많든 그런 동방적 영향을 수용한다. [239] 그런 증거에 더해진 사실은 반박할 수 없고, 일반적으로 점차 그리스 역사를 더 많이 알게 될수록 계속 증가한다. 예를 들어 선재와 부도덕, 죄와 구속, 정결함과 신과 재연합을 말하는 오르페우스 신비주의는 헬라 종교의 역사를 통해 잠재의식에 흐르는 강처럼 흐른다. 오르페우스 신비주의는 가장 낮은 수준의 사람들 사이에서 상당한 추종자를 가지지만, 핀다로스(Pindar), 피타고라스, 플라톤과 같은 철학자와 시인에게도 강한 영향력을 행사한다. 오르페우스 신비주의는 이후의 헬라 로마 문명기에도 여전히 중요성을 유지했다.

자연스럽게 이런 모든 주목할 만한 결과와 발견은 헬라 문화의 기원과 발전에, 그리고 고전 교육과 관계된 문제에도 큰 변화를 일으켰다.

가장 먼저 위에서 이미 간단하게 언급한 것처럼 헬라 문명이 형식적으로 가두어졌다는 고립성은 완전히 무너졌다. 고전주의는 신학자가 한때 이스라엘을 판단했던 것과 같은 방식으로 고대 헬라를 생각했다. 역사의 일부는 그 자체로 인접한 국가와 문화에 완전히 접촉하지 않고는 분리된 벽으로 둘러싸여 멈춘다. 그러나 이런 관점은 그 시대가 가졌던 관점이다. 앗시리아와 바벨론, 이집트와 소아시아, 그리스와 그리스 섬들에서의 발견은 세계 역사의 지평을 엄청나게 넓혔고, 고대인과 접촉하고 관계하는 실마리를 던졌다. 인위적인 벽이 무너졌다. 그리고 분리된 국가의 간단하고 무관한 연대기가 고대의 역사에 대한 보편주의적 관점에 여지를 주었다.

이 관점을 보충하고 강화하기 위해, 신약의 언어가 같은 방식으로 일반적으로 받아들여지는 독특성을 잃어버렸다는 주목할 만한 사실을 언급해 보자. 이집트에서 최근에 발견된 수백 수천 개의 파피루스, 비문, 기록된 도자기 파편(사금파리[ostraca])은 학자들에게 알렉산드로스 대왕 이후 고대 헬라

헤르만 바빙크의 현대 사상 해석

에 사용된 일상 헬라어, 즉 공통적으로 말해지고 쓰인 언어를 알려주었다. 공통적으로 "코이네 [헬라어]"로 불리는 이 언어는 신약의 언어와 거의 같은 것으로 증명되었다. 한때 신약에서만 알려진 단어가 이집트의 파피루스에서 발견되었다. 히브리어로 생각된 더 초기의 문장 구조는 매우 공통적으로 발견되었다. [240] 신약에서 이상한 것처럼 보였던 많은 단어의 의미가 헬라어에서 일상적으로 말해지고 적혀진 똑같은 단어의 용례로 명확해졌다. 물론 신약은 소통되는 사상에서 고유성과 독특성을 유지했다. 그러나 이런 사상을 표현하기 위해 신약은 그 시대의 언어를 사용한다. 그래서 여기서 마찬가지로 고립된 자리에서 한 연결성, 유대성, 관계성을 발견한다. 이런 공통점은 70인역의 헬라어, 신약의 헬라어, 고대 헬라 시대에 쓰인 일상 구어 헬라어와 문어 헬라어, 헬라 교부의 헬라어 사이에서 발견된다. [디르크 크리스티안] 헤셀링([Dirk Christiaan] Hesseling) 교수에 따르면 현대 헬라어는 사실상 호메로스보다 신약성경의 언어에 더 가깝다.[4] 이 때문에 소위 아티카주의자들이 (옛 아티카 방언을 부활시키기 위해) 이 동시대에 문학 작품에 썼던 언어는 당대의 진정한 헬라어를 구성하는 일을 결정하기 위한 기준이 될 수 없다. 이소크라테스(Isocrates)와 데모스테네스(Demosthenes)의 언어는 어떤 헬라인도 절대 말하지 않았던 기교 있는 언어였다.

같은 방식으로 고대 그리스는 그 자체로 더 이상 존재하지 않았다. 처음부터 또한 역사를 통해 고대 그리스는 인접 국가뿐만 아니라 동방 국가와 매우 긴밀하게 접촉하면서 살았다. 사실상 헬라인 스스로 이 사실을 알았다. 헬라 저자를 통해 헬라인은 다른 나라에 많은 점을 빚지고 있다는 사실을

---

4)   D. C. Hesseling, "De afstamming van het Griekse volk," *De gids* (October 1917): 148.

인정했다. 그래서 헤로도투스(Herodotus)는 이미 헬라의 신과 신탁의 이름이 이집트에 기원하고 있음을 지적했다. 그리고 헤로도투스는 해 시계와 날짜의 구분이 바벨론인에게서 이어받았다는 사실을 판단했다. 나중에야 특히 페르시아 전쟁 때문에 헬라인 사이에 강력한 민족의식이 고취되었다. 그래서 헬라인은 그 정점에서 내려다보았으며 다른 민족을 야만인들로 생각했다. 그러나 심지어 이 경멸도 일시적이었다. 고대 헬라에 비헬라인 국가에 대한 이해가 커졌다. 알렉산드로스 대왕이 모든 나라를 정치적 단일성과 공통된 문화로 연합시켜 세계 제국을 **설립하려는** 운동은 국제적 분위기를 장려했다. 헬라인과 야만인의 대조는 줄어들었다. 언어, 종교, 도덕에 의해 도출된 전통적 경계가 계속 사라졌다. 지정학적이고 역사적으로 그 경계는 모든 방향에서 확대되었다. [241] 서방이 동방을 알게 되었다. 영적 우월성에 대한 감정은 의존적 감정으로 대체되었다. 헬라인은 동방에서 온 것은 무엇이든 찬사를 보내기 시작했다. 동방의 철학적이고 종교적인 개념, 점성술, 마술이 열정적으로 받아들여졌다. 헬라인과 로마인 스스로 점점 더 동방을 자신의 기원이자 문화의 근원으로 여기기 시작했다.[5]

둘째, 고전 고대 자체는 [이제] 더 이른 시대와 다르게 생각된다. 고전 고대를 인접한 국가의 문화에 대한 관계로 두었던 역사에 대한 보편주의적 관점이 이르기 전에, 고전 고대는 전체로 생각되지 않았고 단편적으로 연구되었다. 고전 고대는 다양한 영역으로 나뉘었다. 또한 고전 고대는 어떤 유기적 취급도 상호적 협력도 없는 다양한 학과의 다양한 학자에게 연구되었다. 고대의 역사가는 법의 영역에 어떤 관심도 기울이지 않았다. 법학자는 법에만

---

 5) Woltjer, *De beteekenis van het Oosten*, 9ff.; Wendland, *Die hellenistisch-römische Kultur*, 13ff.

사로잡혔고, 문헌학에 속한 영역을 양심적으로 피했다. 문헌학자는 종교의 영역에 거의 관심을 가지지 않았다. 그러나 이런 고대에 대한 원자론적 관점은 또한 사라지고 유기적 취급으로 대체되어갔다. 고전 고대의 문화가 인접 국가와 연결되어 있기 때문만 아니라, 문화 그 자체가 모든 부분이 매우 긴밀하게 연결되어 있다는 사실에서는 통일성이 있기 때문이기도 했다. 법, 정치 과학, 사회관계, 역사, 예술, 철학, 종교, 도덕, 관습은 서로 분리되지 않는다. 고대뿐만 아니라 어떤 시대에 있는 다른 나라에서도 마찬가지다. 오히려 이런 개념은 마치 한 유기물의 지체와 같았다. 그 유기체의 본질이 전체의 성격에 의해 결정되는 것처럼 말이다. 이런 개념 모두에 같은 도장이 찍혀 있었다. 이 도장은 이런 개념 모두 서로에게 속하고, 같은 시기에서 기원하며, 같은 환경에서 발전해 왔음을 드러낸다.

그래서 옛 문헌학은 상당히 확장되었고 그 모양을 크게 바꾸었다. 옛 문헌학은 (J. J. 스칼리제르와 F. A. 볼프가 이미 원했던 의미에서) 많은 학자가 같이 일하는 전체로서 고대 헬라의 주제인 고고학(Altertumswissenschaft)이 되었다. 법, 역사, 종교, 철학, 언어, 문학, 예술을 다루는 학자는 서로에게 훨씬 더 가까워져갔다. 법학자, 신학자, 문학자, 문헌학자, 철학자는 함께 일하고 서로가 서로를 가르친다. [242] 고대 시대의 지식은 작고 고립된 영역에 제한되었던 더 이른 시대보다 훨씬 더 중요해진다.

이런 지식에 대한 증가와 중요성은 특히 고대 헬라의 특정한 영역에서 전면에 나타난다. 신학 연구에서 말라기와 신약성경 사이의 시기는 거의 완전히 거부되었다. 이 시기는 생각되지도 않고 기껏해야 몇몇 단어로 스치듯이 언급되었다. 같은 방식으로 옛 문헌학은 알렉산드로스로부터 아우구스투스에 이르는 시기에 침묵을 지켰다. 그 관심은 소위 아티카 시기에만 집중되었다. 그 시기 이후에 온 시기는 퇴보이자 부패로 생각되었다. 그리고 그 이후의 시기는 그런 손상을 말하지 않는다면 무시될 수 있었다. 고전 고대가 더 초기의 문헌학자에 따라 어떤 방식으로든 다른 나라의 문화와 관계가 없었던 것과 마찬가지로, 고전 고대는 스스로 사멸됨으로 이후의 사멸된 시기로부터 따라온 한 틈에 의해 분리되었다. 아티카 문화는 사막의 오아시스를 형성했다.

새로운 연구는 특히 [요한 구스타프] 드로이젠([Johann Gustav] Droysen)의 작업 이래 여기서도 완전히 다른 관점으로 인도되었다. 헬라 시대는 고전 문헌학자의 영역에서 더 큰 주의와 관심을 일으키기 시작했다. 고대 연구가 헬레니즘 문명에 의해 지배받았다는 사실을 말할 수 있을 정도로 말이다. 그런 발전에는 정당한 근거가 있었다. 알렉산드로스가 자신의 헬라 제국을 동방에 연합시켰을 때, 헬라어와 헬라 문화를 모든 지역에 퍼지게 하고, 이전에 모든 종류의 벽으로 분리되어 왔던 나라 사이에서 한 연합체를 만들어낼 기회를 만들었다. 알렉산드로스는 이후 로마 제국의 정치적 연합체에 의해 보장되고 강화될 문화적 연합체를 형성했다. 더 이른 독립 국가와 독립 도시는 모두 한 공동체에 병합되어 [가고] 있었다. 이제 알려진 세계와 모든 나라는 자신을 한 제국의 시민으로서, 한 군주의 피지배자로 생각하기 시작했다. 이 발전은 많은 결과를 일으켰다. 그 결과는 국제적 분위기, 이전의 차이와 구분의 평준화, 지평의 확장, 시민법, 시민 관습, 시민 도덕에 의해 세워진 것보다 높은 자연법의 향상, 노예 제도 반대, 여성에 대한 더 높은 이해, 배움의 대중화, 종교의 융합이다. 또한 세계주의와 개인주의는 이 시기에 친밀해졌다. 이후 계몽주의[Aufklärung]의 시기에서와 마찬가지로 말이다.

[243] 이 모든 변화 때문에 헬라 시대는 독특하게 중요했다. 그 자체로 또한 미래에 일어난 결과에서도 그 중요성은 적지 않다. 헬라 시대는 세계에 대한 새로운 관점과 삶에 대한 새로운 관점이 나타났기 때문에 그 자체로 중요했다. 모든 문화는 다른 성격을 차지했다. 종교, 도덕, 철학, 예술은 자연적 의

헤르만 바빙크의 현대 사상 해석

무에서 자유롭게 되었고 모든 인류의 소유로 생각되었다. 미래에 일어날 중요성을 간직하는 한, 이 중요성은 헬레니즘 문명이 기독교를 위해 사람들을 준비했고, 우리 현대 문화를 위한 토대를 확립했다는 사실을 언급하기에 충분하다. 왜냐하면 이 문화는 동방과 서방, 셈족과 아리아족 모두에게서 나타나는 산물이기 때문이다.

고전 고대에 대해 더 최근에 일어난 세 번째 변화는 이 시대의 연구를 몰아가는 동기에 관심을 가진다. 더 오래되고 더 최근의 인문주의는 고전 고대를 참된 문명을 존중하는 모든 사람이 따라야 하는 고유하고, 고상하며, 뛰어넘을 수 없는 모범으로 생각했다. 인문주의자들은 고대 연구를 민중을 인간으로 양육하기 위한 유일한 참된 수단으로 생각했다. 여기서 신인문주의는 고대 아티카 시대가 특별히 기원전 5-4세기에서 가장 높은 번영에 도달했다고 생각했다. 특히 아테네에서 말이다. 신인문주의는 이 작은 헬라 세계가 실낙원이며, 오염되지 않은 순수성과 아름다움의 이상이며, 참된 인류의 모범이자, 계속해서 칭송받아야 하며 본받아야 한다고 생각했다. [폴] 웬들랜드([Paul] Wendland)에 따르면 인문주의자들은 구약성경에 정경적이고 규범적인 가치를 두었듯이 아티카주의에도 그렇게 했다.

그러나 문화의 헬라적 이상에 대한 고전 교의도 비평에 굴복해 일반적으로 버려졌다. 우리는 옛 인문주의자의 이상인 키케로 시대의 라틴어에 대한 순수한 웅변과 저술이 우리에게 더 이상 유효하지 않다는 사실도 반드시 지나가면서 언급해야 한다. 일반적으로 라틴어가 더 이상 배움과 학자와 학교의 언어가 아니라는 사실에 한탄할 수 있다. 왜냐하면 이 영역에서 공용어의 상실은 상당한 손실이기 때문이다. 그러나 라틴어가 한때 가졌던 학계에서의 위치를 회복하는 것은 불가능하다. 대부분의 시간을 라틴어를 배우는 데 보내고 다른 과목은 냉대를 받았던 그 시대에서 그랬듯, 일반적으로 반드시 현재 김나지움을 라틴어 학교로 회복해야 할 것이다. 그리고 젊은이를 자기 시대에서 완전한 이방인으로 교육해야 할 것이다.[6]

그러나 신인문주의의 이상도 호소력을 잃었다. [244] 결국 이 이상은 실제보다 환상에 더 근거했다. 역사 연구는 헬라 문화와 아티카 시기에서도, 예를 들어 실러가 부여한 통일성과 조화가 거의 없었다는 사실을 입증했다. 또한 그리스인의 생활은 의심과 투쟁, 고난과 슬픔을 알았다. 그러나 결국 우리는 다른 시대를 산다. 고전 고대는 지금까지 현대 문화에서 제거되었다. 왜냐하면 현대 문화는 너무 많은 방식에서 다른 토대에 근거하고 있고, 다른 요소를 가지고 있기 때문에, 우리 문화가 고대에 대해 가지는 관계를 거의 느끼기 힘들다. 우리가 더 이상 모범으로 사용할 수 없을 정도로 고전기는 너무 먼 과거에 있다. 고대와 우리 사이의 그런 깊은 간극을 만들어온 것은 중세가 아니라 15세기에 시작된 현대다.

그래서 현재 우리는 주목할 만한 상황에 있다. 고전 **연구**가 이전에 절대로 가지지 못한 확장성과 중요성을 얻어왔던 것과 동시에 고전 **교육**에 대한 동기가 약화되고 구식이 되었다. 여전히 하나는 다른 하나에 밀접하게 연관되어 있다. 고대 그리스 로마에 대한 연구의 고전주의적 개념은 지지할 수 없는 것으로 증명되었다. 이런 고전주의적 개념은 심리학적이고 비교적 방법을 사용하는 보편주의적이고 문화 역사적 관점으로 대체되어왔다. 우리 문명에 대한 고전 고대의 중요성은 오늘날처럼 명확하게 인식된 적이 없다. 기독교와 나란히, 고전 고대는 우리 문화의 뿌리가 있는 중요성을 가진 것으로 발견될 것이다. 그래서 고전 고대는 중국 혹은 일본의 역사처럼 [우리를 위한] 역사

---

6) 1911년 2월 7일에 상원의 드 마레즈 오옌스(de Marez Oyens) 의원은 주당 20시간을 라틴어와 현대 언어가 없는 네덜란드어와 역사만 교육하는 그런 옛 라틴 학교를 요청했다. *(Acts of the First Chamber*, 372).

헤르만 바빙크의 현대 사상 해석

적 가치만 가지지 않는다. 그러나 고전기는 [우리를 위한] 문화적 역사적 중요성을 가지기도 한다. 그런 측면에서 오늘날 고대 연구는 이전보다 훨씬 더 필요하고 중요하다. 그러나 이 현대적 관점은 고대에 대한 연구를 위한 더 이른 동기가 구식임에도 반드시 다른 동기로 대체되어야 한다는 사실을 수반한다. 심지어 이 모든 연구와 교육이 반드시 큰 변화를 겪어야 한다.[7] 이 모든 연구와 교육은 대학에서 고전 고대에 대한 연구, 김나지움을 위한 장래 교사의 교육, 김나지움에서 고전 교육을 포괄한다.

[245] 그러나 김나지움의 개혁은 고전 문헌학의 발전과 확장만으로 일어나지 않았다. 이 개혁은 더욱이 15세기에서 일어난 현대 문화에 의해 더 강제되었고, 상당히 삶을 지배하기 시작했다. 생각할 필요가 있는 이 새로운 문화의 창조에는 특히 세 요소가 있다.

이 요소 중 가장 중요한 요소는 중세에서 자연에 대한 사랑의 각성이다. 위에서 언급했듯 르네상스는 폭넓게 인식된 인간 인격에 대한 반응이었다. 즉, 외부에서 자신을 억압했던 힘을 다시 의식했던 반응이었다. 이 인격이 일깨워지고 자기 눈을 열었을 때, 이 인격은 모든 장소에서 다른 세계를 보았다. 이는 지금까지 교회와 전통을 통해 알았던 것과는 다른 세계였다. 이 인격은 고전 고대와 성경과 자연에서도 열린 다른 세계를 보았다. 중세에서 자연은 업신여겨졌다. 자연은 어떤 부정한 것이자, 악한 영역이자, 사악한 힘의

---

7) *De klassieke oudheid in het gymnasiaal onderwijs: Rapport in opdracht van het Genootschap van Leeraren aan Nederlandsche Gymnasiën (A Report Commissioned by the Organization of Secondary School Teachers)*, composed by Jan Watzes Bierma, H. Bolkesteyn, E. H. Renkema, J. Van Ijzeren (Leiden: Sythoff, 1916). Cf. 이 보고서의 논의는 다음에 의해서다. C. R. de Klerk in *Algemeen handelsblad* (August 4, 1916, evening edition); 그리고 [각주 2번의] 제8차 네덜란드 문헌학회에서 포헬상(Vogelsang) 교수의 개회사도 보라. 또한 다음 연설을 보라. Professor H. Cannegieter, "Taalwetenschap in het taalonderwijs," in that same congress held in Utrecht, April 26–27, 1916 (*Handelingen van het achtste Nederlands Philologen Congres*, 1–12, 249–66).

집이자 공장으로 여겨졌다. 일반적으로 자연에서 도망치고, 자연을 억압하고, 교정하며, 죽였을 때 가장 안전했다. 그러나 이제 인간 주체는 각성을 경험했다. 인간 주체는 내적 삶을 인식하기 시작했다. 인간 주체는 고유한 영혼과 거기에서 자연의 영혼을 다시 얻었다. 그리고 인간이 금욕주의의 안경에서 자유롭게 된 이런 방식에서 자연을 대면해서 보았을 때 깊은 감정에 사로잡혔다. 오히려 이 자연은 악마의 공장과 달랐다. 이 자연은 하나님의 영광의 계시이며, 하나님의 창조적이고 충만한 능력의 극장이었다. 그리고 영혼은 자연을 깊이 갈망하는, 자연을 알고 파악하려는 진정한 열망에 대한 각성을 경험했다.

그러나 처음부터 자연에 대한 이런 사랑은 특별한 성격을 가졌다. 예를 들어 아시시의 프란치스코에게 이런 사랑이 나타난 것과 마찬가지로, 그 사랑은 철저히 종교적이었다. 피조물에 대한 프란치스코의 찬사에서, 그는 창조의 모든 것에 자신이 연결된 것처럼 느꼈다. 프란치스코는 형제를 태양으로, 자매를 달로, 형제를 불로, 자매를 물로 부른다. 프란치스코는 그들 모두를 불러 그와 함께 지존자를 찬양하게 했다. 이런 특별함은 오랫동안 자연에 대해 각성된 사랑을 계속 특징짓는다. 사람들은 자연의 비밀을 알고 간파하고자 했다. 그러나 자연이 책에서 알 수 없다는 사실을 생각했다. 스콜라주의가 가르치는 것이 아니라 즉각적인 공감, 진정한 공감만으로 알 수 있다고 생각했다. 결국 세계와 인간은 서로 연관되었다. 세계는 대우주였고 인간은 소우주였다. 같은 신적 힘이 세계와 인간에게서 활동했고 작동했다. 영혼에서 향유된 하나님의 내재는 세계에서 하나님의 내재를 고백함으로 이끌었다. [246] 하나님은 멀리 있는 것이 아니라 가까이에 있었다. 이 사실은 신비주의에서, 자연 철학에서, 의학에서 그 시대에 울려 퍼진 표어가 된다. 그래서 미란돌라(Mirandola), 로이힐린(Reuchlin), 쿠자누스(Cusanus), 카르다누스

헤르만 바빙크의 현대 사상 해석

(Cardanus), 네테스하임(Nettesheim), 파라켈수스(Paracelsus) 등과 같은 인물은 신피타고라스주의적 숫자 상징주의에서, 신플라톤주의적 신비주의에서, 아베로에스(Averroes)의 철학에서, 카발라에서, 점성술에서, 마술에서, 연금술에서 자연의 비밀을 풀고자 도움을 요청했다. 오직 신적 계몽만이 자연의 신비를 드러낼 수 있다.

이런 자연에 대한 신비 철학은 현대 문화의 발흥에 크게 중요했다. 또한 자연 과학과 신학 사이의 반대와 충돌이 오랫동안 있으리라고는 생각하지 못했다. 더욱이 현대의 자연 과학은 중세의 신비주의에서 태동했다. 이오니아 철학자의 자연 과학이 오르페우스 신비주의에서 기원한 것과 마찬가지로 말이다. 자연 과학은 영적 단일체로서, 살아있는 생물로서 인간 자신에 대한 유비에 따라 세계를 이해하려 했다. 위에서 언급된 그 사상가들은 기계론적이고 유물론적으로 세계를 설명하려 하지 않았고, 때때로 신적 삶과 범신론적으로 동일시된 자연의 삶의 계속되는 발전으로서 역동적으로 설명하려 했다. 그러나 자연에 대한 지식의 갈망은 연구와 실험을 하도록 사람들을 재촉하지 않았다. 얼마나 순진하고 서투르든 간에 그리고 이런 시도가 이후 자연 과학을 얼마나 유익하게 했는지와는 상관없이 말이다. 연금술은 화학에 대한 방식을 예비했다. 점성술은 천문학 이전에 나타났다. 숫자 상징주의는 수학적 수단을 장려했다. 그림과 조각이 차례로 해부학과 역학을 필요로 했던 것과 마찬가지로 말이다. 그래서 위에서 언급된 대부분의 학자가 모든 종류의 이상한 환상을 심오하고 건전한 판단과 결합했다는 사실은 주목할 만하다. 예를 들어 쿠자누스는 스콜라주의적이면서 신비주의적이었다. 그러나 쿠자누스는 수학적이고 과학적인 연구에도 참여한다. 그리고 레오나르도 다 빈치(Leonardo da Vinci)는 예술가였으며 또한 더 최근의 자연 과학의 창안자 중 한 명이었다.

현대 문화의 발전의 중요성에 대한 두 번째 요소는 더 정확한 방법을 찾았고 그와 관련해서 학문에서 가치와 목적의 다른 개념을 적용시켰다. 스콜라주의는 정신에 대한 모든 지식이 감각적 지식으로 시작한다는 개념과 충분히 친밀했다. 그러나 이런 진리는 이론에서만 남았고 실천에서는 그렇지 않았다. 사람들은 모든 지식이 책에 포함되어 있으며, 다른 학문적 수단에 결점이 있다고 생각했기 때문이다. [247] 그러나 13세기에 이미 로저 베이컨(Roger Bacon)은 관찰과 경험이 학습의 참된 수단이라는 사실을 지적했다. 그리고 이후의 다른 학자들은 베이컨의 발자취를 따랐다. 그러나 특별히 중요한 사실은 15세기 이후에 일어난 상당한 수의 발견과 발명이었다. 콜럼버스의 아메리카 대륙의 발견, 바스쿠 다 가마(Vasco de Gama)의 인도를 향한 항로의 발견, 마젤란(Magellan)의 최초의 세계 일주만 생각할 필요가 있다. 이제 코페르니쿠스(Copernicus)의 지구의 자전 발견, 케플러(Kepler)의 태양을 도는 행성의 타원 궤도 발견, 갈릴레오(Galileo)의 목성의 네 위성과 토성의 고리 발견, 뉴턴(Newton)의 중력의 법칙 발견이 있었다. 그리고 이제 활자, 화약, 나침반, 광학 유리, 온도계, 기압계, 화경, 공기 펌프 등의 발명이 따라왔다. 이 모든 것을 통해서 인류의 지평은 확장되었고, 세계에 대한 관계는 변화되었고, 배움은 존재를 위한 투쟁에서 큰 도움을 줄 수 있는 힘으로써 인식되었다.

특히 세인트 올번즈의 베룰럼의 철학자 프랜시스 베이컨[Francis Bacon, d. 1626]은 이런 배움의 중요성을 인식했고, 그에 따라 방법론을 결정하려 했다. 베이컨에 따르면 당시까지 학습은 탄식할 만한 상태였고, 긴급히 회복될 필요를, 즉 『대혁신』(Instauratio magna)을 필요로 했다. 부정적으로 이런 혁신은 지식을 얻고자 하는 사람은 누구든지 먼저 반드시 모든 선입견을 버려야 한다는 사실을 뜻했다. 이런 선입견에 대해 베이컨은 근거가 없고 우연한 관점뿐만 아니라, 인류가 그 시대까지 축적해왔다고 가정했던 모든 배움까지도 포함했다. 베이컨은 정상에서 고대인들을 내려다보았다. 모든 고대인은 언어에서 말할 준비가 되어 있었고 풍부했지만, 행위에서는 빈약했다. 고대가 많은 사람에게 미치는 권위를 주었던 고대인은 그 명칭을 부적절하게 품었다. 그들은 세계가 훨씬 젊었고 학습이 막 발전할 때 살았기 때문에 고대인이 된 것이 아니다. 진정한 고대인은 지금 살아있는 사람들이다. 곧 그들 배후에 있는 많은 시대의 경험을 가지고 있고, 그들 조상의 어깨 위에 서 있는 사람들이다.

그래서 한 인물이 모든 예단(豫斷)을 버렸을 때, 반드시 스스로 관찰하고 실험해야 한다. 달리 말해 그 사람은 반드시 귀납법을 적용해야 한다. 그 사람은 책에서 사물을 공부하지 말아야 하고, 신학 혹은 다른 추측으로 이끌리게 해서는 안 된다. 왜냐하면 신학은 학문에 속하지 않고, 순수하게 신앙의 문제이기 때문이다. [248] 그래서 반드시 사물을 스스로 바라보아야 하며, 사물이 무엇인지 물어야 한다. 우리는 언어에 능숙한 사람들, 변증적 미묘함을 즐기는 사람들, 책에서 모든 지혜를 얻고자 하는 사람들에게서 어떤 유익도 얻지 못할 것이다. 우리는 공정한 관찰과 철저한 실험을 경유한 순수한 경험[mera experientia]의 방식만으로 확고하고 확실한 지식에 도달할 수 있다. 우리는 반드시 자연의 발치에 공손히 앉아야 하며, 우리의 감수성은 아이처럼 되어야 한다.

이 방법으로 얻은 지식은 확실하고 신뢰할만할 뿐만 아니라 유용하고 유익하기도 할 것이다. 베이컨은 많은 발견이 있었던 시대에 살았고, 자기 시대의 발명에 들떴다. 이런 학습의 승리가 주는 인상에서 베이컨은 그 시대까지 유용했던 사실과 완전히 다른 개념을 제안했다. 베이컨에게 지식은 그 자체로 목적을 가져서는 안 되고, 그 자체를 위해 행해져서는 안 된다. 지식은 삶을 위한 목적을 가지고 있다. 베이컨에게 학습은 힘을 얻는 가장 확실하고 강한 수단이다. 지식은 힘이다. 한 인간은 그가 아는 만큼 할 수 있다. 우리가 사물을 알 때 사물을 정복할 수 있다. 이전의 학습은 수녀처럼 유익하지 않았다. 왜냐하면 학습은 삶의 외부에 서 있었고, 수도사의 독실에서 행해졌기 때문이다. 그러나 이제부터 행해질 진정한 학습은 삶의 현실에 그 자리가 있고, 따라서 삶에 유용하다. 이런 일은 거칠고 이기적인 의미에서 일어나지 않는다. 마치 학습이 모든 종류의 유익을 무릎에 놓는 것과 마찬가지로 말이다. 그러나 또 다르고 더 높은 의미에서 학습은 발명을 통해 인간 생활 전반을 풍요롭게 하고 인류의 복지를 향상시킨다.

이런 방식으로 베이컨은 사람들을 책에서 현실로, 언어에서 행위로, 언어주의에서 현실주의로 불러냈다. 이제 베이컨은 유럽 사람들의 사상과 분투에서 대혁명을 일으켰다. 그때까지 사람들은 뒤를 보고 있었다. 기독교 유럽은 과거, 사도와 선지자, 교부와 스콜라주의에서 자기 눈을 돌렸다. 심지어 인문주의자들은 고유한 가치를 아무리 확신하더라도 존경스럽게 자기 모범인 고전학을 올려다보았다. 16세기는 종교개혁의 시기이자 인문주의의 시기였다.

그러나 베이컨에게 또한 다른 방식으로 데카르트(Descartes)에게 한 변화가 일어났다. 베이컨과 데카르트는 인류의 행복한 상태인 낙원을 추구했다. 그러나 과거가 아니라 미래에서 찾았다. 고대인은 학습의 선구자였었다. 그러나 고대인은 마무리하는 사람은 아니었다. 따라서 고대인을 본받는 것이 아니라, 오히려 반드시 능가하고 초월해야 했다. [249] 새로운 학습이 나타났다. 새로운 학습은 지식을 통해 힘을 얻고, 인간에게 자연에 대한 지배권을 주는 엄격히 경험적이고 실험적인 방법을 따라서 수행되었다. 그래서 자연 과학이 코페르니쿠스, 케플러, 갈릴레오, 데카르트, 특히 뉴턴과 같은 인물을 통해 전면에 나타났다. (어쨌든 생명이 없는 본성을 가진) 자연 과학은 자연에 대한 기계적이고 인과적인 개념으로 발전했다. 그래서 모든 형이상학과 목적론을 치우고, 작용과 반작용에서, 마침내 모든 것을 통제하는 중력의 법칙에서 모든 현상을 설명하고자 했다. 이 운동의 처음부터, 여전히 이신론은 창조자의 사역을 받아들였고, 인간의 독립성과 영혼의 불멸을 유지하고자 했다. 그러나 유물론은 인간을 기계로 이해하고자 했고, 그 지배권을 훨씬 더 확장했다. 이전 [19] 세기말에 이르러 한 반응이 일어나 역동적 세계관이 다시 많은 학자에게 받아들여지기까지 말이다.

세 번째 요소로 우리는 반드시 사회의 발전을 언급해야 한다. 다양한 학문적 주제가 더 최근에 점차 신학과 철학에서 자신을 분리했던 것과 마찬가지로, 같은 방식으로 사회도 교회와 국가의 감금에서 더욱더 자신을 되찾았다. 사회는 자신의 존재를 발전했고, 고유한 생명을 이끌기 시작했다. 상업, 산업, 세계 접촉, 기계, 공장을 통해 다양한 직업과 회사가 계속 증가했다. 그러나 이런 직업을 행하는 요구사항은 더 높아졌다. 사회가 더 발달할수록 사회는 더 많은 교육과 훈련을 필요로 했다. 라티키우스(Ratichius), 코메니우스(Comenius), 로크(Locke), 루소(Rousseau)와 같은 유명한 교육자는 이런 필요를 발견했고 학습에 대한 또 다른 이론을 제안했다. 양육과 교육에 대한 옛 이론은 학생이 과거에 대한 지식을 얻도록 하고, 그 학생을 학습이나, 예술이나, 기술을 위해 현존하는 조합 중 하나로 이끄는 주된 목적을 가졌다. 이 방법은 당시에는 잘 작동했다. 그러나 이 방법은 오늘날에는 적절하지 않다. 이 방법은 기억에 지나친 부담을 주었다. 그러나 비판적 사고는 충분히 발달되지 않았다. 이 방법은 사람을 학습시켰지만 현명하게 하지는 못했다. 이 방법은 사람을 순종적으로 만들었지만, 독립적으로 만들지 못했다. 이 방법은 학교를 위해 준비시켰지만, 생명을 위해서는 준비시키지 않았다. 오늘날 우리는 다른 교육을 필요로 한다. 그 교육은 자연에서 도출된다. 그 교육은 고대에 자리를 잡는 것이 아니라, 현대에 자리를 잡는다. 그 교육의 목적은 인간을 자신의 사고와 판단으로 독립된 존재가 되게 해서, 유용하고 유익한 사회의 구성원이 되도록 형성하는 것이다.

[250] 교육에서 이런 현실적 개념은 현대에 확고하게 자리 잡았다. 이 개념은 현대가 제공한 자료가 교육과 양육에 충분하다고 가정했고, 진지하게 현대 사회의 필요를 채용했다. 이런 요구는 (훈련된 직업을 위한 인문주의적 기관과는 다르게) 현실 생활에 필요한 지식과 기술을 제공하고, 사회에서 반드시 다양한 직업을 위해 젊은이를 훈련시키는 학교가 있어야 한다는 사실에 집중했다.

그런 학교는 경건주의 공동체에서 처음으로 세워졌다. 소외된 젊은이에 대한 연민에 힘입어, 1705년에 할레의 크리스토프 젬러(Christoph Semler)는 『수학 직업학교의 설립에 대한 유용한 제안』[Nützliche Vorschläge von Auffrichtung einer mathematischen Handwerk-Schule]을 출판했다. 젬러는 숙련된 노동 계층이 (교회와 국가인) 다른 두 계층을 지지하는 토대를 형성한다는 사실을 입증했다. 또한 젬러는 미래에 이 집단이 (젬러가 불렀듯) 수학과 기계 직업학교[mathematische und mechanische Realschule]에서 특별한 훈련을 필요로 한다는 사실도 입증했다. 젬러는 자기 생각에 대한 많은 공감대를 발견했다. 또한 젬러는 1707년에 그런 학교를 스스로 설립했다. (또한 1708년에는 또 다른 학교를 세웠다.) 거기서 어린이는 시계, 군함, 나침반과 같은 물건의 설계를 위한 복제품을 공부하면서 한 주에 한 시간씩 교육받았다. 이런 학교는 그렇게 성공적이지 않았다. 그러나 젬러는 말년까지 자기 원칙에 충실했다. 학문 학교와 나란히 (또는 심지어 학문 학교의 자리에서) 어린이에게도 반드시 현실 생활의 일들[Realiteiten]을 가르쳐야 하는 직업학교가 있어야 한다. 그리고 이런 학교는 수업 시간을 고문이 아니라 기쁨으로 만들 것

헤르만 바빙크의 현대 사상 해석

이다.

　같은 정신이 요한 율리우스 헤커(Johann Julius Hecker) 목사를 움직였다. 헤커는 할레의 프랑케의 중고등학교[Pädagogium]에서 최초로 교사가 되었다. 1747년에 헤커는 베를린에서 경제 수학 직업학교[ökonomisch-mathematische Realschule]를 설립했다. 이 학교는 교육받은 계층이 **아니라**, 사회의 직업을 위해 훈련받아야 하는 젊은이와 청년을 위한 학교였다. 많은 도시가 이 사례를 따랐다. 이 시대에 직업학교는 실제로 모든 직업에 대한 학교였다. 그러나 직업학교는 레제비츠(Resewitz), 게디케(Gedike), 슈필레케(Spilleke)의 영향력을 받아 점차 다른 성격을 갖게 되었다. 직업학교는 더 이상 직업학교가 아니라, 일반적인 영적 형성, 지적 능력, 자유의 의미를 목적으로 하는, 시민의 교육을 장려하는 교육기관이 되었다.

　그래서 고등교육을 준비하는 세 학교가 19세기의 독일에서 나타났다. 두 고전어를 주된 과목으로 가르치는 김나지움이 있었다. 주로 수학과 자연 과학뿐만 아니라 현대어를 가르치지만, 라틴어와 헬라어는 가르치지 않는 직업학교(Ober-Realschule)가 있었다. 이 두 학교 사이에 또 다른 기관이 있었는데 공식적으로 1882년부터 있었던 기술학교(Realgymnasium)다. 이 학교는 라틴어와 현대 과목을 가르쳤다. 직업학교와 기술학교는 너무 완벽하게 발전했다. 직업학교와 기술학교는 [251] 김나지움처럼 많은 과목을 갖추었고, 김나지움과 똑같다고 생각되었다.

　그때 동등한 권리를 얻고자 투쟁이 일어났다. 이 투쟁은 오랫동안 지속되었고, 적의가 없지 않았다. 그러나 1870년 12월 7일의 정부 결정에 따라 기술학교의 우등 졸업생은 대학에서 철학을 공부하고, 수학과 자연 과학과 현대어 시험을 볼 자격을 얻었다. 1900년 11월 26일의 제국의 결정은 세 교육기관에 동등한 권리를 보장했다. 인문주의 김나지움은 신학을 제외한 모든 특권

을 상실했고, 이 마지막 특권도 정부에 의해 최근에 폐지되었다.[8]

우리나라[네덜란드]에서 1857년 교육법은 이미 연장된 초등 교육에 대한 승인과 규정을 포함했다. 그러나 이 법은 분명히 사회의 부상하는 요구에는 적절하지 않았다. 이런 요구는 특히 소위 산업 기술적 시민계층에서 느껴졌다. 한 측면에서 이 계층은 노동 계층에 속하지 않았고, 초등 교육만으로 만족할 수 없었다. 그러나 다른 측면에서 이 계층은 훈련된 전문성을 갖추도록 정해지지도 않았다. 인구의 이 집단은 [견습 생활을 통해] 당시 작업장에서 여전히 부분적으로 얻어질 수 있는 직업적 기술뿐만 아니라, 초등교육과 연장된 초등교육에 의해 제공될 수 있는 것 이상으로 폭넓은 이론적 발전에 대한 요구도 느꼈다. 토르벡꺼(Thorbecke) 총리는 1863년 5월 2일의 중고등교육법으로 이 간극을 채우고자 했다. [직업학교와 김나지움 사이에 있는] 고등 직업학교(hoogere burgerscholen)가 중앙 정부 또는 시당국에 의해 이 법에 따라 가장 중요한 도시들에서 설립되었다. 그러나 이 고등 직업학교는 의도된 목적에서 점차 이탈했다. 토르벡꺼는 중고등교육을 초등교육을 마친 수많은 시민에 대한 형성[에 참여하는 것]으로 표현했다. 그러나 토르벡꺼는 특히 산업 사회의 다양한 직무를 위해 준비하고자 했다. 초등학교는 반드시 문명화된 인간을 형성해야 했고, 대학은 반드시 박식한 인간을 형성해야 했으며, 중고등학교는 산업적 인간을 형성해야 했다. 고등 시민학교는 이 목적에 답을 주지 않거나 사소한 답을 주었다. 사회의 산업 계층을 위한 최종 교육을 제시하는 대신에 이런 학교는 더욱더 [252] 대학에서 의사, 치과의사, 약

---

8) 독일에서 예비 교육의 발전에 대한 더 상세한 논의는 다음을 보라. Professor H[endrik] Burger, *Klassiek en modern opgeleiden voor de poort de hoogeschool* (Amsterdam: van Rossen, 1910), 340. 다른 나라에 대해서는 이 책의 42페이지 이후를 참고하라.

헤르만 바빙크의 현대 사상 해석

사가 되도록 학생을 가르치는 고등교육을 준비하기 위한 기관이 되었다. 특히, 이런 학교는 델프트 공과대학, 브레다 왕립 육군사관학교, 위트레흐트 국립 수의학교, 바헤닝언 국립 농업학교, 로테르담 네덜란드 상업대학을 위한 기관도 되었다.

고등 직업학교가 점차 예고 없이 처음에 의도된 것과 완전히 다른 방향으로 발전했을 때, 김나지움의 경쟁자가 되었고, 두 교육기관의 동등한 권리를 위한 투쟁을 피할 수 없었다. 이런 투쟁은 1877년에 시작되었으며, 과거 40년간 계속되었다. 때때로 호소는 정부에 직접적으로 가해졌다. 예를 들어 대학의 수학과와 자연 과학과와 의학 협회는 고등 직업학교가 김나지움과 같은 권리를 할당받아야 한다고 제안했다. 최소한 수학, 자연 과학, 의학과에서 학업 시험으로 입학하고 졸업하는 데 있어서 말이다. 카이퍼(Kuyper)가 총리였을 때 중고등교육의 규정에 대한 법의 변화와 개정을 다루면서, 드 사보르닌 로만(De Savornin Lohman) 의원은 고등 직업학교의 졸업생에게 지금 막 언급했던 동등한 권리를 보장하는 개정을 제안할 기회를 얻었다. 카이퍼는 고전 교육의 중대한 문제는 그런 우연한 방식으로 결정해서는 안 된다는 이유 때문에, 당시 그런 개정을 받아들일 수 없다고 답했다. 그러나 카이퍼도 모든 미래의 학생을 위한 고전 교육의 절대적인 지지자는 아니었다고 말했다. 그리고 카이퍼는 분명히 대학에 가기 원하는 모든 사람에게 고전 교육을 의무로 하지 않았다.[9]

그때 이후로 고등 직업학교와 김나지움에서 동등한 권리를 얻고자 하는 시도가 증가해 왔다. 1916년에 한 운동이 흐로닝언에서 한 국립협회를 설립

---

9) *Acts of the Second Chamber of the States-General*, March 8, 1904, 1490ff.

하기 시작했다. 고전적 교육과 비고전적 교육의 법적 동등권을 얻어 모든 대학 학과에서 공부할 입학권을 얻기 위해서였다. 계획은 즉시 많은 지지를 받았다. 그리고 그 협회가 설립되어 J. 림부르크(Limburg) 의원을 의장으로 지정했다. 의회의 구성원으로서 림부르크 의원은 알바르다(Albarda) 의원, 본가르츠(Bongaerts) 의원, 드 사보르닌 로만 의원, 판 데 펠데(Van de Velde) 의원, 피서르 판 에이젠도른(Visser van Ijzendoorn) 의원, 에이저만(Ijzerman) 의원과 같은 인물들과 함께 1917년 2월 16일에 하원에 제안서를 제출했다. 이 제안서는 학생이 [253] 법으로 확립된 5년 과정과 동등한 시험으로 고등 직업학교의 마지막 시험을 성공적으로 통과했다는 증명을 받은 후 대학의 의학과, 수학과, 자연과학과 입학시험을 볼 수 있는 권리를 반드시 가져야 한다고 권장했다. 그 제안서는 즉시 호의적으로 수용되었다. 국무조정실 장관은 1917년의 "국가 예산에 대한 잠정적 결론에 대한 응답 보고서"에 따라 예전의 의견을 바꾸었고 그 제안서에 동의했다. 의회 밖에서 그 제안서는 왕립 과학회의 두 분과에서 표명된 상당한 수의 성명에서 권장되었다. 암스테르담 대학의 평의회와 이사회, 레이든, 위트레흐트, 흐로닝언의 국립대학의 이사회, 델프트 공과대학과 같은 학교에서도 마찬가지였다. 1917년 5월 4일에 그 제안서는 49 대 17로 하원에서 받아들여졌다. 1917년 8월 3일에 열린 상원에서 구두 투표를 실시했다.

그 제안서에 대한 논의는 실제로 매우 중대했다. 첫째, 논의는 고등 직업학교의 졸업생이 받는 부당함을 고려했다. 비록 이 졸업생들이 김나지움의 졸업생처럼 대학에 받아들여졌고, 같은 과정을 들었고, 같은 어려운 시험을 통과했지만, 학술 시험과 졸업에는 받아들여지지 않았다. 2년간 라틴어와 헬라어를 공부하고, 국가시험을 치면, 김나지움의 졸업생과 같은 권리를 받을 기회가 있다는 사실은 정당하다. 그러나 고등 직업학교와 김나지움 사이에서

헤르만 바빙크의 현대 사상 해석

고전 공부는 비싸고 시간이 많이 들었지만, 가치가 없었다. 로만(Lohman) 의원은 이 공부를 무의미한 장애물이라고 불렀다.

둘째, 논의는 학문 학습에 대한 흥미를 고려했다. 김나지움 졸업생의 특권을 강탈했던 고등 직업학교의 많은 학생은 다른 나라로 가거나 델프트 공과대학으로 갔다. 이런 행동으로 학생은 다음과 같은 기회를 박탈당했다. "논문을 쓸 기회, 박식한 학자와 정식으로 접할 기회, 계속되는 평가와 격려를 받으며 잘 쓰인 논문을 구성하는 법을 배울 기회, 해결을 위해 중요한 자료와 의견을 판단하고 배열할 기회, 방대한 취급 방법에서 자기 자신의 연구에서 얻은 답을 발전할 기회다. 한 마디로, 자기 자신의 연구를 어떻게 해야하는지 배울 기회를 박탈당했다."

셋째, 제안서에 대한 논의는 일반적으로 네덜란드 산업, 특히 화학 산업에 대한 관심을 고려했다. 특히 1914년 이후 [254] 잘 훈련된 화학자에 대한수요는 네덜란드뿐 아니라 다른 나라에서도 상당한 정도로 증가했다. 이런화학자는 이후 수년간 전쟁하는 나라에서 얻을 수 없기 때문에, 네덜란드는이 분야뿐만 아니라 식물학, 동물학, 지질학 등에서도 결손을 채워야 한다는사실은 매우 시급하다.

그러나 이 모든 논의가 많은 지지자에게나 적대자에게나 얼마나 중요하든 간에, 더 많은 원리를 갖춘 문제가 남아있다. 이 문제는 림부르크 제안서가 고등 직업학교와 김나지움 사이의 완전한 동등성을 이루는 방법에 대한첫걸음일 뿐이었다는 사실에서 이미 전면에 등장했다.

전환 위원회가 그 보고서를 작성했을 때, 이 보고서는 자문 위원회의 일부 구성원이 모든 학과에서 고전 공부와 비고전 공부를 평등화하고자 했다.전환 위원회에서 소수(드러커[Drucker] 의원, 헤프레흐트[Hebrecht] 의원, 시몬스

[Symons] 의원)가 그 입장에 동의했던 것으로 나타났다.[10] 1916년의 국가예산이 하원에서 논의되었을 때, 피서르 판 에이젠도른 의원은 고등 직업학교의 졸업생도 법학 학과에서 학문적 시험과 졸업에 허락되어야 한다는 소망을 표명했다. 1916년에 설립된 국립협회는 대학의 모든 학과와 과목을 위한 고전적이고 비고전적인 예비과정에 대한 법적 동등성을 위해 분투한다. 흐로닝언의 함부르거(Hamburger) 교수는 같은 감정을 표현했고, 림부르크 제안서가 대학에서 고등 직업학교를 분리하는 벽을 무너뜨렸을 때 기뻐했다.

고등 직업학교의 졸업생이 받는 차별에 호소했던 림부르크 제안서의 많은 지지자는 이 제안서가 김나지움의 학생에게 주는 부당함에 거의 느끼는 게 없었다는 사실 또한 주목할 만하다. 이 부당함은 확실히 사소한 문제가 아니었다. 이 제안서의 수용과 함께, 고등 직업학교는 김나지움과 동등해지지 않았지만 오히려 더 높아졌다. 고등 직업학교의 졸업생은 즉시 1년의 학업 시간을 얻는다. 왜냐하면 고등 직업학교가 5년이 걸리고 김나지움은 6년이 걸리기 때문이다. 더욱이 고등 직업학교에서 학위를 받고, 수학, 자연과학, 의학과에 학업 시험과 졸업에 허락을 받고자 하는 학생은 지금까지 라틴어와 헬라어를 반드시 공부해야 국가시험을 칠 수 있었다. [255] 그러나 이제 이 학생은 이 부가된 공부에서 갑자기 완전히 면제된다. 결국 의학을 공부하는 학생처럼 더 나은 준비를 해왔다는 이득을 본다. 이 학생은 대개 1년 안에 자연 과학에서 첫 번째 시험을 칠 준비를 한다. 반면, 김나지움의 졸업생은 종종 2년을 필요로 한다. 많은 방식에서 김나지움은 이제 림부르크 제안서에

---

10) *De klassieke oudheid in het gymnasiaal onderwijs: Rapport*, I:825ff. 편집자 주: 바빙크는 단순히 이 사실을 Rapport, I:825ff에 있다고 나타낸다. 이 인용은 문제있다. 왜냐하면 월드캣(WorldCat)의 서지정보는 한 권에 206페이지가 있다고 나타내기 때문이다. 바빙크가 그 보고서의 더 이른, 출판 전 초안을 작업했을 가능성이 있다.

헤르만 바빙크의 현대 사상 해석

의해 불리하게 될 것이다. 두려움은 근거가 없지 않다. 결국 김나지움은 자연과학 학과에서 모든 학생을 잃을 것이다.

셋째, 오늘날 많은 학자가 가능한 한 빨리 고전 연구를 폐지하고자 한다는 사실은 보편적으로 알려져 있다. 수학자와 자연 과학자뿐만 아니라 의사 중에서도 여전히 고전 연구를 향유하고 이해했던 많은 사람이 있다. 그러나 그 숫자는 매년 감소한다. 고전 공부가 구식이라고 판단하는 사람의 수는 증가한다. 이런 사람들은 최소한 고전 공부가 비고전적이고, 실제적인 공부에 어떤 식으로든 선호될 수 없다고 판단한다.

공정하게 말하자면 우리는 양측이 과장이라는 잘못을 저질렀다는 사실을 반드시 인정해야 한다. 많은 학문 연구자가 고전 연구를 업신여겨왔던 것과 마찬가지로, 같은 방식에서 많은 고전주의자는 현실에 대한 공부를 (여전히) 경멸해 왔다. 바르텔르미 생틸레르(Barthélemy Saint-Hilaire)가 아리스토텔레스의 상실이 더 최근의 철학자의 상실 이상으로 해로울 것이라고 말했을 때, 코브던(Cobden)은 『타임즈』(The Times)의 한 문제가 투키디데스(Thucydides)의 모든 문제보다 더 많은 점을 가르칠 것이라고 표현했다.

현대 문화가 그 자체로 완전히 충분하다는 사실을 지지하는 사람과, 고대에 대한 서론보다 현시대에 대한 서론에서 더 많은 것을 기대하는 사람이 있다. 이 개념은 위에 언급한 학계에서 일어났던 변화와 긴밀한 관계가 있다. 이전에 학계가 그 자신을 위해 혹은 진리를 위해 이루어져야 한다는 개념이 지배적이었다. 지식은 명백한 원인으로 알 수 있는 (사물)에 관한 것(per causas scire; scientia est intelligibilium)이다. 그러나 [프랜시스] 베이컨과 그 이후 칸트의 비판, 콩트의 실증주의, 스펜서의 불가지론 이후, 유용함이 모든 지식의 토대라는 개념이 존재해 왔다. 아는 것이 힘이며, 배움은 삶에서 오고, 삶을 위한 것이다.[11] 관념론적 개념은 생물학적이고, 실용적이며, 현실적인 개념에 자리를 내주었다.

[256] 우리는 이 마지막 개념에 합리화를 반드시 완수해야 한다. 일반적으로 현재 상태의 학습은 삶의 요구에서 태동했고, 삶의 모든 측면에 실용적인 학습이라는 도장을 찍었다. 여기에는 의학적, 법학적인 것과 같은 측면이 있다. 이런 성격은 더 최근의 자연 과학이 발전한 이후에 특히 명백해진다. 인간은 자연의 힘에 지배권을 넘겨주었다. 자연 과학이 우리를 계속해서 놀라게 하고, 매일 확장될 [정도로] 말이다. 이전 세기 자연에 대한 연구는 아무도 자연에 대한 연구를 무시할 수 없을 정도로 과학과 사회에 큰 영향력을 미쳤다. 고대 시대에 대해 가장 열정적인 헌신을 다하는 사람은 반드시 이 영향력을 헤아려야 한다. 자연 과학이 우위를 점하고 있는 현대 문화는 아무도 그 근본적인 가치를 거부할 수 없는 학습으로 이끌 수 있을 정도로 많은 요소를 포함한다. 우리나라든 다른 나라든 고전 교육을 받은 적이 없지만, 고전 교육이 반드시 학문의 별 중 하나로 생각해야 하는 많은 학자가 있다.[12] 고등 직업학교는 오랜 역사를 통해 많은 학문 훈련을 위한 예비과정으로서 존재할 권리를 얻었다. 일반적으로 자연과학과 의학 진흥회가 하원에서 성명을 말했던 것에 매우 반대하면서 논할 수 없을 것이다. 현대어 훈련, 자연과 삶에 대한 연구는 헤아릴 수 없는 다양성에서 양자 모두 훌륭한 문화이자 품

---

11) 생리학의 가장 최근 형태에 대한 즈바르데마커(Zwaardemaker) 교수의 강의는 여기서 인용된다. Doctor J. W. Moll, *De idee der universiteit in haar toekomstige ontwikkeling* (Groningen: Wolters, 1910), 11. 다음을 보라. Professor H[endrik] Burger, *Middelbaar onderwijs en universiteit* (Amsterdam, 1913).

12) [헨드릭] 부르거([Hendrik] Burger) 교수는 네 개의 국립대학에서 의학 분과에 105명의 교수와 강사가 있고, 26명이 고전 교육을 받았고 73명이 현대 교육을 받았다고 계수했다. 현대 교육을 받은 사람 중 49명은 고등 직업학교에서 학위를 받았다. 부르커 교수의 다음 글을 보라. *Middelbaar onderwijs en universiteit*, 18. 또한 부르커 교수의 다음 글도 보라. *Klassiek en modern opgeleiden voor de poort der hoogeschool* (Amsterdam: Van Rossen, 1910), 29ff.

헤르만 바빙크의 현대 사상 해석

위를 제시한다. 고전어에 대한 연구가 줄 수 있는 것과 마찬가지로 말이다. 이 방식을 따른 예비과정은 학문 학습과 독립 연구에 적절함을 보장할 수도 있어야 한다. 현대의 학습에 대한 기독교적 관점에서의 반대도 없다. 결국 인문학을 가르치는 사람은 [현재] 현실을 가르치는 사람과 마찬가지로 편파적일 수 있다. 그리고 더 최근의 자연 과학은 훨씬 더 유물론에서 탈출했다. 또한 고등 직업학교는 최근에 계속 기독교계에서 큰 동정표를 얻었다.

그럼에도 두 교육 관점에는 차이가 계속 존재한다. 과거와 현재를 평가하는데 차이가 있었다. 학문의 개념에 차이가 있었다. 그리고 지금까지 세계관에 차이가 있었다. [257] 그러나 그 차이가 그렇게 깊다면, 정부는 그 문제를 결정할 수 없을 것이다. 그러면 유일한 해결책은 두 관점이 사회에서 서로 싸우고, 미래가 학문의 수행을 위한 최상의 예비 과정을 결정해야 할 것이다. 하나는 김나지움에서 제공되었고 다른 하나는 고등 직업학교에서 제공되었다. 따라서 고전 교육의 지지자는 림부르크 제안서에 저항했을 뿐만 아니라, 그 제안서를 권장하고 지지하기도 했을 때, 관대함을 보였다.

그러나 고전 교육의 지지자가 이 문제에 대해 진지하고, 고전 공부가 수학, 자연 과학, 의학을 위한 최상의 토대라는 점을 생각한다면, 가만히 앉아 있을 수 없다. 고전 교육의 지지자는 고등 직업학교와 김나지움의 동등성이 더욱더 고등 직업학교를 위한 법적 동등성이 되지 않도록 주의해야만 한다. 보네바커(Bonebakker) 박사가 고대 시대의 친구를 거부했을 때 일반적으로 그를 따를 수도 있다. 평범한 사람들, 귀마개를 쓴 정신들, 실용성과 자기 이득만을 생각하는 사람을 지나가게 하라. 고대의 온화한 분위기에서 자라고 싶은 열망이 없는 열정적인 정신이 없는 영적 바보를 지나가게 하라. 남부가 철새를 위해 매년 가을이 되어왔던 것처럼, 많은 나라와 많은 세대에서 가장 고귀한 것을 위해 고대는 "따뜻한 조국"이 되어 왔다. 그러나 김나지움에 오는 학생들에게 자기도 모르는 것에 대한 사랑과 열정을 진작 느껴야 한다고 요구하기 어렵다. 이 학생들과 학생들의 부모들이 어떤 교육을 선호하는지를 알아내려면 정확한 정보가 필요하다. 독일에서는 어떤 일이 일어났는가? 직업 고등학교와 김나지움 이후 기술학교가 얼마간 대학의 신학과에 입학하는 과정에서 그 졸업자는 동등하다. 신학, 법학과 정치학, 철학, 문헌학, 역사, 예술 분야에서 많은 교수(65명)가 1917년 2월 5일 자의 "고전 문헌학 주간신문"(Wochenschrift für klassische Philologie)에 한 성명을 발표했다. 이 교수들은 자기 의견에 따라 인문주의 김나지움이 (일반적으로 상당한 교육적 중요성과는 별개로) 모든 측면에서 영적 훈련의 연구를 위한 최상의 예비 과정을 가진 학교로 남아야 한다고 선언했다.

그러나 "교리는 우리를 자극하고 선례는 우리를 이끈다[네덜란드어 속담: Leeringen wekken, voorbeelden trekken]." 최고의 정보는 그런 선언에서 온 것이 아니라, 학교 자체를 통해, 교육의 차별화를 통해, 교사의 헌신을 통해, 학교에서 진행하는 양육하는 힘을 통해 왔다. 림부르크 제안서의 수용은 김나지움이 오랫동안 필요했던 긴급한 개혁을 이루었을 뿐만 아니라, 원래 한 근거로 의도하지 않았지만 잇따라 반드시 바뀌어야 했던 [258] 고등 직업학교를 개혁하는 것도 이루어냈다. 양 교육기관은 개혁이 필요하다. 특히 초등교육에 대한 학교의 관계에서 그렇다. 김나지움과 고등 직업학교는 교사의 자격에 대한 더 나은 규정이 필요하다. 그래서 특히 저학년에서 교과전담 교사는 일반 교사로 대체될 것이다.[13] 또한 김나지움과 고등 직업학교는

---

13) 한때 이 사실은 나베르(Naber), 스프루이트(Spruyt), 보트(Boot), 스페이예르(Speijer), 판 더 메이(van der Meij)와 같은 교수의 소망이기도 했다.

헤르만 바빙크의 현대 사상 해석

분명히 과목과 시험의 단순화가 필요하다.[14] 일반적으로 학교에서 삶에 필요한 모든 것을 배울 필요가 없고, 시험에 대한 모든 것을 알 필요가 없다. 삶 자체가 훌륭한 학교다. 그 "학교"를 위해 어떤 것을 확실히 남길 수 있다. 약간 풍부한 것이 약간 빈곤한 것보다 낫다.

이제 김나지움의 개혁에 초점을 맞춰보자. 김나지움의 개혁은 연기되어 왔다. 왜냐하면 수년간 전문가들 사이에 일치가 없었기 때문이다. 생각의 차이가 많았다. 헬라어를 완전히 없애든지, 읽어야 할 저자를 단순화하든지에 대한 차이가 있었다.[15] 최소한 4학년 이후 A분과 학생에게 수학을 없애는 문제에 차이가 있었다.[16] 4학년이거나 4학년 이후 혹은 6학년에 일어난 A분과 학생과 B분과 학생의 다소 극단적인 분리에 대해 차이가 있었다. 김나지움의 5년 혹은 고등 직업학교의 6년 과정에 차이가 있었다. 고고학과 지리학을 분반하려는 희망도 있었다. 다른 논쟁은 1학년과 2학년에서 자연 역사를 가르치고, 그리고는 다시 5학년과 6학년의 B분과 학생에게 가르치는 것이 유용한지 관심을 가졌다. 마지막 2년간 B분과 학생에게 화학을 한 시간씩 가르치는 것이 적절한지 관심을 가졌다. 최종 시험의 단순화에 대한 차이도 있었다. 시험에서 정부 공무원의 존재의 여부에도 차이가 있었다.

얼마나 더디게 오든 간에 더 많은 일치가 나타났다. 첫째, 많은 사람은 김나지움의 학생과 고등 직업학교의 1, 2학년 학생에게 정확히 똑같은 교육을

---

14) 고등 직업학교의 최종시험은 17개의 과목에 이른다!

15) 예를 들어, 아티카 저자만 읽어야 하는가? 아니면 신약과 교부와 루키아누스(Lucianus)와 플로티누스(Plotinus)와 토마스 아 켐피스(Thomas à Kempis)와 같은 헬라와 기독교 시대의 저자도 읽어야 하는가? Cf. D. Plooy, "De litteratuur uit de Romeinsche keizertijd op onze gymnasia," *Stemmen des tijds* 2 (May 1913): 716 – 41; *C. R. de Klerk in *Van onzen tijd*, April 1916.

16) 편집자 주: 김나지움이 두 과정으로 나뉘었다. A분과는 대략 오늘날의 인문학과 사회과학에 **해당했다.** 그리고 B분과는 자연 과학, 물리과학, 수학에 해당했다.

받기에 적합하다고 동의했다. 그러나 이 학년 이후에 (14세 혹은 15세에) 학생은 김나지움 혹은 고등 직업학교에 가야 할지 반드시 선택해야 한다. 둘째, (시수를 줄이고 저자의 수를 제한하면서) 고전어를 가르치는 문제의 단순화에 많은 동의도 있었고, 수학과 자연 과학을 가르치는 시간을 연장하는 데에도 동의가 있었다. [259] 셋째, 6학년까지 다양한 분과로 학생을 구분하는 일을 연장하는 것에 대해, 그리고 B분과 학생에게 고대 언어를 취소하고 A분과 학생에게는 자연 과학을 취소하는 것에 대한 적법성에도 일부 동의가 있다. 이런 생각은 아른헴의 공립 김나지움의 교장인 B. I. 호이카스(Hooykaas) 박사와 그의 지지자에 의해 따뜻한 신념과 강한 논증으로 지지되었다. 이들은 작년[1917년] 11월 3일에 위트레흐트 교장과 부교장으로 구성된 회의에서 일반적인 동의로 받아들여졌다. 그래서 이제 우리는 공통된 의견[communis opinio]을 말할 수 있다. 더욱이 정부 대변인이 그 회의를 마치면서 말했듯, 이런 방식으로 김나지움과 대학을 연결하는 것은 법을 바꾸지 않고도 간단한 방식으로 일어날 수 있다. 그리고 이제 일반적으로 정부가 이 중요한 문제에 곧 착수할 것을 기대할 수 있다.

이 변화로 김나지움은 많은 유익을 얻었지만, 그 유익은 개혁의 주된 문제는 아니었다. 그 문제는 고전 교육의 본질, 방법, 목표다. 일반적으로 우리나라와 다른 나라에서 오랫동안 지배했던 편파적인 문법 비평 방법론이 고전기를 향한 사랑에 큰 손상을 끼쳤다는 모순을 주저 없이 말할 수 있다. 만일 김나지움 또는 대학에서 일반적으로 저자의 인격과 시대, 내용, 그 저자의 작품에 대한 철학적이고, 미학적이며, 문화적이고, 역사적인 가치를 학생에게 소개하려는 진지한 시도 없이 호메로스, 플라톤, 소포클레스(Sophocles) 등을 읽으며 몇 주나 몇 달을 보낸다면, 그 학생이 고전 고대에 대한 흥미 또는 사랑을 느끼리라는 사실을 기대할 수 없을 것이다. 그때 [그 학생은] 아마도

헤르만 바빙크의 현대 사상 해석

왜 그런지 이유를 완전히 설명할 수 없을 것이다. 그러나 그 학생은 그런 교육의 공허함을 느낀다. 그리고 이후 이 모든 시간이 자기 통찰과 취향의 발달에 얼마나 더 많은 유익할 수 있었는지 깨닫는다. 다행히 그때는 지나갔다. 위에서 언급된 고전 문헌학에서 새로운 발전은 그 기회를 나타낼 뿐만 아니라 확고히 요구하기도 한다. 그 기회와 요구는 대학 강사의 교육, 김나지움을 위한다. 이 점에서 우리는 다른 방향으로 가고 있다.

[260] 고전 고대는 더 이상 우리에게 교육의 이상이 아니다. 고전 고대는 절대 다시는 이상이 될 수 없을 것이다. [타데우시] 지엘린스키([Tadeusz] Zieliński)는 말했다. "고대는 규범일 수 없다. 그러나 고대는 오늘날 문화의 원동력이다."[17] 그러나 그 고대의 위대한 문화적 역사적 가치는 오늘날처럼 잘 인식된 적이 없었다. 우리 문화에 대한 이스라엘의 영향과 헬라와 라틴의 영향은 이전 세기보다 지금 우리에게 더욱더 명백하다. 이런 영향은 우리의 영적 조상에게 있었으며, 또한 계속 간직될 것이다. 따라서 고대에 대한 연구는 사고의 발달에, 우리 학계에서 헬라어와 라틴어를 이해하는 데, 우리 문학에서 인용과 암시를 이해하는 데 형식적이고 실천적인 가치가 있다. 또한 지속적인 가치는 현대 문화의 토대가 고대 시대에 놓여있다는 사실에 있다. 자연을 연구하는 과학에는 더 적은 정도지만 우리의 모든 예술과 학습의 뿌리는 고대의 토양에서 발견된 것이다. 우리의 미적 감각이 오늘날에도 여전히 헬라인이 창조한 모든 미적 형식에서 나타난 표현과 만족을 찾는다는 사실은 놀라울 뿐이다. 헬라인을 배울 때 헬라인은 우리가 여전히 머리와 가슴에서

---

17) [Tadeusz Zieliński,] *Die Antike und wir* (Leipzig: Dieterich, 1905), 66; cf. also A[dolf] Harnack, *Die Notwendigkeit der Erhaltung des alten Gymnasiums* (Berlin: Weidmann, 1905); also printed in A. Harnack, *Aus Wissenschaft und Leben*, 2 vols. (Giessen: Topelmann, 1911), I:67 – 92.

씨름하는 세계와 삶의 모든 문제를 인식했고 상정했다. 한 측면에서 헬라인은 민간 종교 위로 상승했고, 예술과 학습의 독립성을 위해 투쟁했기 때문에 그런 성과를 이룰 수 있었다. 그러나 다른 측면에서 헬라인은 인간의 본질에 속하는 이런 종교적이고 윤리적인 요소에서 예술과 학습을 놓지 않았기 때문에 그런 성과를 이룰 수 있기도 했다. 비참한 현실의 한 가운데에서, 헬라인은 관념과 규범의 세계에서 신앙을 지켰다. 그리고 그 관념론은 오늘날 우리에게도 필수적이다. 그 관념론은 문명의 역사에 의해, 또는 새로운 문학에 의해 대체되거나 보상될 수 없다.[18]

그러나 고전 교육을 유지하는 것은 국가적이고 국제적인 관심에도 관계 있다. 하트만(Hatman) 교수는 한때 우리나라가 고전 고대가 가진 유구한 과거 때문에 고전기 공부에 반드시 전념해야 한다고 말했다. 라틴어를 유지하는 것은 라틴어로 우리의 존경과 명성이 되어온 어떤 것을 항상 유지하기 때문에 국가적인 관심을 갖는다. 확실히 그 주장에는 진리가 있다. 그러나 국제적인 관심은 더욱더 엄중하다. 브라이스(Bryce) 자작은 최근에 이 사실에 관심을 기울였다.[19] [261] 현재 세계 전쟁은 나라가 서로를 멀어지게 한다. 이 나라들은 역사, 종교, 문화에 따르면 서로에게 속한 나라들이다. 그러나 모든 단일성과 협동성은 어쩌면 매우 오랜 기간 동안 영원토록 적개심과 증오심 속에 잠겨 들어갈 것처럼 보인다. 민족주의와 애국주의가 부상함에 따라 독일, 프랑스, 영국은 자기만의 것, 곧 자신의 문화에 몰두하고, 지금까지 공통

---

18) 기독교의 관점에서 본 고전 고대의 평가 역시 참고하라. [August Friedrich Christian] Vilmar, *Über den evangelischen Religionsunterricht in den Gymnasien* (Marburg: Elwert, 1888); [Joseph] Kleutgen, *Über die alten und die neuen Schulen* (Münster: Theissing, 1869).

19) Viscount Bryce, "The Worth of Ancient Literature to the Modern World," *Fortnightly Review* DCIV (new series) (April 1917): 551 – 66.

헤르만 바빙크의 현대 사상 해석

되게 유지한 것은 무엇이든 뒤로 내팽개친다. 이 상황이 현대 문화가 머무를 토대를 유지하고 세울 국제적 관심이 있어야 하는 이유다. 이 중대한 시기에 본질적인 것이 한 가지 있다면, 기독교 국가가 서로 화해하고, 일치협력하며, 종교와 문화에서 그 나라들에게 위임된 보배를 보존하도록 부름받았다는 사실을 마음 깊숙이 새겨야 한다는 사실이다. 이 사실은 또한 종교, 기독교에도 마찬가지다. 최근에 예나의 [루돌프] 오이켄([Rudolf] Eucken) 교수는 지금까지 종교와 예술에서 공통된 토대를 형성해온 성경이 종교와 예술에 의해 상당히 버려져 왔다는 사실을 정확하게 지적했다.[20] 이런 나라들이 성경의 내적 통일성을 가지지 않고, 하나의 공통된 우물에서 이끌어 내지 않는다면, 어떻게 다시 인류를 위한 힘이 되겠는가?

---

20) R[udolf] Eucken, *Die geistesgeschichtliche Bedeutung der Bibel* (Leipzig: Kröner, 1917).

14. 아름다움과 미학에 관해서

Essays on Religion
Science and
Society

14. 아름다움과 미학에 관해서

[262] 오늘날 "미학"이라는 용어는 공통적으로 미의 철학에 사용된다. 이 용어는 1714년에 베를린에서 태어난 알렉산데르 고틀리프 바움가르텐 (Alexander Gottlieb Baumgarten)이 오데르 강변에 있는 프랑크푸르트에서 철학 교수 자리를 받아들였고, 1762년 그곳에서 죽었을 때, 사용되기 시작했다. 바움가르텐은 라이프니츠(Leibniz)의 철학적 개념을 인류의 행복을 위해 더 실용적이고 유용하게 만들려고 했던 크리스티안 볼프(Christiaan Wolff)의 학생이었다. 바움가르텐은 더 높은 지식이 감각으로 얻은 지식을 상정하는 이성을 통해 얻어질 수 있다는 사실에 대한 라이프니츠의 가르침을 완성시키고자 했다. 따라서 바움가르텐은 1750-58년에 프랑크푸르트에서 2권으로 출판된 『정교한 미학』(*Aesthetica acroamatica*)을 [라틴어로] 저술했다. 바움가르텐은 이 작품 제목의 [첫 번째 단어]를 헬라어 형용사에서 따왔다. 이 헬라어 형용사는 "관찰하는, 감각하는"을 뜻한다. 또한 이 헬라어 형용사는

---

* 편집자 주: 본 논문은 원래 다음 출처에서 출판되었다. "Van schoonheid en schoonheidsleer," in *Almanak* of the Free University of Amsterdam Student Body (NDDD), 1914, 262 – 80.

주로 청각, 시각, 후각, 미각, 촉각으로 "감각함으로 인식하고 관찰하는 것"으로 번역된 동사에서도 유도된다. 따라서 이 단어는 바움가르텐이 자기 저작에서 의도했던 사실을 나타내는데 매우 적절했다. 즉, 감각적인 지식에 대한 철학을 밝히는 것이다. 그러나 감각을 통해 얻는 이런 지식은 아름다움을 관찰하는 과정에서와 마찬가지로 이제 절정에 이르렀다. 볼프에 따르면 아름다움을 관찰하는 과정은 관찰된 사물의 조화와 완전한 현상[perfectio phaenomenon]에 지나지 않는 것과 마찬가지이지만 말이다. 감각적 지식의 철학으로서 미학은 당연히 아름다움에 대한 이론을 반드시 이루어야 한다. 아름답게 사고하는 예술에서[ars pulchre cogitandi] 또는 취향을 형성하는 예술[ars formandi gustum]에서 말이다. 그래서 "미학"이라는 명칭은 점차 아름다움에 대한 철학을 위해 사용되었다.

그러나 "미학"이라는 용어가 더 최근에 만들어졌지만, 그 개념은 훨씬 오래된 것으로 보인다. 이 개념은 헬라 철학의 시대까지 거슬러 올라간다. 시인과 사상가의 고전적 나라에서 아름다움의 본질과 법칙을 설명하고자 하는 요구가 곧바로 나타났다. [263] 처음에는 아무도 미와 선 혹은 선과 유용함의 구분을 명확히 알아채지 못했다. 그러나 플라톤(Plato)은 아름다움의 개념뿐만 아니라 희극과 비극, 고상함과 어리석음의 특별한 의미에도 더욱 깊이 파고들어 조사했다. 따라서 플라톤은 미학의 아버지라고 불릴 수 있다. 플라톤은 특히 아름다움에 대해 형이상학적 토대를 마련하고자 했으며, 관념의 세계에서 아름다움을 도출하고자 했다. 비록 우리가 지구에서 수많은 아름다운 사물을 봄에도, 그 자체에서 아름다움을 보지 못한다. 이 사물은 알 수 있는 사물의 세계에서 고유하고 완벽한 존재를 갖는다. 거기에 속한 관념은 데미우르고스에 의해 물질적 세계에 어느 정도 흔적으로 새겨지며, 보이는 것을 통해 빛난다. 따라서 우리는 우리 주변에 있는 자연에서도 아름다움을 본다. 그리고 예술이 본질적으로 자연에 대한 모방으로 존재하기 때문에, 예술 역시 차례로 아름다움을 보여준다. 그러나 예술은 실제로 형상의 형상이며, 흔적의 흔적이며, 따라서 부차적인 가치가 있다. 관념 세계에서 실제로 도덕적 목적이 없는 예술 작품을 위한 자리는 없다.

이런 방식으로 플라톤은 이후 수많은 세대가 수 세기 동안 유익을 얻을 아름다움의 교리에 대한 기본 개념을 제시했다. 플라톤은 형이상학적이고 규범적인 미학을 창안했다. 이제 이 미학은 어떤 점에서 아리스토텔레스(Aristotle)에게 보충되고, 플로티누스(Plotinus)에서 더 폭넓게 인식되었다. 이후에 이 미학은 클레멘트(Clement)와 오리게네스(Origen), 니사의 그레고리우스(Gregory of Nyssa)와 아우구스티누스(Augustine), 위 디오니시우스(Pseudo-Dionysius), 토마스 [아퀴나스](Thomas [Aquinas]), 보나벤투라(Bonaventura)와 같은 교부뿐만 아니라 로마 가톨릭과 개신교 철학자와 신학자에게도 가장 강력한 영향을 미쳤다. 그리고 셸링(Schelling)과 헤겔(Hegel) 등의 관념철학에서 미학은 영적 탁월성을 다시 한번 되찾았다.

이런 다소 교조적 미학에 따르면, 아름다움은 근본적으로 정신처럼 초감각적이다. 미학은 객관적인 존재를 가지고, 독립된 실제로서 혹은 신의 의식에서 혹은 한 관념으로서 보이지 않는 사물의 세계에 속한다. 그러나 가시적 세계는 어느 정도 영적 본질의 일부이며, 가시적 세계가 그 자체로 보이거나 다양한 피조물에서 조화, 비율, 질서, 통일성 속의 다양성, 다양성 속의 통일성을 나타내는 한 자신을 드러낸다. 그래서 아름다움은 가장 먼저 그 내용과 그 관념에 놓인다. 그러나 조화는 그 외관을 규정한다. 세계의 다양한 형태로 세계가 무한자를 유한한 표현으로 보여주는 세계의 어디서든지 아름다움은 절대적 관념이다.

[264] 자연의 외관이 자연의 관념과 절대 완전히 일치하지 않기 때문에,

헤르만 바빙크의 현대 사상 해석

일반적으로 예술을 고려할 때 두 방향으로 갈 수 있다. 모든 예술은 반드시 자연의 모방이어야 하고, 우리는 예술에서 자연 속에 있는 아름다움의 더 약한 반영을 본다는 플라톤의 관점에 의존한다면, 예술은 자연스럽게 가장 낮은 등급까지 후퇴하며, 종속적인 가치만을 가질 뿐이다. 그러나 플라톤의 입장과 대조적으로 같은 원리에서 출발할 수 있고, 예술에 대한 더 고상한 소명과 의미를 할당할 수 있다. 만일 유물론이 가진 강점에 따라 자연이 자연의 관념에 대한 부적절한 반영일 뿐이라면, 자연의 아름다움에서 이 미완성됨을 극복하려는 목적을 예술에 할당할 수 있다. 관념에 일치된 형식의 절대적 완전성을 통해 물질을 완전히 파괴하는 것처럼 함으로서 이 극복은 이루어진다. 그러면 셸링이 초기에 그랬듯이 예술은 심지어 종교와 철학보다 가장 높은 입장을 취한다. 왜냐하면 예술은 절대자의 완전한 계시이며, 결국 신적 관념의 완벽한 표현이며, 실제와 관념 사이의 반립에 대한 완전한 화해이기 때문이다.

마침내 형이상학적 미학의 독특성은 아름다움이 특별한 방식에서 인간 감정에 영향을 미친다는 표현으로 나타난다. 왜냐하면 아름다움이 진리와 선함과 관계가 있고, 절대적 관념에서 진리와 선함과 함께하기 때문이다. 그래서 아름다움은 진리와 선함에 반대되는 어떤 감각도 일으킬 수 없다. 플라톤에 따르면 예술은 심지어 도덕적 목적에 반드시 도움이 되어야 한다. 그리고 이후 철학에서 진리와 선함과 아름다움은 종종 분리될 수 없는 삼원체(triad)로 결합되었다. 그러나 아름다움은 여전히 선함과 진리로부터 구분될 수 있다. 심지어 아름다움은 인간 존재에게서 특정한 감정과 분위기를 떠오르게 한다. 아름다움은 우리 감정을 순수하게 하며, 우리 삶에서 반대자를 화해시키고, 영혼에 조화를 가져다주며, 평화와 안식을 준다.

새로운 시대에 강력한 반작용이 미학에서 (미학이 사실상 모든 학계에 반한다는) 이런 "교조주의"에 반해서 일어났다. 이런 반작용은 경험주의적 철학의 영향 아래에서 샤프츠베리(Shaftesbury)가 미학적 감상을 심리학적으로 설명하려 했던 영국에서 시작되었다. 흄(Hume), 버크(Burke), 에라스무스(Erasmus), 다윈(Darwin)과 같은 다른 학자들은 사물의 감각적 특성으로서 아름다움을 감각적으로 설명하려 했다. 그래서 이 감각적 아름다움은 인간 영혼에 영향을 미치며, 신경을 완화하고, 사회적으로 사랑과 성적 욕망을 일으킨다는 점에서 가장 중요하다.

[265] 이제 칸트(Kant)의 철학이 나타났다. 과학, 종교, 도덕과 마찬가지로 칸트는 교조주의와 경험주의 사이에서 중도를 찾고자 했다. 칸트는 아름다움이 유용함과 기쁨과는 다른 어떤 것이며, 단지 취향에 대한 문제 이상이라는 사실을 매우 명백히 보았다. 칸트에 따르면, 관찰과 감상은 선험적인 종합적 판단, 미적 판단력[Urtheilskraft]에 근거한다. 이 미적 판단력은 (바움[Baum]이 생각했듯) 감각적 지식에서 오는 것과 (칸트 시대의 공리주의에 따라) 감각적 욕망에서 오는 것과 다른 욕망과 혐오 사이의 선천적인 감각이다. 이 감각 때문에 우리는 한 사물을 미학적으로 평가하고 감상할 수 있으며, 대상의 내용과 질료, 대상의 유용성과 목적을 완전히 버리는 방식으로 사물을 관찰할 수 있으며, 완전히 무관심한 상태로 남아 있으면서 사물의 형상을 위해 사물 자체를 온전히 바라볼 수 있다. 실러(Schiller)는 이렇게 썼다. "일반적으로 별을 욕망하지 않지만 별의 아름다움 속에서 기뻐한다." 그러나 칸트는 아름다움을 모든 내용에서 분리했다는 점에서 잘못을 저질렀다. 칸트는 형식으로서 아름다움만을 보았다. 그리고 칸트는 또한 주체의 선천적인 감각과 완전히 분리된 아름다움을 설명하고자 했다. 칸트에게 아름다움은 객관적 실체에 토대를 두지 않는다. 그러나 칸트에게 아름다움은 실제로 인간 정신의 조직으로부터 필연적으로 나타나는 사랑스러운 환상에 지나지 않는다.

헤르만 바빙크의 현대 사상 해석

미학에서의 방법론의 변화에 대한 세 번째 이유는 19세기 학계가 관념철학에 대한 환멸 이후에 움직이기 시작한 경험적이고 실증적인 유행이다. 점차 확신은 아름다움의 철학에서 어떤 종류의 선험적인 교조로부터 더 이상 나아갈 수 없다는 데서 나타났다. 또한 아름다움의 본질을 사색적으로 이해하려 하지 않고, 오히려 여기서 인도자로서 경험적 지식을 반드시 사용해야 하거나, 최소한 미적 현상 혹은 사실에 대한 연구에서 반드시 시작해야 한다는 데서 나타났다. 어쩌면 아름다움의 본질이 무엇인지 절대 알 수 없을 것이다. 따라서 우리가 아름다움을 느낄 때 우리 내면에서 무엇이 일어나는지 확인해 보자. 또한 한 사람 안에서 그리고 인류 안에서 이 미적 감정이 어떻게 시작되고 발전해 왔는지 가능한 한 많이 탐색해 보자. 이 새로운 통로로 미학을 이끈 첫 번째 학자는 라이프치히의 철학 교수인 구스타프 테어도어 페히너(Gustav Theodore Fechner)였다. 짧은 저서인 『경험적 미학에 대해』(*Zur experimentellen Aesthetik*, 1871)와 이후에 2권으로 된 『미학 입문』(*Vorschule der Aesthetik*, 1876)에서, 페히너는 위로부터의 미학을 아래로부터의 미학으로 대체할 필요성을 보였다. [266] 페히너 자신은 많은 사람을 가장 기쁘게 하는 선과 윤곽을 확립하는 것에 대해 수많은 사람에게 질문을 던짐으로 이 책을 시작했다. 그래서 경험은 더 최근의 미학의 토대가 되었고, 미적 현상을 지배하는 법칙을 찾는 것이 미학의 목적이 되었다.

물론 미학 자체에서 이 경험적이고 실험적인 방식은 거부할 수 없다. 일반적인 철학에서와 마찬가지로 미학은 미학의 영역에 있는 객관적인 자료, 사실, 현상을 무시할 수 없다. 철학자는 현실에 눈을 감을 수 없고, 자기 뇌에서 벗어나 세계를 만들 수 없으며, 미학자는 반드시 자연과 예술의 작품에서 자신의 취향, 판단, 지식을 형성하고 완전하게 해야 한다. 모든 학문과 마찬가지로 미의 이론에서도 관찰과 사고, 귀납법과 연역법은 함께 해야 한다. 사실 위대한 철학자는 항상 이런 방법론을 결합했다. 만일 고대의 플라톤과 최근의 셸링과 헤겔과 같은 인물이 항상 경험적 방식을 무시하고 임의적인 추론을 할 뿐이라고 비판받는다면, 이 생각은 반드시 매우 편파적일 것이다. 이런 인물의 작품은 그 반대를 증명한다. 오히려 바꿔서 생각해 보면 경험적이고 실험적인 방법론의 지지자는 항상 자기 관찰이 이성을 동반하고, 이성에 이끌어진다는 점을 입증한다.

그러나 미학이 경험주의의 방향으로 전환하자마자, 미학은 자신 앞에 펼쳐진 끝없는 조사의 영역을 보게 될 것이다. 미학의 눈이 가는 곳은 어디든 아름다운 어떤 것을 감상하고 혹은 아름다운 어떤 것을 만드는 사람들이 있다. 미학에서 학자들은 이 모든 것을 조사할 수 있다. 미학자들은 페히너에 의해 처음으로 적용된 경험적 방법론을 개선하고 확장하려고 할 수 있다. 예를 들어 미학자들은 상당한 수의 사람들에게 최상의 기쁨을 주는 선, 윤곽, 색, 모양, 음성과 어조의 변화를 찾아내려고 할 수 있다. 또한 미학자들은 아름다운 어떤 것을 보고 감상할 때 자기 안에서 일어나는 일을 발견하기 위해 이런 사람들에게 주관적으로 파고들 수도 있다. 무엇이 객체에게 속하고, 무엇이 주체에게 속하는지 파고들 수도 있다. 미학적이고 비미학적인 요소가 작동하는 것은 무엇이며, 아름다움에서 오는 기쁨이 얼굴의 표현, 몸짓, 심장 박동의 증가에 어떤 영향을 미치는지도 파고들 수 있다. 미학이 이런 영역에 들어갔을 때 모든 종류의 복잡한 과정을 만나고, 한 출발점을 만들지만, 그런 작업의 끝을 볼 수 없으리라는 사실을 모든 사람이 알고 있다. [267] 예를 들어 어떤 사람을 기쁘게 하는 그림을 만들 수 있는 모든 다양한 환경과 고려 사항을 생각해 보라. 여기서 미학적 요소가 어떤 역할을 하고 있을 뿐만 아니라, 종종 미학과는 관계없는 다른 요소도 그 정도로 많다는 사실도 확실하다. 이런 요소는 예술가에 대한 관계, 종종 예술에서의 스타일을 결정하

혜르만 바빙크의 현대 사상 해석

는 유행, 예술 작품에 지불하는 높은 가격, 판매자와 소유자로서 받을 대중의 추종에 대한 생각도 포함한다.

이 모든 요소는 실험이 우리 환경에서 우리 혹은 다른 사람에 의해 수행될 수 있다는 사실과 마찬가지로 방법론만 다룬다. 그리고 이제 모든 종류의 질문과 문제가 전면에 등장한다. 일반적으로 아름다움에 대한 관찰을 (내적 관찰을 통해) 반드시 주관적으로 혹은 더 객관적으로 접근해야 하는가? 더 심리학적으로 혹은 더 생리학적으로 해야 하는가? 이런 실험적 방법론이 저등한 미적 인상에서만 사용될 수 있는가? 혹은 이런 요소가 미적 감상에 대한 더 높고 복잡한 현상으로 확장될 수 있는가? 일반적으로 이런 방식으로 아름다움의 특정한 성격을 결정하는데 이르고자 할 수 있는가? 한마디로, 경험적 심리학과 함께 일어나는 모든 질문은 여기서 반복된다. 일반적으로 미학에서도 나타나는 것으로 발견되는 모든 경향도 경험적 심리학에 나타난다.

그렇다 하더라도 우리는 경험적 미학이 갈 수 있는 비교적 작은 영역만 지적했다. 조사의 영역은 훨씬 더 넓어지고 심지어 끝이 없다. 만일 미학이 인류의 역사가 드러낸 객관적인 미적 현상을 설명하려 한다면, 그리고 [만일 미학이] 이성, 발전, 법칙을 발견하고자 한다면 말이다.

첫째, 학자들은 인간에게 내재적인 아름다움의 감각에 대해 조사하는 것을 시작할 수 있다. 학자들이 어떤 방식에서, 어떤 요소에서, 어떤 영향에서 이 감각이 일어나는가를 깨닫기 위해 시도할 수 있다. 어떻게 이 감각이 다양한 사람에게 시간이 지남에 따라 발달하는지, 만일 잡다하고 무한한 다양성 사이에 통일성이 있다면 이 통일성이 무엇인지 알고자 할 수 있다. 둘째, 학자들은 이 아름다움을 만들고 어떤 고유성이 자신을 다른 사람에게서 분리하는지, 그들이 온 어떤 환경에서 분리되는지, 얼마나 그들이 자신을 발전했으며, 그들의 특별한 재능은 무엇이며, 이 재능에서 얻을 수 있는 방향은 무엇인지 결정하는 예술가에 관심을 기울일 수도 있다. 셋째, 학자들은 수많은 세대에 걸쳐 다양한 사람에게서 만들어진 예술 작품을 조사할 수 있다. 또한 모든 인류에게 나타난 예술작품의 기원, 발전, 영향, 유사성, 다양성과 같은 요소를 조사할 수도 있다.

[268] 심지어 이런 방향으로 더 나아가지 않고도, 이런 세 영역에서 각자 안에 있는 미학에 대한 조사는 무한히 확장될 수 있으며, 가장 사소한 세부 요소까지도 갈 수 있다는 사실이 모두에게 명백하다. 이 모든 조사에서 미학은 가장 다양한 방법론을 사용할 수 있고, 가장 다양한 설명에서 의지할 점을 찾을 수도 있다는 사실만 더해질 필요가 있다.

학자는 아름다움에 대한 인류의 의미를, 예술가의 창의적 열망을, 고유한 세계관에 따른 예술 작품의 가치를 이해할 것이다. 학자는 심리학적 혹은 물리학적, 민족학적 혹은 문화 역사적, 생물학적 혹은 진화적, 기후학적 혹은 사회적 요소를 설명할 것이다. 여기서도 학자들이 존재하는 한 거의 무한한 방향이 존재한다.

경험적 미학이 존재할 권리가 있고, 결정적으로 이 권리를 충격적인 결과로 증명해왔다는 사실은 의심할 여지가 없다. 예술가와 예술작품이 자신의 시공간의 문맥에 놓일 때, 사람들과 사회적 환경에 놓일 때 얼마나 큰 도움을 줄 수 있는가! 그리고 이 권리는 조사를 통해 증명되어 왔다! 특히 소위 원시인의 예술에 대한 조사에서 말이다. 이 조사는 문화의 요소, 즉 미적 문화 역시 모든 인류에게 동등함을 드러낸다. 이 조사는 가장 순진한 사람들의 예술이 예술의 가장 높은 창조물로서 같은 법칙에 따라 본질적으로 형성된다는 사실을 드러낸다.

그러나 이 사실은 경험적 미학이 의심할 바 없이 편파적이며, 의도하고자

한 바를 이룰 수 없다는 사실을 없애지 않는다.[1]

이 결핍은 즉시 자연의 아름다움이 마땅한 관심을 받지 않을 때 명백해진다. 왜냐하면 여기에 자연의 아름다움은 심리학적인 혹은 물리학적인 혹은 문화적이고 역사적인 조사를 하는데 가능하지 않기 때문이다. 여전히 자연의 아름다움은 그곳에 존재한다. 그리고 자연의 아름다움은 놀라운 다양성을 우리 눈앞에 넓히고 있다. 이 사실이 주목받아 평가되지 않던 모든 시기가 역사에 있다. 그러나 문화가 많은 사람을 (특히 도시 주민을) 동요와 불안에 싫증을 느끼게 했을 때, 자연의 아름다움에 대한 갈망이 되돌아오고, 도시에서 시골에 이르기까지 귀향이 나타나는 것을 본다. 예술이 항상 자연을 따른다는 이론은 반만 맞는 말이다. 심지어 일반적으로 모방이 복사하는 것이나 흉내 내는 것이 아니라는 사실과 자연을 반드시 폭넓게 이해해야 한다는 사실을 기억할 때조차 그렇다. 왜냐하면 그런 예술가에게 독창성은 외부에서 관찰한 것으로서 그 예술가의 작품에 중요한 역할을 하기 때문이다. 따라서 자연의 아름다움은 예술의 아름다움 배후에 부차적인 위치에 놓이지 않을 것이다. [269] 두 가지 모두 고유한 방식으로, 참된 아름다움에 대한 계시다. 이 계시는 감각적이지 않고 영적이다. 플라톤에 따르면 [이 계시는] 관념 세계에서 발견된다. 그리고 성경에 따르면 [이 계시는] 하나님의 광채에서 발견되며, 하나님의 손이 하는 모든 행위에서 나타났다. 이런 영적 아름다움을 인정하는 것은 심지어 초감각적 실제에서 아름다움을 유지하기 위한, 또한 자연과 예술적 아름다움 모두가 아름다움에 대한 독립적인 계시라는 진리를 정당화하기 위한 전제조건이다.

---

[1] 편집자 주: 이 문단은 공식적으로 바빙크가 쓴 것 중 가장 짧은 문단이다.

더욱이 경험적 미학은 아름다움에 대한 인간의 감각을 찾는데 적절하지 않다. 결국 인간은 종교적이고 윤리적으로, 지적이고 실천적일 뿐만 아니라 미학적으로도 자기를 둘러싼 세계에 영향을 받는다는 사실은 확실하다. 그러나 이 현상에 대해 더 생각할수록 이 현상은 더 이상하고 신비로워진다. 미적 정서의 본질은 무엇이며, 미적 정서의 근원은 무엇인가? 미적 정서는 더 낮은 혹은 더 높은 인식의 기능인가? 미적 정서는 관찰 혹은 감각의 기능인가? 이 감정은 혹은 우리가 뭐라고 부르든지 선천적인가? 아니면 이 감정은 존재를 위한 투쟁에서 선택 혹은 유전을 통해 점차 발전한 것인가? 이 문제에 대한 모든 종류의 이론이 미학의 역사에서 제안되었다. 그러나 여전히 모든 경험적이고 실험적인 조사에도 불구하고 뚜렷한 일치가 없다. 학자들은 모방과 미적 외관에 대해, 자각된 자기 기만(환상)에 대해, 무관심한 쾌락 등에 대해 말한다. 최근에 한 설명은 다른 사람에 의해 준비되었고 뮌헨의 [테어도르] 립스([Theodor] Lipps) 교수가 공감[Einfühling]이라고 말한 개념이 특히 발전했다는 사실이 유명해졌다. 일반적으로 이 사실은 자기 관찰, 감정, 분위기, 자기 영혼의 상태를 그들 외부의 사물 탓으로 돌리고 변하도록 하는 대중의 습관을 나타낸다. 우리는 우리가 내적 생활의 표현 혹은 상징을 보는 것 속에서 아름다움을 고찰한다. 그래서 우리는 한 사람이 관찰된 대상인 것처럼 느낀다.

그런 공감은 확실히 존재하며 심지어 시시각각 우리에게 적용된다. 왜냐하면 우리가 우리 영혼의 유비에 따르지 않고는 어떤 방식으로든 타인, 동물, 식물, 외부 세계 전체를 이해하지 못하기 때문이다. 이미 아동은 자기 인형을 가지고 놀 때 그런 방식을 시작한다. 그리고 성인은 자연을 자기처럼 만들고, 자기감정에 기초해 자연에서 목소리를 유도할 때, 같은 방식을 쓴다. 그러나 이런 공감은 미적 영역에만 제한되지 않고, 모든 장소와 심지어 정확한 과학에도 작동한다. [270] 그리고 이제 질문은 특정하게 바뀐다. "어떻게 미적 공감이 다른 감정과 다른가?" 그러나 이제 아름다움에 대한 인간의 감정에 대해 일깨워진 다른 모든 문제가 한 번에 돌아온다. 우리 외부에 있는 사물 전체에 대한 이런 미적 의인화는 어디서 오는가? 이런 의인화는 선천적인가 혹은 후천적인가, 심리학적인가 혹은 물리학적인가, 의식의 작동인가 감각의 작동인가? 이런 의인화하는 영감의 주체는 객체와 완전히 독립되어 있는가 아니면 객체에도 도움을 주는가? 그리고 이 공감은 인간의 미적 반응을 유도하기 위해 특정한 조건을 반드시 만족해야 하는가? 이 모든 질문에 매우 다양한 방식으로 답할 수 있다. 그리고 일반적으로 여러 가지를 더할 수 있다. 종교, 도덕, 문화 등의 근원에 대한 조사와 마찬가지로 이 모든 질문은 아름다움을 느끼는 감각에 대한 결론으로 이끈다. 그것은 우리가 인간 본성의 일부라는 현상을 다루었던 아름다움에 대한 감각이다. 그것은 특정한 조건을 성취하는 사물 안에서 기쁨을 찾고 감상하는 영혼이 가지고 있는 경향성과 수용성이다.

경험적 미학도 예술가의 창조적 재능을 조사할 때 같은 결론에 이른다. 심리학적, 물리학적, 역사적, 사회적인 조건에 대한 지식은 큰 도움이 될 수 있다. 근원, 성향, 발달, 예술가의 세계를 공부할 때 예술가의 인격과 성격뿐만 아니라, 일반적으로 예술도 더 잘 이해할 수 있고 평가할 수 있다. 그리고 이런 심리학적이고 역사학적 조사를 통해, 일반적으로 헤매게 만드는 예술가와 예술에 대한 모든 종류의 어리석은 이론도 치료할 수 있다. 그래서 역사에서 "예술을 위한 예술"이라는 표어는 사실상 근거할 토대가 없다. 예술가 안에서 창의적인 재능과 창의적인 열정은 본질적임에도, 이러한 요소는 모든 종류의 방식과 수단만으로 예술이 고통받지 않고 작동할 수 있다. 예를 들어 재정을 통해서 말이다. 천재 스스로는 영감을 받는 환경조차 모른다.

그러나 비록 우리가 결국 철저한 조사로 밝혀진 예술가의 환경에 대한 모든 것을 알지라도, 결국 우리는 마침내 신비, 인격의 비밀, 천재의 불가해성에 직면한다. 최근에 많은 작업과 노력이 인격과 천재에 대한 연구에 쓰인 것은 사실이다. 이 사실은 어떻게 자연이 과거에 천재를 만들어왔는가를 알게 된다면, 자연은 초인[Übermenschen]을 인공적으로 상당한 수로 생산하려는 인간의 통찰력으로 인도할 수 있다는 소망에서 부분적으로 이루어졌다. [271] 천재의 근원과 본질을 설명하기 위해 학자들은 유전뿐만 아니라 신경쇠약과 병리학도 탐구했다. 비록 일반적으로 이 모든 조사를 전혀 과소평가하지 않을지라도, 결국 고대인이 고백했던 사실 이상으로 많은 것을 말할 수 없다. 예술은 재능이다. 시인은 만들어지지 않고 태어난다. 예술가는 하나님의 은혜로 예술가가 된다. [오비디우스(Ovid)가 말했듯이,] "우리 안에 신이 있다. 그 신에 힘입어 우리는 빛난다[Est deus in nobis, agitante calescimus illo]." 천재가 되는 것은 노력과 노동을 배제하지 않고, 천재는 (에디슨[Edison]의 과장된 표현에 따르면) 오직 10분의 1의 영감과 10분의 9의 노력으로 이루어진다는 사실은 참될 것이다. 또한 우리는 천재가 완전히 특별한 은사에서 나타나지 않으며, 모든 사람 안에서 발견되는 일반적인 재능의 특별한 강화로 나타난다는 점을 인정할 수 있다. 그럼에도 우리는 여전히 자연의 어떤 법칙으로도 설명되지 않고, 신적이며 창조하는 전능자를 가리키는 근본적인 능력에 직면한다.

결국 경험적 미학은 근원, 발전, 역사에서 예술 작품을 연구함으로 미학의 목적에 도달하지 않는다. 일반적으로 여기서 선사시대의, 민족적, 비교적, 사회적, 문화 역사적인 조사가 적절한 도움을 줄 수 있다고 논할 필요도 없다. 어떤 예술 작품도, 예술가도 하늘에서 떨어지지 않는다. 오히려 이들은 인간과 국가와 시대의 문화에 긴밀하게 연결되어 있다. 이들은 그들이 주고자

헤르만 바빙크의 현대 사상 해석

하는 목적에 의해 결정된다. 즉, 형성된 재료, 기원하는 환경, 만들어진 기술의 척도에 의해 결정된다. 이 모든 요소를 아무것도 모르는 사람은 누구든지 그 가치에 따라 작품을 판단할 수 없거나, 그 작품을 평가하고 감상할 수 없을 것이다. 심지어 역사는 예술에 대한 열망이 가장 먼저 모든 종류의 실천적, 종교적, 사회적, 정치적 관심에 관계가 있어야 하고, 오직 예술에 대한 열망이 점차 독립되어야 하는 다른 관심에서 해방되어야 한다는 사실을 가르친다.

그러나 이 모든 조사는 예술의 기원과 본질과 예술 작품에 걸린 휘장을 걷을 수 없었다. 이는 오늘날 많은 다양한 개념이 있는 것과 마찬가지로, 더 이른 시기에도 그런 개념이 있었다는 사실에서 보였다. 일반적으로 연극에서 예술을 설명하며, 성적 욕망에서 또 다른 예술을 설명하고, 박자에서 또 다른 예술을 설명하며, 동물에게서도 일어나는 감정과 행위에서 또 다른 예술을 설명한다. 그러나 더욱더 확신은 근거를 얻는다. 그 근거는 종교와 마찬가지로 예술에서 우리가 다른 성향 혹은 행동으로 설명할 수 없는 근본적인 인간의 충동과 열망을 반드시 받아들여야 한다는 것이다. 어떤 사람은 각 예술이 독립적인 근원을 가지고 있고, 원형이 절대 존재하지 않았다는 사실을 제안하기까지 한다. 그래서 모든 정확한 연구에도 불구하고, 여기에 남은 것은 예술의 본질에 대한 존재 가능한 상당한 양의 차이점이 남아 있다.

[272] 역사는 특히 두 개념을 계시한다. 그 두 개념은 서로 번갈아 나타났고, 서로 균형을 맞춰왔다. 그 두 개념은 바로 고전적인 개념과 낭만적인 개념이다. 그러나 이 두 관점이 우위성을 상실했을 때부터 이제 예술에서 한 상황이 드러났다. 그 상황은 베를란트(Berland) 의원이 최근에 "무정부 상태"라고 불렀던 상황이다. 이 상황은 일반적으로 종교와 철학, 법학과 도덕에서 찾을 수 있는 것과 똑같은 상황이다. 이 학자에 따르면 (일반적인 예술을 뜻하는)

위대한 예술은 지배적인 세계관의 부재로 오늘날 불가능하다. 프랑스 혁명과 완전한 영적 혼란으로 이끈 사상의 주체화는 건축에서 절충적 방향을 일으켰다. 암스테르담의 담 광장에서 기차역까지 이르는 길을 걷는 일은 그 절충주의에 대해 생각이 깊은 관찰자를 필연적으로 확신시킬 것이다. 그리고 한 사람은 이제 현재의 다양한 유행을 생각할 때, 예술에서의 **무정부주의적** 상황의 특징이 너무 극단적이라는 특징을 깨닫지 못할 것이다. 현실주의와 자연주의는 상징주의와 신비주의로 대체되어 왔다. 그리고 차례로 입체주의와 미래주의로 옮겨갈 것이다. 미래주의자는 새롭고 더 나은 미래에 대한 선지자로서 나타날 것이다. 이 선지자는 침묵과 수면의 예술 이후 운동, 속도, 아우성, 소음의 예술이 나타날 것을 알릴 것이다. 그러나 선지자의 말은 매우 작은 집단에서만 받아들여질 것이다. 그리고 [헨드릭 페트루스] 베를라허([Hendrick Petrus] Berlage)의 기대에 따라 새롭고 위대한 예술이 민주적 개념에서 태어날 것인지 아닌지는 의심스럽다.

따라서 미적 현상의 세계에서의 모든 여행 이후, 미학은 아름다움의 본질에 대한 처음의 고찰에서 이미 제안했던 고대에 존재한 원리를 갖춘 문제로 되돌아갈 것을 강요받는다. 나는 한 번 더 말하고자 한다. 미학은 어떤 학문보다 확고한 경험적 토대 없이 이루어질 수 있다. 심리학적이고 역사적인 연구는 아름다움의 본질, 예술가의 재능, 예술작품의 정확한 이해를 위해 필수적이다. 아래로부터의 미학은 위로부터의 미학에 반드시 선행해야 한다.

그러나 위로부터의 미학은 계속 존재할 권리를 유지해왔다. 경험적 미학의 아버지인 페히너는 심지어 위로부터의 미학을 위한 자리를 남겨뒀다. 수많은 미학자가 이 시대에 페히너의 모범을 따른다. [273] 비록 철학과 형이상학이 잠시 상당한 수치를 겪었지만, 경험적 연구의 불만족스러운 결과는 결국 미학을 감각적인 영역에서 초감각적인 영역으로 가도록 요구했다. 또한 그 결과는 거기서 인간 정신에서 나타나는 사물의 근원, 본질, 목적에 대한 문제의 해결책을 발견하도록 요구했다. 또한 아름다움이 무엇인지, 왜 어떤 사물이 우리를 미학적으로 영향을 미치는지, 미학적 평가의 토대가 무엇인지 알고자 한다면, 미학은 즉시 경험적인 영역을 초월해 나타난다. 경험적 미학이 최근 이 세 가지 질문을 조사했을 때, 이 미학은 (위에서 언급한 대로) 결국 미학의 조사의 끝에서 인간과 인간의 환경 사이에 있는 미적 관계에 항상 신비한 현상이 나타난다는 부정적 결론에 도달했다. 이 경우가 사실인 한, 인간 정신은 안식할 수 없다. 인간을 실증주의의 우울한 확신과 사물의 본질을 알 수 없다는 불가지론에 제한할 수 없다. 오히려 인간은 세대를 통해 자신을 난처하게 했던 질문에 대한 답을 찾고자 분투한다. 그리고 오직 이런 방식에서 미학은 연구에서 참되고 철학적 영역이 된다. 왜냐하면 연구는 질문에만 만족할 수 없고 왜라는 질문에 대한 답을 찾기 때문이다. [베르길리우스(Virgil)가 그랬듯] 연구는 "사물의 원인을 알기[rerum dignoscere causas]" 원한다.[2]

우리의 환경에 대한 인간의 미적 관계는 유일한 관계도 최초의 관계도 아니다. 이 미적 관계는 지적인 관계 또는 일반적인 의식의 관계에 선행한다. 우리는 태어날 때부터 우리가 자신뿐만 아니라 외부 세계에서도 인상을 받고, 이런 인상을 개념으로 바꿀 수 있는 성향을 가지고 있다. 우리는 외부의 세계를 우리의 의식으로 흡수할 수 있고, 이로써 우리 정신을 풍부하게 할 수 있는 놀라운 능력을 갖고 있다. 게다가 이와 관련해 동시에 우리는 우리의 의지를 통해 세계에 침투할 수 있고, 우리의 개념에 따라 세계를 형성하고, 우리의 자유롭게 선택하는 목적에 세계가 도움이 되도록 만들 수 있는 능력도 받

---

2) 편집자 주: 이 인용문은 바빙크가 아니라 베르길리우스의 것이다. Virgil, *Georgics* 2.490. 이문은 이렇게 읽는 다. "사물의 원인을 이해하기[rerum cognoscere causas]."

왔다. 실천적 관계는 처음부터 지적 관계와 짝을 이룬다. 두 관계는 인간이 활동하는 영역에 따라 무수히 다양할 수 있다. 이 두 관계는 종교, 도덕, 가정과 사회, 농업, 산업, 상업에서 바뀐다. 그러나 인류와 우리 환경 사이의 이런 근본적인 두 관계는 항상 되돌아간다. 의식적이고, 사고하고, 아는 존재로써, 우리는 세계를 우리에게 끌어당겨 영적으로 흡수한다. 그리고 분투하고, 노력하는 존재로서, 우리는 세계에 도달하고 세계에 영향을 미친다.

그러나 이런 관계에 더해 세 번째 관계가 나타난다. 그 세 번째 관계는 미적 관계다. 어떤 사람은 미적 관계가 고유한 계층을 가지고 있다는 사실을 거부하고, 이 미적 관계를 다른 두 관계 중 하나로 환원하려고 한다. [274] 18세기의 합리주의는 아름다움에 대한 감각을 더 낮고 감각적인 인식의 특성과 작동으로만 생각했다. 아름다움의 의식을 완전히 무관한 쾌락으로 간주했던 자들에게 반대해, 장 마리 귀요([Jean-Marie] Guyau)는 아름다움이 실제로 욕망과 의지의 문제이며, 실천적 관심을 나타낸다고 주장한다. 귀요의 판단에 따르면, 아름다움은 유쾌하고 유용한 것으로부터 본질적으로 구별될 수 없다. 또한 예술가의 창조물은 다른 실천적인 노동으로부터 본질적으로 구별될 수 없다.

여기서 또다시 우리는 세계에서 그 자체로 존재하는 것은 아무것도 없다는 진리를 발견한다. 모든 것은 서로 관계가 있다. 인간 존재 자체에서 서로와 분리되어 작동하는 두 능력 혹은 세 능력은 없다. 우리가 산출하는 행위는 공통적으로 이 능력을 가지고 있다. 우리의 행위는 우리 능력의 계시이며 그 정도까지가 모두 다 "예술"이다. 그럼에도 한 측면에서 과학과 예술 사이에, 다른 측면에서 예술과 기술 (그리고 모든 실천적 노동) 사이에 틀릴 여지가 없는 구분이 있다. 학자는 예술을 감상하거나 산출하는 인격에서 완전히 다른 어떤 것에 관심을 가진다. 학자들은 다른 길로 가기도 하고, 다른 수단을 쓰기도 하고, 다른 목표를 세우기도 한다. 학자는 세계를 알고, 이해하고, 판단하고자 한다. 미적인 감각이 있는 사람은 아름다움을 향유하고자 하며 아름다움에 몰두한다.

같은 방식으로 예술과 기술은 구별될 수 있다. 예술과 기술에 긴밀한 관계가 있다. 이제 공예의 발달은 우리 시대의 시급한 요구였던 오늘날보다 예전 시대에 더 시급했다. 그러나 둘 사이의 차이는 기술에 의해 사라지지 않았다. 기술, 심지어 공예에서 그 목적은 항상 생산품의 외부에 존재했다. 이 생산품은 어떤 이유에서든 실천적이고 유용해야 했다. 그러나 예술의 실제 작품은 스스로 무엇에 쓰일지 증명할 필요 없이, 그 자체로 목적이 있다. 과학과 기술이라는 한 측면과 예술이라는 다른 측면 사이에 큰 차이가 있다. 오늘날 과학과 기술로 향유되는 놀라운 발전은 예술을 조금도 손상시킬 수 없을 것이라고 자주 말하곤 한다.

과학, 기술, 예술의 연결과 차이는 다소 다른 방식에서 진, 선, 미가 하나일 뿐만 아니라 세 개라는 관념으로 표현되었다. 헬라인은 선과 아름다움이라는 이중성만 말했다. 그리고 헬라인은 이 두 개념을 한 개념으로 찍어냈다. 헬라인은 지혜를 추구했지만 진리를 가지지 않았다. 그러나 기독교는 진리의 내용과 가치를 알렸다. 기독교는 인간의 마음속에서 죽음보다 더 강한 진리에 대한 사랑을 일깨웠다. [275] 아우구스티누스가 "우리는 진리를 찾아내고자 하는 사랑에 사로잡혀있다[rapimur amore indagandae veritatis]"고 말했을 때, 이 사랑에 대해 표현했다. 그리고 아우구스티누스는 이 진리를 발견했다. 그 진리는 영원하고 절대적인 진리다. 그 진리는 동시에 최고선[summum bonum]이며, 최고의 아름다움[summum pulchrum]인 한 분 오직 하나님에게 있다. 그래서 기독교 신학에서 하나님은 최고의 진리이자, 최고선이자, 최고의 아름다움으로 자주 표현되었다. 그러나 이 마지막 표현이 아우구스티누스에게서 이미 신플라톤주의적 영향에 간섭받은 이래, 많은 학자들, 특히 개신교 신학자들은 이 표현을 위엄과 영광이라는 더 성경적인 개념으로 바꿨다. 그러나 모든 진선미는 하나님 안에서 근본적으로 존재했고, 하나님의 본질상 하나였으며, 그래서 사실상 하나였다. 유신론적 토대에서 분리되고, 형이상학적 실제로서 오염된 이후에서야, 진선미는 세 관념이 되었다. 또한 진선미는 신들의 반열로 승격되었다. 헤켈(Haeckel)에 따르면 진선미에 대한 숭배는 새롭고 일원론적 종교의 핵심을 이룬다.

만일 진리와 선함과 아름다움(영광)이 근본적으로 하나님의 것이라면, 결국 진선미는 물론 초감각적이고, 영적인 성격을 가지며, 내적 본질에서 서로에게 대립될 수 없다. 진선미 중 어떤 것도 감각적이고, 감각적으로 인식 가능하며, 경험적인 실제와 일치하지 않는다. 진선미는 감각 가능한 실제 위에 있는 관념, 자연의 법칙 위에 있는 규범으로 승격된다. 그래서 진선미는 동물이 가지는 것과 같은 감각적 인식으로 인식될 수 없다. 그러나 진선미는 오직 인간 안에 살아있는 정신을 통해 인간의 더 높은 인식을 통해서만 인식될 수 있다. 진리가 실제 너머의 높은 곳에 존재하는 것과 마찬가지로 선은 유익함 너머로 승격되며, 아름다움은 쾌락 너머로 승격된다. 모든 진선미는 지적 사물의 세계에 속한다. 비록 객관적으로는 감각으로 인식 가능한 사물과, 주관적으로는 관찰과 포착에서 이성적 인간의 감각이 본질적으로 도움을 주지만 말이다.

그러나 진선미의 일치성은 다양성을 배제하지 않는다. 진선미는 객관적이고 실제로 하나일 수 있다. 그러나 진선미는 추론된 이성 [ratione ratiocinata: 이성적으로 결정된 이해]과 추론하는 이성[ratione ratiocinante: 이성적으로 추론된 이성]에 대해 형식적으로 서로 다르다. 선함(볼라스톤[Wollaston]을 보라)도 아름다움(부알로[Boileau]을 보라)도 진리로 환

헤르만 바빙크의 현대 사상 해석

원될 수 없다. 아름다움도 (헬라인이 가르쳤듯) 선함과 일치하지 않는다. 선함도 아름다움과 함께 미학의 더 넓은 규정으로 (헤르바르트[Herbart]를 보라) 합쳐질 수 없다. 진리와 선함이 안식, 평화, 기쁨을 주기 때문에, 진리와 선함에서 분리된 아름다움도 그렇게 할 것이라는 사실에서도, 진선미의 차이는 존재하지 않는다. 결국 만일 우리가 지식을 늘리거나, 발견을 하거나, 새로운 진리가 우리에게 온다면, 우리는 스스로 기뻐하고 선한 행동을 함으로, 그 첫 번째 보상으로 안식과 자기만족을 자신에게 줄 것이다. [276] 그리스도의 십자가는 이전부터 무엇보다 모든 진리와 선함이 항상 형식적인 의미에서 하나가 아니라는 사실을 가르친다. 신앙의 눈은 이 사실에서 영광을 볼 수 있다. 그러나 헬라인은 이런 어리석음을 조롱하고, 이 어리석음은 유대인에게 대한 공격이 된다. 그리스도 안에서 육체적인 눈으로만 그리스도를 보는 누구든지, 그리스도를 바라게 하는 어떤 형식도, 어떤 아름다움도, 어떤 외관도 보지 못한다.

그러나 아름다움은 사고와 존재에 일치하며, 논리 법칙을 따른다. 그래서 아름다움은 우리를 기쁘게 하는 그런 지식이다. 선함은 "당위[zullen, sollen]"와 "존재"에 일치한다. 선함은 도덕 법칙에 일치하며, 선함을 소유하는 것만 우리를 만족하게 한다는 그런 본성에 대한 것이다. 아름다움은 고유한 내용을 가지지 않는다는 점에서 진리와 선함과 다르다. 그래서 아름다움은 진리와 선함에 일치하지도, 동등하지도 않다. 아름다움은 항상 진리와 선함에서 그 내용을 도출한다. 그리고 아름다움은 진리와 선함의 계시와 외관을 가진다. 그래서 아름다움은 내용과 형식에, 본질(관념)과 외관에 일치됨으로 구성된다. 아름다움은 조화, 비율, 다양성 속의 통일성, 조직, 빛, 영광, 빛남, 충만함, 계시된 완전함[perfectio phaenomenon] 혹은 아름다움에 이름을 붙이고자 하는 무엇에나 존재한다. 그러나 아름다움은 항상 형식, 계시, 외관과 관계가 있다.

　일반적으로 여기서 방금 막 표현한 것과 마찬가지로 아름다움이 항상 감각적 외관을 요구해서, 하나님의 영광을 위한 영적 아름다움에 대한 여지를 주지 않는다는 사실에 반드시 찬성해야 한다. 범신론이 아름다움의 본성에서 이 사실을 추론했다는 것은 사실이다. 그러나 그 사실은 완전히 부당하다. 하나님은 세계와 구별되며, 스스로 복된 존재이자, 스스로 영광 받는 존재다. 성경이 하나님의 영광에 대해 말할 때, 항상 하나님의 계시와 관련해서 말한다. 이 사실은 하나님의 작품(시 8) 혹은 천사에 대해서(사 6) 혹은 하나님 안에서와 하나님을 위해서(요 17:5) 말할 때 나타난다. 아름다움은 항상 순수하게 영적인 문제 혹은 영적인 감각적 인식에 대한 문제다. 그리고 진리가 그 안에서 우리를 기쁘게 하는 어떤 **지식**이며, 선함이 그 안에서 우리를 기쁘게 하는 어떤 **소유**인 반면에, 아름다움은 그 안에서 우리를 기쁘게 하는 어떤 **인식**이다. [토마스 아퀴나스가 말했듯이,] "보이는 것[들리는 것]을 기쁘게 하는 사물은 아름답다(Pulchra sunt, quae visa [audita] placent)."

　그러나 이런 통찰력에서 우리는 이제 이전에 접했던 모든 질문과 차이로 되돌아온다. 일반적으로 아름다움은 항상 외관을 포함하며, 인식의 문제라고 쉽게 말할 수 있다. 그러나 미적 인식은 무엇인가? 더 낮은 감각적 인식의 작동인가? 혹은 더 높은 인식, 즉 정신과 이성의 작동인가? [277] 분투하는 것에 대한 더 낮은 행위인가? 혹은 더 높은 행위인가? 즉, 욕망의 행위인가 아니면 의지의 행위인가? 또는 우리가 어쩌면 "느낌"이라고 부르는 분리된 능력에 영향을 미치는 완전히 특별한 어떤 것인가? 더욱이 아름다움을 인식하는 것이 주체의 속성이라면, 사물을 인식하는 데 대상은 전혀 포함되지 않는가? 이 대상이 사람들 안에서 아름다움의 평가를 이끌어내기 위해 특정한 조건과 법칙에 반드시 "복종"해야 하는가? 혹은 아름다움의 인식이 오로지 선천적인 것에 근거하는가? 아니면 존재를 위해 투쟁하는 과정에서 인간 정신의 조직에 점차 후천적으로 얻어진 것에 근거하는가? 아니면 아름다움에 대한 인식은 인식된 객체의 주관적인 의인화, 즉 공감에 완전히 의존하는가? 그래서 일부 철학자들을 따라 세계 전체가 (사물 자체[Ding an sich]를 배제하거나 포함하는) 인간 인식인가? 혹은 이런 현상주의를 따를 수 없다면, 또한 (다른 학문에서와 마찬가지로) 미학에서 객체가 제거될 수 없다면, 그 객체의 아름다움은 어디에 존재하는가? 가치 있는 것은 형식일 뿐인가? 그래서 예술가는 아름다운 방식으로 선택이 이루어지기만 한다면, 재료를 선택하는 일에서 완전히 자유롭고, 가장 난잡하고 가장 가증스러운 것을 보여줘도 괜찮은가? 아니면 아름다움은 본질적으로 내용뿐만 아니라 진리와 선함에서도 관계가 있는가? 그렇다면 이 삼원체를 분리하는 일을 허용할 수 있는가? 한마디로, 사탄이 광명의 천사로 나타난다면 아름다울 것인가?

이 모든 질문은 여기서 답할 수 없지만, 사고를 자극하고 다음과 같은 사실을 드러내는 데 도움이 된다. 그 사실은 인식론으로서의 미학에서 같은 문제들, 즉 주체와 객체 사이의, "자아"와 "비아" 사이의, 인간과 세계 사이의 관계를 다루는 문제에 직면한다는 사실이다. 따라서 이 질문을 답함에, 모든 미학자가 일반적으로 철학에서 취하는 관점에서 기원한다는 사실도 자명하다. 그리고 이 사실은 사고가 항상 세계관에 의해 지배받는다는 사실을 다시 증명한다.

몇 가지 논평만 함으로 결론을 내리고자 한다. (우리가 위에서 보았듯) 관찰된 아름다움을 수단으로 하는 인식은 종교, 도덕, 인식 등과 마찬가지로 인간에게 고유한 본성으로 존재하는 아름다움에 대한 감각으로 되돌아간다. 인간은 일원론적이고 진화론적인 단일체로 이해할 수 없다. 역사를 되돌아가면 갈수록, 인간은 지금도 존재하고, 과거에도 존재했다. 다양한 재능과 다양한 능력이 나타났지만, 인간 존재는 단일체를 구성했다. 이런 재능 사이에 있는 것은 아름다움에 대한 감각, 외관이 주는 기쁨, 관찰의 기쁨이다. [278] 그러나 이런 선천적인 판단력은 다른 모든 소위 선천적인 관념과 마찬가지로 능력과 충동에 지나지 않는다. 이런 능력과 충동은 세계 외부의 영향을 받을 때 행위가 된다. 이런 능력과 충동은 예나 지금이나 다양한 나라와 사람에게서 매우 다양하게 얻는다. 그러나 이 모든 다양성과 모순성에 공통된 토대가 있다. 인간과 인간이 살아가는 환경에 항상 미적 관계가 있다. 어떤 아름다움에 대한 감각도 없는 사람은 없다. 매우 원시적인 사람일지라도 말이다. 현지 예술을 가지지 않는 사람은 없다. 예술의 모든 형태는 간단한 형태로 이미 소위 자연적인 인간에게 나타난다. 그리고 모든 자연적 인간은 더 높은 발전에서도 관찰할 수 있는 법칙에 따른 요소로부터 발전되고 구성된다.

아름다움에 대한 감각은 감각적 관찰이나 더 낮은 인식에 기초하지 않는다. 당연히 이런 요소는 아름다움에 대한 인식의 기원에 도움이 된다. 과학에서 [존 로크(John Locke)가] "이전에 감각에 없었던 것은 지성에 없다[nihil est in intellectu, quod non prius fuerit in sensu]"라고 주장한 것과 마찬가지다. 여전히 아름다움은 인간 정신만으로 알려진다. 아름다움은 눈 혹은 귀의 감각을 통해, 더 낮은 인식으로 알려지지 않는다. 결국 아름다움은 가장 먼저 모든 관념과 규범과 마찬가지로, 영적 본성에 대한 것이며, 관계된 사물만이 서로를 안다. 그러나 아름다움에 대한 감각은 단지 더 높은 인식, 정신과 이성에 대한 자질 혹은 행위도 아니다. 어떤 것이 아름답다는 사실을 인식하는 것은 한 가지다. 보는 것, 감각하는 것, 감상하는 것은 다른 어떤 것이다. 종종 실제 교육자와 견습 교육자, 사람들을 잘 아는 사람과 과학적 심리학자 사이에 엄청난 차이가 있다. 같은 사실이 아름다움을 감상하는 사람과 미학자에게도 마찬가지다. 사는 것과 아는 것은 다르다. 그리고 그것이 전부

헤르만 바빙크의 현대 사상 해석

가 아니다. 한 측면에서 아름다움의 감각을 완전히 결여한 평범한 사람은 한 명도 없다. 다른 한 측면에서 아름다움에 대한 감각을 모든 영역에서 강하게 발전한 사람도 한 명도 없다. 운문에 대한 감각을 가졌지만 음악에 대한 감각이 없는 사람이 많이 있고, 또한 음악에 대해 감각이 있지만 회화에 대한 감각이 없는 사람이 많다. 예술가의 재능은 그 정도로 다양하다.

그러나 아름다움의 감각이 얼마나 다를 수 있는지 간에, 이 감각은 항상 아름다움을 인식하고 감상하는 것과 관련된다. 인간 존재로서 우리는 세계의 무대에 대한 관찰자로서 영향을 받지 않을 수 없다. 또한 우리가 감각으로 관찰하는 것은 무엇이든지, 다음과 같은 단계를 따라 음미하고 평가한다. 즉, 기능성, 유용성, 만족의 규범에 따라 더 낮은 단계에 대해 그리고 참되고 거짓된 것, 선과 악, 아름다움과 추함에 대한 규범에 따라 더 높은 단계에 따라서 말이다. [279] 그리고 깊이 생각하지 않고도 종종 우리가 인식을 경험하자마자, 우리는 가치 판단을 형성한다. 이 가치 판단은 우리의 마음속에서 울려 퍼지고, 욕구하거나 혐오하는, 음미하거나 거부하는 느낌을 일깨운다. 이 지점에서 우리는 더 이상 의식의 영역에 있지 않는다. 그러나 우리는 느낌, 감정, 정서의 영역에 들어간다. 이 순간에 이 아름다움이 고유한 인간의 능력이며, 이성과 의지에서 구분되는지 아닌지는 문제가 되지 않는다. 그러나 아름다움의 인식 또는 아름다움의 관찰이 특히 감각적 본성에서 즉각적이고 직접적인 아름다움의 감상을 산출한다는 사실에는 이견이 없다.

이런 감상은 인상의 강력함과 인상을 받는 사람의 감수성에 따라 상당히 다를 수 있다. 아름다움은 가끔 우리에게 조용하고 기쁘고 평화로운 감정만 전달한다. 아름다움은 가끔 우리에게 너무 깊이 들어와, 우리를 침묵하게 하고, 스스로 "얼마나 아름다운가! 얼마나 아름다운가!" 하며 속삭일 때도 있다. 여전히 아름다움은 가끔 우리를 너무 강하게 사로잡아, 기쁨과 놀라움을 표현할 수밖에 없게 하는 그런 경외감을 가져다준다. 그리고 아름다움은 항상 우리에게 잠자고 있고 알려지지도 않은 형상, 분위기, 정서를 일깨운다. 그래서 아름다움은 본성과 인류에게 또 다른 새로운 빛을 폭로해 주기도 한다. 아름다움은 우리의 내적 삶을 깊게 하고, 넓히며, 풍요롭게 한다. 아름다움은 잠시 동안 우울하고, 악이 가득하고, 슬픈 현실에서 우리를 끌어올린다. 또한 아름다움은 우리의 무겁고 낙담한 마음을 깨끗하게 하고, 자유롭게 하며, 회복한다.

우리는 만유의 창조자가 자기 자녀에게 주었던 소중한 은사가 무엇인지 말로 표현할 수 없다. 그는 영광의 주다. 그는 자신의 아름다움을 모든 작품 속에서 우리의 눈앞에 아낌없이 펴뜨린다. 그의 이름은 온 땅에서 귀중하며, 증인 없이 우리를 내버려 두지 않았기 때문에, 우리가 그 영광을 관찰할 때, 우리의 마음을 행복으로 가득 채우기도 한다. 알 수 있는 객체와 알고자 하는 주체로서, 아름다움과 아름다움의 감각이 서로에게 응답한다. 객관적 종교(religio objectiva)가 주관적 종교(religio subjectiva)에게 응답한다. 실제로 아름다움에 대한 인식은 "공감"으로 완전히 설명할 수 없다. 참된 아름다움을 관찰하고 감상할 때, 관찰된 대상에 대한 인간의 정서와 분위기를 주는 인간은 없다. 그러나 자연과 예술의 사역을 통해, 우리의 인식적 정신에서 우리를 만나고 밝히는 것은 하나님의 영광이다. [280] 인류와 세계는 모두 하나님과 관계가 있기 때문에 관련 있다. 같은 근거, 같은 정신, 같은 질서가 인류와 세계에서 살아간다. 아름다움은 세상에 있는 혼돈을 통해서도 여전히 빛나는 조화다. 하나님의 은혜로 아름다움이 예술가에 의해 관찰되고, 느껴지며, 해석된다. 아름다움은 이 세계가 폐허가 되도록 정하지 않고, 영광이 되도록 정했다는 사실을 계시하고 보장한다. 모든 인간의 마음속 깊은 곳에서 바라는 이 영광이 있다.

헤르만 바빙크의 현대 사상 해석

아름다움이 그렇게 풍요로운 하나님의 은사이기 때문에, 마찬가지로 아름다움은 우리에게도 반드시 사랑받아야 한다. 그러나 아름다움은 진리와 선함으로써 우리를 위해 똑같이 강요할 힘을 가지지 않는다. 왜냐하면 아름다움은 그 자체로 내용을 가지고 있지 않기 때문에, 또한 아름다움은 외관과 관찰을 다루기 때문에, 아름다움은 진리와 선함보다 생명을 화려하게 하는 장식하는 일에 더 밀접하게 연관되어 있다. 그리고 아름다움은 훨씬 이후에 자유와 독립에 이르게 된다. 따라서 유신론적 세계관은 범신론의 미적 관점에 반대하는 것으로서, 종교적이고 윤리적인 관점으로 남아있다. 예술은 예배를 대체할 수 없다. 또한 극장은 교회를 대체할 수 없다. 레싱(Lessing)의 『나단』(Nathan)은 성경을 대체할 수 없다. 아름다움은 약속된 땅에 대해 예언하며, 느보산만큼이나 떨어진 곳에서도 우리에게 빛을 줄 수 있다. 그러나 아름다움은 우리에게 안식을 주는 가나안 땅으로 안내한다. 그곳에는 하나님이 주는 유일한 종교, 화해, 안식이 있다.

그럼에도 불구하고 아름다움에는 또한 그 자체의 권리와 가치가 있다. 우리는 (비록 유해한 과장이 있지만) 반드시 진정으로 공감해야 한다. 만일 교육과 양육에서의 주지주의에 대한 반작용으로 "미학적 문화"가 다시 적절한 자리를 가지고, 만일 직업 훈련이 다시 예술적 공예의 회복을 위해 쓰인다면 말이다. 미학적 요구가 조경을 해치는 것을 보호하고자 주택 건설과 도시 설계에서 제시될 때, 많은 시도가 우리 시민을 미학적으로 교육하고자 제시될 때에도 마찬가지다.

특히 미학적 교육은 지지받아야 마땅하다. 우리 시민이 어떤 덕을 가질 수 있든 간에, 우리는 프랑스인의 우아함과 영국인의 공손함이 부족하다. 우리나라는 자주 모든 품위를 욕되게 하는 조잡함으로 특징지어졌고, 다른 측면에서는 어떤 매력도 없는 완고함으로 특징지어졌다. 여기서 칼뱅주의가 우리의 민족적인 노래와 예술을 망쳤고, (여전히 최근에 드물게 표현되듯이) "완전히 서투른 (부패한?) 민족"으로 남겨두었다는 사실에 대해 비난을 받아야 하는지 판단하지 않을 것이다. 어떤 경우든 그런 진지한 비난은 우리의 행동으로 그런 사실을 거부하도록 반드시 자극해야 한다. 진리와 선함과 함께 아름다움도 존중받을 필요가 있다.

15. 윤리학과 정치학

Essays on Religion
Science and
Society

15. 윤리학과 정치학

[281] 이 강의의 주제는 최근에 일부 사건의 영향 때문에 선택되었다는 점을 인정한다. 따라서 이 주제는 그 전쟁[1차세계대전]을 이 평화로운 회의에 가져와 극성적인 논쟁을 일으키려 한다는 두려움을 자극할 수 있다. 그러나 이 주제는 매우 최근의 주제이지만, 항상 시기적절한 것이었고, 또한 시기적절하게 남아있다. 따라서 우리는 객관적이고 타당하게 이 주제를 논할 수 있기 때문에, 이 주제는 깊은 불일치보다 통찰의 일치를 장려할 것이다.

그러나 이 주제의 논의와 관련된 특정한 어려움이 있다. 가장 먼저 이런 어려움은 윤리학에서 나타난다. 종교적 토대의 사멸로 인해 도덕적 원리가 영향을 받지 않은 채로 남아있었다는 사실이 있다. 그 사실에서 너무도 자주 표현된 기대는 분명히 모든 측면에서 성취되지 않았다. 오히려 권위, 삶, 결혼, 재산에 대한 어떤 도덕적 계명에 대해서도 일치가 없다는 점에 대해 차이는

---

* 편집자 주: 본 논문은 원래 다음 출처에서 출판되었다. "Ethiek en politiek," in *Stemmen des tijds* 5, no. 2 (1916): 32 – 96; also in *Verslagen en mededeelingen der koninklijke Academie van Wetenschappen, afdeeling letterkunde*, series 5, vol. II (Amsterdam: Joh. Muller, 1917), 99 – 128. 이 연설은 1915년에 네덜란드 왕립 과학 아카데미의 문학 분과의 회의에서 이루어졌다.

헤르만 바빙크의 현대 사상 해석

더 증가했다. 그리고 의견은 도덕적 선함의 근원과 토대, 방법과 기준에 대해서 상당히 달라졌다. 비록 우리가 무도덕주의를 한 편에 남겨둘지라도, 그 분리는 넓은 채로 남아 있다. 도덕이 그 자체로 도덕적이지 않은 요구와 경향에 그 근원이 있는가? 혹은 도덕은 인간 본성의 근본적 성격인가? 도덕적 가치는 그 유용함에 의해 결정되는가? 혹은 도덕 자체의 내적인 기준에 의해 결정되는가? 플라톤(Plato) 혹은 다윈(Darwin)과, 칸트(Kant) 혹은 콩트(Comte) 중에 누가 옳은가?

이런 질문은 매우 중요하다. 만일 이 질문이 우리가 윤리학과 정치학의 관계에 대한 논의로 나아갈 수 있기도 전에 반드시 답해야 한다면, 몇 시간 혹은 며칠 동안 논의해도 논의의 그 지점에 도달하지 못할 것이다. [282] 다행히 우리는 실천적인 출발점을 가정할 수 있고 도덕의 근원과 토대가 무엇이든 간에, 그 토대가 이제 인간 본성의 파괴될 수 없는 요소를 구성한다는 분명한 사실에서 진행할 수 있다. 한때 범주는 다르게 나타났지만, 이제 이 범주는 일정하다. 피르호(Virchow)와 암몬(Ammon)에 동의하면서 후호 드 프리스(Hugo de Vries) 교수는 말했다. "인간은 영구적인 모형이다. 인간은 인간인 채로 남아있다." 그리고 우리는 그 인간이 추론하는 도덕적인 존재라는 점과 그렇게 남아있다는 사실을 덧붙일 수 있다.

우리는 한 걸음 더 나아갈 수 있기도 하다. 이제 인간 본성의 본질적인 측면이 된 도덕적 차원은 ("너는 반드시 해야 한다"라는 정언 명령에서) 내용 없이 형식만으로 존재하지 않는다. 태어날 때부터 도덕은 특정한 방향을 가지고, 특정한 내용을 포함한다. 비록 도덕이 경직되어 있지 않고, 고정되어 있지 않지만 말이다. 작년[1914년]에 빅토르 카트라인(Victor Cathrein)은 프라이부르크에 있는 헤르더 출판사에서 세 권으로 된 『인류의 도덕적 의식의 통일성』(*Die Einheit des sittlichen Bewusstseins der Menschheit*)을 출판했다. 이 책은 수년에 걸친 방대한 연구의 결실이었다.[1] 그 책에서 카트라인은 모든 곳에 있는 도덕적 생각과 행위가 도덕적 사고와 원리와 같은 구조에 의존하고, 세계 전체를 지배하는 영원하고 불변하는 도덕법이 있다는 사실을 증명하고자 한다. 또한 이 문제는 도덕법의 통일성과 완전성, 그 진리와 가치를 위해 매우 중요하다.

그러나 우리의 현재 목적에서 이런 이론은 우리 논의의 바깥에 남을 수 있다. 그리고 나는 다시 고정되고 부동적인 개념 위에서 입장을 취할 수 있다. 교양을 갖춘 모든 사람 사이에서 이 상황을 초래한 요소가 무엇이든 간에, 그리고 이 최종 결과에 이르도록 이 길이 취하는 것은 무엇이든 간에(단순하게 말해 우리는 소위 자연적인 사람들을 논의에서 제외할 것이지만), 이제 도덕적 원리들에 더 강력한 일치가 실제로 존재한다. 특정한 사람과 행위에 대한 적용에서 도덕적 판단은 종종 다를 것이며, 이런 판단은 문명인 사이에서 더 유사한 규범에 따라 결정될 것이다. 다소 같은 방식에서 우리는 모두 옳고 그름 사이에서, 미덕과 악덕 사이에 있는 도덕적 선과 도덕적 악이 어떤 영역에 있는가에 대해 유사한 구분을 한다. 심지어 도덕의 토대에 대해 상당히 다른 사람들도 예상치 못한 유사성을 보여주며, 따라서 더 뚜렷한 유사성을 보여주는 미덕과 악덕의 목록을 만들기도 한다. 하이만스(Heymans) 교수에 따르면 논리학에서와 마찬가지로 윤리학에서도 그렇다. [283] 오늘날 모든 종류의 이성 때문에 학문 연구자는 매우 다른 결과에 도달한다. 그러나 모든 학문 연구자는 진리와 거짓 사이에 있는 구분에 같은 확신을 가지기 시작한다. 그리고 모든 학문 연구자는 같은 법칙에 얽매여 있음을 느낀다. 같은 방식으로

---

1) 편집자 주: Victor Cathrein, *Die Einheit des sittlichen Bewusstseins der Menschheit: Eine ethnographische Untersuchung* (Freiburg and St. Louis: Herder, 1914).

우리 스스로를 (그리고 특히 타인을) 판단하게 하는 인간의 의식에서 특정한 일반적인 도덕적 규범이 존재한다. 그래서 우리는 우리의 마음에 새겨진 그 법칙을 증명하고자 한다.

만일 이런 방식으로 우리가 윤리학적 관점에서 이 주제를 다룰 때 직면한 어려움을 옆으로 치워 놓을 수 있었다면, 그 즉시 정치학의 측면에서 그와 동등한 심각한 반대를 듣게 된다. 결국 정치학은 오랜 역사가 있었고, 시간이 흐름에 따라 매우 다양하게 정의되었지만, 여전히 다양한 의미로 쓰인다. 겸양은 우리가 이 문제에 대해서 더 일치하고 명확하게 하는 작업을 법학자에게 두도록 요구한다. 이 강연의 주제에 대한 실천적이고 명확한 논의를 위해, 이제 말할 구분을 허락하기 바란다.

헬라인에게 "정치학은" 가장 먼저 시민권, 즉 도시 혹은 국가 정부에 참여할 권리의 행사를 뜻했다. 또한 정치학은 국가 정부가 행해지는 원리와 형태(참주정, 공화정, 민주정 등)에 따라 달라지는 국가 정부를 뜻했다. 이런 도시 정부가 표현되고 발전되는 일은 [헬라어에서] 시민권(πολιτεία), 시민의 (πολιτική πολιτικός), 법들(νομοί)과 같은 명칭을 가졌다. 라틴어에서는 공화국(De republica), 시민권 혹은 나라(De civitate), 법들(De legibus)이라는 명칭을 가졌다. 아리스토텔레스(Aristotle)는 당대의 철학 혹은 학문을 이론적이고 실천적인 것으로 나누었고, 실천적인 학문은 윤리학(ethica), 경제학(oeconomica), 정치학(politica)이 있었다. 여기서 마지막 용어[정치학]은 국가에 대한 철학 혹은 이론에 대해 쓰였다.

그러나 철학의 실천적 분과에서 정치학의 위치는 자연학 혹은 형이상학의 예시처럼, 순수한 학문 영역으로 생각할 수 없는 것으로 증명되었다. 고대 시대에서부터 형용사 "정치의(politica)"라는 말이 학문(scientia) 혹은 기술(ars)과 반드시 결합해야 하는가에 대해 이견이 있었다. 역사는 정치학이라는 단어를 계속 이론적인 측면에서 실천적인 측면으로 더 옮겼다. 어떤 경우든 정치학은 더 이상 국가에 대한 **그런** 학문적 훈련이 아니게 되었다. 그리고 정치학은 그런 훈련 중 **하나**일 뿐이며, 최소한 두 과목을 포함한다. 국가에 대한 일반적인 **이론** 혹은 철학 혹은 과학으로서, 정치학은 국가의 근원, 본질, 목적, 과제, 권위, 형태를 탐구한다. 그러나 이런 일반적인 이론은 특정한 환경과 관계에 대한 이론을 적용하고, 국가의 복지를 위한 조건으로서 그 조건에 대한 국가의 관심을 설명하는 정치학의 **기술**에서 많은 방식으로 구분해야 한다. [284] 정치학의 이론은 국가의 본질과 사명, 권리와 경계를 나타낸다. 정치학의 기술은 특정한 환경에서 국가가 자신의 과제를 성취하고 목적에 반드시 도달해야 한다는 사실에 통찰을 준다. 정치학이 주로 철학적 연구에 근거한다면, 정치학의 기술은 역사적인 연구에 근거한다. 정치학이 주로 이론적이라면, 정치학의 기술은 신중함(prudentia)을 뜻한다.

그러나 이런 두 과목 모두 여전히 실천(praxis)으로서 반드시 정치학과 분리해야 한다. 여기에 우리는 이론을 다루지도, 정치학의 기술을 다루지도 않는다. 오히려 국가의 복지를 위해 주어진 순간에 정치가에게 요구되는 것을 말하고 행동하는 재치 혹은 기술을 다룬다. 이론적 정치학 혹은 국가의 철학을 다루는 학자는 특정한 의미에서 현재를 무시할 수 있지만, 여전히 다가올 세기 혹은 자기 시대 이전 세기에 대한 심오한 통찰을 가질 수 있다. 실천적 정치학의 학생은 반드시 역사의 한 가운데에 있어야 하고, 과거에서 나타난 현상을 해석해야 하며, 현재의 빛에서 과거를 보아야 한다. 실천적 정치학의 학생은 이제 국가의 방향에 대한 상당한 중요성과 풍부한 이해에서 오는 해결책을 제시할 수 있다. 그러나 양자 모두 여전히 즉각적인 삶의 현실 외부에 남아있다. 그러나 정치가는 결국 반드시 과거와 현재를 이해해야 할 뿐만 아니라 기술, 능력, 능숙, 정치적 비범함을 갖춰서, 구체적인 사건의 상황이 바른 상황에서 맞아떨어지도록 해야 한다. 따라서 비스마르크(Bismarck)가 정치가를 유능한 사냥꾼 혹은 어부에 비교했다. 낚시를 하고 사냥을 할 때, 거의 모든 일은 끈기 있게 기다리고, 정확히 관찰하고, 정확한 순간에 신속한 사냥을 하는 일에 의존한다. 이런 일이 실천적 정치학에서 일어나는 일이다. 이런 의미에서 모든 정치가는 반드시 현실 정치가(Realpolitiker)가 되어야 한다. 정치학은 언어의 문제가 아니라 행동의 문제다. 비록 언어도 행동이 될 수 있지만 말이다.

여기서 "정치학"이라는 단어가 [이론, 기술, 실천적으로] 사용된 세 가지 방식 전체에서, 정치학을 고등하고, 고귀하며, 거의 거룩한 문제로 생각할 수도 있다. 만일 정치학이 특히 실천에서 그렇게 끔찍하게 악화될 수 있다는 것이 사실이라면, 이 사실은 "최상이 최악으로 더럽혀진다"는 말을 검증한다. 이론으로서, 기술로서, 실천으로서, 정치학은 이 사실과 관계있다. 사람들 사이에 존재하는 공동체의 형태가 이론, 기술, 실천 정치학에 대한 필수적인 조건과 본질적인 토대라는 사실이다. 이론 정치학에서 필수적인 조건과 본질적인 토대는 국가의 복지이다. 기술 정치학에서 필수적인 조건과 본질적인 토대는 국가의 독립성과 자주성을 보장하는 것이다. 실천 정치학에서 필수적인 조건과 본질적인 토대는 국가의 은사와 재능을 발전하게 하고, 또한 인류의 역사에서 국가의 사명을 성취하는 것이다. 비록 "정치학"이라는 단어가 주는 세 의미가 다르더라도, 한 의미는 다른 의미 없이 이루어질 수 없다. [285] 국가의 본질과 사명에 대한 통찰 없이, 정치학은 원리 없는 기회주의, 공리주의, 이기주의에 희생된다. 과거와 현재에 대한 지식이 없다면, 이제 국가에 요구되는 의무에 대한 지식이 없다면, 이런 의무가 반드시 이행되어야 하는 규칙에 대한 지식이 없다면, 곧바로 정치학은 현학자의 정치학 혹은 감정의 정치학으로 악화된다. 정치학의 실무에 있는 정치가의 현명한 재치 없이 정치학은 정치학적인 모든 지식에도 불구하고 황량한 것으로 남으며, 좋은 기회를 놓칠 것이며, 유리한 기회들을 흘려보낼 것이다.

그러나 만일 이론으로서, 기술로서, 실천으로서 정치학이 부서질 수 없는 세 겹줄을 형성한다면, 정치학의 개념은 저절로 정치학이 이미 취하는 윤리학과 정치학 사이에 존재하는 연결성으로 이끌 것이다. 그러나 모든 사람이 다 이런 연결성을 확신하고 있지 않다. 이 연결성은 한때 혹은 다른 때, 특히 이전 세기에 다수에 의해 거부되어 왔다.

고대 궤변론자들은 자연권만을 가장 강한 자의 권리로 보존했다. 또한 고대 궤변론자들은 가장 강한 사람이 자신의 유익을 결정한다는 변덕스러운 규정에 다른 권리와 도덕이 근거하게 했다. 더 최근의 철학에서 비슷한 개념이 마키아벨리(Machiavelli), 스피노자(Spinoza), 홉스(Hobbes)에 의해 제안되었다. 이론과 실천에서 강함을 권리보다 위에 두었던 정치인은 모든 시대와 모든 민족에게서 나타났다. 그러나 영국인의 정신이 편의주의에 권리를 희생하는 경향이 있고, 독일인의 정신은 강함에 권리를 희생하는 경향이 있다는 [알프레드] 푸예([Alfred] Fouillée)의 논증은 사실이다. 영국인은 18세기의 경향에, 독일인은 19세기의 경향에 더 친숙해 보인다. 둘 사이의 차이는 크다.

18세기는 국가가 계약에 의해, 당사자들의 자유의지로부터, 그래서 우연과 변덕으로 존재했다고 선언했다. 이런 개인주의에 대한 반작용으로서 19세기는 헤겔(Hegel)의 영향을 받아 절대자 속에서 자신의 입장을 취했고, 세계 전체에서 절대 관념의 연속적인 진보를 보았다. 그 과정에서 국가 또한 자신의 위치를, 심지어 가장 높은 위치를 차지했다. 왜냐하면 국가는 가정과 사회의 연합체이며, 자유의 완성된 실제이며, 도덕적 관념의 실제이며, 도덕적 정신이며, 공적이고 구분되는 본질적인 의지로서 존재했기 때문이다. 사람들이 이 사실을 인정하든 인정하지 않든 간에, 자의식의 본질이 국가에 나타나

　　　　　　　　헤르만 바빙크의 현대 사상 해석

는 과정에서 개인은 오직 순간으로만 존재할 뿐이다. "하나님이 세계를 존재하게 한 방식으로 국가는 존재하게 되었다. 국가의 토대는 의지 안에서 인식된 이성의 능력이다." 그러나 헤겔은 이런 국가에 대한 관념에서 일반적으로 정신에서 특정한 국가를 가질 수 없고, 오히려 "실제 하나님의 관념을 반드시 고려해야 한다"라고 특별히 주장한다. [286] 또한 이 국가의 관념은 역사적 과정에서 진행되고, 전쟁과 재판을 통해 점진적으로 자신을 인식한다. 왜냐하면 세계 역사는 참된 화해에 도달하는 데까지 이르는 세계 판단이기 때문이다. 이 화해에서 국가는 이성의 형상과 실제로서 완전히 드러나게 된다.

헤겔의 철학은 국가의 권리와 강함에서 국가는 우연과 변덕에 근거하지 않고, 최종 분석에서 이성에 근거한다는 아름다운 사상을 표현한다. 그러나 일반적으로 헤겔이 반드시 존재해야 하는 것과 너무 많은 것의 구분을 없애며, 따라서 의심스러운 방식에서 복고와 보수주의를 장려한다는 사실을 거부할 수 없다. 만일 절대자가 스스로를 인식하고, 장소와 시간 속에 존재하는 모든 것을 합리적이고 도덕적인 것으로 돌본다면, 시민을 위한 권리와 자유의 나머지는 무엇이든 간에 그 속에 놓이게 되고, 시민 자신은 마지못해 신격화된 국가에 종속되며, 고작 자기 정신으로 실제를 이해하고자 할 뿐이 아닌가?

더욱이 헤겔이 자연과 자연의 발전을 말할 때, 이 관념은 헤겔 이후에 나타난 관념과 완전히 다르다. 괴테(Goethe)와 마찬가지로 헤겔에게 자연은 정신과 대립한 채로 존재하지 않았다. 오히려 정신은 논리적 우선성을 가졌고, 자연 속에서 다양한 영역에 있는 세계 전체에서 보다 높고, 더 완전한 계시로 나타났다. 여기서 독일 관념론은 자연권을 말한 철학자들에게 동의했다. 이 철학자들에게 자연권이라는 단어의 용례는 자연이 물리적일 뿐만 아니라 영적인 전체 세계를 포함했을 때를 상기하게 한다.

그러나 헤겔 이후 "자연"이라는 단어의 의미는 엄청난 변화를 겪었다. 이 변화는 헤겔의 철학을 전복시킨 포이어바흐(Feuerbach), 마르크스(Marx)와 엥겔스(Engels)의 역사적 유물론, 더 최근의 자연 과학의 영향, 콩트(Comte)의 실증주의, 다윈(Darwin)의 적자의 생명과 생존의 투쟁을 말한 선택 이론을 통해 나타났다. 이제 "자연"이라는 단어는 사람들이 생명, 영혼, 정신의 현상을 이해하려 했던 물질세계에 지정되었다. 이 물질세계는 물질적 원자와 기계적이고 화학적인 작동으로 구성된다. 그래서 그 관계는 완전히 역전되었다. 물질은 정신에서 나오지 않았다. 그러나 정신은 물질에서 나왔다. 사고는 뇌에서 나왔다. 모든 이념은 경제적 관계에서 나왔고, 더 깊이 들어간다면 물질적 원자와 기계적 힘에서 나왔다.

이 구조에서 국가가 자연의 산물이라고 불렸을 때, 국가는 한때 그랬던 것 이상으로 완전히 다른 의미를 가지게 되었다. [287] 이제 유물론적이고 사회학적인 학파는 국가가 물리적인 실체로서 간주해야 한다는 사실을 나타낸다. 국가라는 물리적인 실체는 필연적으로 동시에 사회의 경제적인 구조에서 온다. 이 사회의 경제적인 구조는 생물학적인 구조와 같은 방식에서 온다. 생물학적인 구조가 차례로 기계적 과정에서 오는 것과 마찬가지로 말이다. 같은 법칙, 작동, 힘이 모든 곳을 지배한다. 인간, 사회, 국가 안에 있는 모든 것은 궁창에 있는 별들과 마찬가지로 동등한 필연성에 따라 움직인다. 자연의 중력은 사회의 상호의존성처럼 존재한다. 형이상학적 추측, 추상적인 관념, 가치 판단을 위한 선험적 이론은 필요 없다. 오히려 오직 사실만이 모든 학문의 토대뿐만 아니라 국가와 권리의 토대도 되어야 한다. 이런 사실은 또한 실증주의적이어야 하며, 그 토대로 반드시 사회학을 사용해야 한다. 결국 이제 이런 사실들은 천문학과 마찬가지로 정확한 학문이 될 것이다. 그 학문은 국가와 권리의 자연 과학, 즉 사회적 물리학이다.

자연과 마찬가지로 존재를 위한 투쟁은 발전과 진보를 위한 가장 강력한

헤르만 바빙크의 현대 사상 해석

힘이다. 따라서 이 규칙은 지배하고, 반드시 지배해야 한다. 똑같은 힘은 사회에 있는 사회 계급 사이에서, 국가 사이에 있는 인류에게서 동등하게 필수적이고 본질적이다. 월터 배젓([Walter] Bagehot)에 따르면, 전쟁은 사람의 완전성을 위한 가장 중요한 힘이며, 전쟁의 기술은 인류의 역사에서 가장 훌륭한 현상이다. 그 투쟁에서 고려되는 유일한 것은 힘과 권력이다. 도덕은 어떤 역할도 하지 않는다.

국가는 실제로 권력이다. 그리고 국가는 권리 위에, 그 외부에 서 있다. 국가 자체가 가장 높은 권리다. 국가의 존속을 위해 국가는 모든 것을 요구할 수 있고, 모든 것을 할 수 있다. 국가에 대한 헌신은 시민의 가장 고상한 의무다. 그리고 이런 국가의 권력은 또한 권리의 어머니다. 자연적인 권리 혹은 선천적인 권리와 같은 것은 없다. 권리는 항상 닮지 않은 집단, 종족, 사람 사이에서 투쟁에서 태어난다. 권리는 권력의 조직을 통해 그런 집단의 연합에서만 존재한다. 모든 권리는 국가의 부분과 국가의 권력을 포함한다. 국가 외부에는 권리가 없다. 정의는 항상 치안에 따라온다. 이런 권리를 통해 국가는 차례로 도덕을 창조한다. 그러나 이 도덕은 전통 혹은 관습에 의해 한 집단에서 이전에 창조된 것과 완전히 다르다. 이 [국가의] 도덕은 전통 혹은 관습에 의해서 형성된 것이 계속해서 전쟁 중인 상태에 있기에 이보다 훨씬 더 높은 것이다. 그러나 집단, 계층, 민족 사이에 있는 그런 전쟁이 항상 만연해 있는 방식에서 권리의 더 나은 발전이 있다.

그래서 정치학과 윤리학은 상상할 수 있는 가장 거대한 대립을 형성한다. 정치학은 국가의 **권력**에 대한 철학이며, 실천에서 현실 정치(realpolitik)밖에 될 수 없다. [288] 이런 입장은 익명으로 출판된 『정치 현실주의의 토대』(*Grunds tze der Realpolitik*)에서 완전히 인식된 것으로 생각되었다. 이 책에서 저자 구스타프 디젤(Gustav Diezel)은 권력과 규칙 사이에 있는 긴밀한 연결을 모든 정치학의 근본적인 진리이며, 역사의 모든 것에 대한 열쇠라고 불렀다.[2] 그 시대 이후로 언어와 행위를 사용하는 많은 정치가는 대중 앞에서 가장 고상한 지혜로서 권력에 대한 이 "복음"을 지켰다.

이 권력 이론에서 (이후에도 보게 되겠지만) 진리의 요소가 있다. 그러나 전체적으로 볼 때 매우 심각한 결점이 있다. 이 권력 이론은 현대의 영적 유행에 너무 많은 영향을 받아서 발전되었다는 즉각적인 반대에 부딪힌다. 비록 그 운동이 모든 선험적인 논증에 저항하지만 말이다. 궤변론자에게 이 권력 이론은 모든 진리와 확실성과 또한 모든 학문도 약화시킨다는 회의주의에서 나타났다. 마키아벨리와 홉스에게서 그 권력 이론은 왕정의 절대 권력을 그 나라가 분열되게 하는데 쓰였다. 오늘날 이 권력 이론은 유물론적 정신과 기계론적 진화론과 긴밀한 연관성을 가지고 있다. 그러나 이 권력 이론은 이미 시대에 뒤떨어진다. 많은 뚜렷한 집단에서 현실주의가 관념론의 자리를 차지해왔다. 선택, 존재를 위한 투쟁, 후천적 자질의 유전, 적자생존 외에 많은 다른 요소가 변이, 회생력, 심리학적이고 관념론적인 작동처럼 오늘날 발전의 과정에서 수용되었다. 크로폿킨(Kropotkin) 공작은 수년 전에 다윈주의를 경고했고, 이 말은 이후 여러 번 반복되었다. 즉, 다윈주의는 삶이 언제나 약자가 굴복하고, 강자만 살아남는 투쟁이라고 말하지만, 이 다윈주의는 매우 편협한 이론이라는 사실이다.

동물과 인간 세계에서의 투쟁 외에도, 우리는 같은 종이 강자에 대해 약자를 보호함으로 진화론적 과정에서 강력한 특징을 형성할 때, 같은 종이 서로에게 보여주는 동정, 사랑, 상호 지지의 흔적을 보기도 한다. 이 특징은 특

---

2) 편집자 주: Gustav Diezel, *Grundsätze der Realpolitik angewendet auf die staatlichen Zustände Deutschlands* (Stuttgart, 1853).

헤르만 바빙크의 현대 사상 해석

히 모성애적 사랑에서 사회적 본능이 시작될 때부터 존재했고 작동했다. 그 사랑으로 가족, 세대, 종족의 구성원이 서로에게 매우 가깝게 결속되어 있다.

이때 이후 그리고 루소(Rousseau) 또는 홉스와 같이 가정한다면 선사시대적이고, 목가적이며, 야만적인 자연 상황은 제멋대로다. (브레슬라우의 S. 브릴[Bril] 박사 교수가 말하듯) "우리가 인간의 기원에 대한 어떤 특정한 지식도 가지지 않는 한" 말이다. 이 표현은 매우 분명하다. 우리가 역사를 통해 과거로 돌아갈 수 있는 한, 우리는 국가가 아닌, 도덕, 관습, 관행, 전통에 의해 외부적으로 조정되는 방식으로 존재하는 공동체를 발견한다. [289] 따라서 [루돌프] 슈타믈러([Rudolf] Stammler)에게서, 우리는 순수하게 물리적 [공동체]와 사회적 공동체, 자연법과 외적 규칙을 구분할 수 있다. 또한 그 연결성에서 자연학과 역사학을 구분할 수도 있다. 인류는 스스로의 추론과 도덕적 본성으로 이 양자 사이에 서 있다. 그래서 인간이 존재하는 곳에는 곧바로 공동체가 또 다른 것, 곧 **인간**, 성격을 보여준다. 우리가 특정한 동물에서 발견할 수 있는 모든 유사성이 존재하지만, 또는 가끔 이런 동물이 원시적 형태를 가지고 있지만 말이다. 이 공동체는 순수하게 물리적일 뿐만 아니라, 처음부터 정신적이며, 종교적이며, 예전적이며, 윤리적이며, 사법적이다. 따라서 [M. W. F.] 트레프(Treub) 의원은 (슈타믈러와 마찬가지로) 역사적 유물론에 대해 저항했을 때 옳았다. 사회의 경제적 구조가 결코 완전히 물질적이지 않았고, 처음부터 항상 정신적이고, 종교적이고, 범인류적이며, 윤리학적이고 사법적인 모든 종류의 다른 관계를 포함했다고 말했을 때 말이다. 사회에서 어떤 법적 상부구조도 경제적 토대를 지배하지 않는다. 경제적 토대는 대부분 이미 사법적이다.

그런 원시 사회에서 공동체는 풍성한 문화를 가진 사람들보다 훨씬 더 강하게 종교적이고, 예전적이며, 윤리적인 성격을 가진다. 모든 것은 관습에서 분화되지 않은 채로 있다. 이후에서야 명확한 구분이 종교, 도덕, 정의, 예술, 교육 사이에서 점차 발전된다. 그러나 심지어 공동체가 이 정도로 발전되었을 때조차, 자기 삶의 모든 표현 사이에서 깊은 연대가 계속되고 상호 영향을 미친다.

도덕법의 십계명에서 하나님을 섬기라는 계명은 첫 번째 돌판의 내용을 구성한다. 기독교 신학에서 "종교"는 오랫동안 도덕적인 덕 아래에서, 즉 공의 아래에 취급되었다. 공의에 대한 히브리어 단어는 도덕뿐만 아니라 공의도 포함한다. 이 두 단어 사이의 관계는 너무 깊이 느껴져서, 때로는 모든 도덕이 공의로 환원될 때도 있는 반면에, 때로는 모든 공의가 도덕으로 환원될 때도 있었다. 도덕적 선함은 세계의 도덕적 질서가 정언 명령에서 무조건적으로 인간 모두에게, 인간 전체에게 적용하는 요구뿐이다. 그리고 공의(jus)는 사회의 특정한 형태에 대한 적법한 것(justum)의 적용이다. 발전이든 악화든 가장 현대적 국가에서조차 문화의 모든 요소 사이에 있는 것과 마찬가지로, 공의와 도덕 사이에는 필수적이고 분리될 수 없는 상호성이 계속 존재한다. 이 두 단어 모두 다면적인 재능과 능력으로 나누어질 수 없는 인간 본성에 기원과 근원이 있기 때문에 그렇다.

[290] 만일 우리가 역사를 한 세기 혹은 반세기의 유리한 관점에서가 아니라, 전체 세기의 유리한 관점에서 볼 때, 도덕과 공의, 윤리학과 정치학에 있는 이러한 연결이 중요한 모든 인물에 의해 항상 인식되어왔다는 사실을 보게 될 것이다.

헬라인에게 정치학은 윤리학의 일부였다. 플라톤과 아리스토텔레스는 국가를 우연이나 변덕에서가 아니라, 윤리적 필연성에서 도출했다. 논리적 의미에서 국가는 개인 이전에 나타난다. 왜냐하면 전체는 부분에 선행하며, 목적은 수단에 선행하기 때문이다. 인간은 본성상 사회적 존재이다. 인간은 국

헤르만 바빙크의 현대 사상 해석

가 안이 아니면, 국가를 통하지 않으면 사회적 목적에 도달할 수 없다. 인간은 공동체에서만 완전해지고 행복해질 수 있다. 국가는 지식, 예술, 교육, 정신적이고 도덕적인 양육의 근원과 존재를 위한 본질적인 조건이다. 간단히 말해서 국가는 선이 악을 이기기 위한 본질적인 조건이다. 따라서 국가의 과제와 목적은 영혼의 치료와 행복하고 덕스러운 삶이다. 따라서 정치학은 자유 시민에 대한 윤리학의 적용인 실천적 철학의 한 요소다.

윤리학과 정치학의 관계에 대한 이런 사상은 곧바로 소위 자연법의 이론에서 고정된 형태를 취했다. 이 사실을 정확히 이해하기 위해서는 일반적으로 반드시 고대인에게 돌아가야 한다. [샹뜨삐 드 라] 소세이([Chantepie de la] Saussaye)가 말하듯이, 고대인은 도덕적 질서와 자연적 질서에 존재하는 차이를 몰랐다. 우주의 법은 동시에 자연적이고, 종교적이고, 의식적이고, 도덕적이며, 정치적인 법이다. 법이라는 한 단어가 다양한 적용 모두에서 법을 나타내는 역할을 한다. 중국의 도(道), 인도의 리타(Rta), 페르시아의 아샤(Asha), 이집트의 마아트(Ma'at)와 마찬가지로 말이다. 하늘, 땅, 가정, 사람, 왕국 모두가 같은 법에 지배를 받았다. 국가를 위한 질서는 자연적이고, 우주적이며, 신적인 질서에 근거한다. 같은 원리가 헬라인에 의해 고대에서도 유지되었다. 궤변론자가 나타나기 전에 사람들과 현자들은 폴리스[도시국가]에서 일어났던 일이 선했고, 합리적이고, 자연스럽고, 신적이었다는 사실을 일반적으로 확신했다. 인간과 철학자, 종교와 철학, 신비주의와 자연학에서 모두 겉보기에 하나였다. 인간의 영혼은 세계의 영혼에 관계있는 것으로 느껴졌다.

그러나 고대인이 이후 다른 나라와 접촉하고, 다른 관습과 도덕, 권리와 법을 알게 되었을 때, 의심과 불확실성이 나타났다. 그리고 궤변론자들은 모든 권리와 도덕이 역사적이고, 실증적이며, 관습적이라는 결론을 이끌어냈다. 이런 회의주의를 피하기 위해, 플라톤과 아리스토텔레스는 본질적인 것과 우연적인 것, 개념과 형상, 사고와 관찰, 관념과 실제 사이의 구분에서 돌파구를 찾았다. 아리스토텔레스는 『윤리학』(Ethica)에서 이 구분을 정의에도 적용했다. 정의가 법적 결론에 근거하지 않고서도, 아리스토텔레스는 정의가 본질상 모든 것에 적용된다는 사실을 받아들였다. 그래서 아리스토텔레스는 자연법의 아버지가 되었다.

[291] 이후 이론은 상당히 확장되었다. 스토아학파는 우주적 이성과 인간의 이성, 즉 바른 이성과 자연법에 대한 관계를 밝혔다. 이 관계에서 자연법은 일반적이고 선천적인 관념으로 포함되어 있다는 사실을 밝힌 것이다. 키케로(Cicero)는 자연법을 창조된 선천적인 자연법(lex naturae)에서 도출했다. 이 자연법은 전반적인 합의에 따라 모든 인간에게 공통적인 것이었다. 포시도니오스(Posidonius), 세네카(Seneca)와 다른 인물들은 인류가 황금기에서부터 보존해왔던 유산으로서 자연법을 보았다. 철학자들은 자연법에서 모든 종류의 구분을 도입했다. 철학자들은 키케로를 따라 신적인 정신에서 동시에 태어나는 영원법뿐만 아니라, 자연법, 자연권, 인권, 결국 시민적이고 실존적이며 실증적인 권리에 대해서도 말했다.

자연법에 대한 이 모든 용어는 점차 그리스도인에게 인계되었고, 마태복음 7장 21절, 로마서 2장 14-15절; 13장 1절과 같은 성경 본문에 연관되었다. 그리고 그 내용에 따라서 십계명과도 동일시되었다. 그러나 상당수의 표현은 많은 오해의 원인이 되었다. 이는 아우구스티누스의 지상의 도성[civitas terrena]을 우리 국가와 동일시하고, 교부를 매우 부당하게 다룬 사람들에게서도 비슷하다. 교부와 스콜라주의, 로마 가톨릭 학자와 개신교 학자의 용어를 명확하게 구분하지 않는 사람들은 누구든지, 어떤 의미를 절대 의도한 적이 없었던 국가, 정부, 사유재산, 노예 제도의 근원과 권리에 할당하는 큰 위험에 빠진다.

헤르만 바빙크의 현대 사상 해석

어쨌든 후호 그로티우스(Hugo Grotius)가 자연법의 아버지가 아니라는 사실은 매우 명확하다. 그로티우스는 이론에서 사소한 변화만 가했을 뿐이며, 이 변화가 개선이 아니라는 점은 곧바로 매우 분명해졌다. 첫째, 그로티우스는 스페인 신학자 가브리엘 바스케스(Gabriel Vasquez)가 그로티우스 이전에 벌써 어떤 방식으로 이루었던 변화에서 계속 나아갔다. 그로티우스는 최소한 하나님에게서 가설적으로 독립된 자연법을 만들었다. 둘째, 이성으로부터 파편적인 추론을 통해 그로티우스는 자연법을 합리적인 법으로 바꾸었다. 그 결과 자연법은 더욱더 법칙과 규칙의 체계로서 생각되었다. 이 자연법은 역사의 외부에 고정되었고, 인권에 대한 설명에서 확립될 수 있었다. 또한 그로티우스의 이론은 이성과 자유의지가 실제로 정의의 토대인 경우보다도 훨씬 나쁜 악을 가져왔다. 목가적이든 야만적이든 선사시대의 상태에 대한 가설을 고수해야 했다. 그런 상태는 적어도 정의가 없는 자연적 상태를 유지해야 했다. 이런 방식으로 자연법은 그런 가설을 실체화되고 기계화된 것으로 생각했다. 자연법은 모든 생명을 잃었고, 곧바로 역사적이고 사회적인 학파의 날카로운 비판 아래에 종속되었다. 수년간 자연법은 구시대적 개념으로 여겨졌다. 그 개념은 역사의 박물관에 안전하게 보관될 수 있다. 또는 그 개념은 여기서는 씨앗처럼 심기고, 저기서는 뿌리와 모든 것을 뽑혀질 수 있었다.

[292] 따라서 최근에 이 이론이 생명을 힘차게 되찾아왔다는 점은 매우 놀랍다. 그로티우스 이후로 가정되었던 역사적이고 합리적인 형태에서가 아니라, 관념론적 형태와 파괴할 수 없는 원리로 이 이론이 되살아난 것이다. 우리는 일반적으로 이런 회복을 유물론에 반대해 나타난 관념론의 반응이라는 점에 빚지고 있다. 그러나 이 이론은 신학, 철학, 법학에서 새로운 방향으로 시작된 신칸트주의에서 특별한 기원을 가지고 있다. 우리는 그 부활을 또한 선험적 원리의 회복에 빚지고 있다. 그 회복은 종교, 도덕, 정의, 미학이 불

변하며, 또한 이질적인 요소에서 설명될 수 없고, 인간 본성의 근본적인 본질에서 근거한다는 역사적 조사에서 확립된 확신이다. 결국 우리는 인간 영혼이 그 너머에 도달하고, 정신, 이성, 의지보다 훨씬 풍부해진다는 사실을 증명했던 잠재의식에 대한 심리학에 빚지고 있다.

에밀 렉(Emil Lack)에 따르면, 자연법의 토대에 있는 심오한 사상은 권리와 정의의 절대적 의미에 대한 질문에 지나지 않는다. 따라서 이 사상은 어떤 비판에도 쓰러질 수 없는 보편적이고 역사적인 원리가 된다. 이 사상의 불멸하는 가치는 초역사적이고, 시간을 초월한 규범을 믿었고 계속해서 유지해왔다는 사실로 구성된다. 실제로 정의를 집행할 때 우리는 그런 규범 없이 종교로도, 도덕으로도, 미학으로도 제대로 집행할 수 없다. 결국 존재와 속성, 실제와 가치, 사실과 규범에는 필수적인 구분이 있다. 그리고 법과 정의에 따라 실증적으로 문제가 되는 정의와, 슈타믈러가 표현하듯 존재 당위[sein soll], 즉 바른 정의[richtige Recht]인 정의 사이에는 필수적인 구분이 있다. 이런 구분은 역사적이고 사회적 학파가 이룬 상당한 기여를 조금도 줄이지 않는다. 그 역사적이고 사회적인 학파는 사회적 집단과 관계에 가해졌던 강력한 영향과 정의의 발전에 대해 우리 눈을 열어주었다. 그러나 위에서 언급한 구분에 대한 필요성은 모든 측면에서 우리에게 강요된다.

법이 항상 불완전하고 오류가 있다는 사실을 언급하는 것은 중요하다. 법은 생명의 풍성함을 절대 가리지 않는다. 이런 일은 판사가 법을 적절히 준수하지 않고, 많은 경우에 적절한 법의 해석과 적용을 알지 못할 때, 특히 법정에서 표현된다. 그러면 판사는 의식적으로든 잠재의식적으로든 법에 표현되지 않았지만, 자기 양심과 경험에서 도출된 가치와 규범을 사용한다.

[293] 예전부터 가해자의 유죄와 형벌에 대한 법 다음으로, 합당함에 대한 여지도 존재했다. 왜냐하면 법이 얼마나 정확하고 완전하더라도, 법이 정

헤르만 바빙크의 현대 사상 해석

의의 요구를 결코 완전히 이룰 수 없다는 인식이 존재하기 때문이다.

더 중요한 것은 많은 정의가 법에 기록되지 않은 사회에서 작동하거나, 실제 생활에서 더 이상 고려하지 않는 책 속에 많은 법이 있다는 사실이다. 훨씬 더 진지하게 말하자면, 더 높은 기준에 따라 불공정하거나 다른 때와 환경에는 불공정한 것이 되는 항상 실증적으로 작동하는 법이 있다. 또한 일상 생활에서 위를 향해 투쟁하고, 인식하기 위해 분투하는 정의로서 반드시 인식해야 하는 이상적인 정의가 있다. 결국 정의의 모든 발전은 인간 혹은 인간의 집단이 더 다르고, 더 나은 정의에 대해 확신을 얻고, 이런 더 높은 정의의 이름으로 존재하는 법에 대해 투쟁을 시작했기 때문에 나타난다.

그러나 이 사실은 정의의 개념이 목적론적 성격을 가진다는 점을 그 이상으로 지적한다. 어떤 것에 대해 정의감을 가지자마자, 우리는 정의가 반드시 지배해야 한다고 요구한다. "반드시 해야 하는 것"은 정의 안에 내재되어 있다. 그러나 이 "당위"는 순수하게 윤리적인 현상이며, 철저히 도덕적인 현상이다. 당위는 외부로부터 와서는 정의가 되지 않는다. 당위는 유용함이나 관심으로 설명할 수 없다. 당위는 사회의 요구나 국가의 권력과 관계없다. 이런 충동은 태어날 때부터 인간 안에 존재하고, 도덕성 안에 정의라는 뿌리를 내리고 있으며, 정치학과 윤리학 사이의 분리될 수 없는 결합을 창조한다. 정당한 질서는 도덕적 질서 안에 토대를 두고, 강하고 흔들리지 않는 영속성을 소유한다.

이 지점에 이르러 우리는 한 걸음 더 나아갈 수 있다. 만일 정의가 뿌리를 내리고 있는 이런 도덕적 질서가 인간의 상상과 꿈과 환상, 즉 아름다운 것이 아니라 속이는 것이라면, 이 도덕적 질서는 반드시 객관적인 실제 안에서 존재해야 한다. 만일 도덕적 질서가 단지 주관적인 이해와 미적인 감각이 아니라면, 도덕적 질서의 평가는 반드시 실제에 근거해야 한다. 그리고 이제 심오한 개념은 당연히 우리가 모든 사람에게서, 모든 종교에게서, 모든 철학적 체계에서 이해했던 사실로 되돌아간다. 정의의 질서는 도덕적 질서에 기초한다. 이 사실은 만물을 지배하는 우주적 질서와 신적 질서에 관련이 있다. 시민권은 배경으로서 인권을 소유한다. 인권은 자연법에 되돌아갈 것을 가리킨다. 인권은 자연법에 근거한다. 자연법은 신적 정신과 동시에 발생한 영원법의 계시다. 따라서 에밀 렉은 법철학을 이렇게 정의했다. "초월적 질서에 대한 탐구 혹은 법의 고유한 가치 연결에 대한 탐구는 세계관 속에 있는 존재의 구조에 대한 질문이다."

[294] 만일 도덕과 정의가 그토록 밀접히 관련되어 있다면, 이 둘 사이의 구분을 지적하기는 매우 어려울 것이다. 그 관계를 유지하는 것은 (역사적으로도 그랬듯이) 그 구분을 지적하는 것보다 훨씬 더 중요한 것으로 생각되었다. 완전하고 불완전한 의무에서 주어진 스토아학파의 구분과는 별개로, 질문은 그로티우스가 윤리학에서 자연법을 점차 분리했고, 자연법을 사회 계약의 토대로 삼았을 때 처음으로 제기되었다. 그 결과는 강압이 반드시 법의 개념에 포함되어야 한다는 사실이었다. 왜냐하면 사람 사이의 계약은 강압으로 유지되지 않는다면 확실성을 거의 주지 않기 때문이다. 그래서 도덕과 정의는 서로 분리된 채로 남아있게 되었다. 정의는 내적 성향을 뜻하는 도덕에 아무 관계도 없어야 한다. 그러나 정의는 오로지 행위에만 관계가 있다. (그리고 행위는 정부의 강력한 힘으로 강제된다.) 그리고 도덕은 정의의 영역에서 완전히 분리된 고유한 영역을 얻었다.

이 이론을 발전시켰던 푸펜도르프(Pufendorf)와 토마시우스(Thomasius)에게 어떤 연결성이 두 영역 사이에 남아있었다. 왜냐하면 국가의 권리와 사람들의 복지를 위한 강압은 부수적인 것이 되었고, 동시에 도덕이 행복주의의 토대 위에 세워졌기 때문이다. 그러나 칸트가 나타나 윤리학에서 행복주의를 완전히 몰아냈을 때 이 연결은 무너졌다. 칸트에게 도덕은 선함이 의무에 대한 관심으로부터 선함 자체만 위해 행해질 때만 나타난다. 선한 의지만 참되고 무조건적인 선함을 구성한다. 그래서 도덕은 성격과 성향에만 관계있다. 도덕 계명은 인간 내부에서부터 정언 명령으로 온다. 정언 명령에서 도덕 계명은 그 성향상 내적 당위에만 관계가 있다. 다른 측면에서 율법주의는 내적 동기에 관심을 갖지 않고 관심도 없다. 율법주의는 행위로, 외적 행동으로 만족한다. 율법주의는 인간의 외부로부터 온다. 율법주의는 외적인 힘에 의해 유지된다. 도덕은 영혼에서 내적 평화를 보장하기 위해 의도된다. 그리고 율법주의는 인간 사이에 있는 외적 평화를 위해 의도된다.

이런 구분은 강력한 영향을 행사했다. 이 구분은 피히테(Fichte), 셸링 (Schelling), 헤겔(Hegel) 철학의 (수정된 형태로) 일부가 되었을 뿐만 아니라, 자주 양립할 수 없는 대조로서 나타났기도 했다. 한 측면에서 니체(Nietzsche)와 같은 인물들이 나타났다. 이런 인물들은 역전된 도덕을 받아들이고 가장 강한 자의 권리만 인식했다. 다른 측면에서 톨스토이(Tolstoy)와 같은 인물들이 있었다. 이런 인물들은 산상수훈에 기초하여 전체 국가가 법학과 치안과 군대에서 명운이 다했다고 선언했다. [295] 그러나 이런 극단을 피하고, 개인의 도덕과 국가의 도덕 사이를 구분했던 훨씬 더 많은 사람들은 이제 가장 심각한 문제를 제기했다.

완전히 분리되지 않음에도 오늘날 윤리학과 정치학, 도덕과 정의에 구분이 확실히 존재한다는 사실은 거부할 수 없다. 그러나 이 구분이 표준에 도달할 수 있는지 의심스럽다. 이 양자 사이의 경계는 대체로 내적 성향과 외적 행동 사이의 차이로 도출할 수 없다. 왜냐하면 도덕은 의지와 성격을 수반할 뿐만 아니라, 행동과 행위도 수반하기 때문이다. 한 선한 나무는 자연히 예상대로 선한 열매를 맺을 수 있다. 그러나 그 선함은 열매와 나무의 자질로 남는다. 역으로 정의는 법에 대한 단순한 외적 순종만으로 충족할 수 없고 동기에도 분명히 관심을 가진다. 슈타플러가 경제학자는 사회적 관계의 내용을 검증하고, 법학자는 그 형태에만 관심을 가진다고 선언했을 때, 트레프 의원은 법적 규정이 확실히 형태만 관심을 가지지 않는다는 사실을 정확히 말한다. 예를 들어 재산법 혹은 결혼법이 없는 사회는 이런 법을 인정하고 유지하는 사회와 완전히 다를 것이다. 그러나 이 문제와 별개로 판사가 공정한 판결을 선언하기 위해서, 가해자의 행위와 성격 모두를 반드시 고려해야 한다. 같은 방식으로 건전하고 보강해야 하는 모든 정의는 사람들 안에 있고, 그들의 양심 안에 뿌리를 내리고 있는 공의의 개념을 반드시 만족시켜야 한다. 정의를 이런 개념과 분리해 권력과 강압에서 정의의 안정을 추구하려는 누구든지, 정의를 더욱더 강하게 만들기보다는 더 약화하며 그 토대를 손상한다.

일반적으로 모든 사람이 의무를 다하는 완벽한 사회에서 정의를 위한 자리가 없다는 사실을 반대한다면, 우리는 도덕법에 대해서도 같은 정도와 같은 방식으로 똑같이 말할 수 있다는 사실로 답할 것이다. 그러나 두 경우에서 사람들은 사랑이 법을 파괴하는 것이 아니라 성취한다는 사실을 잊어버린다. 이 때문에 사랑이 법의 요구를 완전히 만족하기 때문에, 사랑은 그렇게도 성스럽고 놀라운 것이다.

더욱이 정의의 구분은 강압에 놓이지 않는다. 정의는 확실히 권력이다. 세계에서 가장 강력한 권력 중 하나다. 나는 정의가 거의 종교와 도덕보다 더 강력한 권력이라고 말했다. 그러나 그 사실은 대조가 아니다. 왜냐하면 종교와 도덕의 권력은 우리 양심에서 우리 인격 전체의 유익을 위한 가장 높은 권력의 정의로서 경험한다는 사실에 놓이기 때문이다. [296] 그러나 이 모든 권력은 국가의 정의를 유지하는 데 쓰이는 물리적이고 강압적인 권력은 매우 다른 도덕적 본성, 도덕 권력[pouvoir moral]이다. 물론 이 강압적인 권력은 우리 사회와 같은 사회에서 가장 중대한 중요성과 절대적인 필연성을 가지기도 한다. 이 강압적인 권력은 정의의 당연한 권리, 즉 안전과 보증이다. 그러나 이 강압적인 권력은 정의 안에 내재적이지 않고 본질적인 측면도 아니다.

결국 가정, 세대, 종족, 심지어 강도단이 조직된 공동체처럼, **국가**가 없는 정의의 공동체가 존재한다. 강압이 없는 정의가 존재한다. 왜냐하면 최소한 개신교 기독교에서는 교회가 강압을 배제한 정의를 가지고 있기 때문이다. 도덕법이 각 사람에게 자기 책임을 준다는 사실을 명령하는 공의의 덕을 수반하기 때문에, 강압 없는 정의가 존재한다. 법에 의해 전혀 규제되지 않거나, 매우 일반적으로만 규제되는 사회에서 상당한 정의가 있기 때문에, 또한 그런 정의가 관습과 공정함에 기초하고, 선한 믿음과 선한 도덕에 기초하고 있기 때문에, 강압 없는 정의가 존재한다. 많은 경우에서 법적 의무를 준수하도록 강압하는 것(예를 들어 왕정에서)은 불가능하기 때문에, 강압 없는 정의가 존재한다. 여기서 우리는 의무와 존중과 인식의 의미와 같은 다른 요소를 고려한다. 그런 요소는 가장 먼저 사회가 그런 도덕적 영향을 통해 유지되어왔다는 사실에서 나타난다. (더 이상 언급하지는 않겠지만 여전히 가장 중요한) 일반적으로 인간보다 하나님에게 반드시 순종해야 하기 때문에 강압이 없는 정의가 존재한다.

도덕과 정의의 구분과 또한 윤리학과 정치학의 구분은 반드시 다른 방식으로 발견해야 한다. 관습에 따라 정의[recht]는 가장 먼저 한 사람에게 어떤 권리를 주는 주관적인 능력을 가리킨다. 이 의미는 일상 대화에서 자주 나타난다. 정당하게 말해, 권리를 내세워, 급여를 위한 권리, 권리가 이길 것이다 와 같은 표현에서 말이다. 이 단어의 형용사 형태인 "정당한"과 더 일반적으로 관계가 있는 것은 구부러지지 않은, 비뚤어지지 않은, 기울어지지 않은 어떤 것에 사용되는 내적이고 도덕적인 규칙에 대한 용어다. 이 단어는 또한 똑바른, 정직한, 선한, 참된, 아름다운이라는 의미도 가진다.[3] 이 모든 자질은 우리가 마음대로 할당하지 않은 가치를, 본질적으로 정의에 속하는 가치를, 가끔 스스로에게 그러기도 하지만 인정하고 칭찬하는 가치를 가지고 있다. 진리와 덕과 아름다움은 결코 폭력적으로 쓰이지 않는다. 심지어 진리와 덕과 아름다움은 스스로 거부하지 않고는 돌파구를 찾을 수 없다. 진리와 덕과 아름다움은 잔인한 권력과 잔혹한 강압에 대해 양처럼 무력하고 무방비한 상태에 있다. 그러나 이런 덕은 그 모든 적수 너머에 놓인 한 가지 요소를 가지고 있다. 그것은 순수라는 백의(白衣)다. 따라서 진리와 덕과 아름다움은 정의라고 불리는 놀랍고 비밀스러운 권력을 가지고 있다.

[297] 정의는 외부에서 이끌어지지 않고, 본성에 근거하고, 본성에서 흘러나온다. 정의는 진리와 선함과 아름다움인 한, 모든 것에 속하는 영적인 권력이다. [정의는] (칼뱅이 심지어 "하나님을 경외함"으로 부르고자 원하는) 특히 하나님에 의해 거룩함으로 주어진 본성으로 행하는 강력한 자기방어이다. 이 폭넓은 의미에서 그리고 이 관점에서 보이듯, 일반적으로 정의와 도덕을 같은 과제의 두 측면이라고 말할 수 있다. 참되고 선하고 아름다운 것은 구유에 놓인 아기처럼 약하고 무력한 채로 있을 수 있지만, 존재할 권리와 존중받아야할 권리를 가지고 있다. 그릇되고 악하며 수치스러운 것은 무엇이든지 지배하기 위해 존재하고 종종 폭력을 취한다. 그러나 이런 것은 존재할 권리가 없고, 빛의 옷을 걸쳐서 진리와 선함에 대한 존중을 가져와야 한다는 확신에차 있다.

---

3) 편집자 주: 바빙크는 특히 법, 권리, 주장, 근거를 뜻하는 네덜란드어 단어 recht로 언어유희를 하고 있다. 또한 이 단어는 형용사로 쓰여서 (직선에서 쓰이듯이) "똑바른" 그리고 (예를 들어 단어가) "적절한"이라는 뜻을 가진다. 두 번째 용례는 자주는 아니지만, 영어에서도 쓰인다.

헤르만 바빙크의 현대 사상 해석

땅에서 이 모든 도덕적 자질은 인간 속에서 집중된다. 따라서 정의는 특별히 추론에 주어진, 도덕적 인간 본성에 주어진, 인간성에 주어진 특권이다. 이 권리는 공동체에 반하지 않고, 공동체에 일치한다. 이 공동체와 각 구성원이 이 세계의 모든 종류의 폭력과 압제에 노출되었을 때, 그 정의의 일부가 법에 주어지고 정부의 보호 아래에 놓이게 된다. 고(故) H. J. 하마커([H. J.] Hamaker) 교수와 같은 일부 학자들은 따라서 다음과 같이 도덕과 정의 사이를 구분하고자 한다. 정의는 사회가 공적인 의견과 사법권과 처벌을 통해 할 수 있는 것보다 더욱 엄숙하고 공정한 방식으로, 정부가 분명히 인계받고, 엄숙히 인정하며, 유지하는 사회의 도덕성의 일부에 대한 용어다. 그래서 구분 전체는 우연적이고 가변적인 어떤 것에 근거하며, 정부가 행위의 규정에 대해 취하는 태도에 근거한다. 만일 정부가 보호하려는 손을 내민다면, 이런 일은 정의다. 만일 정부가 보호하려는 손에 관심을 가지지 않는다면, 이런 일은 계속해서 도덕으로 남아있다. 그리고 정부의 이런 입장은 다양한 시간과 장소에서 매우 다르고 변한다.

정의와 도덕이 매우 밀접하게 관련되어 있고, 정부보다 훨씬 오랫동안 존재해왔다는 이 개념에는 일면 좋은 점이 있다. 그러나 도덕과 정의가 같은 내용을 가진다고 생각하는 한, 또한 정의가 도덕의 일부를 우연적이고 자의적으로 정부에 의해 재제 되어야 하는 것으로 요구하는 한, 이 개념은 매우 편파적이다. 정부의 과제가 시간과 환경에 따라 바뀌기 때문에, 항상 명확한 경계로 결정될 수 없다는 것은 사실이다. [298] 그러나 하마커는 가정 혹은 재산, 종교 혹은 도덕에서 어떤 경계도 결코 존중하지 않는 국가 절대주의를 격찬한다. 만일 국가 절대주의가 국가의 이익을 장려한다면, 모든 도덕을 정의로 표현할 수 있다. 그러나 국가가 그렇게 하도록 허용한다면, 절대로 그래서는 안 된다. 왜냐하면 도덕과 정의는 다른 관점에서 같은 문제를 본다는 점에서, 같은 내용을 전혀 가지지 않기 때문이다. 객관적인 의미에서, 심지어 더 정확히 실증적인 의미에서 정의는 도덕에 근거하지만 그 자체로 도덕은 아니다. 오히려 정의는 도덕의 특정한 측면이다. 정의는 정부의 보호 아래 취해질 수 있고, 정부가 공의의 옹호자로서 이 사실에 능력이 있고 적절하다는 점에서 도덕적인 측면이 있다. 그래서 실증적인 정의는 최소한의 윤리라고 정당하게 부를 수 있다. 이런 점에서 정부는 능력의 영역 안에서 유지될 수 있고 반드시 유지되어야 한다. 따라서 실제 도덕과 또한 모든 인간의 삶이 모든 깊이와 너비에서 발전될 수 있다. 또한 모든 사람이 자기 강함과 은사의 완전함을 발전시킬 수 있다.

따라서 정부가 정의의 보호 아래에 정의를 두는 한, 정의는 항상 섬기는 능력을 가지고 있다. 사람들은 정부를 위해 그곳에 존재하는 것이 아니라, 오히려 사람들을 위해 정부가 존재하고, 공동체를 위해 국가가 존재한다.

도덕과 정의의 이 구분에서 지금까지 개인과 국가의 도덕에 대해 일반적으로 말할 수 있는 개념이 유도된다. 국가가 권력이라는 표현에는 진리가 있다. [프리츠] 베롤츠하이머([Fritz] Berolzheimer)가 정치학을 국가의 권력에 대한 이론이라고 표현했을 때, 그 정의는 쉽게 오해할 여지가 있지만 그 자체로는 잘못되지 않는다. 오해는 국가의 권력이 목적으로 나타나고, 더 이상 공의를 유지할 수단이 되지 않을 때 시작한다. 사실상 우리는 국가적이고 세계적인 정치학에서, 다수와 소수의 정치학에서, 정당과 국가의 정치학에서 항상 이런 일이 일어남을 목격한다. 이 방향을 역전하고, 불행히도 그런 역전적 시도를 성공으로 왕관을 씌워 포장하려는 사람이 있다. 그런 사람은 누구든지 악에서 최악으로 나아가며, 마침내 어떤 거짓말도, 속임수도 두려워하지 않을 것이다. 플라톤은 이미 국가가 정치가의 이익을 돕게 하는 일반적인 정치가에 대해 비판했다. 그런 정치가의 세대는 아직 사멸되지 않았다. 그러나 어

헤르만 바빙크의 현대 사상 해석

떤 위반도 법의 권리를 몰락시키지 않을 것이다. 국가의 권력은 공의를 섬긴다는 본질에서 존재하며 그렇게 남아있다.

국가의 사명은 국가가 특정한 의무를 가져오게 하는 것이다. 그러나 이 의무는 윤리학의 경계 바깥이 아니라, 윤리학 안에 있는 의무다. 이런 사명에 많은 의견의 차이가 존재한다. 그러나 일반적으로 국가를 정의로운 국가로, 혹은 문화적인 국가로, 혹은 정의와 문화 모두를 포함하는 국가로 생각하더라도, 모든 측면에서 국가는 현저히 도덕적인 과업을 가지고 있다. [299] 국가는 확실히 헤겔이 제안했듯 도덕이 아니다. 그러나 국가는 내부와 외부 모두에서 그런 고귀하고 고상한 과업을 성취한다. 그래서 국가는 반드시 도덕적 과업으로 생각해야 한다. 국가는 반드시 도덕의 가장 뛰어난 교훈 중 하나를 성취한다고 생각해야 한다. 국가가 법적 권력에서, 행정 권력에서, 사법 권력에서 국가적 정치학 안에 있는 정의와 도덕적 원리에 얽매이지 않는가? 식민지의 정치학이 더욱더 윤리적 방향으로 옮겨간다는 사실이 위대한 진보로 생각되지 않는가? 그리고 어느 누가 감히 국가가 국제적인 인권의 조항에서, 협약과 무역 협정과 같은 모든 조항을 만드는 과정에서, 외국의 정치학에 있는 도덕과 반드시 관계가 없어야 한다고 주장하겠는가?

일반적으로 전쟁을 하고 있는 나라를 생각한다면 이 마지막 질문에 긍정적으로 답하기 주저할 수 있다. 이제 처음부터 끝까지 윤리학의 가장 근본적인 원리는 거부된다. 또한 정의의 가장 간단한 조건도 짓밟힌다. 그러나 여기서 또한 항상 그랬듯이 정의와 현실은 정의가 정의로움을 없애지 않은 채로 둘이라는 사실이 명백하다. 평화의 법과 또한 전쟁의 법이 존재한다는 사실만 있다. 평화의 법과 전쟁의 법은 전쟁이 발발하기까지, 전쟁 도중에, 전쟁 이후에 존재한다. 전쟁 중에 언제 어디서나 정의가 존재하기를 그만둔다고 제안하는 것은 사실이 아니다. 그로티우스는 전쟁을 다르고 더 나은 방식으로 보았다. 『전쟁과 평화의 법』(De jure belli ac pacis)의 서론에서, 그로티우스는 유용하다면 어떤 것도 정의롭지 않은 것이 아니라는 명제를 거부한다. 그로티우스는 정의와 전쟁이 서로를 배제한다는 의견을 강력하게 거절한다. 전쟁 중에 정의는 사라지지 않으며, 도덕도 사라지지 않는다. 정부가 공의의 원인에서 국가에 있는 강압과 형벌로 범죄를 반드시 제한해야 하는 것과 같은 방식으로, 국가는 다른 국가에 대해 헛되이 칼을 향하지 않는다. 이렇게 행동함으로 국가는 도덕적 사명을 철저히 성취한다. 왜냐하면 국가는 공의를 유지하며, 사랑에서 이런 유지가 현저하게 윤리적 덕이 되게 하기 때문이다.

이런 두 덕은 똑같지 않다. 또한 마르키온(Marcion)과 많은 사람과는 반대로 이 두 덕이 서로를 배제하지 않음은 말할 것도 없다. 왜냐하면 공의가 없는 사랑은 무정부주의로 악화되고, 사랑이 없는 공의는 독재 정치로 악화되기 때문이다. 사랑은 공의로 환원될 수 있다. 왜냐하면 공의가 "개인에게 고유한 소유물"을 요구할 뿐만 아니라, "당신의 참여, 당신의 관심, 당신의 사랑과 같은 당신의 소유물"도 요구하기 때문이다. 그리고 공의는 사랑으로 환원될 수 있다. 왜냐하면 사랑이 "당위"로 시작하는 계명의 내용이기 때문이다. 그럼에도 두 덕은 모든 덕이 그렇듯이 구별된다. 그리고 이런 다양한 의무는 얼마나 다르든 간에 하나의 도덕법에서 흘러나온다. [300] 부모와 자녀에게, 고용주와 고용인에게, 산업가와 사업가에게 나타나는 것은 같은 도덕법이다. 그러나 도덕법은 매우 다른 의무를 개인에게 할당한다. 비슷하게 도덕법은 정부와 시민에게 유지되는 같은 법이다. 그러나 정부가 반드시 세계에서 성취해야 하는 매우 특별한 과업에 동의하면서, 법은 정부에게 어떤 시민도 계속할 수 없고 하지도 못할 의무로 부른다. 국가는 사랑과 자비를 위한 기관이 아니라 공의의 기관이다. 정부는 정의의 주권적 영역이다. 국가는 국가적으로 그리고 국제적으로 법의 규칙을 유지하기 위해 국가의 재량에서 권력을

헤르만 바빙크의 현대 사상 해석

쓸 기회를 가진다. 이렇게 한다면 국가는 본질과 사명에 따라 도덕법을 섬기는 데에 자신을 둔다. 국가는 정치학을 윤리학에 종속시킨다. 국가는 인간 개인이 국가의 가장 풍부한 발전에 나타날 수 있고, 가장 고등한 목표에 도달할 수 있는 영역을 둘러싸고 보호한다.

간단한 소견으로 이 요약적 논의를 결론 내리고자 한다. 이 소견은 우리의 논의에 대한 시험 사례로서 어쩌면 최고의 도움을 줄 수 있는 국제적 정의에 대한 것이다. 국가 간의 정의[jus intra gentes]가 존재하는지는 정의에 대해 내릴 수 있는 개념에 완전히 의존한다. 만약 강압 없는 정의가 없다면, 국제적 정의에 대해서도 말할 수 없고, 누군가는 현재 전쟁에서 합의문서가 타오르는 것을 보면서 심술궂은 기쁨을 누릴지도 모른다. 사실상 우리 모두는 국제 정의가 사실상 권력이 없고, 첫 공격에 양보한다는 사실에 매우 깊은 감명을 받았다. 그래서 모든 측면에서 이런 약한 정의를 국제적 군대의 권력으로 지지하려는 시도가 있다. 일반적으로 그 결과가 그렇게 좋을 것이라고 기대하지 않더라도 이런 노력을 존중할 수 있다.

그러나 이런 시도 중 아무것도 성공적이지 않다면, 인권은 여전히 가치나 권력이 없는 채로 남을 것이다. 첫째, 인간 정의는 그로티우스에 의해 고안되지 않았다. 인간 정의는 그로티우스 이전에 오래전부터 발달되었고, 고대까지 거슬러 올라간다. 국제 정의는 궁극적으로 암묵적이든 명시적이든 두 기둥에 근거하고 (근거해야 한다.) 그 두 원리는 기원과 본질에서 인류의 단일성에 대한 기독교의 원리와 하나님 나라의 보편성의 원리이다. 이런 원리는 역사에서 완전히 비생산적인 성격을 가지고 있지 않다. 이런 원리는 누룩과 같이 작동하며, 계속해서 그렇게 작동했다. 최근 프란츠 폰 리스트(Franz von Liszt)는 인간 정의에 확실한 한 미래가 있다는 주목할 만한 발언을 했다. 모든 거대한 전쟁 이후에 정의가 권력과 함께 나타나며, 한 걸음 더 나아갔다는 사실을 역사가 가르친다는 발언이다. 이 발언은 30년 전쟁, 나폴레옹 전쟁, 크림 전쟁, 1870-71년의 [프랑스-프로이센] 전쟁 이후 실제로 그러했다. 그리고 이 발언은 현대의 [1차] 세계대전 이후 확실히 다시 이루어질 것이다. (분명히 얼마나 무력하고 얼마나 목적이 없는지 간에) 일반적으로 우리가 현재 경험하는 것과 같은 비극은 어떤 열매도 맺지 못할 것이고, 평화의 원리에 전혀 유익을 끼치지 못할 것이라는 사실을 믿을 수 없다. 사람과 민족은 더디게, 매우 더디게 배운다고 한다. 그리고 모든 교훈은 반드시 수없이 반복되어야 한다. 그러나 역사는 박애주의, 인류애, 종교의 자유, 극빈층의 해방, 제도적인 정부와 같은 많은 개념이 민족의 의식에서 한자리를 가진다는 사실, 즉 더디지만 많은 투쟁을 하고 있다는 사실도 가르친다.

물론 개념들은 한 측면에서 국가 절대주의와 독재정치에 반대해, 다른 측면에서 혁명과 무정부주의에 반대해 결정적인 보증을 하지 않는다. 그리고 개념들의 권력은 종종 과장된다. 여전히 원리들은 가치 없이 존재하지 않는다. 원리들은 강압적인 권력을 가지지 않음에도, 세계 질서에 근거하고, 영원법을 가리키는 자연법에 뿌리를 두고 있다. 또한 이런 원리들은 발전을 위해 의도되었다. 국제적 정의는 이런 도덕적 질서에 근거한다. 국제적 정의는 사용될 준비가 되지 않았고 즉시 사용될 수도 없다. 국제적 정의는 언제든지 손상될 수 있을 정도로 취약하기까지 하다. 그러나 국제적 정의는 존재한다. 우리 모두는 국제적 정의에 의해 주어진 세계 권력의 행동을 그에 따라 판단하며 시험한다. 국제 정의는 군주와 민족의 의식에 스며들 정도로 진행되어야 하고 더 강해져야 한다. 그리고 국제적 정의는 점차 윤리적 토대 위에 세워져야 한다.

그 결과가 우리가 사랑과 평화의 나라에 도달하기까지 지속될 수 있을 것인가? 과학은 이 질문에 어떤 답도 하지 않는다. 그러나 『순수이성비판』(The

헤르만 바빙크의 현대 사상 해석

Critique of Pure Reason)에서 칸트는 과학을 제한할 것을 의도했다. 그렇게 함으로 신앙과 소망을 위한 자리가 남을 것이다.

부록

Essays on Religion
Science and
Society

부록 1

C. B. 바빙크의 서문

이 책은 제가 사랑하고 존경하는 맏형의 마지막 작품이자 최종 출판물입니다. 형의 손은 이제 펜을 내려놓았습니다. 형은 이 책에 대한 서론을 쓸 수조차 없었습니다.

형이 아프기 전에 잠깐 출판사와 협의해 다양한 저널에 출판되었던 많은 논문을 수집해 한 권으로 엮을 계획을 했습니다. 형은 그때까지 스스로 선택할 수 있었습니다. 이후에 제가 아픈 와중에 형을 방문했을 때, 형은 자기가 모은 논문집이 미래 세대에도 계속 관심의 대상이 될 것이라고 믿는다는 사실을 제게 말해주었습니다. 왜냐하면 이 논문집은 시대의 질서로 남아있는 중요한 주제를 다루기 때문입니다. "사람이 계획할지라도 여호와가 결정할지니라"라는 말씀이 있지만 계획은 이루어졌습니다.

자기에게 닥친 일을 모른 채로, 형은 [네덜란드 개혁교회] 총회가 끝나기

---

* 편집자 주: 쿤라트 베르나르두스 바빙크(Coenraad Bernardus Bavinck, 1866-1941)는 헤르만 바빙크의 남동생이며 유명한 선교학자 요한 헤르만 바빙크(1895-1964)의 아버지였다. 1890년에 기독교 개혁교회(Christelijke Gereformeerde Kerk)에서 목사로 임직되고 1894년부터 사망할 때까지 로테르담에 있는 네덜란드 회중으로 구성된 개혁교회를 섬겼다.

헤르만 바빙크의 현대 사상 해석

까지 출판사가 출판을 보류할 것을 요청했습니다. 그런데 우리가 알 듯 총회가 해산하기도 전에, 총회가 아직 개회 중일 때, 형은 마지막 병으로 쓰러졌습니다. 이 마지막 병은 하나님의 목적에서 형을 무덤으로 데려갔습니다.[1]

이 책을 작업하는 데 착수한 이래 몇 주간 잠정적으로 이 작업이 중단되었습니다. 다시 이 일에 대한 이전의 특징적인 열정이 재개되었습니다. 형이 출판사에서 이 책의 몇몇 증거를 받을 수 있었을 뿐만 아니라 [출판사] 역시 형과 부가적인 계획을 의논하기도 했습니다. 네덜란드의 개혁교회 공동체에 선언된 이 소책자가 공동체의 일원에게 시대의 놀라운 중대성을 지적하고 연합과 신실함을 이룰 것을 부르짖었습니다.[2] 그런 일은 슬프게도 일어나지 않았습니다. 그리고 이 책의 교정에 대해서조차 형은 초안을 검토하는 것만으로 만족해야 했습니다. 일시적인 중단 이후 바로 형은 다시 일을 할 수 없을 정도로 쇠약해졌습니다.

형의 계획을 보장하기 위해 시작된 일이 이제 만족스러운 열매로 나타났습니다. 형은 출판사의 제안을 허락했습니다. 이 제안은 서명자가 이후의 교정을 검토한다는 제안이었습니다. 그래서 이 일이 진행될 수 있었고, 이제 형이 떠난 후에 세상의 빛을 봅니다.

형의 풍성한 은사가 가득한 정신에서 비롯된 이 최종적인 결실을 읽은 사

---

1)   헤르만 바빙크는 1921년 7월 29일에 그의 구원자에게로 돌아갔다.

2)   편집자 주: 이 소책자의 내용의 단서는 지금 다음 출판물에서 볼 수 있다. G. Harinck, C. Van der Kooi, and J. Vree, eds., *Als Bavinck nu maar eens kleur bekende: Aantekeningen van H. Bavinck over de zaak netelenbos, het schriftgezag van de Gereformeerde Kerken (November 1919)* (Amsterdam: VU Uitgeverij, 1994). 바빙크의 이 문서는 1920년 네덜란드 개혁교회 총회에서 다루어진 J. B. 네덜른보스 (Netelenbos) 목사의 면직에 대한 내용을 담고 있다. 이 문서는 성경의 권위에 대한 논의의 분위기를 이해하고 이 문제에 있어서 바빙크가 "마음의 변화"를 주장한 것에 대해 생각할 때 중요하다. 네덜른보스는 바빙크의 이전 학생이었다. 네덜른보스는 성경에 대한 전통적인 개혁주의적 관점에 대해 몇 가지 질문을 할 때 자기 스승의 권위에 호소했다. 바빙크의 문서는 바빙크가 얼마나 예민하게 그 논의를 지켜보았는지를 나타낸다.

람들이 기꺼이 이 선물에 감사할 이유를 찾기를 바랍니다. 그리고 하나님의 복을 받아 이 책을 수년간 형이 작업했던 것과 같은 목적으로 사용되기를 바랍니다. 즉, 세상을 이기는 믿음을 소중히 여기고, 발전하고, 확립하기를 바랍니다. 그 믿음 안에서 형이 죽었고, 그 믿음에서 형의 세계관과 인생관이 세워졌습니다.

로테르담

1921년 8월 6일

혜르만 바빙크의 현대 사상 해석

19세기 네덜란드의 신학과 종교 연구

본 논문의 목적상 이런 종교 연구에 대한 접근은 우리나라의 국립대학에서 신학을 어떻게 그리고 어느 정도로 밀어냈는지 추적하기 위해 중요하다. 옵조오머(Opzoomer) 교수는 더 높은 교육을 위한 법안을 제안하는 정부 위원회의 구성원으로 임명되었다. 위원회 임명 이전인 1848년에 이미 옵조오머는 대학에서 신학부를[1] 없앨 것을 권했다. [40] 옵조오머는 정부 위원회의 반대 의견서로 제출했던 그 법안을 위해 계속 노력했다. 그러나 1849년에 위원회 자체는 신학부를 유지할 것을 권했다. 다른 측면에서 1868년에 제안된 헤임스께르끄(Heemskerk) 수상의 법안은 오직 네 가지 학부만 언급했다. 헤임스께르끄는 교회와 국가의 분리 때문에 네덜란드 개혁교회 자체가 목회자

---

* 이 부록은 네덜란드어 본문의 39-48페이지 전문이다. 요약해서 다시 고쳐 쓴 페이지는 3장의 본문이다. 3장 각주 3번을 보라.

---

1) 3장의 출처 각주를 참고하라.

를 훈련시킬 책임이 있다고 판단했다. 1869년에 제안된 포크(Fock) 수상의 법안에서는 그런 학문 분과가 없었고, 포크는 정부 위원회에 모든 최종적 검토를 위탁했다. 그러나 포크는 학문 훈련으로서 신학은 더 높은 교육에서 결여될 수 없다는 사실을 판단했고, 신학 과목을 다루는 박사 학위 과정을 설립했다. 헤이르체마(Geertsema) 수상의 1874년 법안은 신학부를 유지하려고 하지 않았고, 종교 연구 학과를 처음으로 설립했다. 이 법안이 학과 영역에서 투표되었을 때, 이 법안은 소수의 지지를 받았다. 그러나 또 다른 소수 집단은 옛 신학부를 일부 변경하면서 유지하기 원했다. 그러나 **대다수**는 신학부가 반드시 폐지되어야 하며, 종교 연구의 과목은 인문학부에 속해야 한다고 판단했다.

이 입장은 그동안 헤이르체마 수상을 대리했던 헤임스께르끄의 생각과 완전히 일치했다. 헤임스께르끄는 전임자인 헤이르체마 수상의 법안을 뒤집지 않았다. 그러나 1874년 12월 11일에 헤임스께르끄는 법의 개정된 법안을 포함하는 학과 영역에서의 논의에 대한 회신 답변서를 제출했다. 1868년의 자기 생각과, 또한 의회 대다수의 입장과 완전한 일치에서, 헤임스께르끄 수상은 신학과를 폐지할 것과 종교 연구 과목을 인문학부에 통합시킬 것을 제안했다. 일반적으로 이 개정된 법안이 대다수에게 좋게 받아들여졌을 것이라고 생각할지도 모른다. 그러나 어떤 일이 일어났는가? 그 법안은 학과 영역에 나타났고 1875년 4월 16일에 포괄적인 보고서가 제시되었다. 또다시 세 집단이 나타났다. 일부는 신학부를 유지하기를 원했다. 일부는 신학부를 종교 연구로 대체하기를 원했다. 여전히 일부는 수상처럼 신학부를 폐지하고, 종교 연구 과목을 인문학부에 통합시키기를 원했다. 그러나 마지막 집단은 더 이상 대다수를 구성하지 않았다. 마지막 집단은 소수가 되었다. 이제 다수는 신학부를 종교 연구 학과로 대체하기를 원했다.

물론 헤임스께르끄 수상은 이 변화를 이해하지 못했고, 다수의 갑작스러운 전환에 놀라움을 표했다. [41] 의회의 그렇게 많은 구성원이 돌아섰고, 이제는 종교 연구 학과를 원하게 된 이유는 무엇이겠는가? 그 이유를 찾는 것은 어렵지 않았다. 몇몇 문서가 특히 네덜란드 개혁교회 총회에서, 그리고 대학 이사회에서, 특히 레이든대학 이사회에서 제시되었다. 총회는 목회자의 훈련을 위한 자체 기관을 만들 수도 없었고 만들고자 하지도 않았다. 레이든의 신학부는 종교 연구 학과를 강력히 요구했다. 특히 의회의 많은 구성원이 수상에 동의해 국가가 목회자의 훈련에 영향력을 모두 상실할 것이라는 사실을 두려워하기 시작했다. 국가는 반드시 대학에서 교육을 통해 교회에 미치는 영향을 계속해서 유지해야 한다! 이런 심사숙고 때문에 의회의 대다수는 돌아섰다.

수상은 다시 개정된 법안을 제시했다. 수상은 인문학부에 있는 종교 연구 과목을 포함하려는 생각을 기꺼이 포기했다. 또한 수상은 주요 결정을 미루기 원했다. 그리고 수상은 네덜란드 개혁교회가 자체 훈련 과정이 준비되기까지 개정 없이 신학부를 유지하기 원했다. 그러나 수상은 한 요점을 양보하려 하지 않았다. 수상은 대학에서 종교 연구 학과를 원하지 않았다. 그러나 기자 위원회(욘크블룻[Jonckbloet] 의원, 문스[Moens] 의원, 드 브루인 코프스[De Bruijn Kops] 의원)는 종교 연구 학과 설립에 대한 개정을 제안했다. 이 제안서는 의회에서 채택되었다.

그러나 [A.] 판 나아만 판 아임네스(van Naamen van Eemnes) 의원이 제안했듯, 의회는 더 이상 전혀 어울리지 않는 "신학부"라는 명칭 아래에 종교 연구 학과를 두고자 했다. 곧바로 이 명칭이 가지고 있는 내재적인 오류가 결정적으로 나타났다. 신학부가 온전하게 존재했기 때문에, 정부와 의회의 일부 구성원은 신학부 안에 교육적이고 실천적인 신학을 두고자 했다. 그러나 이런 제안은 부결되었다. 의회는 명목상 신학부를 유지해왔다. 그러나 의회는 사실상 종교 연구 학과를 도입했다. 이런 방식으로 이상한 학과가 국립대학에서 존재하게 되었다. 신학이라고 **불리는** 학부이지만, 사실상 종교 연구 학과인 것이다. 이런 방식으로 신학은 불구가 되고, 마음과 생명을 강탈당했다.[2]

이 멋진 학과에 통합된 과목은 잡동사니로 범벅이 된다. [42] 일반적으로 개념의 통일성을 깨닫지 못할 수도 있다. 그러나 백과사전적 개요를 설명하는 일은 불가능할 것이다. 그 이상한 합성품은 이 법이 태어난 방식에 대한 같잖은 역사를 배신한다. 일부 과목은 옛 신학 중 하나를 떠오르게 한다. 다른 과목은 확실히 종교 연구에 속하지만 말이다. 다른 과목은 일반적으로 의도한 목적을 정확히 알지도 못하는 그런 성격을 가지고 있다. 따라서 거의 모든 사람은 사실이 크게 말하기 때문에 이 상황이 비정상적인 상황이라는 사실을 인정하도록 강요받는다.[3] 그럼에도 먼저 현재 상황을 쉽게 마지못해 받아들이고, 변명을 하며, 결국은 칭찬하고 변호하기까지 하는 충분히 보수적인 일부 학자들도 있다. S. 크라메르(Cramer) 교수는 그 법을 고수가 날린 타격이라고 표현하기까지 했다.[4]

그러나 우리 국립대학에서 신학 연구의 불운한 발전은 거기서 강의를 해야 하는 교수를 매우 어려운 상황에 처하게 한다. 이런 일은 레이든 대학의 [L. W. E.] 라우언호프(Rauwenhoff) 교수의 후임인 J. H. 휜닝(Gunning) 교수의 경우에서 가장 명확하게 나타났다. 휜닝이 1889년 9월 21일에 교수직을

---

2) Cf. Mr. B. J. L. de Geer van Jutphaas, *De wet op het hooger onderwijs* (Utrecht: Bijleveld, 1877), 147ff.; A[braham] Kuyper, *"Onnauwkeurig"*? (Amsterdam: J. A. Wormser, 1889), 9ff.

3) See, e.g., [L. W. E.] Rauwenhoff, *Theologische tijdschrift* 12 (1878): 206–12; [G. H.] Lamers, *De wetenschap van den godsdienst: Inleiding* (Utrecht: Breijer, 1891), 57.

4) See S[amuel] Cramer, *Beschrijvende en toegepaste godgeleerdheid* (Amsterdam: Van Kampen, 1890), 14.

헤르만 바빙크의 현대 사상 해석

받아들였을 때, 선한 양심으로 단지 종교 연구 학과의 구성원이 되는 것이 아니라, 종교 철학을 가르치면서 기독교의 확신을 유지할 수도 있을 것이라는 사실을 믿었다. 휜닝의 취임사에서, 교회의 신앙이 반드시 종교 철학의 기본 원리이며 출발점이 되어야 하고 그럴 수 있다는 사실을 고백하기까지 했다. 결국 믿음만이 종교에서 연구의 자유를 완전히 유지할 것이다. 믿음만이 종교의 기원과 발전을 설명할 수 있다. 그래서 믿음은 교회를 위한 이 학습을 풍성하게 할 수 있다.[5]

그러나 얼마 후 휜닝 교수는 완전히 다른 확신에 이르렀다. 휜닝은 더디게 종교 철학은 원리상 현대의 과목이며 이 과목은 신앙을 가진 신학 교수로서 자신이 가르칠 수 없고 반드시 가르치지 말아야 한다는 사실을 결론 내렸다. 다른 교수와 이 문제를 의논하는 것밖에는 해결책이 없었다. 틸러(Tiele) 교수는 관대하게 종교 철학을 하나님의 교리의 역사를 가르치는 휜닝 교수와 바꾸어 인계받았다. 휜닝 교수는 종교 철학을 점차 발전하게 했던 원리에 입각한 반론을 여러 번 설명했다. 그리고 이 설명은 최근에 [H. H.] 뮐른벨트([H. H.] Meulenbelt) 박사에 의해 같은 맥락에서 자세히 설명되었다.[6] [43] 간단하게 논의는 다음과 같이 진행된다. 종교 연구는 신앙에서가 아니라 편견 없는 연구와 공정한 진리의 사랑에서 진행된다. 종교 연구는 연구자에게 일반적인 종교적 성향을 가정하지만, 실증적인 기독교 신앙의 확신을 가정하지 않는

---

5) J[ohannes] H[ermanus] Gunning [Jr.], *De wijsbegeerte van den godsdienst uit het beginsel van het geloof der gemeente* (Utrecht: Breijer, 1889). 더 깊은 설명은 다음 책에 있다. idem, *Het geloof der gemeente als theologische maatstaf des oordeels in de wijsbegeerte van den godsdienst*, parts I – II (Utrecht: Breijer, 1890).

6) J[ohannes] H[ermanus] Gunning, *Werkelijkheid van den godsdienst* (Nijmegen: H. ten Hoet, 1891); idem, *Nog eens: Werkelijkheid van den godsdienst* (Nijmegen: H. ten Hoet, 1891); idem, *Godgeleerdheid en godsdienstwetenschap* (Utrecht: Breijer, 1892); H[endrik] H[uibrecht] Meulenbelt, *"Medias in res": Een woord over de verhouding van godsdienstwetenschap en theologie en over het Christendom in de inrichting der encyclopaedie van godgeleerdheid* (Nijmegen: H. ten Hoet, 1891), 7 – 59.

다. 오히려 종교 연구는 기독교를 포함한 모든 종교에 공정해야 하고 편견이 없어야 한다. 종교 연구는 모든 종교를 같은 수준에 두고, 어떤 본질적 차이가 없음을 인식하며, 진리와 거짓 사이에 존재하는 대립을 거부한다. 또한 종교 연구는 이스라엘 백성과 기독교가 이방 종교와 마찬가지로 역사적이고 심리학적인 길을 따라 발전되었다는 사실을 판단한다.

종교 연구는 참되고 순수한 종교를 세계의 모든 종교에 대한 공정하고 비교적인 연구로 발견하고자 한다. 모든 역사적 종교의 토대로서 이 순수한 종교는 점차 출현하여 존재하게 된다. 사실상 이런 방식으로 기독교는 종교 연구의 연구자에 의해 인식된 것으로서 종교의 추상적인 이해에 종속된다. 이 모든 사실은 기독교 신앙에 정반대 상태에 있다. 우리 믿음에서 기독교는 많은 종교 중 한 종교가 아니며, 많은 종교 중 가장 수준 높은 종교도 아니다. 그러나 기독교는 유일한 참된 종교이며, 모든 이방 종교는 우상숭배다. 그래서 종교 연구를 하는 그리스도인은 자신의 신앙고백을 저버리고, 자신의 반대자의 영역에 넘어간다.

아무도 이런 반대의 진중함과 엄중함을 거부할 수 없을 것이다. [G. H.] 라머르스(Lamers) 교수도 마찬가지일 것이다. 라머르스는 자신의 『종교의 학문』(De wetenschap van den godsdienst)에서 종교 연구가 기독교의 관점에서 연구될 수 있고, 이루어질 수 있다는 사실을 보여주고자 한다.[7] 그러나 라머르스의 논증은 그렇게 강하지 않아서, 묄른벨트 박사의 "사물의 중간에서 (Medias in res)"[각주 7번을 보라]가 제기하는 심각한 비판을 감당할 수는 없다. 라머르스 교수 자신은 이 비판을 느꼈고 묄른벨트 박사의 "경솔한 공

---

7)   Lamers, *De wetenschap van de godsdienst: Inleiding*, 7 - 20.

헤르만 바빙크의 현대 사상 해석

격"을 물리치고자 했다.[8] 어쩌면 라머르스 교수는 묄른벨트 박사의 글의 어조에 대해 비판하고, 그 공격의 방식에 대해 슬프고 놀라서 자극을 받은 것에 대한 이유가 있을 것이다.[9] [44] 또한 라머르스 교수는 자신의 비판자에 대한 논의에서 일부 약점을 정당하게 지적하기도 한다. 그래서 라머르스는 만약 기독교가 신학의 대상이라면, 유대교는 그 범주에 거의 포함될 수 없을 것이라는 사실을 정확하게 언급한다.[10] 신학 백과사전에서 [각주 7번을 보라] 묄른벨트 박사가 종교 연구에 적절한 자리를 줄 수 없었다는 반대와 마찬가지로 정확하다.[11] 그리고 나 역시 하나님의 이름을 말하고자 하는 신학은 영감에 대한 거부와 일치할 수 없다는 비판은 반박 불가능하다고 생각한다.[12] 그러나 묄른벨트 박사에 대한 이런저런 견해는 쉽게 반박할 수 없지만, 라머르스 교수가 종교 연구에 대해서 자신의 비판자와 휜닝 교수의 실제 반대에 그토록 깊게 들어가지는 않았다는 사실은 그럼에도 아쉽다. 확실히 이 문제는 충분히 중요하고 원리에 따라 다루어질 가치가 충분하다.

종교 연구가 기독교의 관점에서 이루어질 수 있는가에 대한 질문과는 별개로, 한 요점이 더욱더 명확해진다. 신학과 종교 연구는 양립할 수 없고, 학부 혹은 학과에 포함될 수 없다. 한 측면에서 아무도 신학의 백과사전적 체계에서 종교 연구를 위한 적절한 자리를 줄 수 없다. 신학자는 그런 자리를 찾고자 했고, 종교 역사는 차례로 신학의 서론에서(클라리세[Clarisse]), 역사 신

---

8) G. H. Lamers, *Ter zelfverdediging en terechtwijzing: Een onberaden aanval afgeslagen* (Utrecht: Breijer, 1892).

9) Ibid., 12ff.

10) Ibid., 25 – 29.

11) Ibid., 31 – 32.

12) Ibid., 37 – 39.

학에서(두데스[Doedes], 하겐바흐[Hagenbach]), 조직 신학에서(레비거[Raebiger]),
신학의 영역을 통해 두어졌다. 또한 종교 역사는 교회 역사와 선교 역사(뮐른
벨트)의 자리에 두어졌다. 그러나 이런 탐색은 이미 신학자들이 종교 연구를
어떻게 해야 할지 모른다는 사실을 증명한다. 모든 사람이 종교 연구의 중요
성을 깨달아 왔고, 좋든 나쁘든 여기저기서 그 자리를 찾았다.[13] 그러나 이런
자리는 신학도 종교 연구도 이롭게 하지 못한다. 신학은 항상 특정한 종교의
신학이다. 우리가 더 정확히 말하고자 한다면, 신학은 기독교의 신학이다. 그
러나 이런 제한은 당연히 다른 종교를 배제한다.

더욱이 종교 연구는 한 과목이 신학의 어떤 곳에서 그런 정당한 자리에
만족하기에 너무 크고 중요하다. [45] 물론 이 사실은 신학 교수가 자기 제자
의 유익을 위해 오늘날 모든 신학자가 반드시 어느 정도 지식을 가지고 있어
야 하는 종교 역사의 개관을 제시할 수 없다는 사실을 뜻하지 않는다. 그런
개요를 제시하는 것은 실천적인 요구일 수 있지만, 원리의 문제는 아니다. 종
교 역사는 정당하게 다루자면 신학자들이 자기 신학의 백과사전에서 주고
자 하거나, 줄 수 있는 것 이상으로 더 큰 공간을 요구한다. 더해서 종교 역사
가 이런 방식으로 신학의 어떤 부분으로 흡수될 수 있다면, 종교 철학도 여전
히 한자리를 가지지 못할 것이다. 그리고 종교 철학은 확실히 종교 연구에서
가장 중요하지 않은 부분이 아니다.

다른 측면에서 신학을 종교 연구로 통합하는 것도 마찬가지로 불가능하
다. 라머르스 교수는[14] 이런 배치를 선호한다. 그리고 샹뜨뻬 드 라 소세이
(Chantepie de la Saussaye) 교수는 이런 배치를 형식적으로 정당하다고 말한

---

13)   [Jacob Izak] Doedes, *Encyclopedie der christelijke theologie* (Utrecht: Kemink en Zoon, 1876), 93–94.

14)   Lamers, *De wetenschap van den godsdienst: Inleiding*, 22.

헤르만 바빙크의 현대 사상 해석

다.[15] 그러나 이런 배치로 기독교 신학은 그 성격을 빼앗긴다. 기독교 신학은 다른 종교의 신학과 동등한 것으로 생각되었다. 기독교 신학은 다른 종교와 마찬가지로 실증적이기를 그만두고, 역사적 가치만 가진다. 종교학 교수는 개인적으로 기독교가 가장 고등한 것으로 생각하거나 유일한 참된 종교로까지도 생각할 수 있다. 그러나 그런 관점은 부차적이고 필요하지 않다. 만일 그 교수의 연구가 무함마드교나 불교를 더 높은 것으로 평가하도록 이끈다면, 그는 확실히 그렇게 할 권리가 있다. 그러면 이제 그 연구는 더 이상 교의신학과 실천신학을 위한 자리가 없다는 사실을 말한다. 이 때문에 1876년 법은 교의신학과 실천신학을 없애버렸다. 그리고 성경신학과 교회사 과목은 이 법에서 상대적으로 너무 넓은 자리를 차지한다. 종교 연구 학과는 그 원리에 따라 어떤 명확한 신학을 위해 존재할 권리를 허락할 수 없다. 모든 종교에서 비교적인 연구의 실증적인 결과는 종교 철학에서 취해진다. 종교 철학 과목은 사실상 종교 연구의 교의학이다. 이 종교 철학이 교의학의 자리에서 혹은 자연신학의 자리에서 나타난다면, 문제 되지 않는다. 그러나 종교 철학은 사실상 교의학의 지위와 중요성을 취했다.

따라서 횐닝 교수는 신학과 종교 연구의 양립 불가능성을 명확하게 이해했다. 이 측면에서 횐닝의 보류는 반박할 수 없다. 문제는 횐닝이 그 문제를 너무 개인적으로 표현해서, 기독교 신학자로서 자신이 종교 철학을 가르칠 수 없으며, 이제부터 현대주의 동료가 자기 과목을 다시 가르칠 것이라는 사실에 만족한다고 주장했다. [46] 그러나 이 문제는 주관적이고 개인적이지 않고, 객관적이며 신학적이다. 신학과 종교 연구가 학과 과목의 지위를 위해

---

15) Ch[antepie] de la Saussaye, *Lehrbuch der Religionsgeschichte*, 2 vols. (Freiburg: Mohr, 1887-89), I:7 [편집자 주: cf. 2nd ed., 1897; 3rd ed., 1905].

분투한다면 서로를 배제한다. 하나에서 다른 하나를 위한 자리는 없다. 만일 종교 연구가 고유한 학과를 가진다면, 신학은 반드시 없어져야 하고 그 반대도 마찬가지다. 이런 일은 많은 시도가 여전히 하나가 다른 하나를 통합하려고 했다는 사실이 실제로 이상하다는 점에서 너무 확실하다.

만일 그 상황이 이렇다면, 신학과 종교 연구 중 어느 쪽이 학과의 지위에 대한 권리를 가질 것인가에 대한 선택은 의심의 여지가 없다. 한 이유가 적절할 것이다. 종교 연구 학과는 대학의 어느 곳에서도 신학을 위한 자리를 허락하지 않을 것이다. 신학과가 종교 연구를 완전히 인정하고 존중할 수 있다고 해도 말이다. 종교 연구 학과는 당연히 대학 학제의 영역에서 신학을 관용하지도, 허락하지도 않는다. 그러나 신학과는 확실히 종교 역사와 종교 철학이 대학에서 배제되어야 한다는 사실을 바라지 않는다.

또한 일반적으로 건전한 신학의 필수불가결함을 더욱더 느낀다는 점을 덧붙여야 한다. 수년간 사람들은 외쳤다. "교리가 아니라 삶이다. 종교는 정신의 문제가 아니라 느낌의 문제, 즉 감정의 문제다." 그러나 이 이론이 가지고 있는 편파성은 더욱 명백해진다. 일반적으로 어디서든 명확한 교리를, 특정한 믿음의 내용을 요구하는 깨달음을 보게 된다. 종교는 정신으로 하나님을 섬기는 것이기도 하다. 따라서 종교는 반드시 진리여야 하며 지식을 제시해야 한다(요 17:3). 종교는 무의식적이고, 어두우며, 감정적 작용에서 발견될 수 없다. 삶을 위한 교리의 중요성은 더욱더 인식되고, 교리에 대한 냉소는 거의 끝에 달한 것처럼 보인다. 이따금씩 우리나라에서도 이런 목소리가 있다. 그런 목소리는 사나 죽으나 단 하나의 위로는 무엇인가라는 질문에 대해 다르게 말하고, 명확한 답을 바란다. 그리고 신학의 존재에 대해 남아있는 큰 반대는 마침내 힘을 잃는 것처럼 보인다. 칸트 이후 일부는 모든 종류의 감정과 모든 종류의 방식으로 하나님에 대한 지식도, 어떤 초자연적인 지식도 가능하지 않다는 [표어를] 반복했다. 이들은 자연 신학은 학문적이지 않으며, 신 존재 증명은 가치가 없고, 하나님을 알 수 없다는 사실을 주장했다. 그러나 이런 불가지론은 계속 반박을 받아온 것처럼 보인다. [47] 신 존재 증명은 다시 존중받고 있다. 브라위닝(Bruining) 박사는 최근에 우리나라에서 신 존재 증명에 대한 연구를 되살렸다.[16] 일부 시대의 징후는 신학이 선할 것이라는 반응을 나타낸다.

다른 측면에서 종교 연구 학과에 대한 반대는 확실히 소수의 반대로 고려되지 않는다. 첫째, 종교 연구 학과가 종교로서 연구의 대상의 정당성과 가치를 유지하려면, 신학의 존재의 권리를 거부하는 같은 반대에 의해 방해받는다. 결국 종교는 두 요소를 가정한다. 하나님의 존재와 인식 가능성이다. 하나님의 권리와 가치는 어떤 혹은 다른 방식으로든 하나님이 존재하고 인간에게 자신을 계시할 때에만 유지될 수 있다. 따라서 라머르스 교수는 종교 철학이 주관적 현상의 토대로서 객관적인 실제에서 결국 반드시 끝을 맞이해야 한다는 사실을 정당하게 말한다.[17] 하나님의 존재와 계시를 완전히 부정하는 누구든지, 종교에서 인간 정신의 병리학적 현상을 깨달을 수 있을 뿐이다.

둘째, 종교가 반드시 고유한 학문 훈련의 과목이 되어야 하는 이유가 불명확하다. 반대로 도덕적 삶, 지적 삶, 미적 삶과 마찬가지로 다른 정신 현상이 인문학과 철학과에서 연구되고 논의된다는 사실은 명확하다. 일반적으로 종교 연구에 대한 실천적인 근거를 기껏해야 찾을 수는 있겠지만, 원리에서 도출되는 논의는 없다. 하나님의 존재와 인식 가능성을 다루는 신학에서, 종교 연구를 위한 존재의 권리를 다시 찾지 않는다면 말이다.

---

16) A[lbert] Bruining, *Het bestaan van God* (Leiden: Van Doesburgh, 1891).

17) Lamers, *De wetenschap van den godsdienst: Inleiding*, 52.

셋째, 우리 [네덜란드] 대학에서 종교 연구 학과의 설립은 종교 연구에 요구되는 학문의 요구와 일치하지 않는다. 비록 기독교의 연구가 일부 교수에게 할당되어 있지만, 한 명의 교수만 (유대교와 기독교를 제외하고) 다른 모든 종교 연구를 위해 임명된다. 이 사실을 염두에 두고 A. 피어슨(Pierson) 교수는 정당하게 말했다. "많은 종교의 표현이 내게는 흥미로운 편집물이지만, 학문적 가치는 없는 것으로 나타난다."[18] 피어슨 교수의 동료인 드 라 소세이 교수는 이 반대가 참된 학문적 연구만으로 반박할 수 있다고 답했다.[19] 그러나 그 질문은 정확히 자료의 참된 학문 연구가 이 경우에 가능한지와(학문의 첫 번째 요구인) 자료의 연구가 사실상 불가능한지에 달려 있다. [48] 종교 역사 교과서의 가치를 줄이고자 하지 않는다면, 어떤 의심이 이 지점에서 정당화될 것으로 보인다.

결국 종교 연구 학과는 여전히 또 다른 반대로 방해받는다. 만일 종교 연구 학과가 실천적인 의무가 아니라 이상에 따라 정당하게 설립되려면, [한 학생을] 어떤 직업 분야를 위해서도 준비될 수 없으며, 따라서 어떤 학생에게도 호소할 수 없을 것이다. 대학의 학생은 지식을 추구하지 않는다. 대다수는 주로 교회나 사회에서 전문성을 가지고자 준비하고 훈련받기를 원한다. 그러나 종교 연구 학과는 완전히 일상생활에서 동떨어져있고 어떤 것도 준비시키지 않는다. 심지어 신학이 "현실 세계"와 여러 방식으로 걸쳐 있는 우리나라에서조차, 일반적으로 신학 연구가 학생이 훈련받아야 하는 직분과 사역을 충분히 고려하지 않는다는 불평을 자주 듣는다.

---

18) A[llard] Pierson, *Studiën over Johannes Kalvijn*, part 2, *Nieuwe studiën over Johannes Kalvijn* (1536–1541) (Amsterdam: Van Kampen, 1883), vii.

19) De la Saussaye, *Lehrbuch der Religionsgeschichte*, I:5.

헤르만 바빙크의 현대 사상 해석

이 모든 이유가 일반적으로 [대학] 신학과를 종교 연구 학과로 바꾸는 우리나라의 1876년 고등교육법을 반드시 승인하지 말아야 하는 이유다.

색인

- 성구 색인
- 인물 색인
- 주제 색인

성구 색인

헤르만 바빙크의 현대 사상 해석

인물 색인

헤르만 바빙크의 현대 사상 해석

헤르만 바빙크의 현대 사상 해석

360, 361

메스머, 프란츠 안톤(Mesmer, Franz Anton)
___ 317

묄른벨트, 헨드릭 하위브레흐트(Meulenbelt,
Hendrik Huibrecht) ___ 89, 471, 472, 473, 474

마이어, 위르겐 보나(Meyer, Jürgen Bona)
___ 307

밀러, 폴(Miller, Paul B.) ___ 256

미란돌라(Mirandola, G.) ___ 380

문스(Moens, A.) ___ 469

몰레나(Molenaar, P. J.) ___ 251

몰레스홋(Moleschott, J.) ___ 176

몰(Moll, J. W.) ___ 394

로도스의 몰론(Molon of Rhodes) ___ 348

몽테스키외 [샤를 루이 드 세콩다](Montesquieu
[Charles-Louis de Secondat]) ___ 244

모리츠, 카를 필리프(Moritz, Karl Philipp)
___ 300

무함마드(Muhammad) ___ 86, 114

마이어스, 프레데릭(Myers, Frederic W. H.)
124, 302, 307, 314, 316, 318, 321, 323

N

나아만 판 아임네스 판(Naamen van Eemnes, A.
van) ___ 469

나베르(Naber) ___ 396

네겔리, 카를 빌헬름 폰(Nägeli, Karl Wilhelm
von) ___ 189

나트로프, 파울(Natorp, Paul) ___ 342

노이만, 프리드리히(Naumann, Friedrich)
___ 196, 197

에메사의 네메시우스(Nemesius of Emesa)

350

네떨른보스(Netelenbos, J. B.) ___ 465

네테스하임, 아그리파 폰(Nettesheim, Agrippa
von) ___ 318, 381

뉴턴, 아이작(Newton, Isaac) ___ 43, 158, 383,
384

쿠자의 니콜라스[또한 쿠자누스] (Nicholas of
Cusa [또한 Cusanus]) ___ 151, 380, 381

니체, 프리드리히(Nietzsche, Friedrich) ___ 217,
258, 328, 342, 451

노르다인(Noorduyn, J. P. F. A.) ___ 302, 323

노스겐(Nosgen) ___ 59

O

오르트(Oort, H.) ___ 19

오페르트(Oppert, J.) ___ 367

옵조오머(Opzoomer, C. W.) ___ 467

오리게네스(Origen) ___ 305, 349, 350, 406

오어, 제임스(Orr, James) ___ 15

오토, 루돌프(Otto, Rudolf) ___ 143, 163

오비디우스(Ovid) ___ 356, 362, 416

P

파라켈수스(Paracelsus) ___ 158, 160, 381

파르메니데스(Parmenides) ___ 238

파스칼, 블레즈(Pascal, Blaise) ___ 124

파스퇴르, 루이(Pasteur, Louis) ___ 144, 159,
185

파울젠, 프리드리히(Paulsen, Friedrich) ___ 151,
217, 321, 356

퍼스(Peirce, C. S.) ___ 124

페르티(Perty, M.) ___ 318

주제 색인

헤르만 바빙크의 현대 사상 해석

헤르만 바빙크의 현대 사상 해석

헤르만 바빙크의 현대 사상 해석

헤르만 바빙크의 현대 사상 해석

헤르만 바빙크의 현대 사상 해석

01.

헤르만 바빙크의
기독교 세계관

혼돈의 시대를 살아가는
그리스도인을 위한 치유

헤르만 바빙크 지음 | 김경필 옮김 | 강영안 해설
15,000원 | 248쪽

바빙크는 온갖 사상이 범람하는 시대 상황에서 오직 하나님께서 사유와 존재를 합치하도록 세상을 창조하셨으며, 그리스도의 십자가만이 죄로 인한 분열을 치유한다는 것을 말하는 기독교 세계관만이 참된 세계관이라고 주장합니다. 본서를 통해서 독자들은 기독교 세계관이 이 시대를 향해 제공하는 학문적 사상적 치유와 회복을 얻을 수 있을 것입니다.

02.

헤르만 바빙크의
찬송의 제사

신앙고백과 성례에 대한 묵상

헤르만 바빙크 지음 | 박재은 옮김
14,000원 | 208쪽

신앙고백의 본질과 의미, 그리고 그 실천을 교회 언약 공동체의 은혜의 방편인 성례의 의미를 통해 때로는 날카롭고, 때로는 잔잔하게 그려내는 책입니다. 갈수록 공적 신앙고백과 성례의 진중함과 깊은 의미가 퇴색되어가고 형식적으로만 남는 이 시대에 신앙고백과 세례, 입교, 유아세례, 그리고 성찬의 의미를 다시 한번 굳건히 되새기는 기회가 될 것입니다.

03.

헤르만 바빙크의
설교론

설교는 어떻게 사람을 변화시키는가

헤르만 바빙크 지음 | 신호섭 옮김
15,000원 | 232쪽

바빙크의 유일한 설교문이 수록되어 있는 이 작품은 역사상 가장 위대한 개혁 신학자 가운데 한 사람이었던 바빙크 역시 설교자이자 목회자이었으며, 설교가 얼마나 중대한 교회의 사역임을 잘 보여주고 있습니다. 바빙크는 이 책에서 설교가 무엇이며, 설교자는 어떤 사람이어야 하는지를 적실성 있게 설명합니다. 모든 설교자가 읽어야 할 필독서입니다

04.

헤르만 바빙크의
교회를 위한 신학

거룩한 신학과 보편적 교회

헤르만 바빙크 지음 | 박태현 옮김
13,000원 | 184쪽

바빙크는 학문이 급속도로 세속화되어가는 시대에 신학의 원리, 내용, 목적을 신본주의로 규정하며 신학이 거룩한 학문임을 당당하게 선언합니다. 또한 시대와 장소를 초월한 교회와 기독교 신앙의 우주적 보편성을 설득력 있게 제시함으로 세계 종교로서의 기독교와 기독교 신앙이 가진 공적 역할에 대해 큰 울림을 줍니다.

05.

헤르만 바빙크의
일반은총

차별없이 베푸시는 하나님의 선물

헤르만 바빙크 지음 | 박하림 옮김 | 우병훈 감수 및 해설
12,000원 | 168쪽

일반은총 교리는 신칼뱅주의 신학의 최대 공헌이
라고 할 수 있을만큼 중요한 사상입니다. 바빙크는
이 책에서 자연이 하나님의 선물임을 역설하며, 창
조자의 주권과 그리스도의 구속이 펼쳐지는 장이
라 주장합니다. 참된 그리스도인은 일반 은총에 따
라 현실에 직면하고 향유하며, 특별 은총에 따라
현실을 구속합니다.

06.

헤르만 바빙크의
성도다운 성도

신실한 헌신으로
예수님을 따르는 그리스도인의 삶

존 볼트 지음 | 박재은 옮김
30,000원 | 488쪽

이 책은 신자들이 주님의 제자들로 잘 성장하기 위
해 무엇을 해야 하는가에 대한 성경적인 답을 제시
하면서, 세속화된 사회 속에서 그리스도를 따르는
삶, 그리스도인의 제자도가 무엇인가를 깊이 성찰
하게 해줍니다. 독자들은 이 책을 통해 삶의 모든
영역에서 그리스도의 주권을 드러내고자 했던 신
칼뱅주의의 목표와 내용이 과연 무엇이었는가를
잘 알 수 있을 것입니다.

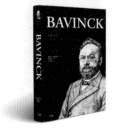

계시철학

개정·확장·해제본

헤르만 바빙크 지음 | 박재은 옮김 및 해제

27,000원 | 548쪽

이 책은 헤르만 바빙크가 1909년 미국 프린스턴 대학교의 스톤 강연에서 했던 강의들의 모음집으로, 『개혁교의학』에서 이미 선보였던 진리 체계를 '계시'라는 공통분모 위에 확장·적용해, 보다 포괄적으로 갈무리하는 성격을 지닌 소중한 자료입니다. 특히 개정·확장·해제의 형식을 지니고 있어 이전 판들과는 뚜렷한 차별성을 가지고 있습니다.

바빙크

비평적 전기

제임스 에글린턴 지음 | 박재은 옮김 | 이상웅 감수

53,000원 | 744쪽

이 책은 보편교회를 사랑한 전환기의 개혁신학자 헤르만 바빙크의 삶에 대한 이야기입니다. 저자는 이 책에서 특별하고도 정통적인 한 칼뱅주의 신학자가 급속도로 현대화되는 문화에 어떻게 참여하게 되었고 그 안에서 어떤 발전을 경험하게 되었으며 어떻게 고뇌했는지를 살핌으로써, 개인의 서사가 신학적일 수밖에 없는 그리스도인이 급변하는 세상 속에서 신앙의 삶을 사는 것이 가능한지를 끊임없이 탐구하여 제시합니다.